2017年度国家社会科学基金重大项目
《钦定理藩院则例》满蒙汉诸本整理与研究
项目批准号：17ZDA208

《〈钦定理藩院则例〉满蒙汉诸本整理与研究丛书》

编 委 会

《钦定理藩院则例》满蒙汉诸本整理与研究丛书　黑龙　包和平　主编

十七世纪满蒙关系研究

聂晓灵　著

辽宁民族出版社

图书在版编目（CIP）数据

十七世纪满蒙关系研究 / 聂晓灵著. —沈阳：辽宁民族出版社，2021.10

（《钦定理藩院则例》满蒙汉诸本整理与研究丛书 / 黑龙，包和平主编）

ISBN 978-7-5497-2376-8

Ⅰ. ①十… Ⅱ. ①聂… Ⅲ. ①满族—民族关系—蒙古族—研究—中国—17世纪 Ⅳ. ①K282.1 ②K281.2

中国版本图书馆CIP数据核字（2020）第222277号

十七世纪满蒙关系研究

SHIQI SHIJI MAN-MENG GUANXI YANJIU

出版发行者：辽宁民族出版社
地　　　址：沈阳市和平区十一纬路25号　邮编：110003
印　刷　者：辽宁新华印务有限公司
幅 面 尺 寸：175mm×245mm
印　　　张：28.5
字　　　数：300千字
出 版 时 间：2021年10月第1版
印 刷 时 间：2021年10月第1次印刷
责 任 编 辑：吴昕阳
封 面 设 计：杜　江
责 任 校 对：王　荷

标准书号：ISBN 978-7-5497-2376-8
定　　价：135.00元

网　　址：www.lnmzcbs.com　邮购热线：024-23284335
淘宝网店：http://lnmz2013.taobao.com
如有印装质量问题，请与出版社联系调换　联系电话：024-23284340

总　序

中国的民族法是中华法系重要的组成部分，有着悠久的历史和传统。清代以降，以《钦定理藩院则例》为代表，中国的民族立法空前加强，民族法律体系日臻完善。《钦定理藩院则例》是清代民族法律中内容最为详细、通行地区最为广泛、法律效能最为显著的一部大型民族行政法，是清代民族立法集大成之作，在清王朝治理边疆民族、保证国家统一的过程中发挥了至关重要的作用。

中国自秦代以降，历代封建王朝几乎都设专员或机构管理少数民族事务，如秦代的“典客”，汉代的“大鸿胪”，隋唐宋时期的“鸿胪寺卿”，元代的“宣政院”，明代的“外夷通事”等，但是设立一个中央专门机构管理民族事务，则始于清代“理藩院”。理藩院原称“蒙古衙门”，始设于崇德元年（1636），崇德三年（1638）改称理藩院，它是清朝中央政府管理蒙古、藏、维吾尔等民族事务的专门机构，与六部具有同等地位。理藩院设有尚书、左右侍郎、额外侍郎，总负其责；下设旗籍清吏司、王会清吏司、典属清吏司、柔远清吏司、徕远清吏司、理刑清吏司、司务厅、满档房、蒙古房、汉档房等六司一厅三房；另设入银库、当月处、饷银处、督催处、内馆、外馆、俄罗斯馆等附属机构；还置有唐古特学、蒙古官学、托忒学等民族语文学校。派出官员有神木理事司员、宁夏理事司员、热河都统衙门理事司员、八沟理事司员、塔子沟理事司员、乌兰哈达理事司员、三座塔理事司员、张家口管站司员、杀虎口管站司员、喜峰口管站司员、古北口管站司员、独石口管站司员等十二司员。从上述机构与官员的设置上可以看出，理藩院不仅管理蒙古、新疆、西藏等少数民族地区政教事务，而且在较长的时间里负责处理对俄国的外交事务。

随着清廷对边疆民族地区大规模用兵，作为清政府管理边疆民族事务的中央机构，理藩院的事务日益繁多，机构不断扩大，作用也越来越重要。这就迫切需要制定一部全面系统的法规，用来确定理藩院机构设置、职权分工、办事规则程序等，促进理藩院对民族事务管理的法制化，于是清政府仿效六部纂修《理藩院则例》。嘉庆十六年（1811），经大学士庆桂奏请，理藩院照六部衙门之例，开馆纂修《理藩院则例》，而具体负责《理藩院则例》纂修者为大学士托津与尚书和世泰。他们根据嘉庆皇帝的要求，将原已编成的旧例209条逐一校阅，其中有20条“系远年例案，近事不能援引”，予以删除，其余189条内，修改178条，修并2条。同时，将理藩院所存“自顺治以来应遵照之稿案，译妥汉文，逐件复核，增纂526条”。这样，新增纂的《理藩院则例》一共713条。这次纂修《理藩院则例》的汉文本于嘉庆二十年

(1815）十二月七日完成，于嘉庆二十二年（1817）十月二十七日刊刻出样本，计63卷，另有《原奏》《总目》（上、下）、《通例》（上、下）。与此同时，开始将这部《理藩院则例》译为满文和蒙古文，于嘉庆二十三年（1818）十二月二十八日告成。嘉庆朝所修《理藩院则例》基本成为以后几次续修的定式和底本，具有不可替代的重要价值。

嘉庆朝《理藩院则例》只收录了嘉庆十六年（1811）以前的案例。按当时清朝定例，“六部等衙门则例，向系十年纂辑一次”。因此，自嘉庆十六年（1811）奏请纂修《理藩院则例》12年后，即道光三年（1823），理藩院又奏请续纂。于是，大学士托津、尚书富俊等人开始续纂《理藩院则例》，自道光三年（1823）十二月起修纂，至道光七年（1827）九月全部完成。这次修纂对象包括嘉庆十六年（1811）至道光三年（1823）的有关“谕旨”，并“内外臣工条奏有关蒙古、回部事宜者，悉心参考，缕析条分，详酌确定”。共续纂、续改、补入汉文本119条，对照汉文本缮写满文、蒙古文本，详加酌核，相互校对，并奏报道光皇帝“钦定”。同时，对旧例中“语涉含混”的部分逐条进行修改，共21条，这项工作于道光六年（1826）十一月四日完成。这次整体奏修《理藩院则例》工作至道光七年（1827）九月十一日全部告成，并刻出满、蒙古、汉三种文字版样，其结构为“仍将原修则例原奏及臣等堂司各衔并诸卷首，开列于前；次将续修则例原奏及臣等堂司各衔开列于后，以识原委。其逐条例首，仍分旧例、增纂、修改、续纂、续加、修改等字样，以清眉目”。此次修纂新旧条例共1454条，共分65门，共装潢24函。

道光十年（1830），御史王玮庆奏：“六部重修则例，宜率由旧章，如有更改，应专折奏明通行。”道光皇帝同意此建议，并做出批示，将原定“限十年即开馆重修则例”之制度，更改为“随时酌改”，并强调“已颁成例”不得轻易修改，只对“必应更正之处”允许“奏明改定”。根据上述批示，理藩院于道光十三年（1833）三月五日，开始修辑《理藩院则例》，负责纂修者为军机大臣赛尚阿与尚书吉伦泰。他们主要是将自道光五年（1825）纂辑条例以后钦奉谕旨及内外臣工各条奏有关蒙古事宜者，悉心参考，缕析条分，分别修改、修并及增纂、续纂各条名目。至道光十七年（1837），汉文本完成，共修改蒙古则例203条，续纂蒙古则例126条，后又新纂23条，共计修改、增修352条。最后的满文、蒙古文、汉文三种文字的版样至道光二十三年（1843）刊刻告成，版式结构为：“凡蒙古则例，《原奏》一卷，《官衔》一卷，《总目》上、下二卷，《通例》上、下二卷，《旗分》等六十三门，共六十三卷。满洲、蒙古、汉字三体，总计二百零七卷。”其实，全书还是63卷，《原奏》《官衔》《总目》和《通例》当不属于卷类。

自光绪十六年（1890）起，理藩院趁“纂办会典之际”，又续修一次《理藩院则例》，主修官为理藩院尚书——宗室松森。这次根据道光二十三年（1843）续修《理藩院则例》至光绪十六年（1890）间的稿案，进行增纂、续纂，共73件83条，装订成8册2

函。此项工作于光绪十六年（1890）十一月七日先期完成。之后，又修改道光年间纂修的所有《理藩院则例》条文，续辑新查出的档案以及各地陆续报来的例案，共计31件48条，装订成4册1函。这项工作于光绪十七年（1891）十二月二十二日完成。光绪朝续修的《理藩院则例》比道光朝两次续修的本子增加了一卷，即最后一卷《捐输》，其他分类与道光本相同，即《原奏》，原修、续修、现修则例堂官《官衔》，《总目》（上、下），《通例》（上、下），正文从《旗分》到《捐输》共64卷。其中的从《旗分》到《俄罗斯事例》各卷标题与嘉庆、道光本完全相同。应该说，光绪朝《理藩院则例》为条例最多、内容最丰富者。

光绪三十二年（1906），清廷将理藩院改称理藩部，光绪三十四年（1908）六月，理藩部将光绪十七年（1891）续修的《理藩院则例》又排印过一次，并改名为《理藩部则例》。该排印本只将《理藩院则例》中的"户部"改为"度支部"，"兵部"改为"陆军部"，"刑部"改为"法部"，"工部"改为"农工商部"，"理藩院"改为"理藩部"，其他仍照聚珍本原《理藩院则例》排印，装订成16册2函，每函8册。《理藩院则例》和《理藩部则例》通行有清一代，成为清王朝有效管辖边疆民族地区的法律及行政条规，发挥了极其重要的作用。进入民国时期，其仍未失去法律及行政效力，仍在沿用。上述各个时期纂修的《理藩院则例》满、蒙古、汉文刻本，迄今所知保存下来的有13种，还有抄本若干种，分别收藏于国内各图书馆和档案馆及国外图书资料收藏单位。

《理藩院则例》以其特殊性和重要性，早已引起国内外学者的关注。国内自20世纪30年代起就有人从事《理藩院则例》及其相关研究，但一直到20世纪80年代，研究仍未深入。进入20世纪80年代，理藩院及其《则例》的研究有了长足的发展，有大量专题论文发表，有关文献资料也陆续被整理出版，研究进入了新的阶段。赵云田自20世纪80年代起即开展理藩院的专题研究，连续发表了多篇论文，将这一领域的研究引向深入。赵云田所著的《清代治理边陲的枢纽——理藩院》（新疆人民出版社，1995年）一书，系统地阐述了理藩院的产生、发展及历史作用，介绍了理藩院的研究史料及国内外研究成果，成为中国第一部理藩院研究专著。赵云田辑录标点的《清代理藩院资料辑录》（全国图书馆文献缩微中心，1988年）一书，收录了乾隆朝内府抄本《理藩院则例》以及康熙朝、雍正朝、乾隆朝、嘉庆朝《大清会典》中的理藩院资料，同年发表的《关于乾隆朝内府抄本〈理藩院则例〉》（《西北史地》1988年第2期）一文，考述了该抄本的成书年代、性质以及抄本与嘉庆朝《大清会典事例》在内容、体例方面的异同。达力扎布发表的《有关乾隆朝〈大清会典则例·理藩院则例〉稿本》（《清代政治制度与民族文化学术研讨会论文集》，2010年）一文，从嘉庆朝《理藩院则例》纂修过程入手，考察乾隆朝《大清会典》的编纂情况，对《大清会典·理藩院则例》刊本与未刊本进行了比较并得出结论：内府抄本《理藩院则例》是乾隆朝《大清会典则例》的理藩院则例部分，是乾隆二十一年（1756）上呈本的磨对修改本。

继赵云田之后，致力于《理藩院则例》研究的国内学者为杨选第教授。杨选第先后发表的《清朝对蒙古地区实行法治统治的几个问题》（《内蒙古师范大学学报》1991年第2期）、《从〈理藩院则例〉与〈卫拉特法典〉的比较看其民族法规的集成性》（《内蒙古社会科学》1998年第6期）、《从〈理藩院则例〉析清朝对蒙古地区立法特点》（《内蒙古社会科学》2000年第2期）、《论清朝对蒙古地区的立法》（《内蒙古师范大学学报》2000年第5期）、《近年来清朝〈理藩院则例〉的整理研究概况》（《内蒙古社会科学》1999年第3期）等文章，比较系统地考察了《理藩院则例》的方方面面。

在理藩院文献资料的整理和研究方面，乌云毕力格、吴元丰、宝音德力根做出了贡献。由中国第一历史档案馆、中国人民大学国学院西域历史语言研究所编，乌云毕力格、吴元丰、宝音德力根主编的《清朝前期理藩院满蒙文题本》（内蒙古人民出版社，2010年），内蒙古大学蒙古历史学系、中国第一历史档案馆编的《清朝后期理藩院满蒙文题本》（内蒙古科学技术出版社，2012年）两部大型文献集是清朝理藩院的民族文字档案文书汇编，内容涉及外藩蒙古各旗与理藩院之间的书信往来及理藩院奏报朝廷的奏折等，其中不少内容是《理藩院则例》的原始条款，而且往往比《理藩院则例》条款更加翔实，极具参考价值。两部文献集不仅是研究清代蒙古法制史的第一手资料，也是研究清代蒙古语言文字和满文、蒙古文翻译等诸多领域的珍贵史料。

国外对理藩院及《理藩院则例》的研究起步较早，成果相对丰富。早在清末，日本学者就已关注清朝的法律制度。1905年，日本法学家织田万著《清国行政法》一书，对《理藩院则例》的性质、职掌等进行探讨。1945年，羽藤秀利发表的《蒙古法制史概论》（《蒙古》1945年7月）一文，从法制史视角探讨了《理藩院则例》的部分条例，并举例说明《理藩院则例》中有许多《大清律例》中的条款，这一研究成果对后人关于《理藩院则例》性质的研究具有重要的启发意义。田山茂著《清代蒙古社会制度》（日本文京书院，1954年；商务印书馆，1987年）一书内容涉及清代蒙古社会制度的方方面面以及《理藩院则例》关于理藩院对喇嘛教事务的管理、蒙古王公的承袭、盟旗官员的选任、蒙古地区刑事案件的审理等方面的法律规定；《蒙古法典研究》（日本学术振兴会，1967年）一书比较系统地探讨了历代蒙古法律，内容涉及《理藩院则例》。岛田正郎著有《清朝蒙古例研究》（创文社，1982年）、《明末清初蒙古法研究》（创文社，1986年）、《清朝蒙古例实效性研究》（创文社，1992年）、《北亚细亚法制通史》（创文社，1995年）等法制史研究著作，提出了“蒙古法系”的概念，引起中国学术界的争议；《蒙古律例与理藩院则例》（《法制史研究》，1968年）一书比较系统地论述了这两部法律法规文献的内容及其实施过程，成为研究清代蒙古法制史的重要参考书。萩原守发表的《清代蒙古的刑事审判事例》（《史学杂志》第97编第12

号，1988年）一文，通过对清代蒙古刑事审判事例的分析，探讨了清代蒙古法律制度的特点；《蒙古法制史研究动态》（《法制史研究》第64号；《法制史学会年报》，2014年）初步梳理了蒙古法制史的研究成果，重点介绍了各国学者研究《理藩院则例》的情况；《清代蒙古地区裁判制度和裁判文书》（创文社，2006年）一书专门探讨了清代蒙古地区的裁判制度，并对当时的裁判文书进行了专业解读。

俄罗斯学者对《理藩院则例》的研究值得一提。比丘林和利波夫佐夫编著的文献丛书《有关蒙古的手记》于道光八年（1828）在俄罗斯圣彼得堡问世，其中就有嘉庆二十二年（1817）《理藩院则例》（满文）的俄文全译本，这是迄今为止唯一的《理藩院则例》外文译本。1957年，普契柯夫斯基所著的《东方学研究所藏有关蒙古、布里亚特、卫拉特史手记》一书介绍了嘉庆朝《理藩院则例》（满文、蒙古文）收藏于俄罗斯科学院东方学研究所的情况。除此之外，蒙古国、美国、德国、法国、匈牙利、意大利、英国等国家的学者也对《理藩院则例》进行了不同程度的研究。

综观国内外对《理藩院则例》的研究成果，主要集中在《理藩院则例》的编纂过程、内容、性质、作用以及《理藩院则例》与《大清律例》《蒙古律例》《大清会典·理藩院则例》《喀尔喀法典》《阿拉善律例》的关系、《理藩院则例》整理出版等方面，这一系列重要成就，为后人的研究奠定了坚实的基础。因为本课题的重点是开展《理藩院则例》文献学研究，所以需要对以往《理藩院则例》整理研究的代表性成果做一科学、客观、切实的分析，进而着重说明进一步发展、突破的空间。

1. 尼日拉图、金峰校注的《理藩院则例》（内蒙古文化出版社，蒙古文版，1989年）一书是国内第一部校注本《理藩院则例》。该书以道光朝蒙古文残本为底本，底本残缺部分从嘉庆朝抄本中抄入，进行了较为详细的校注。该成果对原文的语句未做任何修改，用各种括号来标注错字、衍文等，但改变了原书条例的汉字序号，编注阿拉伯数字序号，以方便阅读，另附蒙汉对照术语表。应该说，该校注本自问世以来，被国内外史学界广泛参考，产生了良好的社会效益。忒莫勒等学者以此检验汉文版《理藩院则例》校注本，发现了很多问题，引发了学术界的关注。然而，该蒙古文《理藩院则例》校注本也存在一些问题，主要是底本为残本，且未能明确交代该底本是道光七年（1827）的刻本，还是道光二十三年（1843）的刻本。用嘉庆朝底本补充道光朝底本残缺之处的做法并不科学，因为道光朝版本恰恰是在嘉庆朝底本的基础上增减而成的，如果嘉庆朝底本有些内容在道光朝底本中被删减的话，那么被删减的部分在该校注本中无法得到体现。

2. 杨选第、金峰校注的《理藩院则例》（内蒙古文化出版社，1998年）一书是国内第一部《理藩院则例》汉文校注本，填补了国内学术界未有《理藩院则例》汉文校注本的空白。该校注本以卷帙完备的光绪本作为底本，以道光本为主校本，并以蒙古文、汉文两种文字的版本相互对校。同时与乾隆朝内府抄本《理藩院则例》《大清会典》《大清会典事例》《清朝通典》《清朝续文献通考》中的相关部分进行了旁校。在互校和旁校中，加注300条条例的议准年代，注明了道光朝版本没有，而光绪朝版本增纂的80多条条例，并对一些字词进行了注释，对异同之处进行了校改注记。应该说，上述工作做得还是比较细致的。然而，杨选第、金峰校注的《理藩院则例》也存在诸多问题，忒莫勒先生发文归纳该书的错讹之处，主要是断句、注释、失校以及名词术语分类等方面的错误。书中有些错误应是在排版和编校环节出现的差错，都归咎于作者也有失公允。另外，从文献整理的角度来说，该校注本没有与嘉庆朝版本互校也是一个缺憾。总之，该校注本从整体上来说无法令人满意，学术界认可程度不高。

3. 张荣铮、金懋初等点校、注释的《钦定理藩部则例》（天津古籍出版社，1998年）是《理藩部则例》的唯一汉文点校本。因《理藩部则例》除了名称上有一字不同外，内容与光绪朝版本的《理藩院则例》完全一致，其点校工作对《理藩院则例》的整理亦有同样的参考意义。该校注本以1987年中国藏学研究中心影印的聚珍版光绪十七年（1891）续修本为底本，将上海图书馆藏光绪朝版本和华东师范大学图书馆藏道光二十三年（1843）版本进行对校，除标点、注释外，还对律文和条例分别按中文数字和阿拉伯数字进行编号，以方便查找。点校者对该书编纂源流、历史背景、主要内容、史料价值、历史作用、版本异同及点校经过等做了较为全面的介绍。但是完成此项工作须谙熟多种文字，即熟练掌握蒙古语、满语和藏语，须具备扎实的蒙古法制史知识，须掌握中国古代典章制度，须具备版本目录学知识。此书点校者似乎缺乏上述条件，所以点校本中出现错误在所难免。忒莫勒先生发文举出该书中的诸多问题，主要为断句之误、注释之误、失校之误以及版本问题。

4. 包银海校注的《理藩院则例》（民族出版社，蒙古文，2006年）一书是国内第二部《理藩院则例》蒙古文校注本。整理者在绪论中指出，该书是以嘉庆朝蒙古文抄本作为底本进行校注的。注释中的绝大部分内容是书中蒙古文名词术语的汉文对照，这是整理工作的主要方面，也是值得肯定的一面，为此点校者参阅了《理藩院则例》的某汉文本，否则无法做到蒙汉名称术语对照注释。然而，笔者仔细研究了该书的方方面面，没有发现与其他版本之间的互校，若称其为“校注”，恐怕名不副实，称之为“点注”还算勉强。该书整理者也没有明确交代点校本的馆藏地及其版本特征。包银海在整理该书时就职于中国国家图书馆，底本应是中国国家图书馆藏嘉庆朝《理藩院则例》蒙古文抄本之复制本，抄本原件藏于中国民族图书馆。全书未交代点校方法或者凡例等，点校工作比较简单，学术含量不高。特别需要指出的是，该校注本没有以刊刻本作为底本，这一点犯了古籍整理之大忌，所以让人无法准确判断其史料价值与学术价值。

通过对上述4部代表性成果的评析，我们可以总结出前人研究的缺憾：第一，以往学者从未利用嘉庆朝版本《理藩院则例》满文、蒙古文、汉文刻本，而这恰恰是最早的版本，是后来版本的底本和定式，所以前人的校注工作未能体现《理藩院则例》内容增减与调整的详细过程。第二，《理藩院则例》的3种满文本至今无人问津，从未进行满文本与蒙古文本、汉文本之间的比较研究，而清代钦定诸书的满文本往往详于蒙古文本和汉文文本。第三，前人似乎都不太注重版本学知识，没有明确交代底本的性质、成书年份、馆藏地等重要信息，从而使整理成果的价值大打折扣。第四，前人从未对《理藩院则例》诸本的编纂过程、版本流传、内容来源、语文特征等诸问题进行系统的研究，迄今没有一部《理藩院则例》文献学比较研究之作。第五，迄今未有国内外范围收集《理藩院则例》满文、蒙古文、汉文的所有刊本、刻本、抄本、异本、残本与《理藩院则例》相关的法律法规文献以及《理藩院则例》的研究成果。产生这些缺憾的主要原因是长期以来国内文献资料的开放程度较低，前辈们未能充分掌握相关文献资料，研究无法深入开展。起初的《理藩院则例》文献学研究难度较高，兼通满、蒙古、汉语言文字的历史学家屈指可数，无法组织力量开展全面系统的研究。然而，如今情况大有改善，中国古籍文献日益开放，包括《理藩院则例》文本在内的各种相关文献资料都可以阅览，也可复制；掌握满、蒙古、汉、英、日、俄等语言文字的中青年学者不断涌现，并开始利用多文种史料开展学术研究；国家鼓励跨地区，甚至跨国研究机构之间的协同创新，这都是前人所没有的有利条件。

综上所述，《理藩院则例》自嘉庆二十二年（1817）问世的200多年来，多次被续纂、增改、完善和整理研究，产生了诸多版本文献和研究成果。可以说，前人的每项成果都不同程度地深化了人们对这部法律文献的认识。然而，以往由于诸多条件的限制，前人未能也不可能对这部法律文献进行深入研究，从而留下了相关重要研究课题及其突破空间。有鉴于此，笔者在国家有关部门和学术界的支持下，主持承担国家社会科学基金重大项目"《钦定理藩院则例》满蒙汉诸本整理与研究"，组织国内外相关研究机构的50位学者，计划用5年的时间，集中实施《理藩院则例》文献学的整理与研究，并且出版阶段性研究成果和最终研究成果。

需要指出的是，辽宁民族出版社承担了该重大课题成果的出版任务，安排了精明强干的编辑团队进行编校出版。为做好出版事宜，课题组与辽宁民族出版社成立了《〈钦定理藩院则例〉满蒙汉诸本整理与研究丛书》编委会，并申报2020年度国家出版基金，成功获得立项资助。在国家出版基金的资助下，我们计划出版本课题的阶段性成果和最终成果共15部著作，从而有力地推进该领域的研究。

黑　龙

2020年5月6日

前　言

满族和蒙古族长期交往与互动，关系密切，影响深远。因此，满蒙关系在我国民族关系史上居于非常重要的地位。尤其是十七世纪的满蒙关系，对清朝统一多民族国家的建立和巩固产生了重要影响，甚至对当今中国统一多民族国家的巩固和发展仍具有重要意义。对此，学界的研究遍及国内外，成果颇丰。

十七世纪满蒙关系的研究，以往主要是基于历史学、民族史学展开，涉及较多的是政治冲突、政治合作、政治权力、政治制度和历史人物等方面的内容，研究成果很多体现在满族史、清史、蒙古史和民族关系史之中。

本项目研究成果是在前人研究的基础上，以十七世纪满族和蒙古族的族际关系为主线，并以民族政治学为理论基础，探讨具体的满蒙关系。从历史文献记载和研究成果来看，这里有很多大小历史事件，零散又繁杂。本项目研究的目的即对此进行梳理，并使之体系化。

本项目利用大量史料和研究成果，探讨十七世纪满蒙关系中的诸多问题。通过研究，阐明十七世纪满蒙特定关系的构成、发展变化再至稳定的过程，进而呈现满族和蒙古族两个民族在各自政治体系中发生巨变的过程以及因果关系。在此基础上，概括地分析十七世纪满蒙关系的特性，概述其特定关系对满族和蒙古族、对清朝的建立和巩固的影响力，乃至对当今中国统一多民族国家巩固和发展的重要而深远的影响。

本书由绪论和四部分内容构成。以下把研究的成果归纳为两个方面来简要说明。

一、在绪论中对满蒙关系、满蒙特定关系和十七世纪满蒙关系的研究内容进行详细说明，从而阐明研究十七世纪满蒙关系的一些问题。首先对国内外有关十七世纪满蒙关系的研究做简要介绍，以便深入研究。十七世纪满蒙族际关系的研究需要大量的历史资料，因此，在绪论中列出一些代表性史料和相关研究成果，进而说明以文献法、比较法、学科交叉及综合方法等进行研究的概况。最后阐述十七世纪满蒙关系的研究意义，即学术价值、理论价值和实际应用价值等。

二、本项目研究成果是以十七世纪满蒙关系为主线，围绕满族和蒙古族的关系，以及各自发展变化中的具体事件来进行研究，主要内容是十七世纪满蒙关系的构成、发展变化和稳定过程。

在第一章《十七世纪满蒙关系的形成》中，首先阐述十七世纪满蒙关系形成的历史渊源及背景。这里时间跨度大，可追溯到辽金时期、元朝、明朝，对满族先世女真人与蒙古各部族间的关系进行梳理，阐明十七世纪满蒙关系的渊源，进而呈现十六世纪末、十七世纪初的地区社会局势，并概述蒙古社会局势以及同周边政权和部族的联系与相互影响。把零散的诸多重要历史事件连接起来，并说明十七世纪满蒙关系的形成具有历史的延续性。

十七世纪满蒙关系的形成，既有历史渊源，亦受当时地区局势剧变的影响。第一章具体阐述漠南蒙古左翼诸部，即科尔沁部、内喀尔喀五部、察哈尔部与后金关系的形成过程。在此系统地阐述十七世纪满蒙关系的形成是从族际关系开始，直至政治实体之间产生联系。最初科尔沁部和内喀尔喀五部与女真部族发生冲突，后来联姻并建立军事联盟。后金建立后，对漠南蒙古左翼部族的渗透，以及侵害蒙古大汗本部察哈尔部的辽东贸易经济利益，致使双方关系恶化，极大地影响了蒙古社会的变迁以及与各方关系，尤其直接影响到林丹汗重新统一蒙古各部的一切行动和主张，进而影响到当时正在形成的满蒙关系的走向。

第二章《十七世纪满蒙关系的演变》以林丹汗政权及漠南蒙古各部与后金之间的特定关系为主线，按当时满蒙关系的发展变化脉络，把诸多历史事件梳理成一个比较完整的体系。在此基础上，对林丹汗败亡的原因及后果进行详细的分析。

林丹汗政权与后金之间关系恶化后，不仅使察哈尔部与后金关系紧张，还影响到科尔沁部、内喀尔喀五部以及其他蒙古部族与后金之间的特定关系。同时，又影响到察哈尔部与科尔沁部、内喀尔喀五部以及蒙古右翼部族之间的关系。这些关系的发展变化由诸多因素导致，但与林丹汗的两次出征有直接关系。

林丹汗为统一蒙古各部、防止后金渗透，首先东征科尔沁部。在天命十年（1625）的格勒珠尔根之战中，林丹汗未能达到预期效果。之后，努尔哈赤与林丹汗争夺内喀尔喀五部，使内喀尔喀五部几乎崩溃；科尔沁部与后金正式建立反察哈尔的政治军事联盟；察哈尔部的敖汉、奈曼等部也倒向后金。这些变化使后金渐渐地占据主动地位，而林丹汗开始失去对漠南蒙古左翼诸部的有效控制，并导致其西迁。天聪元年（1627），林丹汗西迁并打败了喀喇沁等部族。但是，喀喇沁等部族并没有臣服于林丹汗，而是主动与后金联系，一同攻打察哈尔部，进而引发诸多历史事件，使各方关系更加错综复杂。因此，本章根据一些历史事件的相互关联，一一梳理并阐述。

林丹汗虽然失去对诸多部族的有效管辖，但为抵御后金的渗透和压力，他一直坚持斗争到最后。天聪四年（1630），林丹汗得知阿鲁诸部与后金结成反察哈尔联盟后，亲自率领部众从漠南蒙古右翼北征阿鲁诸部。阿鲁诸部也没有臣服于林丹汗，其中的阿巴噶部和喀尔喀部坚决抵抗，一些部族纷纷移牧，逃避冲突，有的部族南下投靠科尔沁部，后归附于后金。林丹汗的北征，不仅威胁漠南蒙古左翼各部，也威胁到后金。后金为防御林丹汗，使科尔沁部南迁作为其屏障，并与阿鲁诸部进行交涉，以备出征林丹汗。天聪六年（1632），后金与蒙古诸部联合出征林丹汗及察哈尔部。林丹汗与后金联军周旋之后，于天聪八年（1634）西迁至青海，后因病而亡，其大臣、各斡尔多以及部众陆续归附后金。

显然，林丹汗的败亡就是满蒙特定关系所导致的。本章第四节主要从蒙古的政治、经济和政治文化与后金特定关系等方面分析林丹汗政权败亡的原因；尤其阐明了十七世纪初，在藏传佛教的影响和后金的压力之下，蒙古政治文化也在变迁，并影响到政治体系的变化。同时，又详细分析了林丹汗所处时代和自身的局限性，阐述林丹汗的败亡对蒙古和后金，以及对地区局势所产生的影响。

第三章《十七世纪满蒙关系的稳定》中，论述了漠南蒙古各部归附后金的特定事件及满蒙关系。本章主要对科尔沁部的“噶尔珠塞特尔事件”、苏尼特的“腾机思事件”和察哈尔的“布尔尼事件”发生的起因和经过，以及后金乃至清廷解决这些问题的过程和结果进行探讨。每当漠南蒙古政局出现问题时，后金乃至清廷都会采取及时有效的解决方案。从噶尔珠塞特尔事件和腾机思事件中可知，后金（清）对蒙古问题的政策是明确的，更具主动性。每当蒙古问题牵涉到后金（清）大后方时，后金（清）便采取军事打击和拉拢相结合的对策及时处理，而且奖惩分明，甚至给来投归者厚赏安抚。这样，清廷既平定了拒投者或叛乱者，又怀柔了蒙古部族。分散的蒙古部族难以应付日益强大的清朝，进而失去独立性，更不可能出现统一实体。尤其在平息“布尔尼事件”后，为稳定大后方、有效地解决满蒙关系问题，康熙皇帝亲自出巡蒙古地区，实地考察，了解已归附的蒙古王公贵族对清廷的态度和想法。为此，康熙皇帝建立木兰围场，与蒙古王公贵族一同行围狩猎、沟通感情。后来，康熙皇帝每年都进行木兰行围，使其制度化，即“围班制度”。清朝皇帝通过怀柔策略，使蒙古王公贵族向心于清廷，满蒙关系也逐渐稳定下来。

第四章《十七世纪满蒙关系的特性及影响》在较完整、系统地阐述十七世纪满蒙关系的形成、演变和稳定过程的基础上，运用相关理论进行分析和概括十七世纪满蒙关系的特性和历史影响。十七世纪满蒙关系具有鲜明的时代特征，具体体现在林丹汗政权及漠南蒙古各部与后金乃至清廷之间的特定利益关系，这又体现出复杂性和变动性特征。本章对于十七世纪满蒙关系特性的分析与概括，具有一定程度的理论思辨性，因此理论意义较为突出。

十七世纪满蒙关系是在后金兴起、蒙古变迁的同一历史进程中形成和发展变化的，同时又促进了满族和蒙古族的相互影响。在十七世纪满蒙关系中，满族不仅把漠南蒙古各部的部民和领地纳入统治之中，而且借鉴和吸收了蒙古游牧政权的社会政治要素，如汗、达尔汉、扎尔固齐等官号的运用。随着十七世纪满蒙关系的发展变化，清廷不断加强对漠南蒙古地区的管辖，积累了许多经验，为日后处理诸多民族关系提供了可供借鉴的依据，尤其对处理满蒙关系具有重要意义，如将漠南蒙古地区的行政区划建制，直接推行至漠北蒙古和漠西蒙古地区。因此，深刻了解十七世纪满蒙关系，有利于对满蒙中期和满蒙后期民族关系的了解，也有助于了解中国统一多民族国家的历史。

本项目以相应的理论，尤其用民族政治学的相关理论研究十七世纪满蒙关系，并取得了一定的成果。这不仅能够帮助人们进一步了解十七世纪的满蒙关系，也对人们了解清朝的建立和巩固，以及中国统一多民族国家的历史有一定帮助。

2020年6月

目　录

绪 论

在历史上，满族和蒙古族长期交往、互动，因此二者关系既密切又特殊，影响深远，极具研究意义。十七世纪满蒙关系的形成与发展变化的进程，对满族的形成和发展壮大、对蒙古族历史的变迁都产生过非常大的影响。因为十七世纪满蒙关系是在各自特定的历史发展阶段和环境中展开的，表现出早期族体之间的利益关系，其时代属性尤为突出。这不仅是满族和蒙古族历史关系的重要阶段和主要层面，而且为形成清代满蒙特定关系的基本框架奠定了基础。十七世纪满蒙关系不仅对满族、蒙古族产生了重要影响，而且对清朝各民族的社会生活也产生了影响，甚至对当今中国统一多民族国家的巩固和发展具有重大影响。十七世纪满蒙关系是历史研究范畴，也是民族政治学研究领域的重要内容。因为满蒙关系表现出诸多政治形态，并且体现政治结构、过程、行为和人物等方面的内容。这些内容在十七世纪满蒙关系的形成和发展变化进程中，都曾真实地存在，并且不断改变当时既存的和新的民族关系。十七世纪初满蒙关系形成后，不仅得到扩展，还改变了满汉、蒙汉和蒙藏等民族之间的关系，同时形成了满藏关系。虽然十七世纪满蒙关系中的历史事件众多而繁杂，具有复杂的结构和剧烈的变动性以及较强的时代性，但也有规律可循，因而能够在更深层次上认定十七世纪满蒙关系的特性及深远影响。

一、研究内容

十七世纪满蒙关系是历史上的族际关系，史学界通常将其称为清初满蒙关系、漠南蒙古与后金之间的关系、清前期对漠南蒙古的绥服或统治等。显然，这些说法基本上来自对同一历史时期的不同研究视角，其中自然包括十七世纪满蒙特定关系。十七世纪满蒙关系是满蒙关系史的一部分，而且以初期阶段的特定关系为主要内容，基本上体现出满族和蒙古族的早期历史发展变化，即双方的冲突、交往、政治联姻和军事联盟等。然而，从民族政治学视角来考察这一历史时期，却发现其本质上涉及双方各自共同体或部落集团的地位、权力和利益，以及族体情感或一种社会关系。这些特定关系随着时局的剧变而变化，其地域性和时代性更为突出。因此，满蒙关系与满蒙特定关系是两种不同的概念，其含义也有所不同。要说明十七世纪满蒙关系研究的内容，就有必要概括地阐释满蒙关系与满蒙特定关系，即两者之间的区别与联系，尤其是需要围绕十七世纪满蒙特定关系展开满蒙关系的讨论。

满蒙关系通常指清代以满族和蒙古族为主体的一种民族关系，主要包括早期满族前身女真部族与蒙古诸部之间形成的联系，包括清朝统治时期的满蒙关系，即政治、经济、军事、民俗、语言文字、联姻、情感等层面的联系。这些关系或是明显的，或是潜在的；或是缓和的，或是激烈的；或是直接的，或是间接的；或是主动的，或是被动的；或是平等的，或是不平等的；或是政权型的，或是非政权型的，具有历史变迁性，其内容丰富、体系庞大。在满蒙初期的各种关系和各个层面上，族际交往更为突出，其行为主体不仅包括各民族实体，还包括各民族成员之间的关系。蒙古族在历史的变迁过程中，在十六世纪末、十七世纪初形成了漠南、漠北和漠西三大板块。这不仅是在地理位置上，而且是在政治上逐渐形成相对的独立体，各大势力集团基本上由松散的部落及部落集团构成。各部落及部落集团，在其共同体的基础上，形成势力集团，相互之间发生的关系以及面临的新问题，直接或间接地成为影响满蒙关系的重要变量。在蒙古政治趋向分散之际，其东部女真各部族正在兴起，建州女真之努尔哈赤又建立大金，史称后金（1616—1636）。后金建立后，与相邻的蒙古各部不可避免地发生各种关系，并且后金不断发展壮大，实现了女真各部的统一，构建了自己的政治体系，促进了满族共同体的形成。在此过程中，为缓解来自明朝（1368—1644）和蒙古林丹汗政权（1604—1634）的压力，后金积极主动地争取相邻的蒙古科尔沁部和内喀尔喀五部等，具体地开展了后金的政治活动，最终建立了清朝。

满蒙关系的形成，始于女真族和蒙古族之间的族际关系。后金建立以后，与相邻的漠南蒙古左翼诸部发生各种关系，并逐渐扩展到漠南蒙古右翼各部落集团，直接影响满族和蒙古族政治实体，使其产生剧烈变化。满蒙关系经半个多世纪的复杂演变，其结果是林丹汗败亡，漠南蒙古各部归附后金。清朝建立之后，与漠南蒙古的关系逐渐稳定下来。然而在这个过程中，满蒙关系不断扩展，清廷与漠北蒙古和漠西蒙古也构成了联系。再经一个多世纪的复杂变化，漠北蒙古和漠西蒙古先后被清廷统治，清朝版图随之从漠南蒙古扩展到漠北蒙古，再扩展到漠西蒙古。从满蒙关系形成和发展变化的进程上来看，呈由近向远扩展的趋势。蒙古各部族与后金以及清廷之间发生的关系，全部属于满族与蒙古族之间的关系。其实，满蒙关系是满族和蒙古族之间产生关系以来，各个历史时期的全部冲突和各种联系的总和。

满蒙关系由漠南蒙古扩展到漠北蒙古，再扩展到漠西蒙古的过程中，这种关系也渐渐成为清朝统治下的一种民族关系，并且影响其他民族关系。由此可见，十七世纪的满蒙关系，尤其是满蒙初期的特定关系是清朝诸多民族关系的坚实基础，并且成为其统一多民族国家的起点及一条重要主线。对此，学界大多数人以满族史或清史视角研究满蒙关系。由于满蒙关系的层次多、体系庞大、时间漫长，一般分为漠南蒙古与后金之间的关系，或漠南蒙古与清廷之间的关系；漠北蒙古与清廷之间的关系或喀尔喀蒙古与清廷之间的关系；漠西蒙古与清廷之间的关系，或直接称其各部落名称或建立的政权与清廷之间的关系，即卫拉特蒙古与清廷之间的关系、准噶尔蒙古与清廷之间的关系、和硕特蒙古与清廷之间的关系、土尔扈特蒙古与清廷之间的关系等。这里主要围绕满蒙初期关系，即后金至清廷与漠南蒙古各部之间的特定关系来寻求满蒙关系的形成和发展变化的规律。在此，有必要了解满蒙特定关系。

满蒙特定关系即满蒙政治关系，是满蒙关系的重要层面，是满族与蒙古族之间存在过的各种特定联系的总和，主要体现在利益和影响力方面的关系，包括特定属性比较突出的冲突、联盟、信息沟通、联姻、势力对比，以及特定能量交换、特定资源的利用和动员，还有政治统治等诸多方面。因此，满蒙特定关系就是在各自族体利益或部族利益的基础上，作为特定主体的满族共同体及其成员与蒙古族共同体及其成员之间，围绕政治权力和政治权利所发生的全部关系。这样的关系是满蒙关系特定领域的主要表现形式，存在于满蒙特定关系的形成和发展变化的实践之中。具体存在于十七世纪，直到清末，甚至存在于满族和蒙古族之间发生关系以来的各个历史时期的特定联系之中。

满蒙特定关系本质上是一种利益关系，因为民族，包括历史上的民族都是利益共同体。满蒙特定关系必然是发生在利益基础之上，尤其是特定利益基础上的一种民族关系。于是就产生了民族矛盾和冲突，同时还有政治、军事联盟和友好往来等关系。但是，这种现象很大程度上也是一种利益关系的体现，包括特定利益。由于蒙古三大势力集团的形成以及各部族分散游牧，在满蒙特定关系中又出现了局部利益和整体利益、一般利益和根本利益之间的关系。林丹汗不仅是部族利益的代表，也代表着全体蒙古的根本利益。因此，蒙古大汗与后金的特定关系就必然围绕特定权力，争取实现和维护其族体利益。而蒙古各部族在满蒙特定关系中，通过特定权力来获得更多的权利。由于双方主体明确，归根结底族体的特定权力和部族的权利仍是核心问题，尤其是在清廷统治下的蒙古族的民族意识渐渐形成和凸显，自然会影响满蒙特定关系，并直接体现其实质。因此，满蒙特定关系始终是在确保统治阶级利益基础之上的族体之间的特定关系，而集中体现在特定权力和权利方面。

满蒙特定关系显然是族体之间的利益关系，并且还存在蒙古族体内部各部落集团或部落之间的利益矛盾。同时，各利益主体的局部利益与共同体利益之间的差异形成各种矛盾，从而影响满蒙特定关系。因此在强调满族与蒙古族特定利益的同时，还要强调蒙古各部落集团以及各部落与后金乃至清廷之间的特定关系。对于蒙古族而言，既有共同利益，又有各部族特定利益，与后金乃至清廷的特定关系显得尤为复杂。但是，蒙古归附清廷之后，满蒙特定关系既存在民族利益关系，也存在民族与国家共同利益关系。清廷通过制定各种政策措施，在满足蒙古上层贵族阶级利益的基础上，建立适合蒙古族的政治文化，使漠南蒙古逐渐认同清朝的统治。于是，清廷就把满蒙特定利益和矛盾转化为清朝的利益，从而确立了满族和蒙古族共同的王朝利益。

十七世纪满蒙特定关系是满蒙特定关系的重要组成部分，这里主要以满族和蒙古族间的族际关系为研究对象，即十七世纪满蒙关系的形成和发展变化，再到稳定的过程。因此，十七世纪满蒙关系中包含着满蒙特定关系的初期阶段，也是影响颇深的一段特定的族际关系。这里没有明确的年代界限，而是在注重展现其历史过程中突出了十七世纪满蒙关系中的特定关系，体现了从族际关系演变成特定关系的进程。万历二十一年（1593）的古勒山之战以后，加快了十七世纪满蒙特定关系的形成，直到康熙十四年（1675）清廷平定“布尔尼之乱”以后建立木兰围场，形成围班制度。其中，以崇德元年（1636）的“盛京大会”为界，分为两个阶段。第一阶段自古勒山之战开始，女真部族和蒙古部族的族际关系形成之后，逐渐形成两个族体的政权之间的特定关系，具体为林丹汗政权与后金之间的关系，包括漠南蒙古各部与后金之间的关系。第二阶段自“盛京大会”之后，十七世纪满蒙的特定关系进入新的历史阶段，漠南蒙古各部基本归附后金，成为清朝的重要组成部分。清朝建立后，直到围班制度形成，对漠南蒙古的统治趋向稳定。在这一过程中，满蒙特定关系中仍存在着族体之间的利益关系，其政治属性和时代性仍较突出。因此，从十七世纪满蒙特定关系来看，满族和蒙古族都从各自的利益共同体，包括部落集团的特定利益出发而展开了一种新的民族关系。

十七世纪满蒙关系的形成是从族际关系逐渐扩展到林丹汗政

权及漠南蒙古各部与后金乃至清廷之间的关系。林丹汗政权和后金作为政治实体而存在，双方发生的矛盾冲突是不可避免的，是历史的必然现象，而且满族和蒙古族两大族体之间发生的特定行为具有多种形态。除林丹汗政权与后金之间的矛盾和冲突为最主要的关系之外，科尔沁部、内喀尔喀五部、喀喇沁部等漠南蒙古诸部与后金的联盟、联姻等关系也属于满族和蒙古族两大族体之间的关系。漠南蒙古归附清廷之后，新的矛盾与冲突也随之生成，尤其是察哈尔部布尔尼事件的发生和平定，以及清廷对漠南蒙古政策的调整等，都是具有鲜明特征的民族关系。这些关系能够直接反映或体现满族和蒙古族之间的特定利益关系。

林丹汗及其宗本部察哈尔部地处漠南蒙古中部，是蒙古的政治中心。漠南蒙古诸部在各自的社会生活中，与刚刚兴起构建政治体系的后金发生了诸多关系，其中特定关系的形成和发展变化是最重要层面的关系。这种关系是满族和蒙古族两大族体在争取、实现和维护各自利益的过程中形成的，而且都是在各自的社会历史进程中存在过的特定关系，是围绕特定利益而发生的一种社会关系。

社会关系不仅是人与人之间的关系，也包括历史上的民族共同体之间的关系。这种关系以民族利益为出发点和目的，所以就有矛盾和冲突。满族兴起之初，其力量非常薄弱，为了维护自身利益，就与相邻的科尔沁部和内喀尔喀五部建立联盟、联姻关系来壮大自己。后金的发展壮大对林丹汗政权构成了很大威胁。林丹汗要维护自己的最大利益，就必须应对后金的威胁，于是双方便产生了剧烈的摩擦。其中还存在军事结盟和政治联姻等多个层面的联系。几十年后，漠南蒙古归附后金，认同清朝统治。清朝的建立，说明满族与漠南蒙古建立了更加密切的民族关系。虽然清朝是在满蒙联盟基础上建立的，但确立了以满族为主，漠南蒙古各部为隶属的新的民族关系。然而，刚刚建立的清朝一方面要与明朝对峙，另一方面要防范仍具有较强势力的漠南蒙古，因此满族统治者更多地以权威性手段来调整与漠南蒙古的关系。清朝一方面构建政治体系，通过政治权力来聚集满族族体利益，同时又协调与漠南蒙古的特定关系，进而管理满蒙两个民族族体的关系和生活等。清朝建立后，满蒙初期特定关系的核心问题仍然是特定关系与权力的问题。在十七世纪满蒙关系发展变化的进程中，两大族体中的任何一方都能够满足自己利益要求而发生的关系，包括局部关系，其政治权力也不可或缺地发挥着重要作用。

在天聪十年（1636）的“盛京大会”上，漠南蒙古各部首领认同清朝皇帝为自己的大汗，但是在心理上真正认同还是需要时间的。的确，经腾机思事件和布尔尼事件之后，清廷更加完善了满蒙关系的制度化，并且逐渐建立起适合蒙古的文化，具体体现在年班制度的完善和围班制度的建立，还有满蒙联姻的制度化和宗教政策的制定等，而且使之成为长效机制。于是，清廷与漠南蒙古的特定关系逐渐稳定下来，这为满蒙关系的进一步扩展奠定了坚实的基础。康熙三十年（1691），从喀尔喀蒙古归附清廷的事实来看，完全能够说明这一点。

总之，十七世纪满蒙关系是林丹汗政权及漠南蒙古与后金乃至清廷之间发生的矛盾和冲突，以及具有政治属性的各种联系，包括清廷对漠南蒙古统治的过程。这些都是在特定族体关系中，特定权力和权利发挥作用的一种民族关系。

二、研究概况及资料基础

在中国民族关系史上，满蒙关系居于非常重要的地位，其研究状况涉及十七世纪的满蒙关系，各层面的研究成果颇丰。这为十七世纪满蒙关系的专项研究奠定了很好的基础，尤其是近年来发掘的新资料为专项研究提供了丰富的文献基础。

对于满族和蒙古族的历史与文化等，国内外学术界在诸多领域长期关注、广泛研究，形成了有国际声誉的独立学科，即满学和蒙古学。满学和蒙古学当然也都涉及满蒙关系问题。对于满蒙关系的研究而言，满学和蒙古学都是不可回避的问题，其研究内容涵盖诸多方面，并取得骄人成果。至于十七世纪满蒙关系的研究，过去主要由官方正史修纂而成。现代主要从历史学、民族史学的视角，以政治为主线来展开，涉及较多的是满蒙族际冲突、政治军事联盟、政治联姻、政治制度和历史人物等方面的内容，其大多数成果体现在满族史、清史、蒙古史和民族关系史中。

满族历史和清朝历史研究成果主要有张佳生主编《中国满

族通论》，在第七章简要阐述了满族与蒙古族的政治关系；孙静著《"满洲"民族共同体形成历程》，在第二章内容涉及满族的形成与蒙古族的关系；李燕光、关捷主编《满族通史》（修订本），在第三章概述了满蒙初期政治关系；姚念慈著《清初政治史探微》，在第三章中阐述了蒙古八旗的建立与作用，在第三篇中对孝庄"太后裁决"做了辨析，提出了独特的见解；李治亭主编《清史》，从清朝历史的视角出发，多处涉及满蒙关系问题；王钟翰主编《满族历史与文化》收录的《清入关前的统治政策》一文论述了清军入关前对蒙古的政策及其意义；阎崇年著《努尔哈赤传》，在第五章较全面地阐述了满族与科尔沁部的联姻和联盟情况，还有满族与喀尔喀部会盟以及向察哈尔部进攻等内容；孙文良、李治亭著《清太宗全传》，在第三章中论述了皇太极时期的满蒙关系；袁闾琨等著《清代前史》（上、下卷），书中提到早期蒙古与女真人的关系、编制蒙古八旗、对蒙古的方略等诸多问题。上述研究成果从满族史和清史的视角阐述了满蒙关系。

蒙古族历史方面的研究成果主要有乌云毕力格、成崇德、张永江著《蒙古民族通史》（第四卷），记述了清代蒙古族历史，在第一章和第二章中详细地阐述了明末清初蒙古社会政治以及满蒙关系；达力扎布著《明代漠南蒙古历史研究》，在第三章中阐述了满蒙关系以及清廷对蒙古的管辖；胡日查、长命编著《科尔沁蒙古史略》（蒙古文），在第六章、第七章中详细地阐述了科尔沁部与满洲的关系以及清王朝建旗管辖的过程；［日］田山茂著、潘世宪译《清代蒙古社会制度》，在第二篇第一章中考察了清初满蒙政治关系和设旗的概况；乌云毕力格、巴拉吉尼玛主编《土谢图汗——奥巴评传》，在第二章中以大量的史料说明科尔沁部首领奥巴与努尔哈赤之间的关系；［日］和田清著、潘世宪译《明代蒙古史论集》（下），涉及满蒙关系问题；卢明辉著《清代蒙古史》，阐述了十七世纪至二十世纪初，蒙古社会在政治、经济、文化、宗教等方面的发展变化，尤其是前三章中涉及了十七世纪满蒙关系的诸多问题；乌云毕力格主编《满文档案与清代边疆和民族研究》，涉及了十七世纪满蒙关系问题；玉芝著《蒙元东道诸王及其后裔所属部众历史研究》，在第二章、第三章、第四章详细阐述了十七世纪左翼蒙古各部与后金乃至清廷的关系。上述研究成果从蒙古史和清史的视角阐述了满蒙关系，并取得了较大成果。

民族关系史方面的研究成果主要有白初一著《清太祖时期满蒙关系研究》，利用大量满文、蒙古文和汉文档案资料，全面系统地探讨了清入关前清太祖努尔哈赤时期的满蒙关系；杨学琛著《清代民族关系史》，在第二章、第三章中涉及满蒙关系方面的内容；此外还有黑龙著《满蒙关系史论考》。上述研究成果从满蒙关系史及民族关系史视角阐述了满蒙的特定关系，提出了很多新见解，并取得了较大成就。

民族政治学的研究成果主要有周星著《民族政治学》，这是国内率先从民族的政治属性出发，分析民族政治生活和民族政治问题的研究成果；高永久等编著《民族政治学概论》，提供了民族与政治关系的总括性认识；周平著《中国少数民族政治分析》，在第二章中对中国少数民族政治关系的含义、本质和结构等做了详细分析；杨顺清著《中国少数民族政治关系分析》，在第一章对少数民族政治关系的含义、本质等进行了分析，第二章对少数民族与国家的关系进行了分析，第五章和第六章对少数民族之间和少数民族内部的政治关系进行了分析。上述研究成果对中国历史乃至民族政治理论和现代民族政治关系进行了分析，从理论上做了概括性总结。因此，有较高的理论水准，为具体的民族政治关系的研究提供了理论基础。

有关十七世纪满蒙关系方面的论文主要有希都日古《林丹汗与广宁之战》《试论林丹汗西征的后果及其败亡》，［日］萩原淳平著、涛海编译《就交换国书看林丹汗的政治思想》《林丹汗一生及其时代》，张永江《十七世纪初东蒙古的政治局势与林丹汗》，白洪希《皇太极绥服漠南蒙古及作用》，王禹、柳岳斌《入关前后满洲与蒙古各部关系初探》，余梓东《论清代民族关系格局的形成与发展》，戴鸿义《论林丹汗的败亡》，王恩俊《论后金与漠南蒙古的关系》，白凤岐《试析明末清初满族、蒙古族关系史上的因果性》，［日］森川哲雄著、叶新民翻译《察哈尔部布尔尼亲王之乱》等。

以上几种研究成果中，除民族政治学研究成果外，大体上反映了国内外学者对十七世纪满蒙关系史的研究概况。这些研究成果主要从历史的不同视角，以传统为主的方式，对这一时期满蒙特定关系进行了研究和探讨，展示其历史背景、历史事实和发展变化的状况。因此，可以看成是传统研究领域获得的成果。那么，以此模式继续研究满蒙初期关系的同时，还可以探讨不同视角的研究。

近年来，有些学者从史料学、民族学和文化学的视角来考察满蒙关系，专题性研究主要有乌云毕力格著《十七世纪蒙古史论考》，其中的《明朝兵部档案中有关林丹汗与察哈尔的史料》一文利用明朝兵部档案说明林丹汗与察哈尔部的西迁，并分析了蒙古大汗对付后金的战术。《清初“察哈尔国”游牧地考》利用《蒙古文档》考察了清初察哈尔部游牧地，并说明与后金乃至清廷的关系。巴根那《天命十年八月至天聪三年二月科尔沁部与爱新国联盟》一文，利用满文、蒙古文原文文书档案再现了当时科尔沁部与后金的关系，并做分析总结。杜家骥著《清朝满蒙联姻研究》，主要利用清朝皇家族谱《玉牒》进行详细考察、归纳和总结满蒙联姻关系。苏日嘎拉图著《满蒙文化关系研究》，综合利用民族学、文化学等多学科的研究方法展现满蒙的物质关系、满蒙的制度关系、满蒙的精神关系等。敖拉著《从〈旧满洲档〉到〈满文老档〉——1626年之前满蒙关系史料比较研究》，对满蒙关系史料进行了详细研究，说明原档与抄本档之间有许多不同之处，尽量还原历史的本来面貌，具有重要意义。

从上述研究成果来看，当今许多学科对于十七世纪满蒙关系进行了多视角的研究，这无疑扩展了其研究空间，对满学、蒙古学的研究起到了推动作用。虽然满蒙关系的研究成果极其丰富，取得非常大的成就，但是在整个满蒙关系中，政治关系无疑是最根本、最重要的层面，而且直接影响其他层面的满蒙关系。如今对于满蒙政治关系的研究仍以传统的研究思维方式为主，依然是零散的部分研究，即满学、蒙古学、民族关系史中的部分内容。这些研究是必要的、非常有价值的，因此其成果能够引起多方学者的关注和认可。当前，中国政治学理论发展成为体系，尤其是民族政治学的发展成就也能够为系统而深入地研究十七世纪满蒙关系提供理论基础。因为“民族政治学十分强调自己的实践性，对实践存在的问题进行研究，强调研究本身与实践的结合，强调研究成果对于实践中的问题的意义，强调它的改造社会的功能”[①]。所以，从民族政治的视角，揭示和认识满蒙政治关系的特性，从而在更深层次上探求其所产生的深远影响已经有了可能。如果以民族政治学作为理论基础，研究具体的历史上的满蒙特定关系，对当前满蒙关系研究来说将会更深刻、更系统。十七世纪满蒙关系的研究正是要尝试这种新的研究方法，展开满蒙初期的特定关系的研究，把分散的研究系统化，并做初步的理论概括。这关系到满蒙关系研究的进一步深入和达到理论高度。本项目研究将突破此问题。当然，以往的研究成果为从新视角研究满蒙特

① 周平著：《民族政治学》（第二版），高等教育出版社，2007年，第7页。

定关系奠定了很好的基础，而且必须在前人研究的基础上进一步深入探讨。由于满蒙特定关系研究体系庞大、层次诸多，内容又复杂多变，因此为了突出重点，这里主要进行十七世纪满蒙关系，即满蒙初期的特定关系的研究。

十七世纪满蒙关系研究的内容非常繁杂，文献资料比较丰富，尤其近年来随着满学和蒙古学研究的深入，史学界发掘了大量的有关满蒙关系方面的满文、蒙古文和汉文档案文献资料。因此，满蒙初期政治关系的研究具有丰富的资料基础。同时，要系统而深入地探讨十七世纪满蒙关系，必须有相应的理论支撑，即史学理论和民族政治学等。因此，在十七世纪满蒙关系的研究中，既有理论基础，又有丰富的档案文献资料，种类多，数量大，分布广，并且还有较多的研究成果作为参考，为进一步深入探讨满蒙初期的特定关系提供了良好的前提条件。

三、研究方法及意义

研究民族特定关系，立足于当时民族关系，采取具体事件与相应理论结合的方法。用这一方法研究十七世纪满蒙关系时，主要针对历史事件及其特性进行探讨，而且要以满族和蒙古族为主体地位，以历史性和逻辑性相结合的原则，进行具体实证的分析归纳。研究主线，即十七世纪满蒙关系的同时，侧重从蒙古族历史的视角来探讨这一时期满蒙关系的形成、发展演变再到稳定的全过程。在此基础上，概括十七世纪满蒙关系的特性，并分析其对蒙古族历史、满族及清朝的历史，以及对中国历史的深远影响。对十七世纪满蒙关系进行系统而又深入的研究，还要运用文献法、比较法、学科交叉法等多种研究方法。

文献法是最基本的研究方法，因为十七世纪满蒙关系是历史上的民族关系，不是现当代的民族关系，利用多种文字资料，尤其是近年来发掘的满文、蒙古文和汉文档案及研究成果，这为十七世纪满蒙关系的研究提供了可靠依据。各类档案文献资料及其研究成果反映了当时蒙古各部的情况、满蒙关系、蒙汉关系和满汉关系，在记载上大体是一致的，并且能够相互印证，但也存在差异性。因此，要在比较鉴别的基础上区分真伪，确定其真实性后，直接选择最有价值的文献资料，以便更好地掌握和运用，使研究结论建立在扎实的文献史料的基础上。本项目着重于十七世纪满蒙特定关系的体系化和理论化的研究，目的就是要概括这一时期满蒙关系的特性和更深刻地认识其深远影响，从而为现实社会生活服务。因此，在运用档案文献时，不是以考证为主，而是以运用为主。

比较法是对两个或两个以上的事物或社会现象进行比较研究的方法。运用此方法对十七世纪满蒙关系的动态性做静态分析。在研究中，比较的内容较丰富，有档案文献资料的比较鉴别，有不同时期的民族政治权力和政治权利等问题。通过比较，尊重历史的客观性，透过现象看本质，以便更好地了解十七世纪满蒙关系的特性，找出其中历史现象的共同点和差异性，展示满族族体和蒙古族族体各自的历史状况，以及双方或多方的相互影响，从而发现满族、蒙古族和中国历史的发展规律。运用比较的方法，进一步了解十七世纪满蒙关系的深层含义和本质。

由于十七世纪满蒙特定关系中不仅有满族和蒙古族两大族体之间的民族关系，而且还涉及族际关系，除林丹汗政权及蒙古各部与后金的关系以及后金统治下的满蒙关系之外，还有蒙古各部落集团与蒙古大汗及察哈尔部之间的关系。这些关系不仅影响到满汉关系和蒙汉关系的发展变化，还影响到蒙藏关系，进而促进满藏关系的形成。因此，本项目研究涉及面非常广，关系到满学、蒙古学、历史学、民族政治学等诸多学科领域，具有多学科交叉的特点。为了理顺这些关系，突出本项目研究，就要以相应的理论和民族政治学作为理论基础，研究既定的民族关系，即满蒙初期的民族关系，而且必须以跨学科的综合性为原则，做好多学科之间的有机结合和概括总结。因此，本项目要在多学科交会处展开综合性研究的同时，运用多学科的方法加以整合，以便更好地探讨十七世纪满蒙关系，而不是机械地硬加拼凑。

在十七世纪满蒙关系的研究中，既要注重民族政治学的层次性原则，又要注重历史性的具体问题，强调对既定各自族体与族体社会某一段的历史格局、民族政策以及族际关系的分析。这样动态的历史现象就被赋予静态剖析的色彩，不与历史学的分析方法相矛盾。利用这些研究方法可以了解十七世纪满蒙关系中历史事件的完整过程，追寻满蒙关系历史渊源，包括不同时期的变迁，并以变迁的分析与民族政治学的层次研究方法互补衔接，而不是孤立和相互排斥。因此，在十七世纪满蒙关系的研究当中，将零散的历史事件体系化的同时，又需要根据具体的研究命题展开具体分析，注重结合几种方法探讨具体问题。如满蒙初期政治关系中，不同时期涉及的族体政治权力和部落集团的政治利益问题，要遵循历史变迁的规律，不回避历史实际来剖析其实质，进而总结历史经验，证实历史，尊重历史，最终为现实服务。

上述研究方法为满蒙初期政治关系的研究提供了各种分析方法，以民族政治学为理论基础，对不同层面的历史现象进行分析，针对各不相同的具体事件进行系统而综合的研究，将更好地了解满蒙初期政治关系的不同层面以及实质问题，增强对研究对象的全面了解和把握，从而达到一定的理论高度，促进此项研究的深入。

系统而深入地研究满蒙初期政治关系意义重大，具有重要的学术价值、理论价值和实际应用价值。

十七世纪满蒙关系的研究在许多传统研究领域，如民族关系史、满蒙关系史、满族史、清史、蒙古史研究领域中都有所涉及。尤其是具有国际声誉的独立学科——满学和蒙古学，已将满蒙关系纳入研究范围，但对十七世纪满蒙特定关系还没有专题研究。以往的满蒙关系研究成果虽然很丰富，但依然是零散的、部分的研究。因而，本项目对满蒙初期特定关系的研究立足于系统化和整合化，以推动满学和蒙古学的研究发展，这也是本项目研究的根本目的和出发点。

十七世纪满蒙关系的研究作为一次系统而又深入的专题研究，将以往零散的或其他领域涉及的一些研究成果汇集成一个整体进行探讨，并以新理论成果——民族政治学为理论基础，以满蒙初期特定关系的历史进程为主线，侧重蒙古族历史的研究。当前政治学理论发展已成体系，尤其是民族政治学理论的发展成就，为研究民族关系提供了理论基础。所以采取一种新的研究思维方式已经有了可能，也是很有必要的事情。本项目研究以民族政治学为理论基础，对十七世纪满蒙关系的探讨将会更全面、更深刻。以往的研究成果为从新视角研究十七世纪满蒙关系奠定了基础，这也是本项目研究能够顺利完成的一个前提条件。研究十七世纪满蒙关系的过程中，将新理论与历史上具体的满蒙关系相结合进行探讨，其本身就是一种重要尝试。因此，在本项目的绪论中，将满蒙关系、满蒙特定关系、十七世纪满蒙特定关系的含义以及相互关系做一概述。这明确了十七世纪满蒙关系的研究目标，即探讨其特定关系的形成和发展变化，以及逐渐稳定下来的全过程。在此基础上，进一步概括分析十七世纪满蒙关系的特性，详细分析其对蒙古族历史的影响，以及对满族与清朝历史和中国历史的深远影响。以十七世纪满蒙关系为主线，围绕满族和蒙古族两个民族政治体系的发展变化情况进行探讨，分析其对政治体系变化的影响因素，确认重要历史人物的角色及影响，尤其对林丹汗在十七世纪满蒙特定关系中扮演的角色与产生的影响进行详细分析和概括性总结。这些研究尽力展现满族族体和蒙古族族体在各自社会变迁与相互关系中的自然性与因果性，从而帮助人们重新了解一些问题，如林丹汗及察哈尔部与后金的关系、科尔沁部与后金的关系、满蒙政治联姻等问题；重新了解皇太极征服漠南蒙古的过程及他的角色；对察哈尔部及布尔尼兵败等类似问题的探讨。在诸多探讨中，以史学理论和民族政治学的相应理论提炼之后，这些问题将会达到一个新高度。因此，本项研究既是专题系统的研究，又是在深层上的综合性研究。如十七世纪满蒙特定关系的特性及影响等。由此可知，本项目不仅对十七世纪满蒙特定关系进行体系化研究，还能够进一步探讨新的研究方式，从而更有利于促进新兴的民族政治学的发展。

十七世纪满蒙特定关系研究不仅是学术领域的重大问题，更能为现实各民族和谐发展服务。我国是一个多民族国家，民族关系有历史性和延续性。这不仅是民族生活的重要内容，也是社会生活的重要内容。

十七世纪满蒙关系的影响力是从族际交往和不断扩展的过程中逐渐显现的。在主流的满蒙关系中，既有冲突型，又有合作型，最终形成了较稳定的民族关系形态。这为清朝满蒙关系的扩展奠定了基础，也就是说十七世纪满蒙关系的稳定，为满蒙中期关系与满蒙后期关系的扩展和进一步稳定奠定了基础，也为清朝统一多民族国家的建立和巩固奠定了基础。在十七世纪的满蒙关系中，满族和蒙古族在清朝统一多民族国家的形成过程中扮演着重要角色，这无疑对中国统一多民族国家的发展具有重要意义。

第一章　十七世纪满蒙关系的形成

自古满族和蒙古族是两个相邻的民族，两个民族的先祖具有长期交往的历史。十六世纪末至十七世纪初，满族和蒙古族在各自的社会变化和地区局势巨变的背景下，满蒙关系逐渐形成，这自然有历史的延续性。

满蒙关系的形成，首先是以部族联盟或军事冲突的形式出现的。正是这种关系，促使双方交往范围不断扩大，形成了满蒙关系。在满学或清史、蒙古学或蒙古史中常提到的后金征服漠南蒙古的原因和过程，以及后金对蒙古的政策，或漠南蒙古归附后金等诸多问题都能够体现满蒙初期的关系史。在这些问题中，虽然能够体现双方关系的历史性，但不是完整的。所以，在吸取一切前人研究成果和其他学科成就的基础上，全面系统地考察满族先世女真人和蒙古各部族之间长期相互关系的历史渊源，同时以十六世纪末至十七世纪初的社会巨变为背景，进一步探讨满蒙关系的构成问题，具有重要意义。

第一节　满蒙关系的历史渊源及背景

满蒙关系的历史渊源和延续的时间跨度较大。满族先世和蒙古族先世之间的交往和联系可追溯到十世纪的辽朝，再经十一世纪至十二世纪的金朝和十三世纪至十四世纪的元朝，以及十五世纪至十七世纪初期，基本上没有中断。十六世纪末至十七世纪初期，明廷、蒙古诸部和女真诸部的内部都在发生变化。由于三方地理位置相邻，三者相互之间的冲突和联系便越来越多，相互影响也愈来愈大，于是满蒙关系的形成就有了可能。学界对满族先世和蒙古部族之间相互关系的研究，大多是围绕辽朝、金朝、元朝和明史中涉及的具体问题而展开的。在此，从历史延续性出发，对满蒙关系的历史渊源及背景做概括性梳理，可以了解满族先世与早期蒙古各部族以及元代、明代相互关系的演变过程。这对了解满蒙关系形成的历史背景等方面具有重要意义。

一、辽金时期

满族先世女真人和蒙古族先世之间的相互联系源远流长，早在契丹人建立的辽朝（916—1125）时期，东北亚的满族先世女真人和蒙古高原的蒙古语族各部落就在其管辖之下。辽太祖耶律阿保机（872—926）称帝（耶律阿保机于907年被推举为可汗，于916年称帝）之前，任契丹迭剌部夷离堇（即军事首领），“专征讨，连破室韦”，又讨“黑车子室韦”，“东北女直之未附者，悉破降之”[①]。可见，契丹人多次使用武力征服与之相邻的北部部族和东北部部族，并且为了加强管理，在政权建设中采取了一些有效措施。按照游牧民族政权的传统，辽朝契丹人不仅继承了匈奴帝国的政治制度，还创设了新的政治机构。经辽太祖、辽太宗，再至辽世宗，辽朝形成北面官和南面官两个系统，而地方实行部族制和州县制并存的制度。由于契丹族以及被征服的诸部族的生产和生活方式基本相同，未改变被征服部族的原有组织，任命原酋长为夷离堇、土屯、大王等管理部落事务；在农业地域设路、州等地方机构，由招讨使司管辖。可见，契丹人与东北地区的女真诸部和蒙古高原的游牧诸部建立了较密切的特定关系，同时又有效地管理了农业地域。辽廷的分而治之，使其管辖的部族得到了发展机会，形成了一些地域性的部落组织，女真各部的活动地域不断扩大。《辽史》记载，女真部落组织主要有生女真、滨海女真、长白山女真、鸭绿江女真、黄龙府女真、回跋女真、蒲卢毛朵女真、北女真、南女真、曷苏馆女真等。辽廷对他们采取了两种不同类型的管理体制，即“系辽籍”和“不系辽籍”。“系辽籍”为受印系籍，由辽廷直接管辖，称为“熟女真”；“不系辽籍”为不受印系籍，不受辽廷直接管辖的女真人，称为“生女真”。辽朝中期，女真人的社会经济、文化等各方面有较大发展，为女真诸部的兴起和统一奠定了基础。而在女真诸部

① 〔元〕脱脱等撰：《辽史》卷一《太祖本纪上》，中华书局，1974年，第10页。

中，生女真完颜部势力最为强大，逐渐成为统一各部的核心。经过几代人的努力，生女真部落联盟不断发展壮大，天庆五年（1115），阿骨打（1068—1123）建立金国，并先后统一女真各部，建立了一个稳定的政治实体，促进了女真族的形成。金朝（1115—1234）不断发展壮大，基本上占领了黄河以北地区，并先后统辖蒙古高原诸部。金朝基本继承了辽朝的政治制度，设东北、西北、西南三个招讨使司，以管辖蒙古高原诸部。

辽朝统治时期的蒙古高原诸部没有得到女真人那样的发展机会，但是蒙古语族各部与契丹人的关系比较密切，几乎没有发生过较大冲突，各部落集团渐渐壮大起来，尤其是成吉思汗家族尼伦蒙古不断壮大，逐渐成为蒙古部落联盟的核心。

从辽朝至金朝，蒙古语族各部落与女真人的关系不像与契丹人的关系那么融洽，具有较强烈的反金情绪。然而，金朝把主要精力放在向南扩张上，放松了对蒙古语族各部的统辖，为防御蒙古部、克烈亦惕部、乃蛮部以及邻近区游牧部落的侵扰，就修筑界壕来加强防守。这为蒙古语族各部的发展壮大带来了机遇，在没有更多外部压力的情况下，成吉思汗的曾祖父合不勒汗统一了蒙古部，即尼伦蒙古和迭儿列勒蒙古两大系，并建立了蒙古部落联盟性质的国家。合不勒汗“名声昭著，是自己部落和属民的君主和首领”①。

①［波斯］拉施特主编，余大钧、周建奇译：《史集》（第一卷第一分册），商务印书馆，1997年，第42页。

金朝为控制蒙古部，曾多次用兵，但未能取胜，皇统七年(1147)，“乃割地与之议和”[①]。《史集》记载，金国曾派使臣邀请合不勒汗，金国皇帝给予合不勒汗最高规格的款待。因为在“阿勒坛（金）汗的心目中，合不勒汗是一个值得尊敬的伟人”[②]。可见，当时的合不勒汗已经威震金国。与此同时，蒙古高原游牧部落中的塔塔儿、蔑儿乞、克烈亦惕、乃蛮、汪古惕等几大部落联盟也得到发展壮大。这些部落联盟之间以及与金朝之间，没有大规模的冲突，但小范围的族际矛盾和战争是常有的。

伴随着蒙古高原游牧部落的日益强大和伺机南下，金国也采取了相应的应对措施。首先，为防止其南下，全国效仿中原王朝修筑界壕，派重兵驻守。汪古惕部归附金国后，守卫在界壕西段的阴山一带。金国为削弱各部势力，实行“烧荒减丁”政策，遣兵北上，放火烧草场，返军时捉人丁为奴。这给蒙古高原的各部落联盟带来了极大灾难，致使生产遭到破坏、人口减少、社会危机加深。因此，蒙古、克烈亦惕等部落联盟非常痛恨金国，并成为抗金的主要力量。同时，金国还实行“以夷制夷”的政策，利用各部之间的矛盾和内讧来达到控制这些部落的目的，为牵制蒙古和克烈亦惕两大部落联盟，进而支持塔塔儿部。蒙古部在合不勒汗之后，由俺巴孩汗继位。俺巴孩汗将女儿嫁给塔塔儿人，他

① 冯承钧译：《多桑蒙古史》，上海书店出版社，2001年，第66页。

② [波斯] 拉施特主编，余大钧、周建奇译：《史集》（第一卷第一分册），商务印书馆，1997年，第422页。

“亲自送去，被塔塔儿人拿了，送与大金家”[①]。金朝皇帝下令，“用铁钉将俺巴孩汗钉到‘木驴’上”。“又一次，塔塔儿部找到机会，捉住合不勒汗的长子斡勤巴儿合黑，将他送到阿勒坛汗处，将他钉在‘木驴’上杀死”[②]。因此，蒙古部对金朝皇帝的仇恨愈来愈强烈。《史集》记载，俺巴孩汗被金国杀害后，忽图剌汗及宗亲为复仇，征战塔塔儿十三次，直到成吉思汗时，双方仍经常发生冲突；同时与金朝阿勒坛汗的部落和军队作战，洗劫了他的部分地区。于是，蒙古部不仅与金国关系紧张，与草原游牧部族之间的内讧也更加剧烈，出现了“星天旋回焉，列国相攻焉，不入寝处而相劫焉。大地翻转焉，普国相攻焉，不卧其衾而相斗焉”[③]的状况。对此，金国无能为力。忽图剌汗之后，合不勒汗的次子把儿坛把阿秃儿之第三子也速该把阿秃儿率部继续征战塔塔儿部。后来塔塔儿人害死也速该把阿秃儿之后，蒙古走向分裂，成为一盘散沙。

在蒙古草原的战乱中，也速该把阿秃儿的长子铁木真（1162—1227）脱颖而出。《蒙古秘史》记载，金大定二十九年（1189），铁木真被推举为成吉思汗。从此，蒙古重新走向更广泛

① 道润梯步著：《新译简注〈蒙古秘史〉》，内蒙古人民出版社，1978年，第52页。

② ［波斯］拉施特主编，余大钧、周建奇译：《史集》（第一卷第一分册），商务印书馆，1997年，第169页。

③ 道润梯步著：《新译简注〈蒙古秘史〉》，内蒙古人民出版社，1978年，第305页。

的统一。同时，成吉思汗也掌握了抗金的领导权，并走向强盛之路。成吉思汗最大的敌人是塔塔儿部和金国，起初还无力与之抗衡。然而，历史给成吉思汗提供了绝好的机会，金国与塔塔儿部之间发生了矛盾，并不断加深。金明昌六年（1195），塔塔儿部举兵抗金，次年金国丞相完颜襄率兵攻打塔塔儿部，将其击溃，塔塔儿人败逃浯勒札河一带。完颜襄追剿，并遣使至成吉思汗处，告之“驱蔑古真薛兀勒图等塔塔儿及其马群，啮食而来，其勿相疑”[①]。因此，成吉思汗以复仇为名，动员族人，与克烈亦惕部首领脱斡邻勒联合出战，进攻塔塔儿部。最终，成吉思汗战胜塔塔儿部，使其首领蔑古真薛兀勒图被俘并被处死，塔塔儿部走向衰落。完颜襄对成吉思汗和脱斡邻勒的帮助感到非常高兴，封克烈亦惕部首领脱斡邻勒汗为王，从此称之为“王汗”。完颜襄对成吉思汗大加夸奖，封其为“札兀惕忽里”[②]，并答应回朝后“将奏闻此功于阿勒坛汗，加成吉思合罕以更大号，招讨之号”[③]。浯勒札河之战后，塔塔儿人一蹶不振，势力锐减，丧失了强大部落集团的地位，而成吉思汗不仅为父祖成功复仇，还获得了大量战利品，实力得到提升。更重要的是，在部族当中，成吉思汗的威信大增，又缓和了与金国的关系，这对提高成吉思汗的地位起到了重要作用。

---

①②③ 道润梯步著：《新译简注〈蒙古秘史〉》，内蒙古人民出版社，1978年，第99—100页。

金国入主中原后，将主要精力放在中原的经营和继续南下方面，却忽略了北方草原。成吉思汗从大定十九年（1179）至泰和五年（1205），历过二十七年的奋斗，终于统一了蒙古高原诸部，于泰和六年（1206）建立了“也赫·忙豁勒·兀鲁思”，即大蒙古国。大蒙古国的建立不仅结束了蒙古高原的混战局面，更重要的是出现了新的、稳定的、强大的政治实体，从而促进蒙古民族共同体的形成，由此，蒙古族登上了世界民族的大舞台。大蒙古国建立后，极大地推动了蒙古社会的发展和进步，改变了金国与北方各部之间的关系，出现了蒙金对峙的局面。

二、元朝时期

大蒙古国建立之后，蒙金关系发生了明显变化，金国已经感受到“唯北方当劳圣虑耳”[1]。泰和八年（1208），金章宗病逝，金卫绍王即位，并遣使到大蒙古国告知。成吉思汗与卫绍王曾接触过，知道他“柔弱鲜智能”，因此得知卫绍王登基后拒绝受拜，还向南唾曰：“我谓中原皇帝是天上人做，此等庸懦亦为之耶，何以拜为！”[2]成吉思汗此举和态度，说明大蒙古国与金国已终止原有的关系。成吉思汗做好了为血亲复仇、讨伐金国的准备之后，于大安三年（1211），亲自率军南下。蒙金战争历时二十四年，到

①〔元〕脱脱等撰：《金史》卷一二一《忠义传》，中华书局，1975年。
②〔明〕宋濂撰：《元史》卷一《太祖纪》，中华书局，1976年。

成吉思汗的继承者窝阔台汗时期，大蒙古国于天兴三年（1234）灭金，获得最后胜利。从此，中原地区完全进入大蒙古国的管辖范围，于是蒙金关系再次发生巨大的变化，女真族的社会生活发生了重大变化。

在蒙金战争及金灭亡后，一些女真族官僚、将领接受并认同大蒙古国，有的还建功立业，如粘合重山、赵良弼、乌古孙泽等。女真人的居住范围也比以往扩大了许多，在中原地区和北部（今内蒙古自治区一带）的女真人，有几十万，大多与当地的汉族和蒙古族融合，汉化趋势进一步加剧。还有一些女真人融入蒙古人中，他们当中“不通汉语者，同蒙古人”[①]。一些女真人因长期与蒙古军民往来，还取了蒙古名。可见，当时社会政治局势的变化使女真人的生活发生了很大变化。蒙古东部是女真人的故土，亦是人口聚居之地，金灭亡后，部分女真人退回故乡东北，与当地女真人共同生活，保持本民族特征，并且与蒙古人关系密切。成吉思汗把蒙古东部地区封赏给诸弟，其中包括女真人聚居区。如成吉思汗幼弟铁木哥·斡赤斤的封地是“蒙兀东北面界外涺剌沐涟（今松花江）以北，跨有纳沐涟（今嫩江）”[②]。在斡赤斤的封地上，他的所属蒙古部众“与女真种人错处”[③]。当时蒙古东道王（成吉思汗诸弟）部众中，有蒙古族人与女真族人在同一片区

---

①〔明〕宋濂撰：《元史》卷一三《世祖纪》，中华书局，1976年。

②〔清〕屠寄撰：《蒙兀儿史记》卷二二《成吉思汗诸弟列传》，中华书局，1962年。

③〔清〕屠寄撰：《蒙兀儿史记》卷七五《乃颜哈丹列传》，中华书局，1962年。

域共同生活，这为他们的长期交往提供了天然条件。

从行政体制方面来看，元朝东北地区设立辽阳行省，下设路、府等机构来管辖。这里的女真人可分为三大部分，从南至北分布的是熟女真、生女真、水达达女真。在女真人聚居区主要设开元路和水达达女真路，南部地区的女真人散居于辽阳、沈阳等路的管辖区内。元朝统治者承认女真诸部原有的领地，在其故地因“无市井城郭，逐水草为居”，还“以射猎为业”，因此采取“设官牧民，随俗而治”①的措施，设总管府、万户府、千户所等军政机构来管辖，主要有“军民万户府五，即桃温、胡里改、斡朵怜、脱斡、孛苦江”②等万户府。任命女真酋长任之，统领其部众。元朝政府主要向女真人征收粮食、布匹、皮草等，随着蒙古战争的扩大，对女真人的征军徭役有所增多。

金末元初，金军、契丹军、蒙古军经过激烈的争夺和乃颜之乱（东道王之乱），东北的女真人居住地区曾被战争破坏，南部地区不同族体部落之间的矛盾和阶级矛盾并存。因此，元朝政府曾采取一些缓和矛盾和恢复生产的积极措施。《元史》记载，至元六年（1269），开元等路发生饥荒，元朝政府减免赋税，赈济灾民；设蒲峪路屯田万户府、肇州屯田万户府等；采取扶持政策，向东北地区女真人发放耕牛和农业生产工具。元朝政府通过一系列措施，对东北女真各部进行有效管理，使女真人附着在土地上，不

①②〔明〕宋濂撰：《元史》卷五九《地理志》，中华书局，1976年。

能随意迁徙，担负起朝廷赋役。在元朝政府的积极经营下，女真各部的社会政治、经济和文化等方面得到发展，对推动蒙古部族与女真族相互关系的发展起到了积极作用。各部族在相互交往的过程中，一些女真人与蒙古人融合，成为蒙古人；一些蒙古人与女真人融合，成为女真人。女真人受蒙古的政治、经济和文化的影响非常深。如一些女真人与蒙古兀良哈部人多年交往、长期杂居，已经蒙古化，甚至有的女真千户府的千户长名称都已经是蒙古称呼了。在民族融合的过程中，开元路和水达达女真路居住的女真人，逐渐形成建州女真和海西女真两大部落集团。

三、明朝时期

至正二十八年（1368），明朝军队北伐，占领大都，危急之际，元惠宗妥懽帖睦尔出走大都，北上上都（元夏都，今内蒙古自治区正蓝旗境内）；明洪武三年（1370）迁至应昌（今内蒙古自治区克什克腾旗境内），标志着元朝对中原统治的结束。如此大的变化，影响了蒙古东部的女真各部族的社会生活。明朝向北扩张之际，一些女真部族聚居的地区进入明朝统治范围之内，于是女真部族与其他部族之间的相互关系也出现了复杂的局面。居住于黑龙江、吉林地区的大部分女真部族仍受故元太尉纳哈出直接管辖，这对于明廷而言威胁很大，辽东地区又是连接高丽的中间地带，地理位置十分重要。因此，明廷要想征服元廷，就必须消灭大敌纳哈出。为此，明廷加紧了对辽东的经略力度。洪武四年

（1371）二月“故元辽阳行省平章刘益以辽东州郡地图并藉其兵马钱粮之数，遣左丞董道、佥院杨贤奉表来降”①。明廷设辽东卫，刘益任指挥同知。这就打乱了原有的各方关系，尤其是对蒙古部族与女真部族的关系产生了很大影响。在元末明初的明蒙战争中，元廷逐渐失去了战略上的主动权。在明廷的招抚之下，洪武十五年（1382）二月，“故元鲸海千户所速哥帖木儿、木达千户所完者帖木儿、牙兰千户所皂化自女真来归”②。次年，故元海西阿鲁灰遣使归明。此后，一些女真部族陆续归附明廷。

明廷在归附的女真部族的居住区内建立了诸多羁縻卫所来管辖，防御蒙古威胁，但辽东地区的纳哈出仍很有势力，“士马强盛，可谓有志之士”③。当时，“以纳哈出为首的诸臣不仅控制着整个辽东地区，而且彼此之间相互声援，成为明朝进入辽东的最大障碍”④。明廷为解除威胁，在多年经略女真部族的基础上，于洪武二十年（1387）派名将冯胜征讨纳哈出。纳哈出由于缺乏声援，被迫降明。明廷“得其各爱马所部二十余万人，羊、马、驴、驼、辎重亘百余里”⑤。此后，故元辽王阿扎失里、会宁王塔宾帖木儿等陆续降明。次年，明军北上，在捕鱼儿海（今贝尔

---

①《明太祖实录》，洪武四年二月壬午，上海书店出版社，1984年。

②《明太祖实录》，洪武十五年二月壬戌，上海书店出版社，1984年。

③《明太祖实录》，洪武二年四月乙亥，上海书店出版社，1984年。

④ 白初一著：《清太祖时期满蒙关系研究》，内蒙古科学技术出版社，2008年，第2页。

⑤《明太祖实录》，洪武二十年六月丁未，上海书店出版社，1984年。

湖）之役中大败蒙古主力，脱古思帖木儿汗西逃，途中被权臣也速迭儿杀害。从此，蒙古社会陷入了混乱状态，权臣争霸，各自立汗，大汗汗权衰退。于是，蒙古东部女真地区便出现了权力真空现象，各部酋长和地方权贵各自为政，互不统属，彼此争夺，也陷入战乱之中，辽东地区成为明廷、蒙古和高丽三方争夺的对象。洪武二十二年（1389）五月，明廷在辽东地区以阿扎失里部众为基础，设置泰宁、朵颜、福余三个羁縻卫①，管辖蒙古兀良哈部，史称“兀良哈三卫”或“朵颜三卫”。兀良哈部是较大的部落集团，“是东部蒙古往流四大部或四万户之一，是成吉思汗幼弟斡赤斤后裔统治下的三个部落，这三个部落的本名分别是往流、我着（兀者）和五两案（兀良哈）”②。他们与女真部族相邻，甚至杂居，因此在嫩江流域和呼兰河流域的蒙古部族与女真部族有着千丝万缕的联系，甚至有的女真部族就隶属三卫。总之，在蒙古与明朝的关系中，东北地区的女真人时而归明，时而在蒙古管辖之下。因此，从蒙古部族与女真部族的关系来看，既有冲突，又有友好来往，甚至具有割不断的姻亲关系。

纳哈出降明之后，蒙古失去了辽东地区的管辖权，与女真部族的相互关系发生了较大变化，尤其在明廷的积极经略之下，女真部族纷纷归附明廷。从永乐元年（1403）至宣德年间，女真各

---

①《明太祖实录》，洪武二十一年十月辛卯，二十二年五月癸巳，上海书店出版社，1984年。

② 宝音德力根：《十五世纪前后蒙古政局、部落诸问题研究》，1997年。

部基本归附明廷。

在女真人集聚地区，明正统年间以前，“设置的一百八十四卫（不含朵颜、福余、泰宁三卫）、二十所、三十八地面，统统当作女真卫所”[①]。但是，由于女真人与蒙古人相邻或杂居，因此无法断开他们的诸多来往，两族之间仍有密切的交往。如永乐六年（1408）“三月，戳儿河女真野人头目忽失歹、安苦等来朝，命忽失歹为福余卫指挥佥事，安苦等为千百户、镇抚，赐钞币有差”[②]。这里提到的女真人仍是福余卫的属部。

女真人归附明廷后，接受并运用明朝官号，但蒙古部族的社会制度和政治文化仍长期影响着他们。如明初“建州首领阿哈出、猛哥帖木儿及叶赫等部首领在内，都有元朝万户、千户、百户的官号以及达尔罕等称号”[③]。在女真贵族中也有蒙古传统的政治称号，一些女真部落首领称“汗”号。如哈达部的王台被称为汗，叶赫部的仰加奴被称为“金台失”（台吉），乌拉部兀巴海有“巴图鲁”（勇士）称号，拉布泰有“扎儿胡七”（断事官）的官名等。这些足以说明蒙古政治的影响力或阿尔泰语系部族的政治传统仍保持着联系性和延续性。

明廷为安抚和控制辽东地区的众多卫所，于永乐六年（1408），

---

① 袁闾琨等著：《清代前史》，沈阳出版社，2004年，第20页。

②《明太宗实录》，永乐六年三月壬辰，上海书店出版社，1984年。

③ 达力扎布著：《明代漠南蒙古历史研究》，内蒙古文化出版社，1998年，第262页。

在辽东北段建立奴儿干都司。但是，“羁縻卫所的设置并不能说明明朝对这些地区的实际控制和统治”[①]。因为奴儿干都司的主要任务是招抚女真人，以及在各卫所发放一些赏赐而已。当蒙古内部动荡以及与明廷关系紧张时，会影响到辽东地区已被明廷羁縻的女真部族。永乐八年（1410），明朝方面把“建州卫指挥使释家奴为指挥佥事，赐名李贤忠……释家奴者，指挥阿哈出之子，皆以从征有功也”[②]，可是建州、毛怜等卫曾跟随蒙古部族出征，这又促使明成祖亲征蒙古权臣阿鲁台，自永乐二十年（1422）连续三年的远征。“毛怜卫指挥猛哥不花等率子弟部属从征施北，还京辞归，赐钞有差”[③]。“建州卫指挥使猛哥帖木儿移庆源府，关曰：‘前年十月，以大明助战，入归还来时，皇帝圣旨：猛哥帖木儿所居在鞑靼军马路边，可于朝鲜地移居。’”[④] 女真部族跟随明成祖出征相邻的蒙古部族时，迫使阿鲁台东进于辽东地区，这使女真部族受到了很大威胁。因此，女真人虽然跟随明成祖出征，但又惧怕阿鲁台，于是便南迁避居。当时朝鲜人听兀良哈人说：“吾等在前，于建州卫奉州古城内居住二十余年，因鞑靼军去，二月十七日，入侵都司李满住率管下指挥沈时里哈、沈者罗老、盛舍歹、童所老、

① 王宝平：《明初至后金兴起前蒙古与女真关系研究》，2008年。

②《明太宗实录》，永乐八年八月乙卯，上海书店出版社，1984年。

③《明太宗实录》，永乐二十二年九月辛巳，上海书店出版社，1984年。

④《李朝世宗实录》，世宗五年六月癸酉，中华书局，1980年。

盛者罗大等一千余户，到婆猪江（今浑江）居住。”[①]李满住南迁后，则又被朝鲜人攻打，处境非常艰难。在此，南迁的建州女真为了生存，受朝鲜和明廷的影响，开始学习农业生产，同时经济贸易的交往也日益频繁，为日后的发展奠定了基础。宣德年间，虽然大多数女真部族已经归附明廷，但阿鲁台仍控制着兀良哈三卫以及海西女真地区，并且还能够影响建州女真。

综上所述，自十四世纪末至十五世纪中叶，蒙古社会局势以及与明廷之间关系，对辽东地区的女真社会产生了非常大的影响。尤其是在明廷统治扩展到辽东及北部地区之后，蒙古部族与女真部族之间的关系也发生了很大变化，变得错综复杂。一些女真部落虽然进入明廷管辖范围内，但与蒙古部族的关系并没有中断。女真部族在与蒙古部族、明廷之间的互动中，其自主性也日益加强，尤其是依靠明廷后，一些部落得到发展壮大，促使他们形成新的部落联盟。如海西女真、建州女真部落联盟就是在这样的社会局势中逐渐形成的。

十五世纪中叶，蒙古部族出现了短暂统一，其势力向东扩张到女真地区，于是这一地区再次动荡不安，社会政治无法稳定。正统年间，蒙古瓦剌部首领脱欢为了战胜阿鲁台，多次“遣人交通兀良哈、女真诸部”[②]。于是，兀良哈三卫部众南移并不断沿漠南

---

①《李朝世宗实录》，世宗六年四月辛未，中华书局，1980年。

②《明英宗实录》，正统元年九月戊申，二年十月壬午、十一月己亥，上海书店出版社，1984年。

明边向西推进。阿鲁台败亡后，兀良哈三卫归附脱脱不花汗（1433—1452年在位），包括一些女真部族在内。正统五年（1440），脱脱不花汗遣朵颜卫招抚海西女真各部，于是他们与兀良哈三卫一同侵扰明辽东边境。正统七年（1442）十月，“兀良哈达贼纠合野人女真共千人，自毡帽山入犯广宁、前屯等卫界”[①]。正统九年（1444），明廷出击三卫，使其遭重创，并引发兀良哈三卫和女真部族之间的矛盾冲突。是年，兀良哈三卫拘杀肥河卫女真派往明廷的使臣，劫夺兀者卫女真往诸卫市易所赍之财物[②]。于是女真人与明廷联合，并得到其支持。正统十一年（1446）至正统十二年（1447），脱欢之子也先多次东征兀良哈三卫，“朵颜、泰宁皆不支，乞降，福余独走避脑温江，三卫益衰”[③]。兀良哈三卫的遭遇使女真部族感到不安，他们“预料也先既灭三卫，欲歼海西，诸种野人莫不畏惧，不敢宁居”[④]。正统十二年（1447）四月，也先给女真部族施加压力，要求兀者卫“馈送粮食”[⑤]。是年十月，也先开始“东极海滨，以侵女真”[⑥]，势力已达黑龙江流域。明廷方面曾指责蒙古以元朝的名义招诱明廷属下的女真部落，为此，蒙古与明廷的冲突终于爆发了。

---

①《明英宗实录》，正统七年十月癸丑，上海书店出版社，1984年。
②《明英宗实录》，正统九年九月壬寅，上海书店出版社，1984年。
③〔清〕张廷玉等撰：《明史》朵颜传，中华书局，1974年。
④《李朝世宗实录》，世宗二十九年六月戊子，中华书局，1980年。
⑤《明英宗实录》，正统十二年闰四月戊寅，上海书店出版社，1984年。
⑥《明英宗实录》，正统十二年十月辛酉，上海书店出版社，1984年。

也先南下，脱脱不花汗攻辽东，取得较好战绩，控制了女真部族的大部分地区。归附蒙古的海西女真和建州女真乘势频繁抢掠辽东地区。不久，也先被杀害之后，蒙古发生内乱，女真部族与蒙古的关系逐渐疏远，与明廷的关系得到缓和。

蒙古政治局势的变化直接影响了与东部女真诸部的关系。随着兀良哈三卫的南移，海西女真诸部南迁至叶赫、乌拉、哈达、辉发等河流域，经过各部之间的兼并，逐渐形成了扈伦四部。其中最强盛的是哈达部，努尔哈赤（1559—1626）的祖先也曾依附哈达部万汗。哈达部首领王台以“远者招徕，近者攻取，其势愈盛。遂自称哈达汗，彼时夜黑（即叶赫）、兀喇（即乌拉）、辉发及满洲所属浑河部，尽皆服之”[①]。这是明代女真人最早建立的部落联盟性质的政权，之后这种政权相继而出。

在各方局势的剧烈变动中，蒙古部族和女真部族时而合作，时而对抗，相互影响。在女真各部的大迁徙行动中，形成了新的三大部落集团，除海西女真外，还有建州女真和野人女真。当然，这早已不是以血缘关系为纽带，而是地缘性的部落集团，其中，还有不少女真化的蒙古人。如叶赫始祖星根达尔汗一系源于蒙古。建州女真主要是由斡朵里（也作斡朵怜）部、胡里改部、毛怜部南迁辽东地区，因明廷招抚为建州卫而得其名。他们受汉族和朝鲜族的经济、文化影响，逐渐强大起来。海西女真因忽剌

①《清太祖实录》卷一，中华书局，2008年。

温部在明初迁徙到海西江（今松花江）沿岸而得名，当地的女真人和蒙古人杂居。正统朝（1436—1449）以后，海西女真逐渐南迁，经各部之间的兼并，逐渐形成扈伦四部。其中，叶赫部与相邻的蒙古诸部的关系更为密切。十五世纪初，星根达尔汗率领部分土默特人，从扈伦河流域迁徙到海西地区，与当地女真部族融合为纳喇氏。叶赫部因居于叶赫河北岸而得名，是蒙古部族与女真部族混合的共同体[①]。

十五世纪末至十六世纪初期，达延汗重新统一了蒙古各部。达延汗的统一，不同于成吉思汗时期蒙古高原各部的统一，只是东蒙古（鞑靼蒙古）的统一，西蒙古（瓦剌蒙古）却向西扩展。但是，此次统一结束了蒙古汗权频繁更迭和战乱的局面，使蒙古社会进入了崭新的历史时期。满都鲁汗及其夫人满都海是达延汗统一事业的奠基人，在满都鲁汗时期，东蒙古察哈尔、喀尔喀、兀良哈、科尔沁等部落集团“吞并别部，驱散朵颜三卫”[②]。成化十五年（1479）八月，“朵颜富余泰宁卫虏酋各奏报，迤北满都鲁、伯加思兰已死，且请从便途入贡，并求开市”[③]。满都鲁汗去世后，在满都海和大臣亦思马因的扶持下，七岁的达延汗即位。达延汗在满都海的扶持下统一蒙古各部，并镇压了异姓封建主的

① 张永江、叶雪冬：《试论叶赫部的族属与历史分期问题》，《内蒙古大学学报》1989年第2期。

②《明宪宗实录》卷一四六，成化十一年十月乙卯，上海书店出版社，1984年。

③《明宪宗实录》，成化十五年庚辰，上海书店出版社，1984年。

叛乱。

达延汗是个有作为的大汗，他作为最高统治者，制止了异姓大臣权力的膨胀，巩固了黄金家族的统治，把所属六万户分封给诸子，并且组成左右翼各三万户。右翼三万户，即永谢布万户、鄂尔多斯万户、土默特万户，由大汗嫡子巴尔斯博罗特济农统辖，驻牧于漠南西部地区。大汗统领左翼察哈尔、喀尔喀、兀良哈三万户。察哈尔是嫡长子系统辖的万户，即大汗宗主部。喀尔喀万户是达延汗十一子和六子分封的驻牧地，即喀尔喀流域。兀良哈万户主要驻牧于阿鲁喀尔喀，即肯特山以及其土剌、克鲁伦、斡难三河上游地区。万户，即土绵、兀鲁思，分封的领地大小、属民多寡不同，掌握若干鄂托克的部落集团。万户之下的政治组织是鄂托克，有一定范围的领地和一定数量的属民，是当时蒙古社会的基本单位，其规模不一，下有若干阿寅勒（驻牧户）。鄂托克作为基本权力单位，“各有放牧分地，彼此不敢逾越，虽一车路不肯让，有犯即大相讲，必有所赔偿而后已。惟相约犯抢，不拘分地也”[①]，领主掌握领地的实际所有权，军事以和硕自成一体。万户的形成和鄂托克的出现，是元末明初一百多年历史变迁中形成的新的部落集团或地方组织，也是异姓贵族权力膨胀的结果。但是，按照达延汗的分封原则，大汗把六万户分封诸子之

① 〔明〕冯瑗辑：《开原图说》，《明代蒙古汉籍史料汇编》（第二辑），内蒙古大学出版社，2006年，第469页。

后，诸子又把自己的领地再次分给他们的子孙。因此，诸万户所属鄂托克是重新分封而成的，于是原异姓领主被达延汗诸孙所代替。如达延汗之子阿尔楚博罗特是内喀尔喀领主，其子虎喇哈赤有五子，各得一鄂托克，内喀尔喀五鄂托克由此而形成，又称“内喀尔喀五部”。由此，诸万户所属鄂托克经常处于变化状态。

经达延汗的统一以及分封制的实施，蒙古政治制度有了很大变化，大汗、万户、鄂托克的封建等级制度重新建立起来，黄金家族的绝对统治地位得到确立，在达延汗嫡长孙布迪汗时期得以巩固。达延汗至布迪汗统治的半个多世纪，应该说是中兴时期，政权得到加强，并且按照自身发展规律而发展变化。

重新焕发生机的蒙古政权，尤其是左翼三万户（左翼蒙古）和右翼三万户（右翼蒙古），为了各自利益开始向外扩展牧地。右翼蒙古巴尔斯博罗特济农的继承者衮必里克默尔根济农和阿勒坦汗继续打击瓦剌势力，经过几十年的军事扩张，默尔根济农和阿勒坦汗的统辖范围不断扩大，向西占据青海，东则逼近左翼蒙古察哈尔诸部。左翼三万户是大汗的直辖区，达延汗的继承者布迪汗、达赉逊库登汗、图们札萨克图汗以及内喀尔喀五部和科尔沁等蒙古部族向东南下。蒙古各部由西向东、由北向南移动起来，各万户统辖地区得到扩展。在大汗统领之下，察哈尔部活跃在辽东地区，内喀尔喀五部驻牧于辽河流域，科尔沁部驻牧于嫩江流域。于是，兀良哈三卫被内喀尔喀五部、科尔沁部等所并，一些被称为兀良哈的女真人与他们杂居或在其控制之下。

经达延汗分封以及左翼三万户和右翼三万户的扩张变化，蒙古诸部游牧范围出现了“虽逐水草迁徙不定，然营部皆有分地，不相乱”[①]的局面。由此，至林丹汗，汗位继承制度稳定，蒙古内部再未发生过大的内乱，基本上井然有序，出现了比较和平、安定的局面。这无疑对蒙古社会的进步起到了积极作用，同时也有利于女真各部的发展与壮大，各部族之间相互融合，关系更密切。如“建州卫女真诸部，都自称兀良哈和渥集部”[②]。另外，达延汗诸子将各自的万户再次分封给各自的子孙之后，他们的子孙便掌握了各自的部落或鄂托克的统治权。于是，各万户的实际权力落入鄂托克领主手中，也就是说，达延汗的子孙掌握了蒙古各部的实际权力，蒙古社会的封建制度更进一步加强，蒙古社会政治不可避免地再次陷入封建割据状态。

十六世纪末，蒙古政局开始出现封建割据的状况。蒙古以戈壁大沙漠为界，按其游牧区域逐渐形成了漠西、漠北、漠南三大板块的政治势力，其中，漠西卫拉特蒙古不是达延汗子孙的部族。达延汗统一蒙古之后，卫拉特蒙古结束了与东蒙古之间的大规模战争，并向西扩张，逐渐形成准噶尔、杜尔伯特、土尔扈特、和硕特四部，史称“新卫拉特四部”。漠北外喀尔喀蒙古诸部

① 〔明〕郑晓撰：《皇明北虏考》，《明代蒙古汉籍史料汇编》（第一辑），内蒙古大学出版社，2006年，第190页。

② 白初一著：《清太祖时期满蒙关系研究》，内蒙古科学技术出版社，2008年，第22页。

在布迪汗时成为达延汗之子格埒森扎的领地。万历八年（1580），格埒森扎的孙子阿巴泰取汗号为“赛音汗”；万历十四年（1586），在呼和浩特谒见三世达赖喇嘛索南嘉措，被授予“佛法大瓦齐赉汗”号，此后又被称作“瓦齐赉赛音汗”[①]。从此，外喀尔喀就有了汗号，万历二十四年（1596）出现了札萨克图汗，崇祯三年（1630）前后出现了车臣汗。这三大汗部互不相属，各自为政，长期割据，但与蒙古大汗依然是从属关系。然而，沙俄的扩张使卫拉特四部和外喀尔喀诸部面临新的挑战。他们在全力抵御沙俄扩张的同时，自主性愈来愈强，与漠南蒙古及大汗之间的关系渐渐疏远。

至于漠南蒙古，也已形成了阿鲁部、嫩科尔沁部、内喀尔喀五部、察哈尔部、喀喇沁部、鄂尔多斯部等部落联盟。这些都是较大的部落联盟，其中，阿鲁部和科尔沁部是成吉思汗诸弟后裔所统辖的部落。各大部落集团内有诸多部落或鄂托克，驻牧于大兴安岭地区的阿鲁部包括阿鲁科尔沁、乌喇特（也作乌拉特）、四子部、茂明安、翁牛特、喀喇车里克、伊苏特、阿巴嘎、阿巴哈纳尔部等。嫩科尔沁十二营有扎赉特、郭尔罗斯、杜尔伯特等，还管辖珠尔齐特（女真）、额里古特（鄂温克先民）、达吉忽尔（达斡尔）三部。内喀尔喀五部的乌济叶特、翁吉剌特、巴岳特、扎鲁特和巴林部分布于西辽河和辽河流域。

① 乌云毕力格：《喀尔喀三汗的登场》，《历史研究》2008年第3期。

漠南蒙古实力最强的当然是察哈尔部，因属蒙古大汗宗本部，共有浩齐特（蒿齐特）、奈曼、克什克腾、乌珠穆沁、苏尼特、敖汉、阿喇克绰特和主锡惕八个鄂托克，分布于老哈河以东、广宁（今辽宁北镇市）以北的辽河河套地区。察哈尔部西边是哈喇沁万户，是在“喀喇沁、阿速特和永谢布这三个鄂托克的基础上逐渐形成”[①]的。朵颜卫的部族也从属于此万户，土默特部控制着山西大同边外的归化城和土默川地区，鄂尔多斯万户占据黄河河套地区。各大部落集团中的部落群体基本上以部落和鄂托克为单位，各自有固定的牧地和部众。由于这些部落集团及各小部落封建主掌握实权，其自主性较强，渐渐形成了地方割据势力。率先强大的是土默特的阿勒坦汗势力，阿勒坦汗逐渐成为右翼领袖。阿勒坦汗向外扩张，西征卫拉特，进入青海之后，与藏传佛教相遇。万历六年（1578），阿勒坦汗与藏传佛教格鲁派领袖三世达赖喇嘛索南嘉措在青海湖边仰华寺（察卜齐雅勒庙）会晤，并互赠尊号。阿勒坦汗赠予索南嘉措“圣识一切瓦齐尔达喇达赖喇嘛”（意为“佛法似海的大师”）尊号，索南嘉措赠予阿勒坦汗“转千金法轮咱克喇瓦尔第彻辰汗”（意为“力统天下的智睿大汗”）[②]尊号，双方互相承认各自的地位。这次会晤影响力颇深，从此在蒙古地区开辟了部族长称汗的先例，出现了大小封建

---

① 乌云毕力格著：《喀喇沁万户研究》，内蒙古人民出版社，2005年，第27页。

② 萨囊彻辰著，道润梯步译校：《新译校注〈蒙古源流〉》，内蒙古人民出版社，1980年，第391页。

主纷纷授予汗号或称汗的现象。于是达延汗所建立的封建秩序被打破。

隆庆五年（1571），土默特部与明廷建立贡市关系，阿勒坦汗被封为顺义王，其随从也被封为官吏。按明廷规定，土默特部向明廷进贡，同时在边境定时开设互市或马市。贡道起于大同左卫，通过居庸关，经昌平到京城，再去四夷馆上交贡品，之后明廷方面回赠物品。作为官方贸易，互市规定，在宣府、大同等地一年开设一次，明廷方面禁止贸易铁锅、硝黄、铁等禁品。土默特部与明廷贡市虽然很有限，但是对于右翼各部以及蒙古诸部产生了非常大的影响。右翼各部与明廷的贡市在一定程度上满足了经济和生活方面的需求，并独自获利。然而，明廷把阿勒坦汗视为蒙古的最高统治者，如今有学者认为阿勒坦汗归附明廷，或蒙古归附明廷。的确，势力强盛的阿勒坦汗已经向东威慑到蒙古大汗，甚至察哈尔部右翼卜尔报也跟随了阿勒坦汗；达赉逊库登汗被阿勒坦汗封为“索多汗”[①]。可见，阿勒坦汗的势力强盛后，已经威胁到蒙古大汗，其兄衮必里克默尔根济农去世后，阿勒坦汗便成为土默特部首领，并控制了右翼蒙古。阿勒坦汗向北、向东扩展后，使左翼蒙古也不得安宁。当时，蒙古大汗达赉逊库登汗为了避免冲突，率领察哈尔部众南下，驻牧于明辽东边外，并致

① 萨囊彻辰著，道润梯步译校：《新译校注〈蒙古源流〉》，内蒙古人民出版社，1980年，第327页。

力于新牧地的巩固和统治。达赉逊库登汗之后，图们汗采取措施，加强对各部的统治，并颁布了法典，一度恢复和控制了对漠南蒙古和漠北蒙古的统治。当图们汗对明廷采取军事行动时，喀尔喀诸部首领、右翼各部封建主，包括阿勒坦汗都要跟随大汗出征。图们汗甚至控制了科尔沁部及其管辖内的异族势力，“致其大国于太平，征赋于珠尔齐特（女真）、额里古特、达吉忽尔三部”[①]。由此可知，阿勒坦汗虽然强盛，但在达赉逊库登汗和图们汗的南下过程中，各部首领跟随获利，因而大汗仍有威望和号召力。

图们汗之后，布延彻辰汗继承父业，“以政教致大国于太平”[②]。布延彻辰汗统治时期，蒙古诸部基本上是一派安定生活的景象，可在当时的历史条件下，这种保守的状态对此后的发展不一定起到积极影响，因为蒙古人历来以进攻赢得主动权。在布延彻辰汗统治的和平年代里，蒙古各部注重各自势力的发展壮大，于是大汗的权威和号召力也在下降。大汗权威再度衰落之际，各部的离心倾向更加严重，自主性也愈来愈强，出现了各自为政、割据一方的局面，甚至大汗的察哈尔万户内部也出现分裂，使蒙古政治又一次进入衰退阶段。这正是满蒙特定关系形成的客观历史背景和条件。

---

①② 萨囊彻辰著，道润梯步译校：《新译校注〈蒙古源流〉》，内蒙古人民出版社，1980年，第328页。

明朝末年，政治极端腐败，朋党之争尤为激烈，政权机构几乎呈现瘫痪状态，明王朝走向覆灭之路。明廷从皇帝至下级官员，不顾百姓生计，土地大量集中，赋税沉重。明朝末年，农民又被增加了“辽饷”“剿饷”“练饷”等赋税，这三项就达两千万两银子。再加上连年自然灾害，尤其是河南、陕西、山东等地的农民已经陷入水深火热之中，落到人吃人的地步，终于爆发了李自成、张献忠等领导的大规模农民起义。他们建立了农民政权，明王朝处于风雨飘摇之中。

在蒙古社会的政治已经出现分裂，明王朝也走向没落之际，东北女真部族的社会形势发生了非常大的变化，尤其是左翼蒙古各部的东扩南迁，对女真各部的社会生活产生了很大影响。女真诸部南迁后，在与明廷和左翼蒙古各部的交往中，其政治、经济得到长足的进步和发展，于是他们的生活渐渐地稳定下来。

建州女真居于浑河、苏子河上游（今辽宁新宾满族自治县），其首领王杲开始崛起，并常犯明边。海西女真移居辽河上游和松花江上游之间，叶赫部势力壮大后，重新组合了扈伦四部，包括哈达部、乌拉部和辉发部。这些部落是与建州女真相抗衡的部落联盟，也是推进女真部族走向统一的力量。野人女真居住于松花江中游以下至黑龙江流域，东达海岸。可见，当时的女真各部重新形成了三大政治集团，而且各部落集团都由多个部落组成。如海西女真有四部，建州女真有苏克苏护河部、王甲（完颜）部、浑河部、董鄂部、哲陈部，还有长白山一带的鸭绿江部、纳殷部和朱舍里部等。野人女真有瓦尔喀部、库尔喀（也作虎尔哈）部等。女真各部在蒙古政治出现分裂的时候走上统一之路，三大政治集团出现了局部统一的现象。

女真人南迁之后与明朝汉地和左翼蒙古各部之间的交往愈来愈频繁，社会生活产生了很大变化，从而逐渐兴起。建州女真在与汉地的交往中，其生产、生活等方面受农耕文化的影响更多些，他们学会了种植，经营农业，并有了长足的发展。于是，在建州女真中，农业生产逐渐居于重要地位，原有的采集、狩猎经济退居次要地位。建州女真“土地肥饶，禾谷甚茂，旱田诸种无不有之”[①]。“见水两岸大野，率皆耕垦，农人与牛，布散于野”的景象。建州女真经济基础的变化，使其渐渐强大起来，并与南下的左翼蒙古各部发生了各种关系。起初主要是通过海西女真，以间接的方式来接触，然而海西女真南下后，扈伦四部中的哈达部势力逐渐衰落，经重新整合，哈达、乌拉、辉发归附叶赫部，形成以叶赫部为首的新的联盟集团。万历十九年（1591），因额尔敏和扎库木二的纠纷，叶赫部首领那林孛罗出兵建州，夺取了他们的村寨，但又被击退。从此，叶赫部与建州女真相互仇视、相互敌对。左翼蒙古各部，尤其是相邻的科尔沁部率先被牵扯进来。

① 辽宁大学历史系：《建州闻见录校释》，1978年，第43页。

第二节　科尔沁部与女真部族的冲突及联姻

科尔沁部是以成吉思汗的胞弟哈布图哈撒儿的后裔为领主，地处蒙古高原东北一隅的较大部落集团。作为黄金家族的旁系，科尔沁部始终支持和拥戴蒙古正统汗系的崇高权威和地位。因此，与大汗宗主系始终保持着密切关系，从而得到发展壮大。在达延汗统一蒙古各部、巩固黄金家族统治的过程中，科尔沁部立下了汗马功劳。因此，科尔沁部在蒙古历史上具有非常重要的地位。在十六世纪末十七世纪初，南下的嫩科尔沁部逐渐发展壮大，与女真部族不可避免地发生了诸多关系。

一、科尔沁部的形成及其大汗的关系

"科尔沁"一词最早出现于《蒙古秘史》，汉译为"豁儿臣"，其蒙古词源为"豁儿"，意为"筒"，是装弓矢的器物。因此，"豁儿臣"汉意为"带弓箭的人"[①]。对于游牧民族而言，弓箭以及箭筒不能离身，所以每个人，尤其是蒙古兵或成吉思汗的护卫怯薛军都是豁儿臣，甚至蒙古人就是豁儿臣。金泰和六年（1206），成吉思汗建立大蒙古国，把原有的一百五十名怯薛扩充到一万人，

① 胡日查：《关于科尔沁部的来源和它在北元历史上的地位》，《内蒙古社会科学》1989年第4期。

其中，一千名宿卫，八千名散班，还增设一千名豁儿臣，以轮流值宿护卫大汗。于是，豁儿臣便成为怯薛军的一支队伍的名称，并且以一种制度化的形式出现，却不是部族名称。

科尔沁万户名称较早出现于蒙古文史书《大黄册》中，是指元惠宗妥懽帖睦尔怯薛中的“科尔沁万户”[①]。可见，科尔沁这一名称在元朝时期一直存在，元朝之后仍有“科尔沁万户”之称。洪武二十一年（1388），明军北伐蒙古大汗，在捕鱼儿海战役中，脱古思帖木儿汗及其直属部众遭到沉重打击。蒙古汗廷被打散之际，怯薛军中就出现了新的部落，其中就有科尔沁万户。至十五世纪，哈撒儿的后裔统辖领地中出现科尔沁部众[②]。《蒙古源流》记载：“科尔沁乌济锦诺延之子阿岱台吉已占有一切剩余蒙古人众。”[③]史书中频频出现的“科尔沁”之称，是以大汗的豁儿臣为核心而形成的一个新部落。达延汗之后，哈撒儿的后裔所属部落中出现了一部分怯薛，即科尔沁部。由于哈撒儿和移相哥父子具有高超的射箭技能，在蒙古享有盛誉，并且与怯薛制也有密切联系，于是，人们将哈撒儿兀鲁思所属领地以及部众统称为“科尔沁部落”或“科尔沁兀鲁思”。在汉籍史料中有不同音

① 乌力吉图校勘、注释，巴·巴根校订：《大黄册》，民族出版社，1983年，第149页。

② 胡日查：《科尔沁部牧地考》，《新疆师范大学学报》1990年第2期。

③ 萨囊彻辰著，道润梯步译校：《新译校注〈蒙古源流〉》，内蒙古人民出版社，1980年，第240页。

译的记载，如“火儿赤”“好儿趁”“廓尔沁”“尔填”等。

显然，科尔沁部落集团是在哈撒儿兀鲁思基础上形成的，而哈撒儿兀鲁思是在大蒙古国建立之后，成吉思汗将组编成千户的属民以及牧地分别授予弟弟和儿子们时，在二弟哈撒儿所分到的百姓和领地的基础上形成的。当初，“合撒儿（即哈撒儿，下同）四千百姓矣”，后又被“暗夺合撒儿之百姓，仅与合撒儿以千四百百姓矣”[①]。其受封领地是呼伦贝尔草原以及额尔古纳河一带，史书中记载，“移相哥和拙赤——哈撒儿氏族的禹儿惕和游牧营地在蒙古斯坦的东北部额尔古涅河、阔连海子河、海拉儿河一带”[②]。蒙古高原东北部出现了左翼诸王家族之一的哈撒儿兀鲁思，忽必烈和阿里不哥争汗位时，移相哥及东道诸王支持忽必烈为汗。忽必烈赐移相哥金印，他的“声誉远播，参与要务，商议国事，很受尊重。按照习惯，他统辖了父母及其长幼宗亲的全部军队和部落”[③]。元至大元年（1308），元武宗登基后，为得到东道诸王的支持，封移相哥曾孙巴布沙为齐王，为其建王府，他的后人可世袭王位。红巾军起义爆发后，齐王失烈门向朝廷献大量马匹，以表忠诚。在元惠宗妥懽帖睦尔从大都出走北上时，哈撒儿的后裔

① 道润梯步著：《新译简注〈蒙古秘史〉》，内蒙古人民出版社，1978年，第276页。

② ［波斯］拉施特主编，余大钧、周建奇译：《史集》（第一卷第二分册），商务印书馆，1983年，第67页。

③ ［波斯］拉施特主编，余大钧、周建奇译：《史集》（第一卷第二分册），商务印书馆，1983年，第99页。

图穆勒呼巴图尔命其子哈齐库鲁克临阵，“与汉家追兵激战而死”[①]。

学界大多数人认为，在大蒙古国和元朝时期，以及元廷退回蒙古高原后，一直到达延汗统一蒙古六万户，哈撒儿及其后裔始终拥戴和支持蒙古正统汗系，对保护和延续黄金家族的统治地位和权威起到了重要作用。尤其是在明朝，蒙古高原各封建领主陷入争权夺利的斗争中，哈撒儿的后裔为保护黄金家族汗系的合法性地位，做出了不可磨灭的贡献。捕鱼儿海之役后，明廷在东北地区设立了兀良哈三卫和一些其他卫所来管辖新的占领区。从表面上看，明廷似乎控制了东北地区，但明军撤退后，东北又被蒙古封建势力控制。如阿鲁克台太师就曾控制过东北地区兴安岭以北的明朝卫所。因此，这些卫所实际上已经不复存在了。永乐八年（1410），阿鲁克台太师在呼伦贝尔拥立阿岱台吉登上蒙古大汗之位。

十五世纪三十年代初，由于西蒙古瓦剌人的兴起，其势力向东扩展到东蒙古，阿岱汗和阿鲁克台太师进入兴安岭东部地区，并占领了福余卫的乌济叶特部牧地瑚裕儿河、忽剌温河流城，后来扩张到鄂嫩河流域及以东地区。在脱脱不花汗与瓦剌也先太师的斗争中，哈撒儿的后裔锡古苏台巴特尔被瓦剌人害死，其弟乌

① 朱风、贾敬颜译：《汉译蒙古黄金史纲》，内蒙古人民出版社，1985年，第41—42页。

讷博罗特“因封地在鄂嫩河而免于难”[①]。锡古苏台巴特尔长子博鲁乃返回故地后，按照元朝的继承制度，乌讷博罗特将齐王王位让与侄子。当时，“科尔沁部由左右两翼十三个鄂托克组成。博鲁乃王所属左翼七个鄂托克有新明安塔奔、茂明安、乌拉特、阿勒塔沁、卜打沁、塔打勒沁和郭尔罗斯。乌讷博罗特所属右翼六个鄂托克有克列亦惕、噶滚贺什格、主亦惕、吐亦别滚、伊克明安和萨阿孩惕”[②]。右翼六个鄂托克游牧于鄂嫩河上游，在左翼七个鄂托克的西边，后成为外喀尔喀所属部众的组成部分。

科尔沁左翼七个鄂托克，在博鲁乃王的带领下不断壮大，在蒙古各部中颇有声誉。博鲁乃王曾与马可古儿吉思汗和毛里孩王一同派使臣到明廷，明廷方面承认他为“齐王”。

成化四年（1468），博鲁乃王和乌讷博罗特王被瓦剌的斡失帖木儿王战败后，率部奔向卜剌罕兀鲁思。满都鲁汗的领地在东北伊苏特山一带，他与相邻的卜剌罕兀鲁思封建主和亲，也拉拢那些投奔卜剌罕兀鲁思的科尔沁部众，进而控制了兀良哈三卫。满都鲁汗在乌讷博罗特王的协助下，消灭了杀害摩伦汗的斡赤斤后裔翁牛特毛里孩王。乌讷博罗特王亲自率领兵马讨伐毛里孩王，杀死了毛里孩王诸弟、诸子七人，毛里孩王逃走后不久因缺水而

① 朱风、贾敬颜译：《汉译蒙古黄金史纲》，内蒙古人民出版社，1985年，第75页。

②〔清〕答里麻著，乔吉校注：《金轮千辐》，内蒙古人民出版社，1987年，第286页。胡日查：《科尔沁部牧地考》，《新疆师范大学学报》1990年第2期。

渴死，之后他们又铲除了脱罗干土默特部的多郭郎台吉。满都鲁汗的征战为后来的达延汗统一蒙古各部奠定了基础。满都鲁汗之后，科尔沁部仍支持黄金家族出身的正统大汗，即满都海和达延汗。当达延汗讨伐右翼三万户叛乱时，博鲁乃王的长子鄂尔多固海王奉命率领科尔沁部参战，并向大汗提出瓜分右翼三万户的建议。博鲁乃王及其子孙“欲报岱宗汗之仇”，同郭尔罗斯部彻卜登诸子发生过几次战役，将他们杀死，受到布迪汗的封赏；后又参加镇压左翼兀良哈部叛乱的战争，因此史书记载“哈撒儿的子孙替可汗的子孙做了一桩好事”[①]。

由于科尔沁部对维护蒙古正统汗权做出了非常大的贡献，同时为尊重科尔沁部的传统地位，达延汗在将统一的蒙古各部设立左右翼六万户，并分封给诸子时，就没有把科尔沁部纳入大汗直属六万户之内，而尊称为“阿巴嘎（叔父）科尔沁”[②]。于是科尔沁部就单独成为一个万户，直接统辖其左右翼十三个鄂托克。当然科尔沁部并未独立于蒙古大汗统治之外，而是经常奉命参战，这使大汗直接管辖的左翼蒙古具有强大优势。由此可见，科尔沁部是蒙古政权的重要组成部分，是服从大汗命令的属部，是大汗统治不可分离的，具有特殊地位的一个“兀鲁思”或万户。从此，科尔沁部不断

① 朱风、贾敬颜译：《汉译蒙古黄金史纲》，内蒙古人民出版社，1985年，第102页。

② 萨囊彻辰著，道润梯步译校：《新译校注〈蒙古源流〉》，内蒙古人民出版社，1980年，第313页。

发展壮大，人口增多，在达延汗之后，已经成为相对独立的实体。

二、嫩科尔沁部的形成与女真部族的冲突

达延汗和布迪汗时期，科尔沁部为大汗排忧解难，博鲁乃王的长子鄂尔多固海王曾参加大汗征讨右翼三万户的战争。同时，科尔沁部也得到了发展壮大，“人口达二十万”[①]，并且逐渐出现了许多大小分支。他们游牧于斡难河、尼布楚一带，克鲁伦河流域以及呼伦贝尔大草原。在达赉逊库登汗时期，由鄂尔多固海王及其子孙管辖的茂明安、伊克明安、乌喇特和四子等部渐渐成为“阿鲁部”成员。阿鲁部成员主要有“成吉思汗诸弟后裔所统阿鲁科尔沁、乌喇特、茂明安、四子、翁牛特、喀喇车里克、伊苏特、阿巴嘎、阿巴哈纳尔等部”[②]。由此可知，阿鲁部区别于嫩科尔沁和后来的阿鲁科尔沁。那么，嫩科尔沁是什么时候、为什么迁徙到嫩江流域的，这在史料中没有确切的记载。学界对此问题的考证基本上认定为嘉靖年间（1522—1566），科尔沁部的一个分支，即哈撒儿第十四世孙奎蒙克塔斯哈喇率部众从呼伦贝尔草原故地迁徙到嫩江流域。于是，他们就被称为“嫩科尔沁”，也就是通常所说的科尔沁部落。奎蒙克塔斯哈喇是博鲁乃的次子图美札

① 朱风、贾敬颜译：《汉译蒙古黄金史纲》，内蒙古人民出版社，1985年，第100页。

② 齐木德道尔吉：《四子部落迁徙考》，《蒙古史研究》（第七辑），内蒙古大学出版社，2003年。

雅哈齐的长子，作为嫩科尔沁部的首领，也是该部的先祖了。据史料记载，嘉靖三十四年（1555）四月，“先是北虏虎喇哈赤及魁猛磕（奎蒙克塔斯哈喇）、打来孙等欲假道东夷内侵，不遂”[①]。这里除辽东边外的兀良哈三卫之外，还有“虏二枝，一名魁猛可，一名虎喇哈赤，专为难于辽西”[②]的记载。嘉靖年间，奎蒙克塔斯哈喇所属嫩科尔沁部已经同达赉逊汗和内喀尔喀五部首领虎喇哈赤一起，经常侵扰明朝辽东边境，成为较强大的一支部落。而“魁猛磕乃率所部攻捉哈寨夷酋”[③]。捉哈寨是女真某一部首领[④]。可见，嫩科尔沁部东扩之际就已经威胁到女真部族。奎蒙克塔斯哈喇率领的科尔沁部来到嫩江流域后，很快吞并了福余卫，同时还招抚了达斡尔、卦尔察、锡伯、讷里古特等部族，并且“控制着大量的女真部落，收取贡赋，分享其贡市之利”[⑤]。

南下向东扩张的科尔沁部游牧于嫩江流域，向北与阿鲁部相接，西与内喀尔喀五部的扎鲁特部、翁吉剌特部相邻，东、南则与女真海西诸部交接。这些部落虽然与明廷相距较远，但奎蒙克塔斯哈喇曾孙恍惚太从开原、铁岭西部南下，经常进入新安关贸易，与明廷互市，并获得赏银。万历十二年（1584）三月，“新安

---

①③《明世宗实录》，嘉靖三十四年四月丙子，上海书店出版社，1984年。

②〔明〕瞿九思：《万历武功录》卷二〇四《蓟镇》，中华书局，1962年。

④ 白初一著：《清太祖时期满蒙关系研究》，内蒙古科学技术出版社，2008年，第28页。

⑤ 达力扎布著：《明代漠南蒙古历史研究》，内蒙古文化出版社，1998年，第148页。

关进入夷人恍惚太营……共抽银八钱五分”“赏新安关进入夷人恍忽太营夷人额零革等十八名”“赏新安关进入恍惚太营夷人草困等二十名”[①]。虽然嫩科尔沁部在新安关与明廷建立了互市关系，还得到赏银，但是内喀尔喀五部渐渐强大起来之后，就把科尔沁部挤出了新安关互市，于是恍惚太就“避居江上，不敢入庆云市讨赏”。然而，“自恍惚太立寨混同江，凡江东夷过江入市者，皆计货税之，间以兵渡江东掠，于是江东夷畏而服之。自混同江以东，黑龙江以西数千里内数十种夷，每家纳豹皮一张、鱼皮二张，以此种富强，安心江上。西交北关，南交奴酋，以通贸易。女真一种所不尽为奴酋并者，皆恍惚太之力也”[②]。可见，在嫩科尔沁部管辖之内还有诸多部族，其中就有女真部落，而且向他们征赋税，同时与努尔哈赤的建州女真已经建立了相互贸易的关系。虽然科尔沁部被内喀尔喀挤出与明廷贸易的关口，但其首领恍惚太遵循蒙古大汗图们汗之命，与内喀尔喀首领一同进犯明廷边境。当时，“一营恍惚太……兵约五千余骑，一营土门儿（图们汗）……兵五千骑……瑷按，福余卫夷在者独此二酋，万历初年，为开、铁西北患者，亦独此二酋。自二酋勾东虏以儿邓、暖

① 辽宁省档案馆、辽宁社会科学院历史研究所编：《明代辽东档案汇编》，辽沈书社，1985年，第808页。

②〔明〕冯瑗辑：《开原图说》，《明代蒙古汉籍史料汇编》（第二辑），内蒙古大学出版社，2006年，第462页。

兔、伯要儿等为开、铁患”[①]。随着嫩科尔沁部东扩南下之际，其政治、军事势力也不断增强、日益壮大，嫩科尔沁部成为该地区较强的部落集团。

由于科尔沁部与海西女真相邻，双方交往更为密切。作为邻居，又是所属部的海西女真，特别是叶赫部，曾跟随嫩科尔沁首领侵扰明边、征伐女真其他部落，甚至对抗图们汗。“是时，速把该、委正、炒花、好儿趁、者儿得聚羊场河与土门未合，相攻杀。倾之，好儿趁与土门讲和，并皆索者儿忒及逞加奴、养加奴，以为有如者儿忒亦讲和，则轻易大举入汉塞”[②]。可见，叶赫逞加奴、养加奴始终与嫩科尔沁一个阵营，一起对抗图们汗以及攻打明边。显然，科尔沁部与叶赫部之间是一种盟友关系，随着嫩科尔沁的壮大，叶赫部在其相助下，也渐渐强大起来。叶赫部的强大加剧了女真部族的内讧，于是科尔沁部也被卷入其中。

十六世纪八十年代至九十年代初，女真各部中海西女真的势力最为强大，而且他们的后裔扈伦四部中哈达部的势力最为强盛，其首领王台自称哈达汗。王台是努尔哈赤后金政权建立之前，女真部族中第一个称汗的人，其势力扩张到建州女真地区。

①〔明〕冯瑗辑：《开原图说》，《明代蒙古汉籍史料汇编》（第二辑），内蒙古大学出版社，2006年，第461—462页。

②〔明〕瞿九思：《万历武功录》，《明代蒙古汉籍史料汇编》（第四辑），内蒙古大学出版社，2007年，第190页。

可惜好景不长，王台晚年时，与科尔沁部关系密切的叶赫部的逞加奴、养加奴兄弟渐渐疏远，不听其约束，于是他在忧郁中死去。王台死后，哈达部因继承汗位问题，家族内部争斗不休，而逞加奴和养加奴兄弟介入其中，导致海西女真大乱。王台的长子虎儿罕继位不久便突然死去，他的弟弟猛骨孛罗继承汗位，可是猛骨孛罗“年资尚幼，有逞加奴贿结西虏，交通建夷，攻杀猛骨孛罗”①。当时，哈达部已归顺明廷，并且与明廷关系密切。因此，明廷为保护哈达部，于万历十一年（1583）十二月出兵，“斩获逞、仰二奴酋级共三百一十一颗及塞上屯夷一千二百五十二颗”②。叶赫部首领以及部众一千五百余人被杀害。为报此仇恨，叶赫部借兵于科尔沁部，攻打哈达部。“那林孛罗（养加奴子）等结连西夷恍惚太等，并属夷猛骨孛罗领达贼四五千骑，攻围歹商夷寨”③。可见科尔沁部卷入了海西女真的内讧之中。科尔沁部的协助对叶赫部成为海西女真盟主起到了非常重要的作用，改变了其内部结构，影响了女真各部之间关系的发展变化。

当海西女真内部因王台之死而发生内讧时，明廷为了培植能够代替哈达部地位以及王台式的人物，为建州女真的努尔哈赤提供了不少帮助。然而，努尔哈赤表面上做明廷的官员，却暗自发展势力，进而完成对建州女真各部的统一。叶赫部因内讧和明廷

---

①《明神宗实录》，万历十年八月乙卯，上海书店出版社，1984年。

②《明神宗实录》，万历十一年十二月甲戌，上海书店出版社，1984年。

③《明神宗实录》，万历十五年十月丁丑，上海书店出版社，1984年。

的用兵，屡遭重创，日趋衰落，而建州女真在努尔哈赤的经营下生机盎然，崛起于辽东。这种态势无疑引起海西女真的不安，海西女真与建州女真之间不可避免地产生了矛盾。万历十九年(1591)，叶赫贝勒纳林布禄遣使到努尔哈赤处说："[乌/吴] 喇、哈达、叶赫、辉发、满洲，语言相通，势同一国，岂有五主分建之理。今所有国土，尔多我寡，盍将 [额尔/尔] 敏、扎库木二地以一与我。"努尔哈赤回答道："我乃满洲，尔乃扈伦，尔国虽大，我岂 [肯/得] 取。我国即广，尔岂得分。[且/盖国] 土地非牛马比，岂可割裂分给。尔等皆 [执/势] 政之臣，不能各谏尔主，奈何腼颜来告耶。"[①]由此可知，纳林布禄碰了钉子，但他不甘心，召开叶赫、哈达、辉发三部贝勒会议，各部遣使到建州说："我主云，欲分尔地，尔不与。欲令尔归附，尔又不从。倘两国兴兵，我能入尔境，尔安能蹈我地耶?"努尔哈赤闻听使臣这番话后勃然大怒，举刀断案道："尔叶赫诸舅，何尝亲临阵前，马首相交，破胄裂甲，统一大战耶!"[②]双方互不相让，而且当时的海西女真势力最强，于是要诉诸武力。是年，"长白山所属朱 [舍/含] 里、讷殷二路同引叶赫兵"，劫掠建州女真的"东界叶臣所居洞寨"[③]。此时，努尔哈赤没有出兵，而有意避免与海西女真发生

①② 齐木德道尔吉编：《清朝太祖太宗世祖朝实录蒙古史史料抄》，内蒙古大学出版社，2002年，第6页。

③ 齐木德道尔吉编：《清朝太祖太宗世祖朝实录蒙古史史料抄》，内蒙古大学出版社，2002年，第7页。

正面冲突。不过，建州女真的强大仍使海西女真感到不安。万历二十一年（1593）六月，叶赫部“纠合哈达（国）贝勒孟格布禄、［乌/吴］喇（国）贝勒满太、［辉/挥］发（国）贝勒拜音达里，四国合兵”[①]，劫掠建州女真的户布察寨。努尔哈赤闻讯后率兵追至哈达部富尔佳齐寨激战，杀敌兵“十二人，获甲六副、马十八匹”[②]，胜利而归。努尔哈赤的反击使叶赫部盟主更加不安，于是他们为了显现其在女真族各部中的地位和称雄的目的，组织兵力攻打建州女真。是年九月，以纳林布禄和布斋为首，纠集乌拉部满太之弟布占泰、哈达部孟格布禄、辉发部拜音达里四部，长白山朱舍里、讷殷二部，蒙古科尔沁、锡伯、卦尔察三部，共九部结成联盟，向建州女真进发。显然，这是叶赫部要以“九部联军”的强大力量制服建州女真的重大举措。在此次征战中，“九部联军”兵力共达三万，分三路攻打建州女真。其中，“蒙古廓儿沁瓮刚代贝勒、莽古贝勒、明安贝勒、实伯部、刮儿恰兵一万”[③]参战。努尔哈赤得知九部联军压境后，沉着冷静地分析敌情，利用地形，精心准备，迎战于古勒山。此次战役中，九部联军以势不可当的气势杀来，但努尔哈赤认为，“伤其一二头目，彼兵自

①② 齐木德道尔吉编：《清朝太祖太宗世祖朝实录蒙古史史料抄》，内蒙古大学出版社，2002年，第8页。

③ 齐木德道尔吉编：《清朝太祖太宗世祖朝实录蒙古史史料抄》，内蒙古大学出版社，2002年，第12页。

走。我兵虽少，并力一战，可必胜矣”[1]。激战中，叶赫贝勒布斋被杀，纳林布禄贝勒夺路而逃，九部联军四散溃乱，科尔沁部“明安马被陷，弃鞍赤身，体无片衣，骑骣马脱出。太祖纵兵掩杀，尸满沟渠”[2]。联军惨败，建州女真斩杀联军“兵四千，获马三千匹，盔甲千副。满洲自此威名大震”[3]。

对于古勒山之战，史学界认为此战役是科尔沁部与建州女真第一次针锋相对的接触。努尔哈赤赢得了主动权，在女真各部中崭露头角，削弱了海西女真联盟，努尔哈赤趁科尔沁败北之际，从所俘科尔沁人中“选所获蒙古人二十，披锦衣，骑战马，使还其巢穴”[4]。努尔哈赤采取的优待策略，使科尔沁人领略到努尔哈赤的兵威和恩德。不出努尔哈赤所料，古勒山之战后，科尔沁部的态度有了转变。次年，与建州女真相邻的科尔沁部左翼首领之一明安和内喀尔喀五部首领之一老萨一同遣使到努尔哈赤处表示友好。他们献战马百匹、骆驼十峰，其中，马六十匹、驼六峰送给努尔哈赤，其余的分送给努尔哈赤的部下[5]。这是科尔沁部与建州女真通好的最早记载，“[自/于] 是蒙古

①③ 齐木德道尔吉编：《清朝太祖太宗世祖朝实录蒙古史史料抄》，内蒙古大学出版社，2002年，第12页。

② 齐木德道尔吉编：《清朝太祖太宗世祖朝实录蒙古史史料抄》，内蒙古大学出版社，2002年，第13页。

④⑤ 潘喆、李鸿彬、孙方明编：《清入关前史料选辑》（第二辑），中国人民大学出版社，1984年，第446页。

(国)诸贝勒通使不绝”[①]，双方之间的摩擦和往来变得越来越多。万历二十五年(1597)，努尔哈赤以自己被科尔沁得罪为名，派穆哈连攻打科尔沁部，抢夺战马四十匹。科尔沁部奋起抵抗，得到叶赫部援助[②]。万历三十六年(1608)，努尔哈赤命其长子褚英率兵五千攻打乌拉部。科尔沁部的瓮阿代应乌拉部之请出兵援助。双方冲突不断，而面对建州女真的袭扰，科尔沁部台吉明安之子桑噶尔寨联合内喀尔喀攻伐努尔哈赤。天启三年(1623)正月，“舅阿布泰之家人前往乌拉捕貂，遂获貂七十六只，皆被科尔沁蒙古人夺取……进网之鸟及其鹰网，皆被科尔沁蒙古人夺取”[③]。由于科尔沁部与叶赫女真是盟友关系，且经常与建州女真发生冲突，努尔哈赤唯恐叶赫部和科尔沁部壮大，为削弱其联盟以及制止科尔沁部军事实力的增强，不再向科尔沁部出售弓箭。但是，出于各自的利益需求，双方关系得到缓解，尤其是在努尔哈赤积极主动之下，与科尔沁部贵族结成联姻关系。

① 齐木德道尔吉编:《清朝太祖太宗世祖朝实录蒙古史史料抄》，内蒙古大学出版社，2002年，第14页。

② 齐木德道尔吉编:《清朝太祖太宗世祖朝实录蒙古史史料抄》，内蒙古大学出版社，2002年，第15页。

③ 中国第一历史档案馆、中国社会科学院历史研究所译注:《满文老档》，中华书局，1990年，第394页。

三、嫩科尔沁部与女真部族的联姻

嫩科尔沁部与女真部族的联姻是政治联姻，是两个不同民族的政治主体或同一种族政治主体的首领和贵族之间，为达到各自的政治目的而进行的通婚。这种联姻在历史上并不少见，而且是在民族关系中经常出现的一种政治现象，尤其是满蒙政治联姻很有历史影响力。满蒙政治联姻是满族和蒙古族两个民族的部落首领及贵族之间的联姻，这是他们除地理位置的联系和经济、文化上的密切交流之外，政治性尤为突出的一种联系。科尔沁部的哈撒儿家族与建州女真努尔哈赤爱新觉罗家族之间的政治联姻具有举足轻重的地位。

由于地缘关系以及经济和文化上的交往，再加上政治上错综复杂的关系，漠南左翼蒙古诸部首领与女真部族首领的联姻由来已久。十五世纪中叶，蒙古瓦剌部首领也先势力东扩时进入女真地区，脱脱不花汗率领的东部蒙古和兀良哈三卫与女真驻牧地交错，接触频繁。“既有在辽东马市上共与明廷贸易和交往，又有联姻结盟之举”[①]。追根溯源，说明蒙古部族与东部女真族早有姻缘关系，“尤其是海西女真更为明显些。其中，叶赫、乌拉、哈达三部首领原先率多非女真种，而是与蒙古族相互融合通婚而成的女

① 白翠琴：《明代前期蒙古与女真关系述略》，《中国蒙古史学会论文选集》，内蒙古人民出版社，1983年，第209页。

真部落”[①]。对此明朝人称其“世与北虏结”[②]。“北虏是明人对蒙古部的歧视性称呼。海西诸部酋长慑于蒙古骑兵的强大，不得不卑躬屈膝地与其酋长缔结姻缘，维持苟安的局面”[③]。不仅如此，更重要的是叶赫部贵族利用相邻的蒙古部族的援助来保持在女真各部中的强大地位。金台石的一个孙女是蒙古大汗林丹汗大斡耳朵夫人，即苏台太后；还有一女，即内喀尔喀部五部首领之一斋赛的夫人，是万历二十五年（1597），“叶赫将原聘于努尔哈赤次子岱善的金台石之女嫁与翁吉剌特部斋赛”[④]。显然，为了依靠蒙古，叶赫部违背了与建州女真的婚约，把女儿嫁给蒙古大汗及所属部落首领。这“非独与蒙古族毗邻的海西女真，就连相距较远的建州女真诸部酋长，与蒙古部落贵族也有越来越频繁的婚姻往来”[⑤]。可见，早期蒙古部族与女真部族之间的联姻主要是海西女真首领与相邻的蒙古大汗以及各部首领之间的联姻，而且是以女真各部首领将女儿嫁给蒙古贵族为主。同时，这些联姻又体现出各方关系的复杂性和政治性。

在努尔哈赤统一女真各部时，同样用联姻的手段加强自己的

---

① 白翠琴：《明代前期蒙古与女真关系述略》，《中国蒙古史学会论文选集》，内蒙古人民出版社，1983年，第209页。

②〔明〕陈子龙等选辑：《皇明经世文编》卷四八〇《熊经略集一》，中华书局，1962年。

③⑤ 刘小萌：《满族肇兴时期所受蒙古文化的影响》，《社会科学战线》1994年第6期。

④ 戴逸、李文海主编：《清通鉴》卷一，山西人民出版社，2000年，第61页。

实力，他主要拉拢何和理、费英东、扬古利等女真部族酋长及其子弟。同时，为了战胜强大的叶赫部，又与科尔沁等蒙古部族建立姻亲关系，从而扩大自己的势力。政治联姻的目的就是为了扩大自己的势力范围和获得同盟者。在古代社会，“对以骑士或男爵，以及对于王公本身，结婚是一种政治行为，是一种借新的联姻关系来扩大自己势力的机会，起决定作用的是家世的利益，而绝不是个人的意愿”[①]。

古勒山之战后，科尔沁部与建州女真的相互联系更加频繁，尤其随着建州女真势力的不断加强和海西女真的衰败，科尔沁部对努尔哈赤的敌视态度也渐渐缓和，并且建立了姻亲关系。最初，努尔哈赤是为了战胜海西女真，用联姻结亲的手段来加强自己的势力，主动与科尔沁部贵族建立姻亲关系。万历四十年(1612)，努尔哈赤听说明安之女“颇有丰姿”，便遣使求婚，“明安贝勒遂绝先许之婿，送其女来。太祖以礼亲迎，大宴成婚”[②]。这是科尔沁部贵族与努尔哈赤家族联姻的开始，学界通常认为这次联姻开满蒙政治联姻之先河。满蒙政治联姻对满蒙关系产生了非常大的影响。

科尔沁部贵族与努尔哈赤家族开始建立友好关系，并且建立

---

① 中共中央马克思斯格斯列宁斯大林著作编译局编：《马克思恩格斯选集》第四卷《家庭、私有制和国家的起源》，人民出版社，1972年，第74页。

② 齐木德道尔吉编：《清朝太祖太宗世祖朝实录蒙古史史料抄》，内蒙古大学出版社，2002年，第28页。

了割不断的血亲联系。联姻后，明安家族的生产生活有了明显的改善，同日益强大的建州女真交往，极大地刺激了兄弟家族。在努尔哈赤为了加强自己的势力，积极主动地向科尔沁部贵族求婚的时候，他们便与建州女真建立起姻亲关系。万历四十二年（1614），努尔哈赤四子皇太极娶莽古思（明安兄）之女，即清朝第一皇后——孝端文皇后。万历四十三年（1615），努尔哈赤聘科尔沁台吉孔果尔（明安弟）之女为妃（寿康太妃）。嫩科尔沁部左翼三兄弟首领都与努尔哈赤家族建立了姻亲关系，于是相互来往也就更加频繁。同时，他们为了探望出嫁女，常到努尔哈赤之处，并向努尔哈赤贡献牲畜等礼品。《满文老档》记载，万历四十三年（1615）九月，科尔沁台吉明安四子桑噶尔寨献马三十匹；万历四十四年（1616）十二月，明安次子哈坦巴图鲁献马四十匹。而努尔哈赤对每次的贡献都回赐大量物品，如盔甲、缎、布匹等，以笼络科尔沁部的贵族们。这是一种交换，科尔沁左翼贵族们通过这种来往获得所需要的生活用品以及军用品等。

万历四十五年（1617），努尔哈赤建立后金国的第二年正月，科尔沁部贵族明安亲自带领属众备厚礼前去庆贺。努尔哈赤率诸妃子、诸大臣等到京城百里之外的富尔简岗处隆重迎接，并且在马上接见。明安向努尔哈赤进献大批礼物。返回时，努尔哈赤赠礼至厚，四十户人、四十副甲以及大量绸缎、布匹等财物，并亲自送出京城三十里外。努尔哈赤每日摆小宴，隔日设大宴款待明安一个月[①]，可见努尔哈赤的重视程度。热情款待客人的现象在历史上是少有的，其目的就是为了拉拢人口众多、势力较强的科尔沁部。

在后金国建立之前，努尔哈赤家族就与科尔沁部贵族通婚，而且主要以科尔沁部左翼首领三兄弟将女儿嫁到建州女真为主。史学界一般认为，这是努尔哈赤以联姻手段来扩大自己势力的政治行为。的确，努尔哈赤与科尔沁部建立联姻关系后，后金势力明显增强，并且削弱了叶赫部势力。于是，努尔哈赤更加注重与科尔沁部贵族的联姻，后来双方联姻非常频繁。这不仅对建州女真产生了重要影响，而且对科尔沁部及满蒙联姻的发展产生了非常大的影响，从而促成满蒙关系的进一步扩展。

科尔沁部与叶赫部关系密切，努尔哈赤却时而限制军用品交易，"禁售弓箭"等[②]。由此可知，由联姻来维系的双方关系不是完全稳定的，而且限制军用品交易一事多年来并未得到解决。《满文老档》记载，天命四年（1619）七月，明安的第四子桑噶尔寨参加了内喀尔喀联军攻打铁岭的战役，被后金俘获。同年八月，后金国灭叶赫部，明安的第三子又抢夺其牲畜。由此可见，科尔沁部与后金国的关系不是一直和谐的。不过，努尔哈赤仍非常重

---

① 齐木德道尔吉编：《清朝太祖太宗世祖朝实录蒙古史史料抄》，内蒙古大学出版社，2002年，第43页。

② 中国第一历史档案馆、中国社会科学院历史研究所译注：《满文老档》，中华书局，1990年，第398页。

视与科尔沁贵族之间的关系，天命六年（1621）二月，努尔哈赤致书孔果尔，并再度向孔果尔台吉求婚，但孔果尔以“已聘之女，女遂死”[①]为由拒绝。然而努尔哈赤仍向科尔沁左翼求婚，孔果尔台吉以各种理由推托，不愿嫁女。但努尔哈赤未放弃，遣使致书说：“女若不嫁，则祸患及身，若取聘礼，则给甲五十。”后金众贝勒也曾劝说努尔哈赤，“若嫁尔女，以合汗意，则尔欲得何物，必可得矣”[②]。为达到目的，后金用财物引诱、劝说和威胁等各种手段，但是孔果尔台吉仍没有答应婚事。科尔沁部首领奥巴对后金使臣说：“汗之聘女我能许嫁何人？先未嫁者，因值本命之年，且身体欠安，故未嫁矣。”并建议“如遣特使前来方能嫁给之”[③]。因此，努尔哈赤接连几番遣使至孔果尔台吉处求婚。天命八年（1623）正月，又“遣雅希禅、希福、郭忻，使科尔沁贝勒孔果尔处”[④]，可是仍无结果。是年二月，还是“未许嫁”[⑤]。过了一个多月，后金国遣使“希福、刚林出使科尔沁台吉奥巴处，

①② 中国第一历史档案馆、中国社会科学院历史研究所译注：《满文老档》，中华书局，1990年，第298页。

③ 中国第一历史档案馆、中国社会科学院历史研究所译注：《满文老档》，中华书局，1990年，第397页。

④ 中国第一历史档案馆、中国社会科学院历史研究所译注：《满文老档》，中华书局，1990年，第402页。

⑤ 中国第一历史档案馆、中国社会科学院历史研究所译注：《满文老档》，中华书局，1990年，第418页。

满达尔汉出使科尔沁台吉吴克善处”[①]。在努尔哈赤的不懈努力下，加之蒙古政治局势的变化，主要是因察哈尔部要出兵科尔沁，最终促成了这桩婚事。是年五月，赴科尔沁的使者带回好消息，“孔果尔贝勒之女，将由其兄送来”[②]。努尔哈赤达到了目的，他非常明白，若想在混乱中立足就要加强自己的势力，尤其要通过与科尔沁部左翼贵族的联姻来加强自己的势力。

后金建立之初，强敌林立，通过联姻的手段加强自己的势力是最有效的一种策略。因此，努尔哈赤非常积极主动地与相邻的科尔沁左翼首领们建立了姻亲关系，并积极主动地改善双方关系。同时，努尔哈赤为了扩大交往范围，还注重与内喀尔喀五部的交往。为此，努尔哈赤与科尔沁部和内喀尔喀五部联姻，不仅娶科尔沁之女，还娶扎鲁特部之女。万历四十二年（1614）四月，扎鲁特部首领钟嫩、内齐先后将女儿嫁给努尔哈赤的次子代善和第五子莽古尔泰。同年十二月，该部岱青台吉又将女儿嫁给努尔哈赤第十子德格类[③]。努尔哈赤不仅娶科尔沁部和扎鲁特部之女，还将女儿嫁到科尔沁等部族。从天命二年（1617）开始，努尔哈赤将舒尔哈齐之女嫁给内喀尔喀五部的巴岳特部台吉恩格德

① 中国第一历史档案馆、中国社会科学院历史研究所译注：《满文老档》，中华书局，1990年，第425页。

② 中国第一历史档案馆、中国社会科学院历史研究所译注：《满文老档》，中华书局，1990年，第488页。

③ 中国第一历史档案馆、中国社会科学院历史研究所译注：《满文老档》，中华书局，1990年，第40页。

尔为妻。由于恩格德尔率先归附后金，因此努尔哈赤非常重视他，授予他总兵官职，并赏给人丁、土地和衣物。恩格德尔成为后金第一位蒙古额驸。天命六年（1621）十一月，内喀尔喀五部的古尔布什台吉率部属归附后金，努尔哈赤除重赏并将女儿嫁给他之外，还为其赐名“青卓里克图”，授一等总兵官世职[①]。

努尔哈赤还把包括自己女儿在内的皇族女子嫁给蒙古贵族莽果尔、多尔济、布彦代等人，并且非常注重与蒙古黄金家族之间姻亲的相处。天命八年（1623），努尔哈赤对蒙古额驸们说：“多侮其夫而虐害其国人，若吾女有似此不贤者，汝等毋辄杀伤，即告朕知。罪当诛则诛之；罪不至死，则废之，另以别女妻焉。”[②]努尔哈赤还曾告诫他的四大贝勒，要与已建立姻亲关系的蒙古台吉们和睦相处。科尔沁部和内喀尔喀五部的台吉们每次贡奉后，后金方面都要回赐大量裘皮、绸缎、布匹、盔甲等物品，尽量满足他们各方面的需求。

在努尔哈赤的积极努力和推动下，后金与科尔沁部左翼以及内喀尔喀五部建立了姻亲关系。这不仅使努尔哈赤在统一女真各部时避免了背后受敌，解决了后顾之忧，而且对与科尔沁部右翼以及与其他部族建立和发展政治关系产生了积极影响。努尔哈赤

① 齐木德道尔吉编：《清朝太祖太宗世祖朝实录蒙古史史料抄》，内蒙古大学出版社，2002年，第68页。

② 齐木德道尔吉编：《清朝太祖太宗世祖朝实录蒙古史史料抄》，内蒙古大学出版社，2002年，第75页。

以联姻的手段与科尔沁等相邻蒙古部族确定了友好关系，扩大了势力范围，增强了后金国的权威，使国力不断壮大。在此，努尔哈赤领导的建州女真作为一支新兴的政治力量登上历史舞台。

随着女真部族社会的急剧变化，科尔沁部与女真部族的关系也发生了很大变化。起初，科尔沁部与叶赫女真关系密切，因此在建州女真兴起的时候，不可避免地发生了政治冲突。但是，科尔沁部出于经济贸易的需要，又不得不与建州女真建立姻亲关系来缓和矛盾和冲突，以至形成了最初的满蒙政治联姻关系，并且从科尔沁左翼扩大到内喀尔喀五部，这又促使满蒙关系进一步扩展与变化。

第三节　内喀尔喀五部的形成及与后金的关系

内喀尔喀五部是十六世纪末期形成的较大的部落集团。内喀尔喀五部在形成和历史变迁的过程中，与女真部族不可避免地发生了联姻、贸易等诸多关系，而政治关系最为突出，是满蒙关系形成中的重要环节。内喀尔喀五部与后金关系在形成的过程中，不仅使内喀尔喀五部和蒙古内部的关系发生变化，而且促使明蒙关系、明与后金关系发生变化，这也是满蒙关系形成的重要内容。因而，内喀尔喀五部与后金的关系，对满蒙关系的形成和演变具有非常大的影响。

一、内喀尔喀五部的形成及其分布

喀尔喀万户是达延汗时期六万户的左翼三万户之一，有左翼、右翼之分，也称山阳与山阴。达延汗之后逐渐形成了两大部落集团，是蒙古大汗的直属部。左翼为内喀尔喀，右翼为外喀尔喀。内喀尔喀五部是在达延汗、布迪汗之后逐渐发展壮大，并在兀良哈、朵颜三卫发展变化的基础上形成的部落集团。内喀尔喀五部为扎鲁特、翁吉剌特、巴岳特、巴林、乌济叶特部。当然，这五部不是同一时期形成的，有各自的发展变化过程。

扎鲁特部在内喀尔喀五部中具有重要地位，原是兀良哈三卫的组成部分，游牧于原兀良哈三卫的泰宁卫牧地。达延汗统一蒙古各部时，其势力扩展到兀良哈三卫，导致兀良哈三卫南下移居明朝边外。而留下的扎鲁特人便成为喀尔喀万户的重要组成部分。后来科尔沁部南下东扩，占据福余卫牧地后，与扎鲁特部成为近邻。达延汗时期，该部"与喀尔喀邻近，被称为喀尔喀万户山阳部"[①]。明正德五年（1510），在达延汗镇压右翼三万户叛乱的答兰帖哩温之战上，扎鲁特首领把阿孙参战，并冲锋陷阵，建功立业。为此，达延汗"颁赐了'大打儿汉'名号，以及丹书敕令和金印，封以显爵"，"满都海·扯臣哈屯的独生女儿脱啰勒图

① 白初一著：《清太祖时期满蒙关系研究》，内蒙古科学技术出版社，2008年，第83页。

公主下嫁了札噜人把阿孙·打儿汉拓不能”[①]。因此，扎鲁特部与大汗的关系非常密切，经常一同南下侵扰。“时明朵颜卫部落益蕃，累侵盗，而诸部花当为贵种。花当次子把儿孙恃骁勇，敢深入，益为中国患”。“是时，把儿孙与小王子婚，屡诱虏入寇”[②]。这里也说明扎鲁特是朵颜卫的部落，把阿孙不是兀良哈人。当达延汗分封诸子时，将喀尔喀左翼部众分封给第五子阿尔楚博罗特，右翼喀尔喀分封给第十一子格埒森扎。把儿孙死后，依达延汗分封原则，派阿尔楚博罗特之子虎喇哈赤统治内喀尔喀以及扎鲁特部。于是，虎喇哈赤占据了山阳喀尔喀部族，把儿孙的子孙便成为属民。由于扎鲁特部与内喀尔喀相邻，又被称为喀尔喀万户的山阳部。嘉靖年间，虎喇哈赤与达赉逊汗、奎蒙克塔斯哈喇等一道南下侵扰明边。嘉靖朝中期，“以三卫故，迁徙旧辽阳迤北沙城之间”[③]，于今辽河河套地区驻牧。

虎喇哈赤统治时期，正是内喀尔喀发展壮大的时期，其五子各统领一个鄂托克，“长子兀巴赛惟正、次子速把亥达尔汗、三子兀班贝穆托克沁、四子答补台、五子炒花卓里克图洪巴图尔分别

① 乌兰著：《〈蒙古源流〉研究》，辽宁民族出版社，2000年，第358页。

②〔明〕叶向高：《四夷考》，《明代蒙古汉籍史料汇编》（第二辑），内蒙古大学出版社，2006年，第487页。

③〔明〕瞿九思：《万历武功录》，《明代蒙古汉籍史料汇编》（第四辑），内蒙古大学出版社，2007年，第264页。

统领扎鲁特、巴林、翁吉喇特、伯岳特和乌济业特五鄂托克”[①]。由于扎鲁特部的牧地与明边邻近，因此在明代史书中经常出现其记载。如萧大亨《北虏世系》、王鸣鹤《登坛必究》、冯瑗《开原图说》、张鼐《辽夷略》等史书。同时，格埒森扎的七子分封到喀尔喀河以北地区，后来再向西扩张，几乎领有漠北地区，形成了山阴或外喀尔喀七鄂托克。因此，在蒙古文史籍中，喀尔喀河流域的喀尔喀万户又统称为十二鄂托克喀尔喀，又分别称内五鄂托克喀尔喀和阿鲁喀尔喀七鄂托克。显然，内喀尔喀五部就是在虎喇哈赤及其五子统治时期发展壮大而形成的。

对于内喀尔喀五部南迁后的驻牧地，学界已有详细考证，并有不同见解。在此，笔者借鉴前人的研究成果，并结合多种史料记载，试说明其牧地分布。扎鲁特部是内喀尔喀原有的鄂托克，南下占据兀良哈三卫人的牧地，势力较强。兀巴赛惟正诸子分布在扎鲁特北部，“宰赛东则哈剌把拜、舍剌把拜、粧南、粧兔、果丙兔、火把台州、把秃儿、小耳只革、奴台哈屯兄弟九营，各有板升，并无楼子。又东则朱身一小营。此数营者皆以次而东，相去或二三十里，或四五十里。至朱身则去恍惚太、土门儿，不一二日程。恍惚太、土门儿，盖直营兀剌江口，居东夷地矣。兀剌

①〔清〕答里麻著，乔吉校注：《金轮千辐》，内蒙古人民出版社，1987年，第216—217页。

江即混同江”[①]。东与科尔沁部相连，西邻翁吉剌特部，“今天的扎赉特旗、洮儿河流域及科左中旗的地盘都属扎鲁特部游牧场所”[②]。

翁吉剌特是古老的部落，也是个旧鄂托克，以世居牧地为基础，经过变迁而演变成内喀尔喀成员。翁吉剌特部于“直开、铁西北七百余里而牧，仍入新安关市赏者，炒花第五男兀班诸子也，其地名古路半升户儿，大汉把都楼子”[③]。“赏毕，暖兔（兀班长子）从此归巢，宰赛（兀班次子伯要儿之子）从正北归，朱身（扎鲁特部委正之曾孙）等又从东北归。其诸小营巢穴，或正北、西北、东北不一，大抵去此旧开原近者六七百里，远者八九百里”[④]。翁吉剌特部游牧于扎鲁特的西部，是“今天的扎鲁特旗、阿鲁科尔沁旗北部和科尔沁右翼中旗的西部地区，均属其游牧场所”[⑤]。而翁吉剌特部有两大营，“一营暖兔，部落万余，精兵三千骑。一营宰赛，部落万余，精兵五千骑”[⑥]。宰赛三子“有

①〔明〕冯瑗辑：《开原图说》，《明代蒙古汉籍史料汇编》（第二辑），内蒙古大学出版社，2006年，第468页。

②⑤ 白初一著：《清太祖时期满蒙关系研究》，内蒙古科学技术出版社，2008年，第86页。

③〔明〕张鼐撰：《辽夷略》，《明代蒙古汉籍史料汇编》（第二辑），内蒙古大学出版社，2006年，第470页。

④〔明〕冯瑗辑：《开原图说》，《明代蒙古汉籍史料汇编》（第二辑），内蒙古大学出版社，2006年，第467页。

⑥〔明〕冯瑗辑：《开原图说》，《明代蒙古汉籍史料汇编》（第二辑），内蒙古大学出版社，2006年，第462页。

兵万五千骑强矣”[①]。可见，该部兵丁数量多而强大。

巴岳特部是达延汗之后，新组建的鄂托克，是福余卫、泰宁卫的部分部众在南迁的基础上形成的。巴岳特部“直辽沈平虏正北四百余里而牧者，虎喇哈赤第三男歹青，即伯要儿诸子也，其牧地名猪儿苦周一带”[②]。

歹青，即索宁岱青，是虎喇哈赤的第四子。索宁岱青诸子孙驻牧七营之地，分布在铁岭、镇西及辽河河套地区。“虏中通事每谓卜儿亥等诸营为南头子营，正以其牧地在河套南耳”[③]。巴岳特部是索宁岱青子孙所统辖的部众，驻牧于“辽河沿岸河套地区”[④]，位于今内蒙古自治区通辽市科尔沁左翼后旗一带。此地土地肥沃、河流交错、草木茂盛，巴岳特部的天然牧场与后金距离较近。

巴林部是个古老的部落，达延汗之后，巴林部南迁占据福余卫、泰宁卫部分牧地，形成新旧混合的鄂托克，虎喇哈赤的第二子速把亥及其子孙管辖其部众。他们“驻牧于明朝辽东都司所辖之广宁卫（今辽宁省北镇市）镇远、镇宁、镇武、西平等堡和海州卫东昌、东胜等堡的边外一带，其驻牧地距明边约四百余

---

①②〔明〕张鼐撰：《辽夷略》，《明代蒙古汉籍史料汇编》（第二辑），内蒙古大学出版社，2006年，第470页。

③〔明〕冯瑗辑：《开原图说》，《明代蒙古汉籍史料汇编》（第二辑），内蒙古大学出版社，2006年，第469页。

④ 白初一著：《清太祖时期满蒙关系研究》，内蒙古科学技术出版社，2008年，第92页。

里”[1]。跨西辽河南北，“今天的通辽市、开鲁县、阿鲁科尔沁旗南部一直到巴林左右旗，都属其游牧场所”[2]。巴林部是比较强大的部落，速把亥在蒙古贵族中很有声望，是图们札萨克图汗的五执政理事之一。嘉靖年间，速把亥基本上控制了泰宁卫诸部，“于是，部泰宁人抄本、花大、把儿都、红脸孛罗等引弓之夷万余人，颇骁勇。东西锦义一千五百里，所在皆直可入犯，无险阻”[3]。速把亥是辽东最强的部落首领之一，巴林鄂托克也是在此时形成的。巴林部统辖的部众多，且范围广，原来的部众有“兀速、憨哈纳思、乞里吉思”等，巴林部“完全侵并了福余卫故地，且逐渐侵占泰宁卫东半部”[4]。速把亥之后，其弟炒花的势力在南部逐渐兴起。但是，由于后金的兴起，炒花的两个儿子，即卜言兔和把兔儿兄弟俩及诸子的南扩受阻碍。巴林鄂托克的贵族驻牧于“西辽河南北及西部西拉木伦河以北地区，在内喀尔喀五部处于中间位置”[5]，北邻翁吉剌特和扎鲁特两部，南部与乌济叶

---

① 敖登：《喀尔喀五部考述》，《蒙古史文集》，内蒙古教育出版社，1992年，第165页。

② 白初一著：《清太祖时期满蒙关系研究》，内蒙古科学技术出版社，2008年，第86页。

③〔明〕瞿九思：《万历武功录》，《明代蒙古汉籍史料汇编》（第四辑），内蒙古大学出版社，2007年，第264页。

④［日］和田清著，潘世宪译：《明代蒙古史论集》（下），商务印书馆，1984年，第505页。

⑤ 白初一著：《清太祖时期满蒙关系研究》，内蒙古科学技术出版社，2008年，第97页。

特部相连，东邻扎鲁特和巴岳特两部，西连察哈尔部的奈曼和敖汉两部。

乌济叶特部首领炒花与巴林部关系密切。炒花年轻时经常跟随哥哥速把亥征战，侵占福余卫、泰宁卫等地。速把亥之后，炒花地位上升，便独立为南部势力，并组建新鄂托克，即乌济叶特鄂托克。乌济叶特人原居住于嫩江、松花江流域，是女真部落，他们跟随福余、泰宁卫人南下。因此，乌济叶特部成员较复杂。南下后，乌济叶特部游牧的范围在“黄泥洼一带，远隔境外，非我兵所能守。而炒花之部落在焉。炒花驻养善木，去边可二百里”[①]。养善木和额力素是当今内蒙古自治区通辽市库伦镇一带，是乌济叶特部的中心地带。这里西与南察哈尔部连接，两部经常一起南下侵犯或贸易。

综上所述，内喀尔喀五部的形成和发展变化是急剧的，范围分布广，牧地条件优越。五部虽然是一个万户，但是各自具有一定的独立性，是个松散的部落集团。从分布范围来看，已到达明朝边外，西与察哈尔部相邻，东北与科尔沁部牧地连接，尤其东边和东南与女真部族接壤，故率先卷入地区局势剧变之中。

二、内喀尔喀五部与后金的关系

从形成与分布情况来看，约嘉靖朝中后期至隆庆年间，内喀

① 〔明〕王在晋撰：《三朝辽事实录》，全国图书馆文献缩微复制中心，2002年。

尔喀五部在虎喇哈赤及其子孙的扩张过程中逐渐形成。内喀尔喀五部的驻牧地非常宽广，是不断向南扩张的结果，西拉木伦河流域便成为虎喇哈赤子孙后代的管辖之地。虎喇哈赤之后，巴林部首领速把亥成为内喀尔喀五部盟主。万历十年（1582），速把亥在镇夷堡挟赏时被明军射杀，其弟乌济叶特部首领炒花继承盟主之位。炒花作为幼子，是虎喇哈赤的五个儿子中唯一在世者，自然成为内喀尔喀五部的盟主，明朝称内喀尔喀五部为“炒花五大营”。在五部中，由于巴林和乌济叶特两部的牧地靠西，与明互市于广宁镇。扎鲁特、翁吉剌特、巴岳特三部的牧地靠东或向北，与明互市于铁岭、开原一带。然而，铁岭、开原又是女真部族的互市之地。当时内喀尔喀五部、明廷和女真人基本上是呈三角形分布，因此就直接交往贸易。

内喀尔喀五部与海西女真诸部的关系更为悠久，但因海西女真王台依靠明廷后，其邻部，包括内喀尔喀五部、嫩科尔沁部以及建州女真都对他有所不满。于是，内喀尔喀五部与建州女真王杲的接触和来往更为频繁，并且经常一同进犯明边。“北虏速把亥、歹青、委正亦避刁背山，欲犯辽沈。杲益大会八家儿五千余骑，意欲大举”[①]。建州女真王杲的实力已经开始壮大，多次联合相邻蒙古各部犯边，给明廷造成很大损失。明廷在这种压力之

①〔明〕瞿九思：《万历武功录》，《明代蒙古汉籍史料汇编》（第四辑），内蒙古大学出版社，2007年，第258页。

下，便出兵攻打王杲部。

万历二年（1574）十月，明廷命辽东总兵官李成梁率军讨伐王杲，大破其古勒城，“纵杀女真男妇一千一百余人”[①]，王杲等人逃脱。战败的王杲“以故得脱走重古路。亟治牛羊貂皮杂帛，欲往依速把亥、土蛮，而会抚顺关质市夷，逮杲急”[②]。王杲因不能直接前往速把亥、图们（即土蛮）之处，就先到海西哈达部王台处，欲经此处前往内喀尔喀或察哈尔处。可是令王杲没有料到的是，王台把他及家属一起捉拿送交明辽东官军。是年八月，王杲被押送至京师处死。由此可知海西女真王台与明廷之间的密切关系，以及王台对明廷的忠诚程度。王杲作为建州大酋，在他被处死后，其子孙的不断报复引发了更多的战争，使政治关系变得更为复杂。不久，“速把亥引哈屯、韦正、歹青等二万余骑屯辽河，欲入开原、沈阳，会边备严，遂杀掠王台畜产，焚烧数寨而去……十月，速把亥、土蛮聚精兵三万，皆东行，于是副总戎曹簠急使裨将姚大节、徐维忠、徐永昌、凌云分屯沈阳。顷之，虏骑从黑林墩入，直走靖安清水河，略王台，由广顺关故道还归”[③]。速把亥不仅侵犯明边，还掳掠海西女真，尤其在他被明军

① 袁闾琨等著：《清代前史》，沈阳出版社，2004年，第158页。

②〔明〕瞿九思：《万历武功录》，《明代蒙古汉籍史料汇编》（第四辑），内蒙古大学出版社，2007年，第259页。

③〔明〕瞿九思：《万历武功录》，《明代蒙古汉籍史料汇编》（第四辑），内蒙古大学出版社，2007年，第272页。

杀害后，其子孙为了报仇，更加疯狂地进攻明边。这正好也是王杲之子阿台为父报仇的良机，于是内喀尔喀五部与建州女真因共同的目的走到了一起。“先是，王杲男阿台聚党，为其父报仇，一旦见闻卜言把都儿发难，大喜，即从马上传花大、炒花诸酋，趋会兵，驰辽沈、海州、广宁”[①]。“建州逆杲子阿台复诱虏酋阿海等从静远、榆林入寇”[②]。因内喀尔喀五部和建州女真的进攻，以及叶赫部的逞加奴兄弟发难，年老的首领王台最终忧愤而死。

王台之后，其子孙为争夺家业长年内讧，于是叶赫部逞加奴兄弟乘机壮大，并从内喀尔喀五部借兵向哈达部施压。“是年冬，仰加奴借龙兔、以儿邓及老萨等兵攻虎尔罕（王台长子），或言寇我开原塞，已那林孛罗等又借兵钞南关，而会阿台亦欲合兵为其父王杲报怨”[③]。危难之时，虎尔罕突然死去，于是哈达部混乱不堪。虎尔罕死后，王台的另一个儿子猛骨孛罗继位，可是部众不服。虎儿罕之子歹商虽年幼，但依然得到其父旧部多数人的支持。因王台的另一子娶逞加奴兄弟之妹、其父妾温姐为妻，而亲叶赫。在哈达部内讧不休的情况下，其势力分散，日益衰落。叶赫部则乘机扩展势力，西联蒙古诸部，东联阿台，不仅劫掠哈达

①〔明〕瞿九思：《万历武功录》，《明代蒙古汉籍史料汇编》（第四辑），内蒙古大学出版社，2007年，第281页。

②《明神宗实录》，万历十二年二月壬子，上海书店出版社，1984年。

③〔明〕瞿九思：《万历武功录》，《明代蒙古汉籍史料汇编》（第四辑），内蒙古大学出版社，2007年，第299页。

部村寨，并威胁开原、铁岭、辽阳和沈阳，引起明廷关注。明廷方面，“设法先处二奴，次图别虏”[①]，于万历十一年（1583），帮助哈达部打击叶赫部，出兵灭逞加奴兄弟。海西女真受到沉重打击，其势力削弱之际，建州卫悄悄崛起。在王杲之后又出现了一位强酋，他就是清太祖努尔哈赤。是年五月，努尔哈赤以父、祖遗甲十三副起兵，踏上了他统一女真诸部的征程。

当努尔哈赤崛起时，与女真相邻的内喀尔喀五部，在原有的基础上交往更加密切。在古勒山之战的第二年（1594），科尔沁部明安遣使至建州女真处时，“喀尔喀五部贝勒老萨［贝勒］始遣使通好”[②]。这已表明巴岳特部的友好姿态。当时内喀尔喀五部中翁吉剌特部最为活跃，其首领伯要儿诱杀开原庆云堡明朝官员，后来在与明军交战的过程中受伤而死，但是其子宰赛很快又被明廷允许入市于开原。万历二十五年（1597），宰赛娶叶赫部金台石之女，而此女已许配给努尔哈赤之次子代善。万历四十三年（1615），宰赛堂兄弟暖兔长子莽古尔太又娶原已许配给努尔哈赤的老处女[③]。宰赛强悍，翁吉剌特部与海西女真关系密切，与建州女真没有任何往来。而巴岳特部索宁岱青之孙恩格德尔台吉在万历三十三年（1605）三月前往建州女真处“［献/进］马二十匹”，

①《明神宗实录》，万历十一年八月乙卯，上海书店出版社，1984年。

② 齐木德道尔吉编：《清朝太祖太宗世祖朝实录蒙古史史料抄》，内蒙古大学出版社，2002年，第14页。

③〔明〕茗上愚公撰：《东夷考略·海西》，广文书局有限公司，1966年。

努尔哈赤说“彼越敌国而来，盖冀望恩泽于我也。遂厚赏遣之”[①]。可见，巴岳特部与建州女真已经建立了友好的贸易关系。次年，恩格德尔又引内喀尔喀五部使臣到建州进行驼马贸易，还给努尔哈赤上了“昆都伦汗”号，以表尊重。随着内喀尔喀五部与建州女真的交往日益频繁，扎鲁特部和巴岳特部也与建州女真建立了姻亲关系。

天命元年（1616）努尔哈赤建立后金国之后，公开进行武装割据。天命三年（1618）四月，努尔哈赤发布“七大恨”檄文讨伐明廷，很快攻取抚顺，攻占清河等城镇，威胁开原、铁岭等地。同时，也威胁到内喀尔喀五部的利益。因为开原、铁岭是内喀尔喀五部与明廷的互市之地。开原更是明朝辽东重镇，在经济、政治、军事方面占有重要地位。天命四年（1619）六月，后金军攻下开原城。这给明廷造成的后果甚为严重，而后金获得大量物资，城内“金钱财货”用本城牛、马、车辆搬运，“数日未尽”。后金的胜利对改善其社会经济状况起到了重要作用，开原被占领后，此地蒙古人只好归附后金。然而，由于后金军不断向西推进，内喀尔喀五部的互市口大多被切断，无法进行正常贸易。后金占领开原后，为拉拢内喀尔喀五部，“向无富余之粮，而今且因粮于我”，并“分我开原余财十数万以饵”[②]。但是，内喀尔喀

① 齐木德道尔吉编：《清朝太祖太宗世祖朝实录蒙古史史料抄》，内蒙古大学出版社，2002年，第24页。

②〔明〕陈子龙等选辑：《皇明经世文编》卷四八〇，中华书局，1962年。

五部失去开原等市口后，宰赛等人感到非常不安，他们不愿意看到自己与明廷的市口落入后金手中，因此非常敌视后金。宰赛曾与明廷约定要以兵相助，被明廷赐予重赏。努尔哈赤得知后，一方面准备攻打铁岭，另一方面派孟格图到宰赛处，约他共同征伐明廷[①]。其实，努尔哈赤在铁岭之战前，已经设置一整套计划对付内喀尔喀的宰赛。是年七月，后金攻克铁岭。宰赛招集扎鲁特部和科尔沁左翼最南面的明安之兵，建立内喀尔喀联军，袭击了刚刚占据铁岭的后金军，结果惨败。宰赛及其两个儿子，扎鲁特部脱退（多岱都喇勒）子色本、巴克二台吉，科尔沁左翼首领之一明安四子桑噶尔寨等台吉，以及所部一百五十余人均被活擒。这对努尔哈赤来说意义重大，不仅打断了明廷与内喀尔喀的联手，并且使其一同征讨明廷有了可能。宰赛助明被擒后，完全陷入了被动局面，主动权已经掌握在后金汗努尔哈赤手中。

努尔哈赤非常明白，与明廷为敌就要争取内喀尔喀五部建立军事联盟的重要性。因此，抓住宰赛被擒的有利形势，采取了有效策略。先是释放了一百四十人，留下宰赛等贵族为人质。因为宰赛是内喀尔喀五部中具有较强实力和影响力的首领，尤其是拥有重兵，“兵众畜旺国富，原归斋赛统辖。用是逞强，藐视各国，欺压攘夺刑戮已甚。各国嫌斋赛鬼魅，斋赛亦不视己为人，喻己

①《旧满洲档》，台北故宫博物院，1969年，第446页。

为飞翔于天涯之鸷鸟，兽中之猛虎”[①]。他曾与蒙古大汗及内喀尔喀其他首领一起攻打或抢掠嫩科尔沁部和后金国边境[②]。因此，后金活捉宰赛后，牢牢控制住他，就能够控制内喀尔喀五部。是年九月，以炒花为首的内喀尔喀五部首领派遣恩格德尔台吉为使臣，与后金交涉解救宰赛。如果“保其性命，恩莫过于此。为此，我等尚有何言？悉听汗命”[③]。炒花以“悉听汗命”来保宰赛不死，这恰合后金之意，但努尔哈赤还是不可能轻易地释放宰赛。

后金方面遣使内喀尔喀五部，列出宰赛的四大罪过，而且说明不杀宰赛是“念尔喀尔喀卓里克图贝勒及额布格德依黄台吉等，故留斋赛于此，并将此事原委令尔五部喀尔喀贝勒等知之”[④]。后金是看在卓里克图贝勒、额布格德依黄台吉（苏巴亥孙）的面子上，才将此事告知他们，并且提示内喀尔喀五部，若伐明就要征伐后金未占地区，不能再犯后金。后金明确说明了自己的政治态度，“明国、朝鲜，语言虽异，然发式、衣饰皆同，此二国算为一国也；蒙古与我两国，其语言亦各异，而衣饰风习尽

① 中国第一历史档案馆、中国社会科学院历史研究所译注：《满文老档》，中华书局，1990年，第105页。

② 中国第一历史档案馆、中国社会科学院历史研究所译注：《满文老档》，中华书局，1990年，第698页。

③ 中国第一历史档案馆、中国社会科学院历史研究所译注：《满文老档》，中华书局，1990年，第118页。

④ 中国第一历史档案馆、中国社会科学院历史研究所译注：《满文老档》，中华书局，1990年，第118—119页。

同，一国也”[①]。后金统治者首次提出“阵营划线”[②]的观点，这是对当时政治局势的深刻分析，认为蒙古各部与后金是一国人，明国是共同的敌人。后金为攻伐明王朝，首先要与蒙古部族联合，而且宰赛在他们手里，这是绝好的机会。对此，内喀尔喀五部以炒花为首的贵族们立即做出回应，于天命四年（1619）十月遣使致书后金称：“诚宰赛之罪，汗自知之。”并表示愿意与后金共同伐明及建立盟约，“以明国为敌，合谋征讨之”。于是后金很快“与喀尔喀五部相盟和好，缮写誓书”[③]，商讨盟誓之事。双方首先强调“恭敬英明汗之十部执政贝勒，喀尔喀五部之执政贝勒，执掌二国大政”[④]。意为他们代表各自的政治实体而盟誓。同年十二月二十三日，后金五位大臣与内喀尔喀五部诸贝勒，于冈干塞忒勒黑孤树地，按照后金汗努尔哈赤所书缮写誓文，刑白马、乌牛，对天地盟誓焚书。参加此次盟誓的内喀尔喀五部贵族，除扎鲁特钟嫩贝勒因窎远未至外，乌济岳特部洪巴图鲁及其子奥巴歹青、厄参台吉、巴拜台吉、阿索忒晋和芒古尔代等五人，巴林部厄布格德衣洪台吉、乌巴什杜棱、古尔布什等三人，

---

① 中国第一历史档案馆、中国社会科学院历史研究所译注：《满文老档》，中华书局，1990年，第118—119页。

② 白初一著：《清太祖时期满蒙关系研究》，内蒙古科学技术出版社，2008年，第121页。

③ 中国第一历史档案馆、中国社会科学院历史研究所译注：《满文老档》，中华书局，1990年，第121页。

④ 中国第一历史档案馆、中国社会科学院历史研究所译注：《满文老档》，中华书局，1990年，第122页。

翁吉剌特部代达尔汉、莽古尔代戴青、毕登土、叶尔登四人，巴岳特部绰虎尔达尔汉巴图鲁、恩格德尔、桑阿拉寨、布他齐杜棱四人，扎鲁特部桑阿喇寨、巴呀喇土、朵勒济、内齐、卫征、俄尔寨图、布尔哈土、额登、巴额尔济格九人[1]，共二十五位蒙古贵族参加了盟誓。后金汗之十部执政贝勒所指的是大贝勒代善、二贝勒阿敏、三贝勒莽古尔泰、四贝勒皇太极及台吉阿巴泰、德格类、寨桑古、济尔哈朗、阿济格、杜度、岳托、硕托、萨哈廉等十三人。他们都是努尔哈赤一族中掌握后金实权的人物。

显然，冈干塞忒勒黑孤树之地的盟誓，完全是宰赛助明被擒为人质的结果。双方誓文的核心内容是“我二国系与明国为仇，今将合谋征之。何时与明国修好，以共同商议而后和之”[2]。这里非常明确的是，内喀尔喀五部与后金共同伐明，后金不能单方面与明廷讲和或发生任何关系，而且归还宰赛的条件是“待我二国合谋征明，得广宁地方后，我再考虑宰赛之事”[3]。在共同伐明之前，后金不会释放宰赛，又遣使前往扎鲁特。次年二月十九日，与钟嫩等“依照诸贝勒盟誓之例，刑白马、乌牛，对天地盟

① 齐木德道尔吉编：《清朝太祖太宗世祖朝实录蒙古史史料抄》，内蒙古大学出版社，2002年，第60—61页。

② 中国第一历史档案馆、中国社会科学院历史研究所译注：《满文老档》，中华书局，1990年，第122页。

③ 中国第一历史档案馆、中国社会科学院历史研究所译注：《满文老档》，中华书局，1990年，第124页。

誓”[①]。同年三月一日，后金在释放扎鲁特贝勒色本时，与一起被擒的巴克一同立誓。兄弟二人表示感恩图报，后金汗“遂赐色本蟒缎披领及猞猁皮吨子、衫袴、雕花鞓带、靴帽、雕鞍马遣之”[②]。可见，内喀尔喀五部与后金的伐明联盟是在后金主动之下建立的军事联盟。

内喀尔喀五部和后金的军事联盟改变了明、后金、内喀尔喀五部三方之间的关系，后金掌握着主动权。后金达到了与内喀尔喀五部建立军事联盟伐明的目的，而对内喀尔喀五部而言，此次盟誓是无奈之举，完全是因为助明攻后金兵败，处于被动的境地。对于明廷而言却不是好事，辽东的形势定会更加严峻。可见，内喀尔喀五部与后金的伐明盟誓不仅是军事联盟，还是形成满蒙初期政治关系的重大事件，其政治性更突出。内喀尔喀五部从与明廷共同抵抗后金转变为与后金联合伐明。当然，内喀尔喀五部与后金建立联盟，双方各自是独立实体，互不隶属。但是内喀尔喀五部与后金建立联盟，其本质上损害了蒙古大汗的威望和权力。因此，内喀尔喀五部和后金的军事联盟对十七世纪满蒙关系的形成和演变产生了非常大的影响。

内喀尔喀五部的贵族们虽然还能够从明廷领取一些赏金，时而掠夺其边境的财物，但他们的各种行动已经受到后金的制约和

---

①② 中国第一历史档案馆、中国社会科学院历史研究所译注：《满文老档》，中华书局，1990年，第131—132页。

谴责，甚至还涉及联盟之外的事情。《满文老档》记载，后金占领开原、铁岭之前就已经收编了叶赫部，在这一过程中，扎鲁特部钟嫩、桑噶尔寨等趁女真战乱之际，抢掠后金国边区和城镇；还有一些叶赫部族的人为逃避战火而逃入邻近的扎鲁特等部族。然而，内喀尔喀五部与后金立誓联盟之后，后金多次遣使到内喀尔喀诸部，迫使他们归还所掠财物及逃亡人员，还要求他们不得背盟、不得抢掠已征服之地、不得越界滋事等[①]。在这种压力下，扎鲁特部的贵族卓齐特扣肯、内齐汗等答应归还从叶赫女真所抢的粮米，以牛折还所抢粮米，并且送还从叶赫逃来的人[②]。可见，内喀尔喀五部在与后金的关系中一直处于被动局面。天命五年（1620）六月，扎鲁特部的钟嫩、昂阿、卓齐特扣肯堵截后金出使扎鲁特达雅台吉处的使臣，尽掠其马匹、弓箭和财物等，并且各部台吉拒不接见后金使臣。后来，努尔哈赤致书内喀尔喀乌济叶特部卓里克图洪巴图鲁炒花、巴林部额布格德依黄台吉、巴岳特部达尔汉巴图鲁卜儿亥，提起盟誓并谴责诸台吉背盟之事[③]。后金方面认为，盟誓后内喀尔喀五部的一些首领没有履行与后金攻伐明廷的誓言。由于后金的介入，内喀尔喀五部的一体性被破坏。

---

① 中国第一历史档案馆、中国社会科学院历史研究所译注：《满文老档》，中华书局，1990年，第124—125页。

② 中国第一历史档案馆、中国社会科学院历史研究所译注：《满文老档》，中华书局，1990年，第127—128页。

③ 中国第一历史档案馆、中国社会科学院历史研究所译注：《满文老档》，中华书局，1990年，第146—148页。

显然，内喀尔喀五部与后金伐明联盟的成立，对于后金而言意义重大。按照誓言，内喀尔喀五部再没有协助明廷，而且参加了后金攻伐明廷的军事行动。后金攻下沈阳、辽阳后，也控制了内喀尔喀五部与明廷的互市口，双方的边界变得更长，比邻而存。同时，后金通过内喀尔喀五部与蒙古其他部族取得联系，交往更为方便了。后金以各种方式将蒙古部族尽力拉到自己一边。因为后金与内喀尔喀五部以及其他蒙古部族之间的关系，影响着刚刚占领的辽东地区的局势。面对后金的强劲势头和合作姿态，加之内喀尔喀五部受到的威胁，辽东边外的一些蒙古贵族及平民开始涌入后金国。《满文老档》记载，是年（1621）四月，巴林部杜棱属下九十八户一百二十男丁，携马五十四、牛四百一十头、羊千只逃来。五月，巴岳特部恩格德尔额驸之弟莽果尔台吉率子女、畜群及属下三十户来归。囊奴克台吉之属下四十户，率子女携牧群来归。六月，巴林部杜棱之子阿玉希及古尔布什等三台吉率所属一百六十户来归。七月，乌济叶特卓里克图洪巴图鲁炒花属下六十户来归。八月，翁吉剌特部以一万头牲畜赎宰赛，后金以其二子一女为质，释放宰赛。于是，内喀尔喀五部涌入后金的部众日益增多。从内喀尔喀五部陷入混乱状态可以看出，满蒙关系的形成加速了蒙古社会的政治危机。

第四节 察哈尔部与后金关系的恶化

后金建立之前，女真部族时而处于明廷统治之下，时而处于蒙古大汗或强大的部落集团首领的管辖之下。在林丹汗致力于重新统一蒙古各部之时，也是女真部族兴起之时，因此出现了蒙古、后金、明朝三方政治势力角逐的局面。由于后金与明廷敌对，进而威胁到了林丹汗政权的政治、经济利益。于是，林丹汗要与明廷合作保护其自身利益时，与后金的关系日趋恶化。在这个过程中，满蒙关系也在形成。

一、察哈尔部与女真部族的关系

察哈尔部是达延汗之前形成的蒙古大汗宗本部，又称“察哈尔万户”或“察哈尔蒙古”。在汉籍史料中的记载为“插汉儿”“插汉”“察罕儿”等，在《清实录》中记载为“察哈尔国”。察哈尔是成吉思汗生前将可汗斡耳朵的仆人群体赏赐给幼子拖雷的正妻唆鲁禾帖尼别乞[1]，从此，察哈尔成为拖雷家族的主妇世代继承下来的“领户”。这些领户虽然是仆人群体，但作为成吉思汗的直属家仆，其社会地位比较特殊。随着时间的推移，他们在蒙古社会中渐渐形成独特的群体，即察哈尔人。唆鲁禾帖尼别乞去世

① 罗布桑布丹津著，乔吉校注：《黄金史》，内蒙古人民出版社，1999年，第486页。

后，按蒙古人的习俗，由幼子继承家产，察哈尔人便是阿里不哥继承的家族遗产。阿里不哥在与忽必烈之争中失败后不久便去世，于是察哈尔人便成为忽必烈的皇家奴仆，按照传统侍奉元朝后宫，也继承了察哈尔人祭奠他们的女主人“额失哈屯（唆鲁禾帖尼别乞）”[①]的习俗。元至正二十八年（1368），元惠宗妥懽帖睦尔为避明军，携后妃、太子等北上蒙古高原时，察哈尔人曾同行。

当蒙古社会政治动荡时，蒙古大汗怯薛军的禁卫职责削弱了许多，于是察哈尔人不仅侍奉大汗和汗后，而且还肩负起护卫的重任。可见，察哈尔人不仅是大汗身边最忠诚的奴仆，还是大汗的护卫队。经过一个世纪的社会政治变迁，在瓦剌也先之后，忽必烈黄金家族重新崛起，东蒙古渐渐强大起来。满都鲁汗时，其直属部众察哈尔逐渐发展壮大，尤其有了诸多部落加入之后，便形成了新的强大的部落集团，即察哈尔万户，成为大汗的宗本部。可见，察哈尔部在原有的察哈尔（好陈察哈尔）基础上，重新组合成强大的部落集团。

满都鲁汗死后，按照蒙古人的政治传统，由大汗夫人统领朝政，大汗遗孀满都海扯臣哈屯（汗后）执政。而后科尔沁部首领那颜博罗特王向满都海求婚，夫人拒绝道：“吾汗之遗产，哈萨尔的子孙能继承吗？哈萨尔的遗产主人的子孙能继承吗？”满都海在

① 萨囊彻辰著，道润梯步译校：《新译校注〈蒙古源流〉》，内蒙古人民出版社，1980年，第294页。

征求大臣们的意见时，扎罕阿哈说："若跟了哈萨尔的后人则堕入歧途，脱离众百姓，毁坏了哈屯的名节；若从了可汗的子孙，则平展白道，统辖察哈尔万户，远扬了哈屯的名誉。"[①]满都海接受扎罕阿哈的建议，与可汗之孙巴图孟克达延汗成婚。于是，察哈尔及新加入的部众便理所当然地由达延汗继承。达延汗正是依靠这一力量重新统一了蒙古各部，并进行了改革。

达延汗将察哈尔命名为一个万户，并且直接管辖。察哈尔万户中诸多部落拥有各自的名称，"众立卜赤，称亦克罕。亦克罕大营五，曰好陈察罕儿（意为旧），曰召阿儿（意为左翼），曰把郎阿儿（意为右翼），曰克失旦，曰卜尔报，可五万人，卜赤居中屯牧，五营环卫之"[②]。察哈尔万户的各部或鄂托克分散游牧时，大汗居中，左翼和右翼由诸部落组成。

与"卜赤居中屯牧"的当然是"好陈察罕儿、克失旦、卜尔报"，是大汗的中央部众，对黄金家族的复兴起到了核心作用，是大汗可靠的靠山。察哈尔万户形成后，他们以新的面貌登上了历史舞台，是蒙古的中央万户或中央部落集团。察哈尔部作为大汗宗本部，在诸多部落集团中势力最为强盛，是蒙古的政治中心，在蒙古历史发展以及演变过程中处于举足轻重的地位。蒙古大汗

① 朱风、贾敬颜译：《汉译蒙古黄金史纲》，内蒙古人民出版社，1985年，第84页。

②〔明〕郑晓撰：《皇明北虏考》，《明代蒙古汉籍史料汇编》（第一辑），内蒙古大学出版社，2006年，第210页。

及察哈尔部与明廷在政治和经济等方面关系密切，同时也与女真部族有诸多联系。

察哈尔万户在达延汗时期强大起来，后经布迪汗、达赉逊汗、图们汗和布延彻辰汗，再到林丹汗，蒙古政治又走向分散。在达赉逊汗时期，右翼俺答汗率先强大起来，大汗为避免冲突便率部东移南下躲避，驻牧于西拉木伦河流域。达赉逊汗之子图们汗即位后，为强化汗权及一致对明，加强了对内喀尔喀、嫩科尔沁以及女真各部的控制。于是，图们汗及察哈尔部与内喀尔喀、嫩科尔沁部直接发生了冲突，并且震慑了左翼部众，率领他们一同南下侵扰明边。“好儿趁与土蛮讲和，并皆索者儿忒及逞加奴、养加奴，以为有如者儿忒亦讲和，则请易大举入汉寨，而会拏木大，小把都儿亦聚兵，声欲略前屯。于是，土蛮中分虏，以其大索者儿忒，以其半九合拏木大，皆入塞”[①]。从这次的军事行动来看，嫩科尔沁阵营中就有海西女真叶赫部的逞加奴兄弟，与图们汗讲和后一同掠明边。可见，图们汗能够调遣嫩科尔沁部一起行动，并且还直接对“珠尔齐特（女真）、额里古特（鄂温克先民）、达吉忽尔（达斡尔）三部征赋”[②]。“杲与王台、土蛮连和益

①〔明〕瞿九思：《万历武功录》，《明代蒙古汉籍史料汇编》（第四辑），内蒙古大学出版社，2007年，第190页。

② 萨囊彻辰著，道润梯步译校：《新译校注〈蒙古源流〉》，内蒙古人民出版社，1980年，第328页。

密，少俟秋冬必图大逞”[1]。由此可知，图们汗不仅能够控制内喀尔喀、嫩科尔沁部，而且海西女真和建州女真也在其控制范围之内。

面对图们汗的强劲势头，海西女真哈达部首领王台一方面与明廷交好，另一方面不敢得罪蒙古大汗。当图们汗“去宁前，宁前又不得；去锦义，锦义又不得；去广宁、开原。其十一月，与速把亥合。倾之，虏骑二万佯言略建州，以示汉不备，与打剌罕略辽阳、金、盖，而以灰正拥七千骑驰广宁东西。其明年正月，引速把亥十余万骑驰辽阳，西自虹螺山，历广平山数万里，联络相望。其四月，虏骑五万，持杂帛、马牛、豹皮，往仰加奴新寨，请婚王台……其八月，王台使使送奉土蛮妇人二口，盔甲弓矢二副，貂皮二百皮，段二百纯。逞加奴、仰加奴亦以貂皮一百，段一百，皆如土蛮礼。土蛮遂与诸虏约，约秋高略锦义、广宁，河冻，略金、复、海、盖”[2]。但是，他们之间又时而发生摩擦，“王台入贡，多盗北虏马。已，委正与通婚媾，自是弗复盗也。久之，土蛮酋长小黄台吉闻台谊至高，以为得与台结连，必所言见从。于是引五万骑诣养加奴：‘吾来，以吾有犬子，未受室，若幸为若都督女子地。若许我，我即与若连兵入汉塞；即不许我，我即以数万骑驰蹂，败若穹庐也。’乃引兵围海西新寨，台自度祸且迫，不可已，幸许若。于是送奉台马牛羊、甲胄、貂豹

①《明穆宗实录》，隆庆六年七月辛丑，上海书店出版社，1984年。

②〔明〕瞿九思：《万历武功录》，《明代蒙古汉籍史料汇编》（第四辑），内蒙古大学出版社，2007年，第191—192页。

皮袭，台赠土蛮及二奴也如之”[①]。如此，图们汗就去略海西王台。“卜言台吉、脑木大、黄台吉、克石炭、大小委正、以儿邓、矮兔、拱兔、抄户儿陈兵女只骂火屯。已，并驰赤纳哈气儿，佯言略海西、建州，欲出不意犯广宁塞”。“稍引者，去抄王台寨”[②]。可见，图们汗及察哈尔部与建州女真的关系更为密切。

建州女真首领王杲经常跟随图们汗进犯明边，“嘉靖四十一年（1562）五六月间虏酋土蛮两次深入抚顺、凤凰城、海州等地，杀了明副总兵黑春等。寇掠最惨，完全由于建夷王杲的向导”[③]。“王杲引土蛮五万骑，执钩杆，略广宁外边”[④]。“土蛮、王杲勾结卜言兀诸酋，约日上马，犯在旦夕”[⑤]。王杲被明军打败后，“复欲聚众，以报畴昔之事。于是制置使使使者微出塞，围杲。杲佯以蟒挂红甲授所亲阿哈纳，夺路，杲以故得脱走重古路，亟治牛羊貂皮杂帛，欲往依速把亥、土蛮。而会抚顺关质市夷，逮杲急，杲不敢直走北虏”[⑥]。从蒙古大汗与王杲之间的关系来看，似

---

①〔明〕瞿九思：《万历武功录》，《明代蒙古汉籍史料汇编》（第四辑），内蒙古大学出版社，2007年，第234页。

②〔明〕瞿九思：《万历武功录》，《明代蒙古汉籍史料汇编》（第四辑），内蒙古大学出版社，2007年，第203页。

③［日］和田清著：《东亚史研究·蒙古篇》，《东洋文库》，1962年，第432页。

④〔明〕瞿九思：《万历武功录》，《明代蒙古汉籍史料汇编》（第四辑），内蒙古大学出版社，2007年，第192页。

⑤《明穆宗实录》，隆庆六年八月癸未，上海书店出版社，1984年。

⑥〔明〕瞿九思：《万历武功录》，《明代蒙古汉籍史料汇编》（第四辑），内蒙古大学出版社，2007年，第259页。

乎有宗主与隶属的关系。王杲被叶赫女真的首领王台抓捕并送给明廷处死后，其子阿台为了报父仇而继续联合蒙古侵扰明边。当时内喀尔喀强悍的大首领速把亥也被明军处死，于是阿台与内喀尔喀联合，为报仇经常侵扰明边。

图们汗与女真各部联系频繁，蒙古大汗的权威也得到加强，女真部族直接或间接地在其管辖之下。但图们汗之后，东北亚地区各部林立，呈现一种混乱的局面。

在布延彻辰汗时期，“愈益兴盛了太平之政，使普土大国以安定”[①]，这是图们汗打下的基础。图们汗一生艰辛建立起来的大汗威望，在布延彻辰汗时期“似乎已趋于保守退缩。在明人记录里，此后侵寇辽东的记录也渐渐少了”[②]。可见，布延彻辰汗只守家业，不仅与明廷的联系减少了，与女真部族之间的往来也不多了，尤其与建州女真的往来几乎中断了。由于布延彻辰汗的保守，蒙古大汗的权威也开始减弱，“太平之政，国以安定”的局面只是表面现象而已。其实，蒙古已经出现了各部为政、各行其是的局面，并且各部的自主性越来越强，其中左翼蒙古各部独自与女真来往。这一时期正是整个地区的大变动时期，尤其女真人的社会大变动，无不影响着相邻的蒙古各部，但蒙古的政治状况难

① 朱风、贾敬颜译：《汉译蒙古黄金史纲》，内蒙古人民出版社，1985年，第105页。

② [日] 和田清著：《东亚史研究·蒙古篇》，《东洋文库》，1962年，第437页。

以掌握时代变动的主动权。

二、林丹汗初期的内外措施

林丹汗是黄金家族的末代大汗，于万历三十二年（1604）“十三岁时，继祖父布延彻辰汗之位”[①]，少有大志。林丹汗按照继承汗位的传统，按照达延汗确定的黄金家族汗位继承制来继承先可汗的直属属民和军队，持有元朝传国玉玺，并拥有忽必烈时期用千两黄金铸成的玛哈噶喇佛像。传国玉玺和玛哈噶喇金佛象征蒙古最高统治者的权威，林丹汗手握蒙古政教大权，以宗主大汗的身份驾驭全体蒙古。但由于“幼憨嗣立，懦弱未威”[②]，林丹汗无力控制局面，由先汗委任的大臣脑木大等充当执政大臣。脑木大是察哈尔阿喇克绰特部的首领，是图们汗五札萨克中的察哈尔札萨克的代表，是三朝元老。因此，在林丹汗初年，脑木大是举足轻重的人物，“脑毛大，专横德众，又老而不能自强”[③]。由于脑木大年迈，无法威慑诸部，只好守护小可汗，以维持局面。由此，林丹汗政权“尚不能统领众插汉（察哈尔）诸部，贪汉财物，各与我（明朝）市”[④]。蒙古各部彼此之间经常出现争

①〔清〕答里麻著，乔吉校注：《金轮千辐》，内蒙古人民出版社，1987年，第132页。

②《明神宗实录》，万历三十五年七月壬辰，上海书店出版社，1984年。

③〔明〕王在晋撰：《三朝辽事实录》卷九，全国图书馆文献缩微复制中心，2002年。

④《明神宗实录》，万历三十七年三月甲申，上海书店出版社，1984年。

夺牧场、牲畜的状况，并且各自与明廷贡市。不仅如此，察哈尔内部也产生了一些不和谐的状况。如“歹青等阳顺阴逆”[①]。由此可知，当时林丹汗只是名义上的“共主”，各部认可宗主大汗的权威，但实际上离心倾向日趋严重，已经出现了四分五裂的状况。

万历四十年（1612），林丹汗执政。面对日趋严峻的政治局势，林丹汗采取了一些措施。大汗认为，察哈尔部作为政治中心，是势力强大的部落集团，将其控制在手中才能驾驭全体蒙古。因此，为了强化汗权，必须先治理察哈尔内政，加强统治。首先，他与察哈尔内部的分裂行为做斗争，用武力驯服所属部众。在此过程中，有可能因“尽夺实纳明安部歹青人民”[②]而始。其次，将察哈尔部“八鄂托克察哈尔土门分左右翼三万户”[③]，“右翼三万户由却热斯塔布囊管理，左翼三万户由锡尔呼纳克都仍管理”[④]。可见，察哈尔万户中，除大汗直辖部以外，还有八鄂托克。右翼四鄂托克为浩齐特、苏尼特、乌珠穆沁、克什克腾，左翼四鄂托克为阿喇克特、兀鲁特、敖汉、奈曼。林丹汗将察哈尔部分为左右翼六万户，以此建立了新的统治体系。

---

①《明神宗实录》，万历三十四年十月戊申，上海书店出版社，1984年。

②《满洲实录》，天命十年八月，中华书局，2008年。

③ 乌兰著：《〈蒙古源流〉研究》，辽宁民族出版社，2000年，第361页。

④〔清〕答里麻著，乔吉校注：《金轮千辐》，内蒙古人民出版社，2000年，第133页。

随着藏传佛教对蒙古地区的影响日益扩大，林丹汗通过“迈达哩法王桌尼绰尔只等人接受了精深密乘之灌顶等等，扶宠佛法”，以“‘忽秃图合汗’之称扬名各方”，并兴建寺院，组织人力、物力翻译著名的《甘珠尔经》。他自称“林丹胡图克图汗福荫成吉思睿智，所向无敌的刺瓦尔迪太宗之天神，宇宙之上帝，持金轮之诺门汗”[①]。在林丹汗的努力下，察哈尔部更加强大起来。俄罗斯人在与漠北喀尔喀蒙古的交往中，得知林丹汗拥有强大的军队，并“配备有弓箭，长矛和火枪”，“察哈尔汗人员众多”[②]等消息。但这些还不能威慑到全体蒙古，据《明实录》记载，“各部傲然不理虎（林丹汗）”。林丹汗已经不能统众，未能改变“诸部各自称雄”的局面，甚至一些部族早已“献贡遂绝”[③]。各部首领虽然称林丹汗为“察哈尔汗”，但各自与明廷贡市，从明廷领赏，仍各行其是。

林丹汗怀有雄心壮志，有大展宏图的愿望，自称“神中之神全智成吉思隆盛汗”[④]，向往成吉思汗时代的统一和蒙古的辉煌，

---

①〔清〕答里麻著，乔吉校注：《金轮千辐》，内蒙古人民出版社，2000年，第132页。

②［苏联］Н.П.沙斯季娜著：《十七世纪俄蒙通史关系》，商务印书馆，1977年，第30页。

③《崇祯长编》卷一一，崇祯元年七月己巳，上海书店出版社，1984年。

④［美］塞瑞斯著，余大钧译：《达延汗后裔世系表笺注》，《北方民族史与蒙古史译文集》，云南人民出版社，2003年，第725页。

“盼强盛”[①]。可是，面对蒙古的政治状况，林丹汗首先要威慑各部，控制他们与明廷贡市。于是，万历四十年（1612）“正月八日，虎墩兔憨实以三万余骑从长静堡南北界驰入，分攻穆家等堡”[②]。万历四十三年（1615），林丹汗连续三次南下抄掠明边，出现在广宁至锦州几百里的战线上，声势颇大，战斗力强，曾攻陷广宁。是年八月，林丹汗第一次率十万大军进攻广宁。十七日，攻陷辽东重镇广宁，抢掠十六个时辰退出。二十日，第二次率六千骑攻克锦州。二十二日，第三次率六万人攻克大安堡。林丹汗的三次南下声势浩大，这是图们汗之后的几十年间出现的状况，使明廷辽东受到前所未有的冲击，明朝官兵胆战心惊，称“虎墩兔憨为虏中之名王，尤称桀骜”[③]。万历四十四年（1616）八月，辽东巡抚郭光复奏报称：“西虏虎墩兔憨会部夷数万，屯驻新寺，且密约炒花，将于八月内犯抢河西，势甚猖獗。”[④]

林丹汗如此三番五次地侵扰明边，目的是控制蒙古各部与明廷贡市。林丹汗此举满足了其经济需求，并在蒙古封建主中彰显军威，树立了大汗的宗主地位，提高了大汗的号召力，达到“富国强兵”，实现重新统一蒙古各部的目的。的确，林丹汗的军事行

①〔清〕谷应泰撰：《明史纪事本末·补遗卷三·插汉寇边》，中华书局，1977年，第1439页。

②《明神宗实录》，万历三十七年三月甲申，上海书店出版社，1984年。

③《明神宗实录》，万历四十二年七月壬辰，上海书店出版社，1984年。

④《明神宗实录》，万历四十三年八月甲午，上海书店出版社，1984年。

动显现了成效，一方面改变了明人眼中的林丹汗“懦弱未威”的形象。明廷的一些大臣担忧辽东防御，大学士叶向高说：“大辽兵腐朽日久，何以御敌。一旦边疆不支，入躏内地。”[①]同时，林丹汗的军事行动也威慑了漠南蒙古各部，对右翼各部，“虎墩兔憨公结属夷，判入蹂躏，大奖麻贵耄不能谋，惫不能奋”[②]。尤其对左翼蒙古各部的影响更大些，他们服从林丹汗的命令并纳贡称臣，认同其共主地位。如科尔沁首领奥巴还把心爱的“杭爱”良马送给林丹汗；科尔沁左翼首领吴克善在奥巴等人的劝说下，将心爱之猎鹰献给大汗[③]。可见林丹汗的威慑力。

林丹汗为实现宏伟蓝图，于万历四十五年（1617），从战略角度考虑，在阿巴嘎哈喇山阳建察罕浩特和“金顶白寺”[④]。林丹汗以新建的察罕浩特作为蒙古的政治、经济、军事和文化中心。另外，林丹汗又对明廷“纠众挟赏”[⑤]，天命三年（1618），明蓟辽总督薛三才上报称：“辽左三面当虏，烽火日接。虎墩兔憨嘱托董、黄二酋，遣亲信夷使，卑词求哀，叩关献款，送还人口，钻

①《明神宗实录》，万历四十年正月立春，上海书店出版社，1984年。

②《明神宗实录》，万历四十年三月辛丑，上海书店出版社，1984年。

③ 中国第一历史档案馆、中国社会科学院历史研究所译注：《满文老档》，中华书局，1990年，第1537页。

④〔清〕答里麻著，乔吉校注：《金轮千辐》，内蒙古人民出版社，2000年，第132页。金峰、那仁朝克图、阿拉坦吉雅：《蒙古汗国最后都城林丹汗察罕浩特考》，《内蒙古师范大学学报》1999年第1期。

⑤《明神宗实录》，万历四十四年四月乙丑，上海书店出版社，1984年。

刀歃血，即戢翼以悔祸。”[①]可见当时明廷东北边境的压力，后金的威胁与林丹汗的犯边不同，是致命的。但是，明朝大臣对此争论不休，认为“虎墩兔憨为西虏帝，然累岁思邀我贡市”，而“岂坐视奴帝辽阳，断其市贡之利乎?”于是，明廷采取“以蛮夷攻蛮夷”[②]的政治措施。同年（1618）五月，明廷“复虎墩兔（林丹汗）市赏”[③]，认为“今日惟有此一着，可使夷动而我静，夷劳而我逸”[④]。显然，明廷要以正在崛起的林丹汗势力制约后金的进攻。林丹汗南下取得了一定成果，明廷终于与察哈尔部互市贸易。《明实录》记载：“抚夷之处，在关内者，如滚兔等赏于桃林，柴狗等赏于宽佃峪，他卜能等赏于黑峪关，长昂等赏于义院，伯桑户等赏于擦崖子，脑毛大等赏于界岭，绥素等赏于罗文峪，夷妇大嬖只等夷酋毛困等赏于潮河川，赶兔等赏于大水峪，伯牙儿哑拜等赏于喜峰口。此因各夷近蓟，故市赏必于蓟地。”在“关外者，如煖兔、宰赛等赏于开原、铁岭，歹青、虎墩兔憨、黄台吉、粆花、拱兔等赏于平虏堡、长安堡、广宁镇静堡，小歹青等赏于义州、太康堡，拱兔等又赏于锦州大福堡。因各夷近辽，

---

①《明神宗实录》，万历四十五年五月辛未，上海书店出版社，1984年。

②〔明〕张鼐撰：《辽夷略》，《明代蒙古汉籍史料汇编》（第二辑），内蒙古大学出版社，2006年，第471页。

③〔清〕谷应泰撰：《明史纪事本末·补遗卷三·插汉寇边》，中华书局，1977年。

④〔明〕张鼐撰：《辽夷略》，《明代蒙古汉籍史料汇编》（第二辑），内蒙古大学出版社，2006年，第470页。

故市赏于辽地”[①]。可见，林丹汗的南下，取得了一定的经济效果和政治效果，在一定程度上掌控了与明廷“贡市”的权利，震慑左翼蒙古各部，“今诸酋皆虎墩兔憨约束之。牧地直广宁，去塞十余里，而市赏皆广宁镇远关”[②]。林丹汗不仅解决了经济来源的问题，更突出了他在全体蒙古部族中的“共主”地位，这无疑对其实现最大目标——统一、复兴蒙古具有重要意义。

三、林丹汗政权与后金关系的恶化

林丹汗致力于统一蒙古各部之际，新兴的后金国处于封建社会的上升阶段，在努尔哈赤的经营下不断发展壮大。后金在占领抚顺、清河之后更是士气大振，势力范围进一步扩张，威胁到开原、辽阳一带。然而，这一地区正是左翼蒙古与明廷来往的经济贸易之地。因此，后金的西进不仅威胁明廷，也威胁林丹汗及其直属内喀尔喀五部的利益。于是，林丹汗曾遣使谴责努尔哈赤攻占北关、杀害金台吉、吞并叶赫部的行为，并要求他退还人畜，但努尔哈赤没有理睬。由此可知，林丹汗及其直属内喀尔喀五部与后金之间的矛盾冲突将不可避免地发生。

天命四年（1619）七月，后金攻克铁岭，并击溃内喀尔喀等蒙古部族的援兵，即以宰赛为首的内喀尔喀联军。联军战败，宰

---

①《明熹宗实录》，天启七年三月癸酉，上海书店出版社，1984年。

②〔明〕张鼐撰：《辽夷略》，《明代蒙古汉籍史料汇编》（第二辑），内蒙古大学出版社，2006年，第474页。

赛等人被擒为人质，而林丹汗却不知晓。多年后，林丹汗对炒花说道："你是五营之主，当初宰赛被东奴拿去，你不与我说，宰赛女儿被辽东奴抱去，你又不与我说，你又与奴酋两家来往不断。"[①]内喀尔喀五部为宰赛之事与后金交涉之际，林丹汗于十月辛未（二十二日）又一次向后金遣使，公开抗议努尔哈赤对广宁的威胁。林丹汗在信中说："统四十万众蒙古国主巴图鲁［成/青］吉思汗，问水滨三万人满洲国主英明皇帝安宁无恙［耶/也］。明与吾二国，仇雠也。闻自午年来，汝数苦明国。今年夏，我已亲往明之广宁，招抚其城，收其贡赋。倘汝兵往广宁，吾将牵制汝。吾二人非有衅端也，但以吾已服之城为汝所得，吾名安在？若不从吾言，则吾二人是非，天必鉴之。"[②]这次林丹汗遣使的目的，不同于"先时二国使者常相往来"，而且态度比较强硬，信中还说："因汝使臣谓不以礼相遇，搆吾两人，遂不复聘问。如以吾言为，汝其令前使来，复至我国。"[③]信中，林丹汗在以蒙古大汗的身份问候一方之小汗努尔哈赤的同时，又警告他不要进攻其贡赋之地广宁，并且不承认努尔哈赤的后金国。

《清实录》记载，后金诸贝勒大臣对林丹汗的态度感到非常气愤，沉着冷静的努尔哈赤把林丹汗的使臣扣留下来。在林丹汗的

①〔明〕王在晋撰：《三朝辽事实录》卷十六，全国图书馆文献缩微复制中心，2002年。

②③ 齐木德道尔吉编：《清朝太祖太宗世祖朝实录蒙古史史料抄》，内蒙古大学出版社，2002年，第59页。

抗议下，努尔哈赤谨慎行事，没有继续进攻，而是做好充分的准备。是年（1619）十二月二十三日，后金与内喀尔喀五部为了共同对抗明廷，建立起政治和军事同盟。努尔哈赤经过充分准备后，于天命五年（1620）正月十七日给林丹汗回信，在反驳林丹汗的同时，告知其后金的发展壮大和所取得的成就。努尔哈赤称："吾［固/果］不若尔四十万之众也，不若尔之勇也，因吾国之少且弱也，遂仰蒙天地眷佑，以哈达、辉发、［乌/吴］喇、叶赫，暨明之抚顺、清河、开原、铁岭等八处悉授（于）予焉。"[①]同时，努尔哈赤还对林丹汗提出的广宁问题表明态度，称："［今/乃］我二人毫无怨［尤/言］，乃以异姓之明广宁一城之故，［慢/受］天地眷佑之［主/至］，为此轻薄之言，岂不抗天意，倒行而逆施［耶/也］。吾惟开诚布公，仰格苍昊，锡我神武，绥我福禄，尔岂未之闻乎，尔焉能不利于我哉。且尔之往广宁也，所获锱铢之利，岂尔能兴师［转/搏］战，多克坚城，彼畏而与尔［耶/也耶］，抑姻娅和好，爰而与耶。如爰而与，锱铢之利，受之何为。"[②]努尔哈赤又嘲讽林丹汗："昔吾［之］未征明［之先/也］，尔曾与明构兵，尽失其铠［甲/胄］驼马器械，仅得［脱/跑］去。其后再构兵，格根［戴/代］青贝勒之［从臣/虾］并十余人被杀，毫无所获而［归/

① 齐木德道尔吉编：《清朝太祖太宗世祖朝实录蒙古史史料抄》，内蒙古大学出版社，2002年，第62页。

② 齐木德道尔吉编：《清朝太祖太宗世祖朝实录蒙古史史料抄》，内蒙古大学出版社，2002年，第62—63页。

回]。”[①]总体而言，努尔哈赤的目的是尽快拉拢林丹汗一起伐明，因为努尔哈赤最大的敌人是明朝。他认为“[夫明岂真/且明曾几时] 以此赏厚汝 [耶/也]。以我征伐之故，兵威所震[震/击]，男子亡于锋镝，(惟) 妇女 [守其孤嫠/仅在耳]，[以] 明畏我，[姑以利诱汝耳/因诱汝以利耳]。[且/夫] 明与朝鲜言语虽殊，服制相类，二国[尚/遂] 结为同心。尔与我，言语虽殊，服制亦类，尔果有知识，来书宜云：明，吾深仇也，皇兄征之，天地眷佑，俾堕其城，破其众，愿与天地眷佑之主合谋，以伐深仇之明。如是立言，岂不善乎”[②]。

后金扣留了林丹汗的使者，从努尔哈赤回信的内容来看，不可能不激怒林丹汗。于是，林丹汗也将前来的后金使者扣留下来。从信使的来往过程中，林丹汗大概也知晓了内喀尔喀五部宰赛之事。《三朝辽事实录》记载：“虏酋恐伤宰赛之心，即不能为我之助，然曾受我约，或尚可离彼之群。”在这种情况下，林丹汗对后金的回信却没有什么反应，未采取任何行动。林丹汗进退两难之际，后金得知派出的使臣被杀，于是再次向林丹汗处遣使，要求限期归还使者，并威胁道：“若还吾使者，吾亦俾尔使康喀尔

① 齐木德道尔吉编：《清朝太祖太宗世祖朝实录蒙古史史料抄》，内蒙古大学出版社，2002年，第63页。

② 齐木德道尔吉编：《清朝太祖太宗世祖朝实录蒙古史史料抄》，内蒙古大学出版社，2002年，第63页。

拜虎还，否则必杀毋赦。”[①]然而，林丹汗未能在后金指定的期限内归还使者。于是，后金在“八月十八日，斩察哈尔汗之大使臣杭噶尔拜虎等三人。所以杀该使臣，乃因误传英明汗遣往察哈尔部之二人，为察哈尔所杀，故诛其使臣，以示报复”[②]。努尔哈赤杀害察哈尔使臣之后，后金使者“硕赛吴巴什密与守者谋，脱杻械，偕之潜出，徒步逃归”[③]。经过此事，双方不可能再有使臣来往，视彼此为仇敌，彻底断交，到了兵戎相见的地步。

林丹汗政权与后金关系的恶化，极大地影响了蒙古的社会政治局势以及各方关系，直接影响林丹汗重新统一蒙古各部的一切行动和主张，进而影响了正在形成的满蒙关系的走向。

---

①〔明〕王在晋撰：《三朝辽事实录》卷十六，全国图书馆文献缩微复制中心，2002年。

② 中国第一历史档案馆、中国社会科学院历史研究所译注：《满文老档》，中华书局，1990年，第152页。

③ 齐木德道尔吉编：《清朝太祖太宗世祖朝实录蒙古史史料抄》，内蒙古大学出版社，2002年，第63页。

第二章　十七世纪满蒙关系的演变

十七世纪初，满蒙关系已经形成。这是女真部族和蒙古部族在漫长的历史交往过程中逐渐形成的一种特定的民族关系。后金与蒙古科尔沁、内喀尔喀、察哈尔三大部落集团的特定关系形成之后，随着时间的推移，满蒙关系有了很大变化。尤其在林丹汗政权与后金的关系恶化之后，不仅大汗本部察哈尔部与后金关系紧张，还影响科尔沁、内喀尔喀以及其他蒙古部族与后金之间的关系，甚至影响察哈尔与科尔沁、内喀尔喀以及其他部族之间的关系。当然，这些关系的发展变化由诸多因素导致，也与林丹汗的两次出征有直接关系。

林丹汗为重新统一蒙古各部，东征科尔沁部，西迁攻打右翼蒙古，并且兼顾抗金斗争。林丹汗统一蒙古各部的战争以及抗金斗争几乎同步进行，战争持续十年，至林丹汗在青海病逝为止。在这一过程中，林丹汗节节失利，漠南蒙古各部陆续归附后金，蒙古统一大业以失败告终。林丹汗的败亡，意味着黄金家族统治已经走到尽头，蒙古将进入下一个历史阶段。同时，后金节节胜利，不断壮大，取代明朝指日可待。可见，十七世纪满蒙关系成为影响时代变迁和地区急剧变化的一个重要原因。

第一节　林丹汗东征科尔沁部与后金的关系

林丹汗为了重新统一蒙古各部，防止后金渗透，首先东征科尔沁部。科尔沁部在危难之际求助于后金，借此双方建立了联盟关系，共同抵御林丹汗的军事进攻。

天命十年（1625），林丹汗出兵东征科尔沁部，围攻奥巴驻地格勒珠尔根城，但未能取胜。于是，科尔沁部与后金的关系得到进一步发展，并且直接影响十七世纪满蒙关系的演变，最终导致林丹汗西迁。

一、林丹汗东征科尔沁部的历史背景及原因

林丹汗东征科尔沁部是在复杂的历史背景之下发生的战争，其中涉及明蒙关系、明后金关系、蒙后金关系以及蒙古各部，尤其是左翼蒙古诸部与明廷、后金、蒙古汗廷之间的关系。在察哈尔部与后金的关系中，科尔沁部成为矛盾的焦点。

（一）广宁之战

广宁之战是明廷与后金之间发生的重要战役，这不仅是明与后金的战争，也关系到察哈尔部以及其他蒙古部族。在后金斩杀林丹汗的使臣之后，林丹汗因顾忌宰赛的安全，没有主动征讨后金，从而避免正面冲突。在林丹汗的抗议下，努尔哈赤也没有即时攻打广宁。天命六年（1621），后金对明廷发动进攻，以强劲的

势头攻克辽东的许多重镇，数月间占领了沈阳、辽阳海州等几十座城镇。林丹汗没有隔岸观火，而是出兵支援明廷，一同抗金。“西虏助兵一事未有的信，盖七月内憨（林丹汗）遣中军贵英恰为我设防”[①]。还有记载，“虏酋（林丹汗）以奴（努尔哈赤）贼，四月报急，遣其台吉桑昂寨率诸头脑领兵相助，已抵近边，离宁远七十里，连营二三十里，俱驼带盔甲，臣差人出边慰谕。辽东总兵刘渠塘报，内称：七月内有奸细报，奴酋说西虏助兵从黄泥洼进河西，大兵从三分河并柳河进……奴酋甚是慌惧”[②]。在明廷处于危难关头之际，林丹汗派出数十万大军增援，后金不得不撤兵。后金与明之间的战争逐渐升级，随着势力的不断增强，努尔哈赤不再畏惧林丹汗，挺进辽西，争夺广宁。

广宁这座历史名城，金朝广宁府，元朝设广宁路，明廷于洪武二十三年（1390）设广宁卫，为全辽咽喉要地。在明廷失去辽东诸多城镇之后，广宁是其关外所剩的战略要地，自然首当其冲，而林丹汗出兵援明的举措加快了后金攻打广宁的步伐。如果广宁失守，后果不堪设想，不仅保不住辽西，山海关也将受到后金军的威胁；若能守住广宁，就有望收复失去的全辽之地。

对于后金而言，占领广宁是保住辽沈、吞并全辽的关键。因此，要稳住辽东，必须先夺取广宁。可见，广宁之战不可避免。

---

①《明熹宗实录》，天启元年九月癸丑，上海书店出版社，1984年。

②〔明〕王在晋撰：《三朝辽事实录》卷五，全国图书馆文献缩微复制中心，2002年。

广宁对明廷和后金都具有非常重要的战略意义，对于林丹汗及左翼蒙古部族来说，不仅是经济命脉，还是林丹汗及察哈尔的防线。因此，广宁在明廷手中，后金则不会直接进攻林丹汗及察哈尔部。如果后金占领广宁，不仅影响林丹汗的经济利益，而且林丹汗将直面后金的威胁。由此可知，广宁对明廷、后金和林丹汗及左翼蒙古部族的重要性。

广宁危机四伏之际，明廷加强防御固守，以王化贞为辽东巡抚，熊廷弼为经略辽东军务。由于王、熊二人的方略存在严重分歧，尤其是在联合察哈尔部以及内喀尔喀五部共同抵御后金进攻的问题上存在分歧，这对广宁之战及其结果产生了很大影响。王化贞的守防不是完全靠自己的力量，而是“力主用虏”[①]，把取胜的希望全部寄托在林丹汗及左翼蒙古部族的军事援助上。于是，王化贞不惜重金厚赏林丹汗及内喀尔喀五部首领炒花等人，大汗得一万两，炒花则领一万四千余两[②]。王化贞还与林丹汗相约，“平奴之后，赏虎（林丹汗）一万两，八大部各一万两，诸部夷兵先赏干粮银一万两”[③]。对于林丹汗来说，与明廷联手抗金，既能满足自己经济上的需求，又能抵御后金的威胁，从而达到目的，于是欣然答应出兵。

王化贞对林丹汗出兵相助深信不疑，并且完全依赖，要利用

---

①③〔明〕陈子龙等选辑：《皇明经世文编》卷四六三，中华书局，1962年。

②〔明〕王在晋撰：《三朝辽事实录》卷七，全国图书馆文献缩微复制中心，2002年。

外部力量一举荡灭后金。然而，熊廷弼在进兵问题上与王化贞不同，他主张三方部署，循序渐进，虽与林丹汗联手，但不是完全依赖。由此可见，在决定三方未来的这场关键性战役中，林丹汗所处战略地位的重要性。

天命七年（1622）正月十八日，努尔哈赤做好充分准备之后，亲率大军，兵分三路，顺辽河而下，直奔广宁。战役开始后，由于王化贞指挥不当，且与熊廷弼不和，以及林丹汗的助军未至，明军不战自溃，后金轻而易举地占领了广宁。林丹汗的助军未至是因“雪大途长而不果从征”①。广宁战役中，虽然林丹汗的助军没有及时赶到战场，但是在后金后续攻打明廷的战役中，林丹汗曾率兵援助明廷。是年，林丹汗再次“率军到达山海关，对阻遏后金攻势起了重要作用”②。这无疑令后金更加敌视林丹汗，林丹汗成为后金先行击灭的对象。

（二）左翼蒙古各部与后金的关系

左翼蒙古各部主要指察哈尔、内喀尔喀和科尔沁等部族。广宁之战后，明廷、蒙古、后金三方关系发生了急剧的变化，已不是原来“八十万汉人，四十万蒙古，水滨之三万诸申（女真人）”的状况了。处于劣势的后金渐渐强大起来，其战斗力越来越强，但是要战胜农业文明较成熟的明朝统治也不是容易的事情。当时

---

①〔明〕陈子龙等选辑：《皇明经世文编》卷四六三，中华书局，1962年。

② 乌云毕力格、成崇德、张永江撰：《蒙古民族通史》（第四卷），内蒙古大学出版社，2002年，第12页。

明廷封疆死守山海关，面对强敌，努尔哈赤采取主动分化、拉拢、打击、威胁等手段，联合邻近的内喀尔喀五部和科尔沁部，甚至通过分裂察哈尔部加强自身的力量。这严重阻碍了林丹汗统一蒙古各部的大业。于是，位于察哈尔部与后金之间的内喀尔喀五部和科尔沁部便成为双方争夺的对象，甚至察哈尔部的一些部属也成为林丹汗政权和后金争夺的力量。哪一方控制这些部族，就会掌握满蒙初期特定关系的主动权，于是双方不可避免地发生了剧烈冲突。

林丹汗及察哈尔部、内喀尔喀五部、科尔沁部和后金各方关系错综复杂。后金占领广宁之后，又连破四十余城，占领了辽西大片领土，并在辽东站稳脚跟。于是，左翼蒙古各部与明廷的经济贸易来往通道又被掐断。“广宁失，则市罢赏绝；市罢，则土物皆归于废置；赏绝，则老死而不见金缯。是我之失广宁不过瓯脱沿边之地，而虏之无广宁则失衣食养命之源”[①]。科尔沁部和内喀尔喀五部为了生存，在经济贸易方面不得不依赖后金，从而疏远了林丹汗。广宁被后金占领后，察哈尔部直面后金，经济生命线被掐断，并受到极大威胁。尤其是驻牧于镇远堡、义州以北的察哈尔兀鲁特、敖汉、奈曼等部。虽然林丹汗积极治理本部，但由于内部矛盾和广宁互市通道被后金掐断，他已无法控制部族的背离。如兀鲁特

①〔明〕王在晋撰：《三朝辽事实录》卷八，全国图书馆文献缩微复制中心，2002年。

部受到察哈尔内部排挤和欺凌，便投奔了后金。“五路头目妻子被贵英恰所占，头目负愤投炒花，炒花不能养，投奴酋”[①]。之后，兀鲁特部的其他分支也先后归附后金。天命七年（1622）“二月十六日，蒙古兀轮特（即兀鲁特）国明安、兀儿宰吐、锁诺木……石儿胡那革等十七贝勒并胯兀胯（即喀尔喀）等部台吉，共率所属军民三千余户并牲畜叛来”[②]。“三月二十六日，自蒙古逃来之兀鲁特贝子，经广宁到。遂与来归之礼，八旗贝子杀牛十，设百桌。带之筑新城之地大宴”[③]。还有敖汉、奈曼两部，在一个月内，两次遣使与后金国主动联系[④]，其目的是要调整处在困境中的林丹汗的察哈尔部与后金的关系。

后金方面非常注重前来归附的左翼蒙古部族首领及贵族，因此采取措施，尽量留住并稳住他们。如是年四月初一日，努尔哈赤召集前来的察哈尔、内喀尔喀的诸贝勒，提出“谕诸贝勒各通婚媾”。于是“汗之亲家为卓里克图之子鄂勒哲依图、揣尔扎勒、噶尔玛、索诺木、伯臻。大贝勒之亲家为莽古勒额驸之父子，岱青之子巴古岱、绰尔吉、米赛、伊林沁、额布根、伊斯哈布。阿敏贝勒之亲家为拜兴之子青吉勒、青吉勒之子达赖。莽古尔泰贝

①〔明〕王在晋撰：《三朝辽事实录》卷十一，全国图书馆文献缩微复制中心，2002年。

② 齐木德道尔吉编：《清朝太祖太宗世祖朝实录蒙古史史料抄》，内蒙古大学出版社，2002年，第70页。

③《旧满洲档》，台北故宫博物院，1969年，第1101页。

④《旧满洲档》，台北故宫博物院，1969年，第1057页、第1085页。

勒之亲家为额尔德尼达赖之子多尔济及特陵。四贝勒之亲家为兀鲁特七贝勒中已故龙贝勒正室之子明发及明安之三子昂昆、班第及多尔济。德格类阿格之亲家为奇布塔尔。阿巴泰贝勒之亲家为莽噶泰之子布当、衮济、希尔胡纳克、阿金。岳掩阿格之亲家为威征之子布彦岱。济尔哈朗阿格之亲家为古尔布什台吉。多铎阿格之亲家为布达之子恩额类。此皆察哈尔贝勒，英明汗有意呼之为亲家，并谕之好生豢养其诸女等”[①]。通过扩大姻亲关系，使投靠的蒙古贵族稳定下来，同时又以金银财宝作为赏赐。次日，努尔哈赤又召集大家，“赏赐察哈尔来之诸贝勒。赐诸贝勒各金五两，银二百两，蟒缎四匹，羽扇一把及缎十匹，毛青布二百匹，绵索子貂皮袄一件及黑豹皮墩子一件，猞猁皮墩子一件，汉人豹皮墩子一件。赏二等者各金三两，银百两，蟒缎二匹，羽扇一把，缎七匹，猞猁皮墩子一件及毛青布一百匹，貂皮墩子一件，貂镶蟒缎皮袄各一件。赏三等者各金二两，银五十两，蟒缎一匹，羽扇一把，缎三匹，毛青布五十匹，狐皮墩子一件，诸申貂镶补子缎皮袄一件。共计金八十七两，银三千四百两，大蟒缎六十二匹，小蟒缎二十五匹，蟒缎合计八十七匹……”[②]

努尔哈赤为了进一步瓦解察哈尔部，又把目光投向敖汉、奈曼

① 中国第一历史档案馆、中国社会科学院历史研究所译注：《满文老档》，中华书局，1990年，第371页。

② 中国第一历史档案馆、中国社会科学院历史研究所译注：《满文老档》，中华书局，1990年，第372页。

部，尽力将其拉到自己的一边。天命七年（1622）四月初七日，努尔哈赤派遣使者孟格图至敖汉部时说："我两国犹如一国也。而蒙古人听信都堂之言，发兵助明。而虽以兵助明，而我仍兴师征明。蒙天眷佑，所有广宁地方及山海关以外之地，皆赐于我。并令所赐之明国人皆薙发，冠于红菊花顶。与此同时，沿边汉人来告：我等被蒙古人侵略等语。尔蒙古若欲侵扰，可往征山海关以内之汉人，为何征讨归我所属之汉人？于是，我军前往，抗拒者杀之；未抗拒者弗杀而生擒之，并放还百余人。然尔等竟未归还我一名汉人。何必如此？人持相敬之心，则争心自息。无爱财之念，则贪心自泯。我以宽大为怀，如今复放还三十六人。尔等掠取我汉人之驴骡及人口，亦尽数归还。此事了结之后，再行议和。"[①]显然，努尔哈赤为了攻打明王朝，必须先解决后顾之忧，因此对察哈尔、内喀尔喀五部和科尔沁等左翼部族实施了分化瓦解的政策措施。

努尔哈赤的做法的确奏效，先联姻，再给予物资，使兀鲁特部稳住。天命九年（1624）七月初四日，双方又立誓结成同盟，兀鲁特贵族在誓词中称："闻英明汗之名，见恶于察哈尔汗，为仰赖英明汗而来，来之即怜悯如子。倘不思汗之眷养，我等蒙古诸贝勒，怀有邪恶之心，则其怀邪恶之心之贝勒，必为上天鉴察，以致祸患及身；若思令汗之眷爱，秉以忠心，则上天眷悯，共享

① 中国第一历史档案馆、中国社会科学院历史研究所译注：《满文老档》，中华书局，1990年，第374—375页。

太平之福也。”[1]显然，后金达到了政治目的，兀鲁特部已经站在后金的立场上与林丹汗为敌，察哈尔部开始分裂。

（三）内喀尔喀五部的分裂及与后金的关系

内喀尔喀五部与察哈尔部的关系最为密切，其首领宰赛与林丹汗都是达延汗的后裔，他们同祖同根，而且内喀尔喀五部一直在大汗的直属统辖之下。因此，林丹汗获得广宁市赏后，就与内喀尔喀五部共享互市之利。当林丹汗得知宰赛被后金擒获后，为顾及其安全，没有对后金采取任何措施和行动。然而，内喀尔喀五部因与后金相邻，相互来往仍然频繁，尤其铁岭之战后，后金掌握了与内喀尔喀五部关系的主动权。当察哈尔部与后金关系恶化甚至断交时，努尔哈赤要求内喀尔喀五部不要与察哈尔来往。天命八年（1623），努尔哈赤要把同盟的敌对关系从明扩大到林丹汗的察哈尔部。对此，内喀尔喀五部贵族的态度不一致，其中，桑图显得更软弱些，他致书努尔哈赤说：“我妇孺人畜，皆被汗之兵擒来。我本人并未获罪。若论罪，亦我先父在时所致……今我只身得脱，汗父若能鉴察垂怜，还我妇孺，即使将我所获之美物恭进于汗，亦求之不得矣。”[2]对此要求，内喀尔喀各部并非一致赞同，其中就有扎鲁特部贵族昂安敢于抵制后金。“昔盟誓时，喀尔喀五部落执政诸贝勒及

---

① 中国第一历史档案馆、中国社会科学院历史研究所译注：《满文老档》，中华书局，1990年，第535页。

②《旧满洲档》，台北故宫博物院，1969年，第1499页。

卓礼克图贝勒俱与此盟，而昂安不从。”[①]是年四月，后金举兵突袭了昂安，“杀昂刚父子并从者于一处，尽获其妻子、军民、牲畜及捉桑土台吉妻子”[②]。面对后金的悍然侵犯，毫无防备的内喀尔喀五部大为震惊，炒花非常愤怒，曾计划联合林丹汗复仇。“西虏炒花男四营到堡，禀讨本年春季分箭马二赏，因称昂奴近东边驻牧，猛有奴儿哈赤兵到围住，杀伤昂奴，妻子掠去。我各头脑因马瘦弱，住得星散，时齐不上兵来，不曾追赶。今黄把都儿会同把领、宰赛、暖兔、卜儿亥五大营，在舍莫林一处住牧，差人会虎墩兔憨助兵报仇，不知肯不肯等情”[③]。林丹汗得知后，带领兵马数万赶到三座寺东，这时努尔哈赤已远去了[④]。林丹汗没有继续追击，也没有采取其他策略，而埋怨炒花道：“你又与奴酋两家来往不断，囊路是你的侄子，被奴杀死你也不顾，把他的儿子歹安儿抢去你也不顾，难道你不是汉子，只好诓骗南朝赏物，你送东奴骆驼、马匹，东奴与你鞍子、撒袋能值几何等语。”[⑤]对此，炒花非常不满，在后金来袭和林丹汗的埋怨之下，内喀尔喀五部势力被削弱了许多，并且内部又出现了分裂的趋势。乌济叶特部炒花和巴林部亲近科尔沁部，翁吉剌特部宰赛和扎鲁特部巴哈达尔汉跟随林丹汗，巴

① 《满洲实录》卷七，中华书局，1986年。

② 齐木德道尔吉编：《清朝太祖太宗世祖朝实录蒙古史史料抄》，内蒙古大学出版社，2002年，第73页。

③ 《明熹宗实录》，天启六年闰六月乙卯，上海书店出版社，1984年。

④⑤〔明〕王在晋撰：《三朝辽事实录》卷十六，全国图书馆文献缩微复制中心，2002年。

岳特部早已通过恩格德尔额驸及其弟莽古勒额驸归附了后金。当内喀尔喀五部分裂时，科尔沁部与后金的交往就更频繁了，与林丹汗的关系却愈来愈疏远。科尔沁部左翼倾向于后金，这使林丹汗非常不安。

（四）林丹汗与科尔沁部关系的恶化

由于历史原因，科尔沁部的自主性一直较强。科尔沁部作为成吉思汗胞弟哈布图哈撒儿及其后裔所统辖的部落，一直捍卫黄金家族政权，辅佐大汗。尤其在达延汗统一蒙古各部的艰难时期，科尔沁部又建立了功勋。因此，大汗考虑到其特殊的历史地位和功绩，没有把该部分封给诸子，使其保持原样。在此基础上，到达延汗之后，嫩科尔沁部不断发展壮大，成为相对独立的实体，与蒙古大汗发生摩擦。在图们汗时期，大汗与科尔沁部的关系不是很融洽，时而出现争端，时而讲和。图们汗率各部首领南下的统一行动中，科尔沁部违背大汗意愿，但在大汗的弹压之下又不得不服从。有一次，“速把亥、委正、炒花、好儿趁、者儿得聚羊场河。与土蛮未合，相攻杀。顷之，好儿趁与土蛮讲和”[①]。图们汗行使大汗权力，向科尔沁部管辖的女真人、额里古特和达吉忽尔三部征赋。对此，以科尔沁部的特殊性而言，可以从另一层面理解，即大汗的行为已经侵犯了科尔沁部的权力和利

①〔明〕瞿九思：《万历武功录》，《明代蒙古汉籍史料汇编》（第四辑），内蒙古大学出版社，2007年，第190页。

益，但是由于科尔沁部畏惧大汗之势，只好服从。之后，又发生杀掠科尔沁人事件，就是奥巴与后金盟誓时提到的“杀我无辜之达赖台吉（奥巴叔父），不久，宰赛来兵，又杀我贝勒六人”[①]。可见，察哈尔部及其直属内喀尔喀五部与科尔沁部之间曾多次发生摩擦，隔阂也随着局势的演变愈来愈大。

从布延彻辰汗开始，一直到林丹汗汗权衰退，蒙古大汗几乎没有组织各部首领采取统一行动，科尔沁部与大汗之间的关系渐渐疏远，甚至有些失控。科尔沁部独自与明廷互市获利，后来努尔哈赤断其互市之路，科尔沁部只好通过与女真之间的贸易获利来满足生活需求。然而，林丹汗即位之初，“尽夺其叔祖贝勒代青（贝勒）所属石纳明安部落人民。代青其率其六子扎尔布、色冷、公格、石达答、噶［尔/喇］马、兀［尔/鲁］占及眷属奔附科尔沁台吉奥巴（烘台吉）”[②]。奥巴便收留了他们，这不能不影响其与大汗之间的关系，可以说是雪上加霜。颇有远见的努尔哈赤为了攻打明而加强自己的实力，分化瓦解林丹汗政权，积极争取与蒙古大汗有隙的科尔沁部。努尔哈赤用联姻、贸易以及重赏等手段笼络科尔沁部诸诺颜及贵族们。这使科尔沁部与后金之间的关系进一步加深。

林丹汗的最大愿望和奋斗目标是重新统一蒙古各部、振兴蒙

---

① 中国第一历史档案馆、中国社会科学院历史研究所译注：《满文老档》，中华书局，1990年，第698页。

② 齐木德道尔吉编：《清朝太祖太宗世祖朝实录蒙古史史料抄》，内蒙古大学出版社，2002年，第83页。

古。然而，努尔哈赤对蒙古各部采取的分化、瓦解政策与措施和拉拢科尔沁部的举动使林丹汗非常不安。林丹汗认为科尔沁部历来是蒙古汗廷的坚定支持者，势力最强大，但疏远大汗，与后金走动频繁。因此，统一蒙古各部首先要解决科尔沁部的问题。但是由于后金的介入，林丹汗与科尔沁部的关系却更复杂化了。在错综复杂的情况下，林丹汗认为，只要征服科尔沁部，就能够顶住后金的压力。后金的渗透迫使林丹汗采取“先处里，后处外”的方针政策，这也是大汗在当时满蒙关系发展变化的复杂过程中一直坚持的方针政策。但是，林丹汗与后金的敌对关系，以及努尔哈赤对蒙古采取的政策措施，必将影响林丹汗解决科尔沁部的问题。显然，科尔沁部已经成为林丹汗与后金矛盾的焦点。如果林丹汗出征科尔沁部失败，后金对科尔沁的影响力便会进一步扩大，察哈尔部与后金的敌对关系也会继续深化。

天命六年（1621）五月，科尔沁部首领奥巴遣使于后金国，有史料记载为“奥巴台吉之使者离去”[①]，其内容不详。天命八年（1623）正月初四日，努尔哈赤致书奥巴时提出：“黄台吉（奥巴）曾言之，若闻有察哈尔、喀尔喀向科尔沁围猎进兵之言，即毋惜人马，遣使前来等语。若闻有围猎进兵之言，焉能爱惜人马，不动我大兵乎？我未曾闻有围猎进兵之言也。据逃人来告，

① 中国第一历史档案馆、中国社会科学院历史研究所译注：《满文老档》，中华书局，1990年，第204页。

察哈尔畏惧科尔沁，每处以一二百兵，设于科尔沁边界戍守，马匹羸瘠等语。不知其言虚实。又闻喀尔喀之马匹亦已瘦弱。此即我所听闻之言也。敌人岂可信耶？务必妥为防范。”[①]由此书信可知，科尔沁部与察哈尔部、内喀尔喀五部的关系已经恶化。林丹汗声称要出征科尔沁部，迫使科尔沁部求助于后金。后金建议防范林丹汗的进攻，要求科尔沁部将得到的军事情报及时报告，并答应当科尔沁部受到察哈尔部攻击时可出兵援助。二十一日，后金使者伊巴里、希福返回时，奥巴致书努尔哈赤说：“英明汗安居于诸小国汗贝勒之中，犹如众小金山环卫于众山之王须弥山。今奏书于英明汗：以冰图之女嫁之矣。汗之聘女我能许嫁何人？先未嫁者，因值本命之年且身体欠安，故未嫁矣。黄台吉遣使前来我未准嫁，并谓之如遣特使前来方能嫁给之等语。大汗之训谕诚是。我等游牧分散，未能集聚。待我等与前来娶冰图女之使者聚议后，奏闻于汗，加兵多少，请汗在彼处知之。尔我来往之地远也。若欲于适中之地会议，惟汗定夺之。不与察哈尔合，所行者岂有不知乎？若与之合，必尊汗命。我为尔死则尽命，生则守义，为何禁售弓箭于我等耶？吾将禁售于察哈尔、喀尔喀矣。”[②]后金的发展壮大能够保护邻近之小部落，同样科尔沁部受到威胁

---

① 中国第一历史档案馆、中国社会科学院历史研究所译注：《满文老档》，中华书局，1990年，第393页。

② 中国第一历史档案馆、中国社会科学院历史研究所译注：《满文老档》，中华书局，1990年，第397—398页。

时也寻求其保护，奥巴还解释了孔果尔女先未嫁努尔哈赤之子阿济格台吉的原因，以及向后金求购弓箭等之意。

是年（1621）五月十七日，孔果尔之女嫁到后金，“迎入城，复设大宴，与阿吉格台吉为妃”[①]。在科尔沁左翼贵族参加宰赛联军之后，这桩婚事使得科尔沁部左翼与后金的紧张关系有所缓和。二十日，奥巴又致书努尔哈赤称：“我等未违汗命，已与他国结为一体，唯恐察哈尔、喀尔喀率先构兵，望汗（指努尔哈赤）英明当知其计。”[②]可见，科尔沁与察哈尔、喀尔喀的关系已经紧张。这对于后金来说也是个机会，可以利用蒙古内部的矛盾，把科尔沁部拉到自己的一边，并将其变成对付林丹汗的政治筹码。

五月三十日，努尔哈赤致书奥巴及科尔沁部诸诺颜：“察哈尔、喀尔喀不畏尔等，然其小心翼翼清除彼等内部之不睦，归还所掠之物而议和者，亦乃乱中思善而欲和矣。我等蒙天恩佑，不惧他人，然务不辞劳苦，谨慎行事，固修城池关塞。昔尔科尔沁兄弟之间，争夺财物，是以致乱……尔等之间可举一人为汗，倘尔众皆齐心合力，则可使察哈尔、喀尔喀不再侵犯等。我之此言，亦将为尔等所赞同。”[③]的确，在努尔哈赤的劝诱下，奥巴称

---

① 齐木德道尔吉编：《清朝太祖太宗世祖朝实录蒙古史史料抄》，内蒙古大学出版社，2002年，第74页。

② 中国第一历史档案馆、中国社会科学院历史研究所译注：《满文老档》，中华书局，1990年，第490页。

③ 中国第一历史档案馆、中国社会科学院历史研究所译注：《满文老档》，中华书局，1990年，第495页。

自己为“巴图鲁汗”[①]，后金把嫩科尔沁部称为“科尔沁国”。科尔沁部开始独立于林丹汗政权之外，与后金的交往更加频繁。对此，林丹汗感到更加不安，认为科尔沁部公开叛离，有损自己作为蒙古“共主”的威严，同时强烈地感受到来自后金的压力。林丹汗作为蒙古大汗，绝不容忍科尔沁部的背离，并与后金独自来往，于是准备武力征讨科尔沁部。

林丹汗与科尔沁部关系紧张之际，努尔哈赤致书建议巴图鲁汗：“吾闻尔未建城。盖因迁移部众未便而未筑。若有此种想法，可筑坚固之空城，将蒙古之粮草、诸申之粮草运入空城，并让蒙古、诸申之可信之人守护，若遇厮杀，蒙古、诸申一同入其城如何？尔若不另筑城，仍让诸申人居于各自之城，若像往昔察哈尔、喀尔喀之各和硕之大诺颜，可得之物众，焉有嫌多之理。察哈尔、喀尔喀合兵前来，诸申诸城之大臣都将成为卓台。察哈尔、喀尔喀对自己能够获取之地，从不想亲族，力不及、不能攻取之地才想起亲族。从札萨克图汗至今，察哈尔、喀尔喀一直征讨、杀戮、抢夺尔等。尔等有何罪？因尔等未坚固城垒，易攻取而如是。如今，若尔等坚固城垒，修身和睦相处，察哈尔、喀尔喀焉能欺辱尔等？”[②]努尔哈赤建议奥巴筑坚固之城、储备粮草，防范察哈尔、喀尔喀的

① 玉芝著：《蒙元东道诸王及其后裔所属部众历史研究》，内蒙古人民出版社，2019年，第120页。

②《旧满洲档》，天命八年五月三十日。玉芝著：《蒙元东道诸王及其后裔所属部众历史研究》，内蒙古人民出版社，2019年，第117页。

攻打，有了坚固之城，便于后金前来协助等。于是，奥巴筑建一城，即格勒珠尔根城（今黑龙江省杜尔伯特蒙古族自治县境内），作为驻城。天命九年（1624）初，努尔哈赤在科尔沁部使者返回时，“与之约，坚盟好焉”[①]，要求建立联盟。对此，奥巴在致信努尔哈赤时说：“自称嫩江水滨所居科尔沁贝勒等闻皇帝谕言，[众皆钦服/皆曰，是也]。然何以修好，共定大业，惟皇帝命，我等无败约者。但察哈尔及喀尔喀知我等与他国合，必侵我，何以为计，惟皇帝圣明鉴此。”[②]于是，努尔哈赤又“遣巴克什库尔缠、希福（二榜式）往，与科尔沁台吉奥巴台吉（烘合吉）、阿都齐达尔汉（台吉）、戴青蒙[果/科]（台吉）等会盟”[③]。按照传统盟约形式，“刑白马、乌牛，置酒一器、肉一器、骨血及土各一器，焚香誓曰，满洲、科尔沁二国愤察哈尔侮慢，是用缔结盟好，昭告天地，今后满洲若惑于察哈尔诈谋，[受其馈赠/及美物]，不预闻科尔沁，先与之合，天地降之[罚/罪]，殃及其身，如此血，如此骨，如此土，俾坠厥命。若科尔沁惑于察哈尔诈谋[馈赠/美物]，不[预/测]闻满洲，先与之合，降罚亦如之。果践盟，则天地佑之，永其年，俾子孙及于万年，长保此太平安乐焉”[④]。盟誓之后，科尔沁使者与库尔缠、希福一同来到后金国，以同样的形式，与“大贝勒、二贝

①②④ 齐木德道尔吉编：《清朝太祖太宗世祖朝实录蒙古史史料抄》，内蒙古大学出版社，2002年，第78页。

③ 齐木德道尔吉编：《清朝太祖太宗世祖朝实录蒙古史史料抄》，内蒙古大学出版社，2002年，第78—79页。

勒、三贝勒、四贝勒及台吉阿巴泰（台吉）、德格类（台吉）、寨桑古（台吉）、济尔哈朗（台吉）、阿济格（台吉）、杜度（台吉）、岳托（台吉）、硕［托/尔］（台吉）、萨［哈/尔］廉（台吉）等亦［刑/行］牛马，祭天地，对使者如前誓，书而焚之”。双方以“愤察哈尔侮慢”[1]而初建联盟。这次联盟是科尔沁部与后金建立的军事联盟，也是一次政治联盟。从盟誓的内容来看，后金的目的很明确，与科尔沁联手解决其后顾之忧。对于科尔沁部而言，面临林丹汗的极大威胁，与后金建立联盟关系是为了生存和自身安全。科尔沁部只有投靠后金才能保证其独立地位。显然，林丹汗的威胁促使科尔沁部与后金建立联盟关系。

可是这一年林丹汗没有出兵东征的动向，紧张的局势逐渐缓和下来，科尔沁部的压力减轻了许多。于是，天命十年（1625）三月初八日，奥巴没有前往约定地点与后金汗建立正式联盟，而是派遣党阿赖等四人作为使者去会见了努尔哈赤[2]。奥巴的态度已经有所变化，认为没有必要与后金结盟。可是，努尔哈赤的后顾之忧并没有完全解除，因此他对奥巴的态度也很无奈，但不能表现出不满，反而在之后的交往中更加积极主动了。五月初一日，当科尔沁使者返回时，努尔哈赤赏以厚礼，给“党阿赖、布达齐

① 齐木德道尔吉编：《清朝太祖太宗世祖朝实录蒙古史史料抄》，内蒙古大学出版社，2002年，第79页。

②《旧满洲档》，台北故宫博物院，1969年，第1873页。

（奥巴弟）使者每人十两银子，三位侍从每人三两银子”[①]，并一同派遣伊萨穆等四人前往奥巴处，使信中称：“我两国之和，非欲去他人，或欲得他人之物而和。乃因彼等（指林丹汗）视己为天子，视我等如牛马，我等不忍其凌辱欺压，而同谋修好也。”[②]显然，努尔哈赤已经敌视林丹汗，并试图挑拨林丹汗与奥巴之间的关系，从而进一步拉拢奥巴，说明自己与科尔沁部建立联盟的目的是抵御共同的敌人林丹汗。同时，努尔哈赤又提议双方约定会晤于开原。六月十九日，努尔哈赤率诸贝勒出城，二十四日抵达开原，可是奥巴没有到达约定地点，只遣党阿赖一人，并交代“奥巴正为其所娶之妻，而议自己之罪，故未前来”[③]，便即刻返回。天聪二年（1628），天聪汗皇太极给奥巴定的十条罪中的第六条便是，“汝有罪之妻系大人之女”[④]。这位“大人之女”是察哈尔某部贵族之女，是乌济叶特人，可能是洪巴图鲁炒花之孙女[⑤]。由此，科尔沁部与察哈尔部之间的关系出现缓和的迹象，但是这种状况因形势的急剧变化未能持续下去。

① 《旧满洲档》，台北故宫博物院，1969年，第1885页。

② 中国第一历史档案馆、中国社会科学院历史研究所译注：《满文老档》，中华书局，1990年，第630页。

③ 中国第一历史档案馆、中国社会科学院历史研究所译注：《满文老档》，中华书局，1990年，第632页。

④ 齐木德道尔吉编：《清朝太祖太宗世祖朝实录蒙古史史料抄》，内蒙古大学出版社，2002年，第134页。

⑤ 玉芝著：《蒙元东道诸王及其后裔所属部众历史研究》，内蒙古人民出版社，2019年，第153页。

到了八月，逃至科尔沁部的“代青子扎尔布、色棱从科尔沁来谒。上（努尔哈赤）赐蟒皮领四、玲珑金带二、刀二、猞［猁/狸］狲裘［二/一］、豹皮百、青鼠皮千、海豹皮二、甲二十（副）及银器缎帛甚厚，［遣之还/令之回］”①。对此，林丹汗是否知晓、持什么态度，史书上没有详细记载，内喀尔喀五部之乌济叶特部洪巴图鲁炒花遣温吉哲克依儿札尔固齐为使，到科尔沁部告知。《满文老档》记载：“察哈尔将于下月十五日起兵往征尔处。又传阿鲁之察哈尔来南察哈尔，拟于结冰草枯之前夹击之。”②在此情势下，科尔沁部只好求助于后金。八月初九日，奥巴遣使对努尔哈赤说：“昔我两国欲合为一国，曾刑白马于天，刑黑牛于地，歃血盟誓，凡有兵事互相救援。”③察哈尔出兵将是下月之事，“今此消息确实，援兵多寡，汗自知之，务来炮手千人。不知其他喀尔喀如何，洪巴图鲁欲速割禾再前来会我。洪巴图鲁、巴林此二部我等信赖之。至于斋赛、巴噶达尔汉二人有与察哈尔同来之势。察哈尔、喀尔喀来攻我处，即由背后往攻其家。特此知会，惟汗睿鉴之”④。对此，努尔哈赤立即做出反应，次日派遣使者和八名汉人炮手，并致书说“尔等借兵，多则多派，少则少派，勿庸过

① 齐木德道尔吉编：《清朝太祖太宗世祖朝实录蒙古史史料抄》，内蒙古大学出版社，2002年，第83页。

②③ 中国第一历史档案馆、中国社会科学院历史研究所译注：《满文老档》，中华书局，1990年，第636页。

④ 中国第一历史档案馆、中国社会科学院历史研究所译注：《满文老档》，中华书局，1990年，第636—637页。

虑”，[①]又挑拨说：“今欲与察哈尔和好息事，然自昔图们汗之时至于今，察哈尔、喀尔喀一直侵扰抢掠尔等，难道尔等有罪乎？”[②]科尔沁部与后金互派使臣，共同商讨应对林丹汗的东征之策时，林丹汗没有出兵，而是派绰尔济喇嘛到科尔沁部谈判。可是谈判没能达成一致意见，在十月十九日，奥巴致书努尔哈赤说：“绰尔济喇嘛为使科尔沁、察哈尔合政。我两国若合则议合，若决裂则败议。”[③]可见，林丹汗的态度非常强硬，要求科尔沁部不能独自行事，必须听从大汗的命令，而科尔沁部没有听从大汗的“合政”建议，谈判破裂，林丹汗真的要出兵了。

二、格勒珠尔根之战

林丹汗为了惩罚叔祖岱青及其儿子们，同时要教训科尔沁部，以及抵御后金国的渗透与威胁，于天命十年（1625）十一月，亲自率兵出征科尔沁部。出征前，洪巴图鲁炒花便遣使至科尔沁部，通报林丹汗一方的相关军情。《满文老档》记载：“察哈尔于本月十一日合兵。十五日启程。”[④]科尔沁部得知此消息后非常恐慌，“达尔汉台吉弃札赖特、锡伯、萨哈尔察东去，仅我为首

① 中国第一历史档案馆、中国社会科学院历史研究所译注：《满文老档》，中华书局，1990年，第637页。

② 中国第一历史档案馆、中国社会科学院历史研究所译注：《满文老档》，中华书局，1990年，第636—638页。

③④ 中国第一历史档案馆、中国社会科学院历史研究所译注：《满文老档》，中华书局，1990年，第647页。

之三人守城”。奥巴、布达齐、阿都齐三人一方面遣使向后金求助，另一方面积极备战，决定拼死固守，认定“死则一命，干则一尘”。然而，林丹汗已提前出兵，他所率领的主力是北察哈尔、南察哈尔以及内喀尔喀翁吉剌特部的宰赛、巴噶达尔汉的军队。宰赛和巴噶达尔汉认为“英明汗怎能与我一同执政”，因而只率兵随从。察哈尔和内喀尔喀联军由西向东，由南向北压进科尔沁境内。科尔沁部将面临一场战争灾难，形势非常严峻。初五日，奥巴急切地派遣班第等四人向努尔哈赤告急：“察哈尔之来兵属实，其势已所见。”[①]以求火速增援。后金方面，在第二天“遂派孟格图八旗二十人”[②]，赴科尔沁援助。当林丹汗的骑兵抵达奥巴驻地格勒珠尔根城后，合而围之，但多日不克。对于科尔沁部来说，能否守住格勒珠尔根城事关“科尔沁国”的生死存亡。因此，奥巴等死守格勒珠尔根城，顽强抵抗围军。林丹汗则一心要攻下格勒珠尔根城，以惩治背叛者，这是威慑动摇的部族和征服科尔沁部的关键。遗憾的是，史书中没有记载此战事，但可以看出，这是一次生死之战。

在战事进程中，双方相持多日。对于林丹汗的骑兵来说，异地寒冬作战无疑是非常艰难的事情，因此不宜久战。对于科尔沁部来说，守城也是不易之事。双方对峙之际，林丹汗得知后金

①② 中国第一历史档案馆、中国社会科学院历史研究所译注：《满文老档》，中华书局，1990年，第647—648页。

“援兵至农安塔”，唯恐腹背受敌，便与对方讲和。奥巴“执送扎尔布、席雅台吉二人”[1]至察哈尔部。察哈尔和内喀尔喀“围解”而退[2]，偃旗息鼓。林丹汗没有达到目的，而科尔沁部则转危为安。

林丹汗采取军事行动的目的是惩治背叛的部族，收复独立自行的科尔沁部，保证蒙古的内部统一。假如林丹汗坚持战斗到底，也不是没有取胜的可能。首先，林丹汗的兵力强于科尔沁部。当林丹汗出兵的消息传递到科尔沁部时，有的部众弃故地而去，奥巴等人不断地向后金告急求助，这说明科尔沁的军事实力十分有限。其次，后金援兵未到主战场与林丹汗骑兵交战。初十日，努尔哈赤率诸贝勒、大臣出兵救援科尔沁部，到开原镇北关后，令贝勒莽古尔泰、皇太极、阿巴泰台吉、济尔哈朗台吉、阿济格台吉、硕托台吉、萨哈廉台吉率精兵五千前往科尔沁部，努尔哈赤则率诸贝勒、大臣及众兵返回。而且在当天晚上，努尔哈赤派遣二人告出征贝勒说：“前命往阿拉盖、喀勒朱放炮，今不必往。若由农安塔得彼处传来之信息，可往彼处，则进驻农安塔。遣由彼处前来之蒙古使者回彼处，并嘱该使者：往返各等一昼夜，只能如此，逾期不候等语。若未得彼处之传来之信息，则等

① 李保文编辑、整理、转写：《十七世纪蒙古文文书档案（1600—1650）》，内蒙古少年儿童出版社，1997年，第37页。

② 齐木德道尔吉编：《清朝太祖太宗世祖朝实录蒙古史史料抄》，内蒙古大学出版社，2002年，第84页。

候我前往哨探之兵，一同返回。”[1]由此可知，这支援兵到农安塔后没有上前线的意图，“实际只是做个出援的姿态”[2]，助威而已。

林丹汗的东征没能取得全面胜利，自然有诸多主客观原因。对于林丹汗而言，东征并非易事，路遥不说，还必须经过喀尔喀之地，而内喀尔喀五部在争夺明廷的市赏问题上与林丹汗存在一些矛盾，能够取得内喀尔喀五部的支持并非易事。林丹汗迟迟未能出兵，可能也与此有关。察哈尔部的军事力量没有详细的史料记载，从内喀尔喀五部的出兵情况来看，跟随大汗的只有宰赛、巴噶达尔汉等。出兵前炒花试图阻挠，“遣博木博泰阻止宰赛，遣囊努克阻止巴噶达尔汉，然该贝勒等未从而去”。于是内喀尔喀的巴珲等“未从而去”[3]。这些状况自然会影响内喀尔喀五部的战斗力和林丹汗东征的战局。奥巴在后金的建议和协助下筑建格勒珠尔根城，以格勒珠尔根城共存亡的架势严防死守。按照草原的传统作战方式，林丹汗取胜是很有难度的。再者，后金的军事援助虽然是做做姿态，并没有全力援救之意，但是足以起到威慑作用。林丹汗也很清楚，此次无力与后金抗衡。林丹汗无功而返最重要的原因是洪巴图鲁炒花的通风报信。他把林丹汗的军事动态及时报告给奥巴，使其有足够的时间做各方面的准备。因此，林

---

①③ 中国第一历史档案馆、中国社会科学院历史研究所译注：《满文老档》，中华书局，1990年，第649页。

② 达力扎布著：《明代漠南蒙古历史研究》，内蒙古文化出版社，1997年，第271页。

丹汗退兵不能不说与洪巴图鲁炒花的阻挠和破坏有关，可见林丹汗不仅与科尔沁部不和，还与炒花不和。另外，由于炒花是奥巴的舅舅[①]，因而不希望林丹汗掌控科尔沁部。因此，每当林丹汗征伐科尔沁部的时候，炒花都会通风报信。

三、左翼蒙古各部与后金关系的变化

林丹汗东征科尔沁部的举措是统一蒙古各部的开始，也是他失败的开始。东征对于林丹汗而言，是能够控制科尔沁部，慑服其他部族，以及抵御后金渗透的重大政治行动和军事行动。但是在格勒珠尔根之战中，林丹汗没有实现其预期目标。战后蒙古部族和后金的政治格局发生了变化，蒙古成为一盘散沙，大汗无法控制各部，整个蒙古社会陷入混乱状态。

（一）内喀尔喀五部的溃散

格勒珠尔根之战后，后金开始大胆举兵，以武力征讨游离不定的内喀尔喀五部，与林丹汗公开争夺部族和领地。后金以内喀尔喀诸台吉“背盟通明”为借口，几次举兵进攻巴林、乌济叶特、扎鲁特等部，使其部落集团溃散。《清实录》记载，天命十一年（1626）四月初四，努尔哈赤率诸贝勒举兵攻打乌济叶特部和巴林部。初五日，出十方寺边，渡辽河安营，并选精骑令诸王率

① 玉芝著：《蒙元东道诸王及其后裔所属部众历史研究》，内蒙古人民出版社，2019年，第153页。

之急进，寻找其居住处。次日，大兵星夜前驱，次日天明分兵八路并进。前锋四王、二王、阿济格台吉、岳托台吉先找到巴林部贝勒囊奴克寨袭击。囊奴克带领随从数人弃寨而走。后金军诸王随后追。囊奴克边战边逃，最终，四王从其背后将其射死于马下。后金军随到，“取环近屯寨，收其畜产”，巴林部受重创。接着，努尔哈赤挥师再进，命大贝勒代善、二贝勒阿敏、四贝勒皇太极，还有台吉济尔哈朗、硕托、岳托、萨哈廉统兵一万，前往西拉木伦河流域，途中遇到喀尔喀人，“即收抚之”[①]。努尔哈赤命令三贝勒莽古尔泰及八旗诸将统兵两千，继续前进。三贝勒乘夜行，遂渡西拉木伦河，“获畜产无算，驱之不尽，乃还”[②]，与大兵会合后返回。努哈尔赤率兵进入西拉木伦河流域抢掠的正是乌济叶特部的炒花。“四月十七日东奴过河要犯宁远等处，炒花说奴酋如果西犯，我们发兵去助天朝，带领众夷行至养善木撞遇，奴酋将炒花囊路台吉杀死。有歹安儿相离囊路半日之地，奴酋哨马探至歹安儿营，被歹安儿精兵杀死奴部五十余名，捉获活夷二名、马五十匹。奴问是谁家兵马敢与我厮杀，复带兵退到黄河沿。至二十五日早将歹安儿兵马围住，有歹安儿并妻跑出，其余部落尽被杀掳，炒花也跑过黄河北躲避”[③]。“愤炒泄其谋，遂移

---

①② 齐木德道尔吉编：《清朝太祖太宗世祖朝实录蒙古史史料抄较》，内蒙古大学出版社，2002年，第87页。

③〔明〕王在晋撰：《三朝辽事实录》卷十六，全国图书馆文献缩微复制中心，2002年。

攻炒，炒率其部宰赛等西逃，而依于虎，虎利炒之人畜，遂并之”①。炒花无奈之下也只好投奔林丹汗，而林丹汗对炒花的所作所为早已不满，自然不会饶恕，便乘机兼并了他的余部，而且“又有炒花，被插酋诱哄杀死。有炒花男囊奴，因插酋杀死他父，囊奴又逃走奴营内去了。今昂混台吉、囊奴因奴酋犯，闻言领兵与插报仇”②。从此，乌济叶特部不复存在。由于战乱，“五月癸卯，蒙古喀尔喀巴林部落贝勒［古尔布什/古鲁博什］（贝勒）所属塔布囊喇班（他布囊）及其弟得尔格尔率其人百户逃入我营”③，巴林部也已溃散。

是年，扎鲁特部截杀后金使者。《清实录》记载：“丙寅年，尔扎鲁特左翼诸贝勒，觇我使臣之出，［屡/两］次要截道路，（一次杀我二人）劫夺财畜（财物），［并行残害/又一次劫夺牲畜财物］。”④后金皇太极即位后，继承其父汗针对蒙古各部的既定方针政策，而且更加强硬。他首先决定征伐扎鲁特部，十月，命令大贝勒代善等率精锐万人，征讨扎鲁特部，并且“携书声罪”，列出种种罪行，意为老账、新账一起算。另外又“派遣副将楞额礼、

---

①《崇祯长编》卷十四，崇祯元年十月壬辰，上海书店出版社，1984年。

② 中国第一历史档案馆、辽宁省档案馆编：《中国明朝档案总汇·明朝兵部题行档》，兵部尚书熊崇祯五年六月十五日题，广西师范大学出版社，2001年。

③ 齐木德道尔吉编：《清朝太祖太宗世祖朝实录蒙古史史料抄》，内蒙古大学出版社，2002年，第88页。

④ 齐木德道尔吉编：《清朝太祖太宗世祖朝实录蒙古史史料抄》，内蒙古大学出版社，2002年，第106页。

参将阿山率兵六百人，入喀尔喀巴林地方，驱逐哨卒，纵火燎原，以张声势”，牵制巴林部。结果后金大获全胜，代善遣使向皇太极报捷：“喀尔喀扎鲁特部贝勒巴克（贝勒）[与其二子及喇什希布、戴青、桑噶尔赛等十四贝勒俱已擒获/俱为我所执] 杀其贝勒 [鄂/吴] 尔寨图（贝勒），尽俘获其子女人民牲畜（尽俘获）而还。”随后，“[楞额礼/冷格里]、阿山还自巴林，俘获其多”[①]。可见，在后金的侵扰之下，内喀尔喀五部的巴林部众和扎鲁特部众，有的投靠科尔沁部，有的归附后金，有的逃至察哈尔部。十一月，炒花之子卫征巴拜携妻子及男子八人、妇女四人，乘马十八匹归附后金。十二月，林丹汗乘机出兵内喀尔喀，攻击无力抵抗的扎鲁特部、巴林部。天聪元年（1627）正月初九日，有逃人告知后金：“察哈尔汗出兵，尽掠我喀尔喀，从者养之，拒者杀之，扎鲁特部逃往科尔沁国。”[②]这次林丹汗出兵主要是为了攻击宰赛的翁吉剌特部。宰赛夫妇逃走后再无消息，大部分翁吉剌特人被林丹汗所并，一部分依附巴林部。

在后金和林丹汗的先后攻掠之下，内喀尔喀五部崩溃，扎鲁特、巴林两部的大部分人依附科尔沁部，而翁吉剌特、巴岳特、乌济叶特三部则被兼并至察哈尔部，归附后金的内喀尔喀人被编

① 齐木德道尔吉编：《清朝太祖太宗世祖朝实录蒙古史史料抄》，内蒙古大学出版社，2002年，第107页。

② 中国第一历史档案馆、中国社会科学院历史研究所译注：《满文老档》，中华书局，1990年，第808页。

入满洲八旗。

（二）科尔沁部与后金关系的发展变化

格勒珠尔根之战后，科尔沁部与后金建立了正式的政治和军事联盟。林丹汗退兵后，后金没有对科尔沁部进行军事掠夺，而是尽力将其拉到自己的一边。这与后金和科尔沁部之间的政治联姻关系有关，也与努尔哈赤的既定政策有直接关系。后金把科尔沁部当作“我戚”[①]，因此尽力拉拢，这样既能削弱林丹汗的势力，又能增强自己的力量。林丹汗政权与后金关系的关键在于谁能控制科尔沁部。显然，战后的林丹汗完全失去对科尔沁部的管辖权，而后金与科尔沁部的关系有了新的发展。虽然科尔沁部要求独立自主，但面对日益强盛的后金又有些力不从心，经过一系列的博弈，后金完全占据了主动权。

从表面上看，科尔沁部与后金关系的深入完全是因为林丹汗宗本部察哈尔与科尔沁部的矛盾激化，其实质是林丹汗政权与后金关系紧张的反映。格勒珠尔根之战的直接结果是科尔沁部与后金建立正式联盟的条件成熟，双方在林丹汗的威胁下建立了正式的同盟。林丹汗的东征促使科尔沁部与后金携手抵御共同的敌人，以保护各自的利益。格勒珠尔根之战后，科尔沁部首领奥巴等诸诺颜决定亲自到后金国致谢。《清实录》记载，天命十一年（1626）五月十六

① 齐木德道尔吉编：《清朝太祖太宗世祖朝实录蒙古史史料抄》，内蒙古大学出版社，2002年，第105页。

日，后金方面得到奥巴将要到来的消息。努尔哈赤非常重视，认为“奥巴乃异国之都领”[①]，于是命令三贝勒莽古尔泰、四贝勒皇太极及诸台吉远迎奥巴等人。诸贝勒、台吉行三日，于十九日在中固城遇见奥巴等，以礼相见款待之后，到汎河郊外。奥巴也宰牛羊宴请诸贝勒、台吉。次日，诸贝勒、台吉又设宴答礼。二十一日，奥巴等将到沈阳城，努尔哈赤先谒庙，再出城十里外扎帐迎接奥巴。奥巴率随同人员列于帐前，同贺尔禾代、摆沙刚儿二台吉进帐叩见努尔哈赤，之后奥巴再进帐拜见，二人搂抱相见。努尔哈赤离座与奥巴交谈，表示尊重，并且相互赠送礼物。奥巴等向努尔哈赤献上貂皮、貂裘、驼马，同时又说：“我等之物，俱被查哈拉、胯儿胯两家兵掠去，竟无堪献者。”努尔哈赤却说：“彼二部兵原委贪得而来，掠其所有，不待言也。今尔我安然无恙，得相会，足矣。”遂举行大宴，努尔哈赤回赠奥巴等雕鞍、马匹、金顶帽、锦衣、金带。双方非常高兴，努尔哈赤偕奥巴等交谈，一同入城。奥马在后金期间，“每日设宴，待之甚厚”。受到如此热情的款待，奥巴向后金诸王提到“汗曾许我以女，若果允之，吾可娶也”。诸王转奏努尔哈赤后，努尔哈赤立即答应，以汗弟舒尔哈齐之子图伦（秃龙）台吉女盹姐（盹哲）嫁奥巴，大宴成婚[②]。这是满洲汗系之女第一次嫁到科尔沁。这桩婚事努尔哈赤早已向奥巴提过，奥巴可能没有

①② 齐木德道尔吉编：《清朝太祖太宗世祖朝实录蒙古史史料抄》，内蒙古大学出版社，2002年，第89页。

答应。这次奥巴提出后，正合努尔哈赤之意，于是马上成婚，与科尔沁部首领奥巴建立姻亲关系。

在后金的积极筹划下，科尔沁部与之举行了隆重的结盟仪式。是年六月六日，在沈阳城的浑河岸土台上，努尔哈赤率诸贝勒大臣与科尔沁部首领奥巴及随从人员，宰白马、乌牛，烧香，祭告天地。他们向天地跪拜，九次叩首，向天地发誓，两份誓文念给众人听完后烧毁，以天地做证。努尔哈赤向科尔沁部奥巴台吉发誓："爱新国汗努尔哈赤向天地发誓：汉人、察哈尔和喀尔喀欺辱和折磨了我所属老实过日子的人，所以我难以忍耐，控告与天。天眷佑了我。又察哈尔和喀尔喀会合，向科尔沁奥巴洪台吉出兵，欲杀他、掠他。天眷佑了奥巴洪台吉。奥巴洪台吉怨恨察哈尔和喀尔喀，欲与我商定政事，与我合好。这是天使我们两个受苦人合好的呀！如果念上天所合，互不欺诈，择善而行，愿天仁爱又仁爱，抚养又抚养！如果不念上天所合，欺骗说谎而行，愿天责备又责备！折磨又折磨！如果后世子孙破坏我二人所定的政道，愿天把破坏之人责备又责备，折磨又折磨！如果永世忠心耿耿，愿天仁爱又仁爱，抚养又抚养我们世代子孙！"[①]奥巴洪台吉的誓言："应长生天之命，获得因天地播种所成的无比汗王身世的公正明汗和与之无阻相遇的奥巴洪台吉二人向天发誓。从萨克图汗时期以来，我们科尔

---

①《旧满洲档》，台北故宫博物院，1969年，第2080页。巴根那：《天命十年八月至天聪三年二月科尔沁部与爱新国联盟》，《蒙古学研究文集（3）》（蒙古文），内蒙古人民出版社，2006年，第174页。

沁部诸诺颜诚心希望对察哈尔和喀尔喀不作恶，顺从他们，但他们不肯，一直不休止地杀掠我们，毁了我们博罗科尔沁。此后，我们即便没有罪过，他们却杀死了达赖台吉。随后，介赛来杀害了六位诺颜。我们本来想不得罪于人，好好生活，但他们不肯。我们反抗他们无故杀害掠夺。当我们反抗的时候，察哈尔和喀尔喀愤恨我们反抗，发兵来杀掠。上天保佑，救了我们。满洲汗也给了许多恩惠。为了不忘上天的保佑和满洲汗的恩惠，来见满洲汗，为了国政，向天地以诚言发誓。如果违背向天所誓，忘记满洲汗的恩惠，与察哈尔、喀尔喀言和，那么愿把奥巴洪台吉责备又责备，折磨又折磨。如果做到向天所誓之言，不忘满洲汗的恩惠，行为好的话，愿上天眷佑又眷佑，抚养又抚养。如果我们的后世子孙违背这个誓约，愿上天对他责备又责备，折磨又拆磨！如果不违背这个誓约，恒久善行，愿上天抚养又抚养，眷佑又眷佑！”①

对于这次结盟，学者们一般有两种观点：一种观点认为科尔沁部归附了后金；另一观点认为双方是平等的联盟关系。从努尔哈赤和奥巴发誓的誓文来看，奥巴主要是答谢满洲汗的恩惠，即格勒珠尔根之战的援持，而后金方面如愿以偿，实现了与科尔沁部建立正式结盟的愿望。但是，在誓文中后金首先提到汉人对他们的欺辱和折磨，其目的不仅是应对林丹汗，还是应对最大的敌人明廷，可见

① 《旧满洲档》，台北故宫博物院，1969年，第2080页。巴根那：《天命十年八月至天聪三年二月科尔沁部与爱新国联盟》，《蒙古学研究文集（3）》（蒙古文），内蒙古人民出版社，2006年，第174页。

双方都以反对林丹汗为前提而建立联盟关系。次日，后金设大宴，宣读授予奥巴洪台吉土谢图汗名号的书。书中称："如果天惩罚恶行，致令国政衰败破灭；如果天仁爱善行，致令国政兴旺，让他成为汗。总之，这是天意呀！察哈尔汗兴兵欲杀奥巴洪台吉而来，上天眷佑了奥巴洪台吉。把上天所眷佑的人叫作汗，符合上天的义理。授予奥巴洪台吉土谢图汗名号，授予图美卫征以代达尔汉，布达齐哈谈巴图鲁以札萨克图杜棱，贺尔禾代以青卓礼克图名号。"[①] 从此，后金不再称奥巴为"巴图鲁汗"，而称"土谢图汗"。然而，奥巴已经脱离蒙古大汗管辖，也不受后金汗约束，赐号只是一种政治手段，表示尊重与双方的关系进一步加强。不过奥巴迫于实力有限以及身在后金国之故，事事都处于被动。

科尔沁部与后金建立联盟之后，双方的关系发生了非常大的变化。科尔沁部夹在察哈尔部和后金两强之间，处境非常艰难。在后金咄咄逼人的势头下，科尔沁部始终没能改变被动局面。奥巴在后金期间意识到这个问题后，就有意疏远后金，力图自主。因此，他从后金返回科尔沁部时没有带上盹哲公主，"留妻盹姐，自回本地"[②]。八月十一日，努尔哈赤去世。九月初一日，皇太极

---

①《旧满洲档》，台北故宫博物院，1969年，第2083页。巴根那：《天命十年八月至天聪三年二月科尔沁部与爱新国联盟》，《蒙古学研究文集（3）》（蒙古文），内蒙古人民出版社，2006年，第175页。

② 齐木德道尔吉编：《清朝太祖太宗世祖朝实录蒙古史史料抄》，内蒙古大学出版社，2002年，第92页。

即位，诸贝勒奉其为天聪汗。奥巴没有参加后金国丧，遣人吊唁，并致书皇太极节哀。书中说："先代因有修福之力，今世乃生受命之君。今闻强武英明皇帝上宾，奥巴台吉敢奉书以慰八旗大小诸贝勒。昔察希尔巴敦汗主四方，握七宝，数尽则必已。雪山白狮其力虽大，限到则亦死。深海之内纵有诸宝，无裨于龙王之死，以宝庄严之身，亦如石之委而去也。尔皇考为诸大国之主，舍宠姬爱子，视之不见，呼之不闻，遽而崩。历观往代之君，虽号泣不能复生。尔英明皇考之规模典训具在，当内固基业，外修军旅，勉力以图。寡居识贤妇，早孤见慧子，不如尽心专治大国也。"[①]对此，皇太极在给奥巴定罪时说："(竟不遣一亲近子弟大臣来吊)……汝于两月后方遣一下班第，(以老马一匹)来。"[②]显然，皇太极对奥巴非常不满。

有关吨哲公主之事，奥巴曾有一封回信，信中说："愿吉祥！您好父亲昆都仑汗的疼爱，将女儿赐给我，把我当成他八个儿子之后的第九个儿子。如果您要我亲自去，我就去。如果说我不必去，汗决定怎样送来。我若去，怎能不问就去呢？若我在家里，在外面就没了人；若我在外面，家里就没了人。在你们不理的时候，我都去了你处，如今汗关爱我，我怎么会不去呢？此话没有虚假。如何

① 齐木德道尔吉编：《清朝太祖太宗世祖朝实录蒙古史史料抄》，内蒙古大学出版社，2002年，第104页。

② 齐木德道尔吉编：《清朝太祖太宗世祖朝实录蒙古史史料抄》，内蒙古大学出版社，2002年，第134页。

嫁与，汗知之。”[1]由此可知，奥巴已不想再去后金了。十月“癸亥，科尔沁（国）土谢图额驸奥巴遣代苏喀、喀木、金台三人赍马十匹来迎太祖下嫁（女盹哲）公主”[2]。奥巴接回盹哲公主，仅以十匹有鼻疽之马作为回礼。他将察哈尔亲族的夫人封为大哈屯，称“尊贵之人之女”；盹哲公主为侧室。大哈屯居室置于前，侧福晋居室置于后[3]。可见，奥巴对后金汗有些怠慢。

皇太极对奥巴的所作所为感到非常不满，十二月下令禁止向蒙古诸部出售武器，并遣希福将皇太极的书信送到奥巴手里，他在信中指责道：“[尔于察哈尔国、喀尔喀部落失去牲畜，设计遣巴牙尔图往索/尔既设计遣巴牙尔图往察哈尔国、喀尔喀部落索取失去牲畜]，应先闻之于我，然后遣往。乃（竟不闻于我）[既遣之后/既已遣巴牙尔图行]，始来报知，[亦/又] 复何益。我皇考[视尔如子，申以盟誓，重以婚姻，较之亲戚中，恩为优渥/一则以尔为子，一则以尔为婿，念尔较他亲戚独厚]。尔闻我皇考 [上宾/崩]，即令顷所遣使，展思慕之忱，尽吊慰之理，岂不甚善。且皇考以 [公主/格格] [下/许] 嫁于尔，[何异/岂非] 弥留 [之际/时]，[与尔以遗念乎/遣尔以思念乎]。今止以迎 [公主/格格] 之

① 李保文编辑、整理、转写：《十七世纪蒙古文文书档案（1600—1650）》，内蒙古少年儿童出版社，1997年，第10页。

② 齐木德道尔吉编：《清朝太祖太宗世祖朝实录蒙古史史料抄》，内蒙古大学出版社，2002年，第106—107页。

③ 李保文编辑、整理、转写：《十七世纪蒙古文文书档案（1600—1650）》，内蒙古少年儿童出版社，1997年，第38页。

故（而）遣使来，是何为者（也）。”“因［我与尔分属姻亲/曾盟誓天地，结为姻亲］，（我）故直言无隐耳”[①]。另一方面，皇太极对科尔沁部内部施行分割政策，加强与左翼的来往，加大扶助力度，甚至与右翼也有往来，以达到牵制和孤立奥巴的目的。《清实录》记载，天聪二年（1628）正月，皇太极将养女永金公主，代善长子岳托贝勒之女，嫁与科尔沁左翼台吉满珠习礼。是年六月，大贝勒代善之子瓦克达娶奥巴之弟布达齐之女为妻。皇太极以软硬兼施的手段对付奥巴等科尔沁部诸诺颜。

在内喀尔喀的逃民问题上，奥巴与皇太极也进行了一番博弈。皇太极要求科尔沁部对此问题做出让步，天聪二年（1628）正月，皇太极致书奥巴等诸诺颜说：“我之所以说：若把桑图给我，就发誓，若不给，就不要发誓，是因为我们两国和好结盟，喀尔喀、扎鲁特与我们为敌。而桑图的父母已被我所得……逃奔察哈尔兵的所有喀尔喀，都在投归我们，今已遵守我们的法规。现在我们为何向你们索要桑图。秉图、亦尔都赤你们要发誓，若桑图前来父亲处，你们不要阻拦，随桑图之愿而行。”[②]显然，这是后金要求科尔沁部诸诺颜发誓，将内喀尔喀逃民还给他们。天聪元年（1627）正月二十七日，吴克善、巴特玛发誓；四月二十日，孔果尔老人发誓[③]。

① 齐木德道尔吉编：《清朝太祖太宗世祖朝实录蒙古史史料抄》，内蒙古大学出版社，2002年，第110页。

②③ 李保文编辑、整理、转写：《十七世纪蒙古文文书档案（1600—1650）》，内蒙古少年儿童出版社，1997年，第18页。

投靠科尔沁部的巴林部塞特尔、昂阿等率部众，于天聪二年（1628）四月投靠了后金国[①]。对此，奥巴致书皇太极说："愿吉祥安康。敖汉、奈曼依靠了天聪汗，巴林、扎鲁特依靠了我们……如果让归附你们的敖汉、奈曼和归附我们的巴林、扎鲁特，任其自由，在二者之间一起生活，这事汗知之。我们从豪古泰那里得知，巴林归入了敖汉、奈曼。"[②]奥巴有意要求后金归还从科尔沁部改投的巴林人。科尔沁部与后金一样，作为独立实体，在扎鲁特和巴林逃民的控制权问题上进行了不懈的努力。

（三）敖汉、奈曼归附后金

格勒珠尔根之战后，在后金举兵进攻巴林、乌济叶特、扎鲁特等部之际，林丹汗也乘机兼并其余部，于是内喀尔喀部落集团溃散。内喀尔喀五部迅速灭亡，察哈尔部也已经出现了分化，南部的敖汉、奈曼、阿喇克绰特等部非常不安。"自虎（林丹汗）并炒，而虎六部八大营俱不安。内都令、色令素俱不善于虎，居炒之西，虎之南，我亦倚以为藩也。炒失而都与之邻矣，外畏强邻，内惧虎酋，内徙则为两避"[③]。由此可知，敖汉、奈曼、阿喇克绰特等部明显感受到来自后金的压力，同时又怕林丹汗用武力

① 齐木德道尔吉编：《清朝太祖太宗世祖朝实录蒙古史史料抄》，内蒙古大学出版社，2002年，第127页。

② 李保文编辑、整理、转写：《十七世纪蒙古文文书档案（1600—1650）》，内蒙古少年儿童出版社，1997年，第134页。

③《崇祯长编》卷十四，崇祯元年十月壬辰，上海书店出版社，1984年。

兼并。他们为了安全，缓解所处困境，有意与后金接近，欲努力为林丹汗和皇太极牵线搭桥。敖汉和奈曼要以林丹汗和皇太极的和谐来保证自己的利益和安全。天聪元年（1627）二月初二日，皇太极致书奈曼部洪巴图鲁时说："尔曾与鄂木杂特绰尔济喇嘛言欲与我修好等语。诚欲修好，可与敖汉部之杜棱、色臣卓里克图，洪巴图鲁商议，遣善能晓事之人来，以便观尔等之言计议……尔等诚欲和好，即遣使来。察哈尔汗破喀尔喀，不仅诸贝勒，还私分诸申人等，离散诸贝勒之妻，强取诸贝勒之女，妻巴牙喇属下跟役，除我之外，尔等岂不知之？若以我言为是，则将此书，与克什克腾诸贝勒一阅。"[①]先是奈曼部的洪巴图鲁致书于皇太极，提出要与后金和好之事，后金在回信中却表现出对林丹汗的敌视，同时将目标扩大到大汗本部的克什克腾。奈曼部的洪巴图鲁，敖汉部的杜棱、色臣卓里克图等，一方面与察哈尔济农阿喇克绰特部桑哈儿寨黄台吉等高层人物联络，另一方面又与后金斡旋，以促成林丹汗和后金之间的和解。从当时局势来看，林丹汗和皇太极建立和谐关系的希望已经很渺茫了。四月二十九日，皇太极致书察哈尔济农黄台吉、奈曼部的洪巴图鲁和敖汉部的杜棱、色臣卓里克图时说道："今尔四贝勒复遣使致书，以促两汗修好。诚欲修好，可携尔汗之使臣来。使臣来时，务以忠言教

① 中国第一历史档案馆、中国社会科学院历史研究所译注：《满文老档》，中华书局，1990年，第811—813页。

之，倘若言多支吾，反起争端，一言不善，和事不成，我依掳来使所言，再遣使往。我两国非若明人，向为仇敌。岂可愿征战，而不乐太平耶？凡人岂有行奸诈而成事者乎？若能以诚相见，克成和事，则谓其美名乃斯也。若讲和好，我将不背弃科尔沁，因为科尔沁以和好之事，已委托于我。”[①]皇太极提出的条件是苛刻的，敖汉部和奈曼部台吉们的愿望是不可能实现的，林丹汗认为与后金的私自来往是对大汗的背叛。于是，林丹汗出兵“遂吞并奈曼、黑石炭（克什克腾）等，一概收之，惟余拱兔一家”[②]。无奈之下敖汉部和奈曼部只好投奔后金。六月初，后金攻打锦州，“十二日，出征军返还时，留守沈阳诸贝勒，即遣人迎奏：言察哈尔之敖汉部及奈曼部诸贝勒举国来归等语。是日，出征军入城，遣每旗一人，分乘诸贝勒之马，同来使三人往探归附之真伪。十六日，敖汉、奈曼复遣三使臣来，途中未遇我使臣，言来归者属实，已至旧辽阳河等语。十七日，闻鄂木杂特绰尔济喇嘛前来，命阿什达尔汗、达雅齐率八人往迎”[③]。由此看出，林丹汗出兵惩罚敖汉部、奈曼部，其实是将他们推向了后金的一边。从敖汉部、奈曼部归附后金的情景来看，“督王之臣题曰：职于七月内未

① 中国第一历史档案馆、中国社会科学院历史研究所译注：《满文老档》，中华书局，1990年，第843页。

②《崇祯长编》卷十四，崇祯元年十月壬辰，上海书店出版社，1984年。

③ 中国第一历史档案馆、中国社会科学院历史研究所译注：《满文老档》，中华书局，1990年，第855—856页。

出都门，即闻西虏都令、色令等携带部夷二万余人投顺东奴，心甚虑之。幸奴子不即收纳，至令徘徊河上，而部夷穷饿，乡鸟惊兽散，此其必致之势也。初都令等闻虎酋之欲谋己也，忿激离巢，其投足未定之时，诸头目愿向天朝。副将朱梅差通官以招之，都令亦欣然欲来。后闻虎酋兵动，恐天朝不能庇，决议投奴。比奴疑忌，未敢寄迹于濒河诸处。时部落多悔恨轻离故巢，纷纷逃叛，都令知觉追逐，遂致各夷倒戈，然其投虎者十居四五，投我者才十之一耳”[①]。敖汉和奈曼部众在进退两难之时，部众逃散，一半人投靠了林丹汗，一小部分人投靠了明廷，剩余不及半数人在得到皇太极命令后依附后金。但是，“二十五日……敖汉部杜棱、奈曼部洪巴图鲁二贝勒先来，色臣卓里克图率众小贝勒随后队至”[②]。七月五日，敖汉、奈曼首领拜见皇太极和三大贝勒，六日，按照惯例举行盟誓仪式[③]，敖汉、奈曼归附了后金。

总之，格勒珠尔根之战后，由于努尔哈赤和林丹汗先后用兵争夺，内喀尔喀五部几乎崩溃；科尔沁部与后金正式建立了反察哈尔的政治联盟和军事联盟；察哈尔部敖汉、奈曼等部族归附后金。可见，左翼蒙古与后金之间的关系发生了很大变化，林丹汗

①〔明〕王在晋撰：《三朝辽事实录》十七卷，全国图书馆文献缩微复制中心，2002年。

② 中国第一历史档案馆、中国社会科学院历史研究所译注：《满文老档》，中华书局，1990年，第856页。

③ 中国第一历史档案馆、中国社会科学院历史研究所译注：《满文老档》，中华书局，1990年，第859—860页。

及察哈尔部与后金的关系进一步恶化。在后金的渗透与威胁之下，林丹汗逐渐无法控制左翼蒙古各部，更失去了满蒙关系的主动权。林丹汗为了实现政治理想，统一蒙古各部，挽回被动局面，将采取新的方略。

第二节　林丹汗西迁右翼蒙古与后金的关系

林丹汗西迁漠南右翼蒙古是一次战略转移，也是大汗统一蒙古各部的又一次重大举措。这一行动不仅关系到右翼蒙古，也牵动了左翼蒙古各部以及后金，乃至明廷和后金在辽东的战局，对满蒙关系的发展变化产生了更深刻的影响。对于这些变化，学界展开诸多有益的探讨，主要有林丹汗西征的原因、经过以及影响，昭（赵）城之战，喀喇沁部与后金的关系，察哈尔部归附后金等问题。学者们以分段、分类的形式从不同视角进行考察并各抒己见，涉及林丹汗西迁右翼蒙古与后金的关系。近年来，新史料的挖掘和研究极大地推动了此方面的研究，有较好的进展，取得了很多成就。在此基础上，本节以十七世纪的满蒙关系为主线，考察林丹汗西迁右翼蒙古与后金关系的变化以及变动趋向。

一、林丹汗西迁右翼蒙古的原因及与后金的关系

林丹汗西迁右翼蒙古是在当时社会背景和地区局势剧变的形势之下采取的重要举措。由于后金的介入，林丹汗东征科尔沁部

没能取得理想效果，而且在后金的进攻和渗透之下，林丹汗对左翼蒙古各部的管辖和控制力度大大减弱，更失去了在满蒙关系中的主动权。此时，后金已经不是当年的水滨三万户了，其势力大增，咄咄逼人，察哈尔部的处境非常危险。林丹汗忧虑重重，以至不得不采取新的方略，主张暂时放下左翼蒙古，决定西迁转移右翼蒙古为基地。

林丹汗西迁的另一个原因应该是考虑到在后金日益强盛之际，右翼蒙古不再像阿勒坦汗时期那么强盛，“窥卜石兔之散弱”[①]。因此，林丹汗“实以建州强，惧为所并，知卜失兔弱，移牧而西”[②]。卜失兔是土默特部的首领，也是右翼蒙古诸部的首领，明廷封他为第四代顺义王，势力已远非其祖阿勒坦汗时可比。自阿勒坦汗封贡之后，土默特部安居于宣府、大同塞外半个多世纪，与明廷通贡互市，不事兵戈，于是他们的生活状况发生了一些变化。“长豢于缯絮面蘖，部落亦稍效板升，大边有诛茅构土室以居者，势益慵弱”[③]。在蒙古诸部中，右翼蒙古阿勒坦汗率先与明建立互市贸易关系，开发土默特草原，发展农业经济，于是他们渐渐定居下来。由于生活方式改变，他们渐渐失色于土默特部游牧民族特有的剽悍、刚勇。自顺义王扯力克以来，内部多

---

①《崇祯长编》卷八，崇祯元年四月癸卯，上海书店出版社，1984年。

②〔明〕谈迁撰：《国榷》卷八八，天启七年三月丙申，中华书局，1958年。

③ 萨囊彻辰著，道润梯步译校：《新译校注〈蒙古源流〉》，内蒙古人民出版社，1980年，第452页。

次因顺义王袭封之事发生纷争，到卜失兔时，基本分为以卜失兔和素囊为首的两大派，内部矛盾重重，出现了散而无统的局面。右翼蒙古的衰弱为林丹汗西迁后控制该地区带来了可能性。

关于林丹汗西迁的原因，学界有诸多解释。最具代表性的是王雄的分析和归纳，即“林丹汗要臣服蒙古诸部，恢复其宗主大汗的地位；经略左翼蒙古诸部失利，转而西进，以期在控制右翼方面获得进展；利用右翼势弱的机会，返回故地；欲兼并右翼诸部，专擅与明朝互市之利”[①]。这些都有合理性的解释，说明林丹汗西迁由蒙古的内因决定。至于外因，即离开辽东，避免与后金正面交锋，与明廷顺利互市，包含政治和经济两方面因素。这些原因的生成，主要在于满蒙关系的形成和演变。

按照达延汗的分封制，右翼蒙古不在大汗的直接管辖之下，而是由大汗派遣的济农管辖。济农是达延汗三子巴尔斯博罗特，其领地为鄂尔多斯。自阿勒坦汗时起，右翼蒙古在蒙古诸部中率先独自与明廷建立互市关系，其政治方面的独立性更加突出，并形成了庞大实体。当图们汗意识到右翼蒙古势力膨胀时，为了加强大汗权威，就设五执政理事来协调诸部关系，确保蒙古的统一性和整体性，于是在全体蒙古中出现了“共治大国统治太平”[②]的局面。图们汗之后，经布延彻辰汗再到林丹汗时，由于蒙古大汗

---

① 王雄：《察哈尔西迁的有关问题》，《内蒙古大学学报》1989年第1期。

② 萨囊彻辰著，道润梯步译校：《新译校注〈蒙古源流〉》，内蒙古人民出版社，1980年，第328页。

权威的削弱，右翼蒙古的自主性仍然很强，与大汗关系也比较疏远，还出现了“喀喇沁国与察哈尔不和睦”[①]的状况。自林丹汗即位之后，右翼蒙古诸部“献贡遂绝”，而且“虎酋（林丹汗）差夷往来张家口卖马买货，哈喇嗔家往往截夺其货物而杀之。赴喜峰口领赏贸易，三十六家截杀亦如之。虎使人讲说，各部傲然不理”[②]。因此，林丹汗对把持宣府、大同、张家口互市的喀喇沁、土默特等部非常不满，故存在矛盾，但这只是一种贸易上的摩擦而已，不至于达到西征的地步。林丹汗在辽东获得市赏之后，这种矛盾便得到一定程度的缓解。可是，后金占领辽东再向辽西扩展的时候，林丹汗与明廷在辽东互市的通道被封死。察哈尔部失去了辽东市口，只能靠大同、宣府、张家口入市来解决经济来源。大同、宣府、张家口是右翼蒙古诸部与明廷的互市贸易之地，察哈尔部与明廷互市地区向西转移后，与右翼蒙古诸部发生的摩擦也多了起来。察哈尔部的互市和赏赐时而会被喀喇沁人截夺，于是相互之间的矛盾进一步激化。

察哈尔部西迁之前，曾遣人至明边索赏。林丹汗在信中称：“插汉只有一王子，焉有多王子，张家口故憨地，岂容他人冒赏?”[③]的确，察哈尔互市的转移，使喀喇沁人感到非常不安，“到

① 罗密著，纳古单夫、阿尔达扎布校注，乔吉审订：《蒙古博尔济吉忒氏族谱》，内蒙古人民出版社，1989年，第354页。

②《崇祯长编》卷十一，崇祯元年七月乙巳，上海书店出版社，1984年。

③〔清〕谷应泰撰：《明史纪事本末·补遗卷三·插汉寇边》，中华书局，1977年。

了拜浑岱汗的孙子拉斯喀布时代，与兄弟布颜阿海、绰克图、布尔噶图共同商量，派遣名叫斡勒扎台的人，向天聪汗上奏：我们愿与满洲国统一政教，友好相处。察哈尔听后，认为满洲与喀喇沁相合不利，于是出兵喀喇沁，相互攻战”[①]。可见，林丹汗西迁之后与后金之间的冲突也是不可避免的。

察哈尔部与后金关系的恶化以及辽东战事不断向西推进，局势的发展变化对林丹汗非常不利，尤其是与明廷的贡市。林丹汗为确保宣府、张家口的贸易和来自明廷的市赏，也为了抵御后金，只好采取战略转移，即西迁至故汗之地。可见，林丹汗西迁的目的之一是“利市赏”[②]。另外，林丹汗作为蒙古大汗，始终坚持的信念是统一蒙古各部，并且要“先处里，后处外”。林丹汗只承认明朝皇帝，虽然后金势头强劲，但林丹汗不承认努尔哈赤和皇太极称汗。林丹汗在坚持统一蒙古的同时，还要应对后金的既定方针。当左翼蒙古部族失控，林丹汗又面临后金的威胁时，要避免与后金的正面交锋，只好向右翼转移。其实在内喀尔喀五部遭到后金进攻之后，林丹汗就有了西迁之念，“此奴攻西虏之始，于是朵颜各部不能自存，而插酋亦有故土就宣大之思矣”[③]。“插

① 罗密著，纳古单夫、阿尔达扎布校注，乔吉审订：《蒙古博尔济吉忒氏族谱》，内蒙古人民出版社，1989年，第355页。

②〔明〕谈迁撰：《国榷》卷八八，天启七年十二月辛酉，中华书局，1958年。

③〔明〕王在晋撰：《三朝辽事实录》卷十七，全国图书馆文献缩微复制中心，2002年。

部以久荒漠，忍嗜欲，恶衣食，既为金逼处，遂悍然有故土之思焉。则席卷西行”[1]。所谓故土，是达赉逊汗东迁之前牧地，但为避开与阿勒坦汗直接发生冲突，东迁辽东边外移牧。经过半个多世纪后，林丹汗的西迁便是返回宣府、大同边外之意。可以说，林丹汗西迁是以右翼蒙古为基地，再返回经营左翼诸部的战略。

二、林丹汗西迁右翼蒙古与后金关系的变化

林丹汗西迁右翼蒙古较有进展。西迁中首先与喀喇沁部发生冲突，取得胜利后继续西进，并占领呼和浩特。此后又打败右翼诸部，即征服了永谢布、土默特、鄂尔多斯等部族，控制了西部市赏。林丹汗基本上达到了预期目的，但是右翼蒙古诸部首领没有臣服于大汗，尤其喀喇沁部台吉、塔布囊主动与后金交涉，要共同对付林丹汗及察哈尔部。于是，漠南右翼蒙古部族与后金的关系就此形成，满蒙关系开始向西扩展。

（一）林丹汗和喀喇沁部的冲突及与后金的关系

林丹汗西迁移牧是天聪元年（1627）的事情。在具体时间上，学界有不同的说法，和田清与王雄的看法比较一致，认为林丹汗是在天聪元年（1627）春夏之交[2]和天启七年（1627）三四月

① 萨囊彻辰著，道润梯步译校：《新译校注〈蒙古源流〉》，内蒙古人民出版社，1980年，第452页。

② ［日］和田清著：《明代蒙古史论集》（下），商务印书馆，1984年，第702页。

间起兵[①]。达力扎布和乌云毕力格的看法接近，认为是年末[②]和十月内[③]。在敖汉、奈曼归附后金之前，天启七年三四月间，林丹汗就已经有西迁的消息，当时喀喇沁人纷纷躲避。“插汉王子从原巢尚未起身，有哈喇嗔家夷酋带领小部夷帐房牛羊五匹，于三月二十三日从套儿城搬移地方五喇哈素驻牧。我省台吉等亦于本月从奢儿城搬移地方亦地都一带四散驻牧。各酋联络，以备虎酋”[④]。要确定林丹汗西迁启程的确切时间还有些难度，因为蒙古人对此事件没有留下文献记载，只能间接通过明朝文献证明。

由于喀喇沁台吉、塔布囊的牧地分布于今河北省北部和内蒙古锡林郭勒盟南部，因此林丹汗西迁首先与喀喇沁部发生冲突。《明朝兵部题行档》记载：“哈喇慎家先日原在独石口边守口夷人暖兔、根更等二十余名说称：原于天启七年十月内，被察酋趁散，投奔东边奴儿哈痴（即努尔哈赤），因无盘费，又无牲畜，到于东边半路归英地方，住过三年有余，饥饿无奈，思想原住巢穴从东步行前来，到于独石边北栅口外住牧。”[⑤]《崇祯实录》十月

① 王雄：《察哈尔西迁的有关问题》，《内蒙古大学学报》1989年第1期。

② 达力扎布著：《明代漠南蒙古历史研究》，内蒙古文化出版社，1997年，第394页。

③ 乌云毕力格著：《喀喇沁万户研究》，内蒙古人民出版社，2005年，第68页。

④〔明〕王在晋撰：《三朝辽事实录》卷十七，全国图书馆文献缩微复制中心，2002年。

⑤ 中国第一历史档案馆、辽宁省档案馆编：《中国明朝档案总汇·明朝兵部题行档》，兵部尚书梁等崇祯三年十二月二十六日题，广西师范大学出版社，2001年。

二十六日记载："插汉西攻摆言台吉哈喇慎诸部。诸部多溃散，或入边内避之。"还有明朝边臣王象乾于第二年回忆说："自黄台吉与插汉内讧，去岁卜失兔西走，哈喇慎俱被掳，白台吉仅身免，东哈部今无几矣。"[①]从这些史料可知，林丹汗西征的确切时间是十月，乌云毕力格根据《明朝兵部档案》的考证和达力扎布判断的依据较充分。林丹汗在与喀喇沁部的冲突中取得了胜利，而喀喇沁部溃散后，一部分人欲投靠后金，但没有路费，只能驻牧明边外。从皇太极十一月十日送至喀喇沁喇嘛处的书信中了解到，喀喇沁汗和台吉被林丹汗打败后，没有臣服于大汗，而欲向其敌对方后金遣使，商讨共同出征察哈尔之事。天聪汗在回信中称："你们书所写的话正确。但虽说正确，察哈尔汗与你们都是亲族，你们不是别人，都是达延汗一个人的后裔。我们两国原先没有来往相知。我们怎能相信你们派来使者，告诉他们相约日期。不管察哈尔汗对什么人是好人，但对我们是敌人。如果你们出征察哈尔是真，就告诉以后的使者相约日期。"[②]右翼蒙古与后金的书信往来表明，他们之间的关系完全是由林丹汗西迁与喀喇沁部冲突所引发的。从此，右翼蒙古部族与后金之间的使节交往络绎不绝，于是满蒙关系扩大到右翼蒙古。这对于后金的西进和南下非

---

①《明熹宗实录》，天启七年十月己未，上海书店出版社，1984年。

② 李保文编辑、整理、转写：《十七世纪蒙古文文书档案（1600—1650）》，内蒙古少年儿童出版社，1997年，第132—133页。乌云毕力格著：《喀喇沁万户研究》，内蒙古人民出版社，2005年，第78页。

常有利，因此自然会引起后金的高度关注。

（二）昭城之战与后金的关系

林丹汗打败喀喇沁部众之后乘胜继续西上，攻打土默特万户，并占领昭城（越城、归化城，今呼和浩特），又征伐其东哨各部，即驻牧在大同边外的兀慎、摆腰、明暗等部[①]。被林丹汗击散的部众中，一部分人东投后金，一部分人进入明境内，而喀喇沁汗、洪台吉率领主部向西迁徙，与西土默特人一起抵抗林丹汗的征讨。在诸场战斗中，天聪二年（1628）初的昭城之战最为著名。

关于昭城战事，科尔沁部首领奥巴致书天聪汗时，将得知的战情较详细地做了报告。林丹汗经激烈战斗，打败喀喇沁部众和土默特部众，占领该城。《十七世纪蒙古文文书档案》记载，林丹汗及察哈尔人“杀死塔布囊们，抢走了阿巴海夫人们。喀喇沁汗追赶被抢的三千匹马，被打败，让臣下死了一些人”。由此可知，喀喇沁汗、台吉、塔布囊惨败。林丹汗的胜利使远在嫩江流域的科尔沁部首领奥巴感到不安，因此在致书天聪汗时提到右翼诸部欲与天聪汗出兵于察哈尔之事。“在今年出青草时，希望您和天聪汗相约而出征。如不出征，要么察哈尔变得强大，要么被他人所收”[②]。喀喇沁诸台吉和塔布囊失败后，没有降服于林丹汗，而是积极联络

---

① 达力扎布著：《明代漠南蒙古历史研究》，内蒙古文化出版社，1997年，第295—302页。

② 李保文编辑、整理、转写：《十七世纪蒙古文文书档案（1600—1650）》，内蒙古少年儿童出版社，1997年，第145页。

后金，并提示察哈尔的强大或与明廷联手的后果。可见，喀喇沁诸台吉、塔布囊非常痛恨林丹汗，他们在致天聪汗的书信中说："察哈尔汗不道，杀掠亲族。天聪汗为首的大小诸贝勒知道了吧。欺凌我喀喇沁万户，抢掠我们妻子牲畜。"为了得到后金的信任，他们还称："我们的汗、洪台吉、博硕克图汗以及鄂尔多斯济农与永谢布、阿速特、阿巴噶、喀尔喀合兵而来，杀伤并驱逐驻扎在格根汗（阿勒坦汗）昭城的（察哈尔）四万军队。"他们为了拉拢后金，称："右翼、三阿巴噶和喀尔喀欲征（察哈尔），且问我们率领这里的人马，与天聪汗一道出征如何。天聪汗明鉴。"显然，其目的是要与后金共同出兵察哈尔。后金方面得到此消息后，认为"察哈尔汗根基在动摇。乘此动摇之际"[①]，出征打败林丹汗。要打败林丹汗，就要得到对林丹汗不满的蒙古诸部的支持。于是，天聪汗在给达尔汗土谢图、卫征两位首领的信中说："我们决定把马喂肥，今年出青草时，和嫩科尔沁、喀喇沁万户一起出征。如果你们也要出征，要喂肥马匹，修整甲胄兵器。如不欲出征，随你们的便。"[②]可是，后金没有及时出兵，原因是"去年夏天我们的庄稼没有收成，所以我们认为不能出征，打了两次猎，

① 李保文编辑、整理、转写：《十七世纪蒙古文文书档案（1600—1650）》，内蒙古少年儿童出版社，1997年，第24页。

② 李保文编辑、整理、转写：《十七世纪蒙古文文书档案（1600—1650）》，内蒙古少年儿童出版社，1997年，第24—25页。

使马掉了膘”[①]。与此同时，林丹汗游牧于右翼蒙古，继续征战，而喀喇沁诸台吉、塔布囊与后金相互书信往来商讨共同出兵察哈尔之事。

昭城之战后，“插汉虎墩兔憨（林丹汗）与建虏（后金）习令色盟于归化城，以合犯气喇嘛守之。东行降兀慎、摆腰、明暗等酋”[②]。林丹汗征伐土默特部东哨各部后，驻牧在大同边外部族的牧地，逐水草游牧。天聪二年（1628）五月，林丹汗派遣大臣贵英恰到明宣府新平堡索赏，被明将杀害，又到得胜口索赏不得，便举兵攻掠大同，以乘胜向西，再攻打土默特部。与此同时，喀喇沁部台吉、塔布囊与后金的来往更密切，天聪二年（1628）八月，双方盟誓建立联盟。之后，卜失兔又与永谢布等部众聚合，反攻林丹汗。天聪二年（1628）九月，在于艾不哈大战，“虎墩兔西击卜石兔、永召卜，败之。都令、色令、宰生、合把气喇嘛追杀袄儿都司（鄂尔多斯）吉能兵马之半。又屯延、宁塞外，穷兵追卜石兔，而佯款于督师，要求过倍”。[③]永谢布部“一战而溃。插汉掳卜失兔阏氏与金印，各部皆远走迤西。更遣精骑入套，吉囊子孙皆俯首属之，东起辽西，西尽洮河，皆受插要约，威行河

① 李保文编辑、整理、转写：《十七世纪蒙古文文书档案（1600—1650）》，内蒙古少年儿童出版社，1997年，第28页。

②〔明〕谈迁撰：《国榷》卷八八，天启七年三月丙申，中华书局，1958年，第5404页。

③〔清〕谷应泰撰：《明史纪事本末》，中华书局，1977年，第1442页。

套以西矣”[①]。右翼联军失败，鄂尔多斯济农的兵马遇袭减半，卜失兔等逃走。艾不哈之役后，林丹汗基本上征服了右翼蒙古，即永谢布、土默特、鄂尔多斯三部，“吉囊子孙皆顺首属之，东起辽东，西至洮河，皆受此虏约束矣”[②]。林丹汗西征的目的之一是控制西部市赏，因此打败右翼诸部后，“插汉虎墩兔憨驻独石塞外、旧开平所协赏”。林丹汗着手清理喀喇沁和土默特二部，同时“东侵丰州滩，套虎尔璘勤吉能告援”[③]。可见，林丹汗西征取得了初步的成功，经半年时间接连击溃了喀喇沁和土默特二部，之后又剿灭其他余部，巩固了胜利成果。从表面上看，林丹汗的西迁取得了一定的预期效果，但负面作用更为突出，尤其为后金的渗透提供了可乘之机。

三、林丹汗西迁的后果

（一）后金侵犯察哈尔部及敖木林之战

林丹汗西迁之后，驻牧于南部的阿喇克绰特和多罗特部面临着后金的极大威胁。在喀喇沁诸台吉和塔布囊与后金的书信往来中，双方使臣经阿喇克绰特、多罗特部时经常遭到破坏。天聪二

---

①〔清〕谷应泰撰：《明史纪事本末》，中华书局，1977年，第1569页。

②萨囊彻辰著，道润梯步译校：《新译校注〈蒙古源流〉》，内蒙古人民出版社，1980年，第452页。

③〔明〕谈迁撰：《国榷》卷八八，天启七年三月辛酉，中华书局，1958年，第5404页。

年（1628）二月，后金“遣往喀喇沁使臣为察哈尔国多罗特部落两次截杀”[①]。于是，天聪汗“挑选兵马儿，以两千兵力出征拱兔巴图尔的儿子们”。同时，天聪汗又希望奥巴协助，“出征察哈尔汗的城”[②]。

阿喇克绰特、多罗特兀鲁思两次截杀后金国前往喀喇沁的使臣以后，天聪汗于二月初八日申时，亲自率领少数军队前往出征察哈尔的阿喇克绰特部众。第二天，天聪汗召集贝勒大臣说道：“此次前来，皆选精锐以行之兵不甚多，相机而动，切勿乱行。”[③]十五日，天聪汗对诸贝勒说：“尔等率精兵先行，若遇敌人当以计围而擒之，讯其消息，我等率诸军继进。”[④]果然，先出发的诸贝勒抓到了活口，并询问得知色令青巴图鲁的部众在敖木林等地方。天聪汗等候大军到来后，令士兵披甲，率领诸贝勒进攻。多罗特部的多尔济哈坦巴图鲁负伤逃走，其妻子、儿女全被俘获；杀死了古鲁台吉，俘虏了一万一千二百人。将一千四百名蒙古人和汉人男丁编为民户，其余的人作为战俘。十七日，天聪汗拜天告捷，战俘分别赏给将士们为奴。二十一日，后金军班师返回，

① 齐木德道尔吉编：《清朝太祖太宗世祖朝实录蒙古史史料抄》，内蒙古大学出版社，2002年，第126页。

② 李保文编辑、整理、转写：《十七世纪蒙古文文书档案（1600—1650）》，内蒙古少年儿童出版社，1997年，第68页。

③ 中国第一历史档案馆、中国社会科学院历史研究所译注：《满文老档》，中华书局，1990年，第879页。

④ 中国第一历史档案馆、中国社会科学院历史研究所译注：《满文老档》，中华书局，1990年，第880页。

途中选精骑沿道抢掠，获得一百三十匹马、七十头牛。天聪汗将其赏给参与抢掠的将士们。二十四日，天聪汗及诸贝勒率兵追踪察哈尔逃人，获二百户。次日，宰八头牛祭拜告天[①]。同时，天聪汗又向喀喇沁部乌尔黑诸台吉和塔布囊遣使臣，信中说："尔等来书言察哈尔汗不道，欲与我和好。今果欲盟誓修好，当以二塔布囊为首，今乌尔黑诸贝勒各遣使来。待使臣至，面议诸事可也。"[②]敖木林战役持续了两天，即农历二月十五日和十六日，后金以两千兵力破多罗特大营获胜。

天聪二年（1628）五月，后金攻打锦州等地，于十一日出征的贝勒阿巴泰、岳托在行军途中得知，古特依（古泰）塔布囊从察哈尔逃到蒙古阿喇克绰特部旧址，并截杀归降后金的人。于是，后金汗派八人前去探查，回报得失，上奏天聪汗。二十一日，天聪汗命贝勒济尔哈朗、豪格率兵六百，出征古特依塔布囊，并亲自检阅士卒、为其送行。二十三日，出征的贝勒济尔哈朗、豪格遣人上奏：已擒杀古特依塔布囊，尽收其民，俘获人口、驼、马、牛、羊共近一万[③]。这次后金只派六百士卒便获胜，

① 中国第一历史档案馆、中国社会科学院历史研究所译注：《满文老档》，中华书局，1990年，第880页。

② 中国第一历史档案馆、中国社会科学院历史研究所译注：《满文老档》，中华书局，1990年，第879页。

③ 李保文编辑、整理、转写：《十七世纪蒙古文文书档案（1600—1650）》，内蒙古少年儿童出版社，1997年，第84—85页。

与奈曼和扎鲁特二部的援助是分不开的[①]。同年八月，天聪汗与喀喇沁部建立联盟，"赐奈曼部落衮出斯巴图鲁贝勒[号/名] 为达尔汉，扎鲁特部落喀巴海台吉 [号/名] 为卫征。先是，衮出斯、喀巴海因察哈尔汗不道，欲依庇于上（为生），[俱/遂] 来归附，后出征察哈尔阿喇克绰忒部落，斩其 [台吉噶尔图/噶尔图台吉]，俘获人民七百 [来献/择其所俘来献于上]，故赐此 [号/名]"[②]。后金两次出征南察哈尔都取得了胜利，意义重大，不仅扫清了与喀喇沁部之间使节往来的障碍，而且为双方关系的继续发展奠定了基础。

（二）喀喇沁部与后金建立联盟及姻亲关系

喀喇沁部与后金的来往必须经过察哈尔驻牧地，因此发生了敖木林之战。战役使喀喇沁部与后金的往来变得顺畅了，双方遣使频繁，最终建立了政治联盟和军事联盟。

第一次敖木林之战后，天聪汗及时向喀喇沁部派遣使臣，告知诸台吉、塔布囊遣使议和之事。但由于察哈尔人切断交通，喀喇沁部台吉、塔布囊使臣受阻。后金经历第二次敖木林之战之后，后金汗又及时向喀喇沁部派遣使臣，磋商双方盟誓内容。经过两个多月的磋商和交涉，双方终于建立联盟，可见双方存在很多分歧。

---

① 乌云毕力格著：《喀喇沁万户研究》，内蒙古人民出版社，2005年，第84页。

② 齐木德道尔吉编：《清朝太祖太宗世祖朝实录蒙古史史料抄》，内蒙古大学出版社，2002年，第130页。

后金向喀喇沁部提交的盟誓："喀喇沁若不践盟，不与满洲和善，除了原有的赏和大都贸易外，与汉人秘密结盟，中察哈尔汗的奸计而背叛，则天地鉴谴喀喇沁执政的拉斯喀布、布颜、莽苏尔、苏布地、赓格尔为首的大小诸塔布囊，殃及罪孽，生命变短，像此血出血而死，被埋于土下，像此骨变为白骨。如遵行向天地告誓的誓言，天地垂佑，寿命延长，愿我们子孙至千世享受太平。"[①]喀喇沁部向后金提交的盟誓："满洲若不践盟言，若不与喀喇沁和睦而背叛，对喀喇沁有二心，怀毒计，则天地鉴谴皇太极、古英、阿敏、莽古尔泰、阿巴泰、德格类、阿济格、岳托、多尔衮这些全部满洲人，生命变短，像此血出血而死，被埋于土下，像此骨变为白骨。如遵行向天地告誓的誓言，无犯行无毒心，则福满寿延，子孙繁殖，美誉满天，心想幸福如雨降临，直到万世。"[②]双方最终达成共识，于是喀喇沁庞大的使团来到盛京，天聪二年（1628）八月举行结盟仪式，向天地刑白马、乌牛，焚烧誓词，建立联盟。显然，此次联盟的核心内容是反察哈尔、反明朝。双方的敌人是察哈尔，因此反察哈尔没有任何异议。而反明不是喀喇沁人的主张，因为喀喇沁与明廷关系特殊，

① 李保文编辑、整理、转写：《十七世纪蒙古文文书档案（1600—1650）》，内蒙古少年儿童出版社，1997年，第33—34页。乌云毕力格著：《喀喇沁万户研究》，内蒙古人民出版社，2005年，第89页。

② 李保文编辑、整理、转写：《十七世纪蒙古文文书档案（1600—1650）》，内蒙古少年儿童出版社，1997年，第45—46页。乌云毕力格著：《喀喇沁万户研究》，内蒙古人民出版社，2005年，第91页。

自阿勒坦汗时起建立的政治关系和经济关系一直延续，并发挥作用。因此，喀喇沁人保留了“原有的赏和大都贸易”。这对于喀喇沁部来说非常重要，与明廷贡赏是其经济命脉，明廷每年给喀喇沁台吉、塔布囊一定数量的银子和布帛等物品，允许他们到北京进行贸易活动。但是，结盟后喀喇沁人在政治、军事上的行动受到后金的限制，必须与后金保持同一立场。可见，双方特定关系的形成与演变过程中，后金方面仍占据着主动地位。

从满蒙初期政治关系的形成与发展变化来看，满蒙政治联盟与政治联姻是相辅相成的，喀喇沁部贵族与后金的关系也不例外。天聪三年（1629）二月十二日，“喀喇沁将女子送给大贝勒（代善）做妻子”[①]。这是双方首次建立联姻关系，此后的联姻接连不断，“总计有清一代，清皇家与该部通婚共一百一十四人次，其中出嫁该部之皇家女九十三人次，娶该部之女二十一人”[②]。先是后金方面为了应对察哈尔部和明廷，请求喀喇沁部嫁女。代善之后，天聪汗及大贝勒莽古尔泰都曾娶过该部女子。为了更好地笼络喀喇沁部台吉、塔布囊，后金将宗室之女嫁给喀喇沁部的首领和贵族。天聪五年（1631）正月，后金“大贝勒[莽古尔泰/莽尔古泰]之女下嫁喀喇沁部落喇斯喀布，以［贝勒阿巴泰/阿巴泰贝勒］之女下嫁布尔噶都代达尔汉，赐两格格［庄田、奴仆并金

①《旧满洲档》，台北故宫博物院，1969年，第2986页。

② 杜家骥著：《清朝满蒙联姻研究》，人民出版社，2003年，第87页。

银、珠饰衣服、彩缎、文绮、貂裘/金银、珠饰、衣服、彩缎、文绮、貂裘并庄田、奴仆、箱柜］等物，遣之”[①]。是年三月初十日，“喀喇沁毕喇希台吉娶岳托（天聪汗侄子）女，乃以订婚礼宰牛二、马一、羊六，设宴款待汗及贝勒”[②]。之后，他们便成婚。喀喇沁部与后金建立了密切的关系后，多次派兵与后金军一同出征，尤其是兀良哈氏做过突出贡献，并成为该部领主。于是，后金又与兀良哈氏建立了姻亲关系[③]。由于喀喇沁部与明朝接壤，并具有特殊贸易关系，因此后金非常注重与喀喇沁部族的关系。后金通过联盟、联姻等手段，与喀喇沁部建立了特定关系，为应对共同的敌人奠定了良好的基础，尤其对后金的扩展具有重要意义。

（三）后金满蒙联军第一次出征林丹汗

右翼蒙古诸部联合起来征讨林丹汗的时候，后金也与结盟的蒙古部族组建联军，出征察哈尔部。这就是通常所说的皇太极第一次远征林丹汗，其实是在喀喇沁汗、台吉们的建议之下的军事行动。喀喇沁汗、台吉们与后金结盟之前就致书后金汗说：“致天聪汗殿下。汗、衮济、鄂尔德尼洪台吉、赓格尔恰诺颜奏闻。因为这次结盟，请立即起驾出征。听说我们结盟以后，黑心的罪

① 齐木德道尔吉编：《清朝太祖太宗世祖朝实录蒙古史史料抄》，内蒙古大学出版社，2002年，第173页。

② 中国第一历史档案馆、中国社会科学院历史研究所译注：《满文老档》，中华书局，1990年，第1100页。

③ 杜家骥著：《清朝满蒙联姻研究》，人民出版社，2003年，第87页。

恶的察哈尔汗将会向咱们双方的一方动手。望明鉴。如今天气已转凉。如草木比现在更加凋谢稀少，因为时季艰苦，征战也将变得艰难。如今秋不立即出征，这个罪恶的黑心的人将萌发各种念头。请明鉴。我们谨奏立即出征。我们奏请秋八月十日以前会师。如同意我们的建议，请上明旨，于本月下旬遣来使者。”[①]

结盟后，喀喇沁汗、台吉们再次致书天聪汗说：“察哈尔鄂托克在昭城。察哈尔已得知您与女真一起取了他们的山阳万户。就是现在，察哈尔的力量仍然微弱。现在奏请天聪汗，希望迅速出征。如果迟不出征，我们报告给您所说的话：为了您，我们相互杀害，引发了战争。考虑您的大国政与名誉，奏请迅速起驾出征。那个恶毒的人诡计多端，若与汉人议和，他们双方的势力将会变得强大。明鉴。”[②]喀喇沁汗、台吉们向后金报告察哈尔情况的同时，提醒天聪汗，林丹汗与明议和后，其势力会变强大，并敦促天聪汗出征。

天聪汗采纳了喀喇沁汗、台吉们的建议，趁察哈尔部衰退之际，发动一次决定性战役，解决后顾之忧。为了确保获胜，后金方面精心策划，并向盟友奥巴等蒙古部族首领致书，约定会师地点。《清太宗实录》记载：“九月，庚申，［上将/以］征蒙古察哈尔国，遣［使/人］谕西北降附外藩蒙古科尔沁国诸贝勒、喀喇沁部

①② 乌云毕力格：《评〈十七世纪蒙古文文书档案（1600—1650）〉》，《内蒙古大学学报》1999年第6期。

落塔布囊等敖汉、奈曼（部落诸贝勒）及喀尔喀部落诸贝勒，令各率所部兵［会于所约之地/于所约地会师］。”[①]几天后，后金“汗亲自率诸贝勒、大臣及其大军，九月初六日起程西行”[②]，远征察哈尔。“初八日，都尔鼻地方，敖汉部的济农锁诺木杜棱、奈曼部的达尔汉巴图鲁衮出斯各率兵来会。初九日，大军抵辽阳，喀尔喀部诸贝勒各率兵来会。十二日，抵约科尔沁部会兵之地。于绰洛郭勒地方驻营。十三日，扎鲁特部贝勒（台吉）喀巴海等率兵来会。十七日，喀喇沁部汗拉希喜布、布彦阿海之子毕喇齐黄台吉、万旦卫征、马济塔布囊、庚格尔侍卫贝勒及众小台吉、塔布囊等各率兵来会，拜见汗，献财帛驼马甚多，汗不纳，尽却之”。“十八日，喀喇沁部首领苏布迪杜棱，率众塔布囊及士卒前来，拜见汗，献财帛马匹甚多，未纳，尽却之”[③]。蒙古部族在接到天聪汗的书信后，各自出兵与后金军会师，只有科尔沁部没有前往，其中最积极主动、出大力的是喀喇沁部。天聪汗每次大宴前来会师的蒙古部族首领时，都会遣巴克什希福出使科尔沁部。希福回来后奏报天聪汗说：“科尔沁诸贝勒不至，土谢图汗、哈坦巴图鲁、满珠习礼率其兵起行，不与我军合，自行劫掠，掠毕，再来

① 齐木德道尔吉编：《清朝太祖太宗世祖朝实录蒙古史史料抄》，内蒙古大学出版社，2002年，第130页。

② 中国第一历史档案馆、中国社会科学院历史研究所译注：《满文老档》，中华书局，1990年，第909页。

③ 中国第一历史档案馆、中国社会科学院历史研究所译注：《满文老档》，中华书局，1990年，第909—910页。

与我军合。”[①]天聪汗大怒，再次遣希福前往科尔沁，并要求土谢图额驸务必前来会师。

蒙古各部会师后，天聪汗组织指挥联军，于十九日连夜进军。二十日，联军“驰击度尔噶、锡伯图、英、汤图（驻牧于西拉木伦河流域）四路，俱克之。二十一日，拣选精骑，追击败军，直至兴安岭（今克什克腾旗境内）……攻克栋奎（兴安岭以南的某个地方）”[②]。“科尔沁首领土谢图额驸侵掠察哈尔部边塞数户，未与大军会师，率其所部兵，私自返回。汗之妹夫科尔沁台吉满珠习礼、贝勒孔果尔之子台吉巴敦，率兵掠察哈尔。二十二日，携其俘获来会大军”[③]。天聪汗赞赏前来会师的满珠习礼等，赐号为达尔汉巴图鲁，为巴敦赐号达尔汉卓礼克图，并论功行赏。这是天聪汗作为盟主组织联军，首次出征察哈尔部的军事行动。从此，后金在对明出兵的同时，又向察哈尔进军，于是出现了两头开战的局面。天聪汗出征察哈尔似乎没有达到预期目的，因为奥巴等诺颜没有前去会师，影响了后金联军的战事。另外，林丹汗及察哈尔仍有较强势力，未必短期就能攻下，于是后金退兵。天聪汗回到盛京后，首先要解决的问题是怎样控制科尔沁部。林丹汗西迁之后，科尔沁部的压力减轻了许多。科尔沁部作为盟友加入后金出征林丹汗的军事行动，但是奥巴不听从皇太极

①②③ 中国第一历史档案馆、中国社会科学院历史研究所译注：《满文老档》，中华书局，1990年，第910页。

的指挥，自行其是。这的确影响了联军的军事进攻，因此皇太极意识到，控制科尔沁部是其他蒙古部族服从命令和最终战胜林丹汗及察哈尔的关键。

（四）科尔沁部与后金关系的变化

林丹汗西迁后，漠南蒙古几乎全部卷入战争之中，尤其在后金联军出征林丹汗班师之后，加快了控制科尔沁等漠南蒙古部族的步伐。为防止奥巴再次自行其是，天聪汗于天聪二年（1628）十二月派近侍索尼、阿朱户前往科尔沁，并列出奥巴十二条“罪状”[①]。后金方面以断交相威胁，奥巴感到形势的严峻性，想要对抗，独立自主，却力不从心，于是只好向天聪汗“谢罪”。次年正月，奥巴到后金，天聪汗亲自率三大贝勒及诸贝勒出城十里相迎。奥巴一一服罪，“私与明［国/朝］交市之罪，愿以十驼百马为谢，征察哈尔违约遽归之罪，亦愿以十驼百马谢”[②]。奥巴返回后第五天，后金颁令，“科尔沁、敖汉、奈曼、喀尔喀、喀喇沁五部落，令悉遵［我/本］朝制度”[③]。这是后金单方面制定的法律，虽然在具体问题上仍需同这些部族首领商定，但是后金的权力在不断膨胀。天聪三年（1629）二三月，天聪汗、嫩科尔沁土

---

① 齐木德道尔吉编：《清朝太祖太宗世祖朝实录蒙古史史料抄》，内蒙古大学出版社，2002年，第134页。

② 齐木德道尔吉编：《清朝太祖太宗世祖朝实录蒙古史史料抄》，内蒙古大学出版社，2002年，第138—139页。

③ 齐木德道尔吉编：《清朝太祖太宗世祖朝实录蒙古史史料抄》，内蒙古大学出版社，2002年，第139页。

谢图汗、冰图、达古汉台吉等商定的律令“若出征察哈尔，管旗的台吉与七十三岁以下十三岁以上者皆出征。未出征之台吉罚马百、驼十。若三日不至所约之地，罚马十。入出敌境终不至者，罚马百、驼十。若出征明国，每旗管旗台吉一人、台吉两人，精兵百人出征。若不出征，大旗罚马千、驼百。若三日不至，罚马十。入出敌境终不至者，罚马千、驼百。先于所约攻掠，罚马百、驼十。十日之程限十五日至，十五日之程限二十日至。所有罪，汗之使臣与札萨克台吉所遣使臣一同追缴。两日内札萨克台吉不遣使臣，则取札萨克之畜，若札萨克台吉不从，彼有罪之人处取畜。按牲畜数从札萨克台吉处取。札萨克台吉骑十兀剌马，返回时由有罪之人取十兀剌马。若中途断肉，札萨克台吉于住处食羊，若食牛，取札萨克台吉之属下所乘马。台吉若殴汗之使臣，罚三九，若哈喇出殴，罚一九。使臣误乘烙印马，则以他马换取。若使臣不与烙印马，取其腰刀、弓之一。交出罪人及所罚牲畜则赦免札萨克罪”[①]。他们明确提出嫩科尔沁攻打明朝时出兵的义务，这已经超出当年结盟时所定条款的范畴。虽然嫩科尔沁部仍有较强的自主性，但是在与后金的关系中已处于被动局面，说明科尔沁部与后金的联盟将走向终结。科尔沁等部族受后金法律管辖之后，不敢再违命，不得不参加后金对明朝的战争。

① 李保文编辑、整理、转写：《十七世纪蒙古文文书档案（1600—1650）》，内蒙古少年儿童出版社，1997年，第49页。

此后，后金的军事力量加强，实力大增，对明朝的战争也更加激烈。

林丹汗西迁后，虽然打败了右翼蒙古诸部，但是对漠南蒙古各部的控制力却变得愈来愈弱，他们的离心倾向越来越严重，成为一盘散沙。交战中，右翼蒙古的一些部众溃散后，有的南下归附明廷，有的加入李自成的农民军。喀喇沁汗、台吉、塔布囊们却倒向后金，与林丹汗对立。后金乘机进一步控制科尔沁等漠南蒙古部族，组织后金与蒙古诸部联军，并制定法规，势力不断增强。对于后金而言，这不仅有利于对抗察哈尔部，也有利于与明廷抗衡。可见，林丹汗的西迁以及与右翼蒙古发生的冲突，引发了漠南蒙古各部与后金关系的质变。于是，满蒙关系的发展态势对林丹汗愈发不利，蒙古政治实体开始走向解体。

第三节　林丹汗抵抗后金的斗争及其败亡

林丹汗东讨西征的实质就是抵抗后金的斗争。只有统一蒙古各部，建立强大的蒙古汗国，才能抵御后金的渗透。从蒙古的历史变迁来看，只有主动进攻才能掌握主动权。然而，林丹汗两次出征都没有取得预期效果，导致对政局失去控制，但林丹汗的斗争坚持到了最后。

一、林丹汗北征阿鲁诸部与后金的关系

科尔沁等部族倒向后金后，天聪汗进一步向阿鲁部渗透，这使林丹汗十分不安。林丹汗西迁的本意是经营对右翼蒙古诸部的控制，并以此为基地，再加强对左翼蒙古部族控制来抵御后金的渗透。

林丹汗在与后金的对峙过程中发生了很多错综复杂的特定关系。由于史书没有详细记载，后人很难了解这段历史的真相。如林丹汗北征阿鲁诸部的事件没有详细记载，因此这段历史一直是个盲区。近年来，随着新史料的发现，尤其是蒙古文文档的发现和运用，为此问题的探讨提供了可靠依据。

（一）阿鲁诸部与后金关系的形成

阿鲁诸部，又称“阿鲁蒙古”，学界对此有诸多探讨，基本上明确了其名称的来历和含义。十六世纪中叶，阿鲁诸部是蒙古左翼的察哈尔、喀尔喀、往流部（东道王）的科尔沁等三个万户的一部分，在蒙古大汗达赉逊汗、喀尔喀的虎喇哈赤和科尔沁的奎猛可（奎蒙克塔斯哈喇）的率领下，南下兴安岭以东和南部驻牧。从此，蒙古左翼就有了山阴（阿鲁）和山阳之分。察哈尔、喀尔喀和科尔沁三个万户中南下的部分称各自万户中留居兴安岭以北的部分为阿鲁察哈尔、阿鲁喀尔喀、阿鲁科尔沁，也包括与其相邻的哈赤温家族所属翁牛特、喀喇车里克、伊苏特，别里古台后裔所属部众阿巴噶和阿巴噶纳尔等。他们与科尔沁部同属往

流各部，于是就有了共同的“阿鲁蒙古”之称，又称“阿鲁诸部”。由此可知，“阿鲁蒙古”这一称呼是当时蒙古人的自称，最初是个地理概念而已。阿鲁蒙古有九个部落，即阿鲁科尔沁、四子、乌喇特、茂明安、翁牛特、喀喇车里克、伊苏特、阿巴噶和阿巴噶纳尔。

天聪三年（1629），左翼蒙古的巴林、扎鲁特、敖汉、奈曼以及嫩科尔沁部，右翼的喀喇沁、东土默特等部基本上被后金控制。与嫩科尔沁部隔大兴安岭相望的阿鲁诸部成为后金经略的主要目标。是年九月，阿鲁部与后金首次交往，“昂坤杜棱以事往阿禄部落/阿禄部落探亲]，[阿禄/阿鲁] 杜思噶尔济农遣使偕来通好，献马十（匹）。阿禄通好自此始”[①]。

察哈尔台吉昂坤杜棱归附后金国后，受命前往阿鲁部，杜思噶尔济农是别里古台的后裔，是其家族的最高首领[②]。显然，后金是利用察哈尔部与阿鲁部的特殊关系来拉拢阿鲁部。另外，阿鲁部太后（孙杜棱之母）也与后金联络，她致书皇太极称：“愿吉祥！绰克图太后致书天聪汗之事由：若在阿鲁有所闻，我们就告诉你们。若在山阳有所闻，请天聪汗下旨。为在山阳和阿鲁传颂的名声，相互的使臣不要断绝。派去了两名使臣和两名力士，请

① 齐木德道尔吉编：《清朝太祖太宗世祖朝实录蒙古史史料抄》，内蒙古大学出版社，2002年，第146页。

② 玉芝著：《蒙元东道诸王及其后裔所属部众历史研究》，内蒙古人民出版社，2019年，第198页。

速遣返使臣。”[①]天聪四年（1630）三月初一日，阿鲁诸部使臣回访后金，后金方面非常重视，派人“至边外辽河岸，宰牛羊八，设黄幄迎汗”[②]，拜见皇太极。二十日，皇太极“率诸贝勒偕阿鲁四部落贝勒使者升殿，以议和好，奠酒盟诸天地毕，宰八羊举宴”[③]。双方盟誓，建立同盟关系。盟誓词为：“天聪四年三月二十日，金国汗、三大贝勒、八旗台吉等与阿鲁四部落诸贝勒，济农孙杜棱、达赖楚呼尔及大小贝勒结盟修好，誓告天地。今既结盟修好，若金国先逾盟，与察哈尔结好，陷其奸计，贪其财物，背弃阿鲁，则听天罚我，无克永年，必致夭折。阿鲁部贝勒若先逾盟，与察哈尔结好，贪其财物，陷其奸计，背弃我等，亦听天罚。阿鲁四部落贝勒，夺其寿算，无克永年，为致夭折。我两国同践盟言，尽忠相好，则蒙天眷佑，俾克永寿，子孙世享太平。”[④]从盟誓内容来看，双方是以反察哈尔为目的而建立的同盟，似乎与当年科尔沁奥巴与后金建立的联盟性质相同。《满文老档》记载，二十四日，后金汗又遣巴克什希福等精通蒙古语的使者和随从兵各旗十五人，前往阿鲁部。六月十六日，阿鲁部使臣

① 李保文编辑、整理、转写：《十七世纪蒙古文文书档案（1600—1650）》，内蒙古少年儿童出版社，1997年，第125页。

② 中国第一历史档案馆、中国社会科学院历史研究所译注：《满文老档》，中华书局，1990年，第1004页。

③ 中国第一历史档案馆、中国社会科学院历史研究所译注：《满文老档》，中华书局，1990年，第1010页。

④《旧满洲档》，台北故宫博物院，第3217—3221页。玉芝著：《蒙元东道诸王及其后裔所属部众历史研究》，内蒙古人民出版社，2019年，第199页。

再次来到后金。可见，双方交往频繁，关系进一步密切。

（二）林丹汗征讨阿鲁诸部

天聪元年（1627）冬林丹汗西迁后，对右翼蒙古的战争所向披靡，基本上控制了该地区，并且得到明廷的大量赏赐，这无疑能够增强林丹汗的信心和收复故土（达赉逊汗之前的大汗牧地）的勇气。

林丹汗得知阿鲁诸部与后金结成反察哈尔联盟一事之后，于天聪四年（1630）八月率领察哈尔、鄂尔多斯和土默特联军征讨阿鲁诸部，讨伐对象主要有翁牛特三部、阿鲁科尔沁诸部以及阿巴噶、阿鲁喀尔喀等部族。林丹汗出征后，以强劲的势头扫荡了大兴安岭以北地区，进入旧驻牧地。

林丹汗出征阿鲁诸部，其部众也一同东迁。察哈尔部军队先出发，部众随后迁移，欲迁到故地。林丹汗从右翼返回故地的目的是经略左翼各部，包括阿鲁诸部。林丹汗的计划是收复右翼后再返回左翼。科尔沁部首领奥巴听到林丹汗北征的消息时非常紧张，遣使后金称："有六和硕在哈屯郭勒（黄河）之彼岸，距离是从汗之家跑八天八夜的路程。若彼六和硕向此处迁徙，则正月之前月出发。那个河只有那个月才能冻。此边六和硕之骟马死于雪灾，若出征，只有六和硕之六千骑出征。其牧地正往此处迁徙，怎么应对，请汗明鉴。”[①]此次林丹汗亲自率领六和硕的六千骑兵，于腊月在黄河封冻后渡河出征。奥巴非常关注林丹汗北征的情况，得知其动向后又向后金报告：“察哈尔汗正往此边迁徙，其牧地已至德勒·克库勒（今内蒙古锡林郭勒盟阿巴嘎旗境内）。将彼岸之右翼万户迁过哈屯郭勒，领其军，迁其家属，其军已于本月初六来到汗之家。汗下令，十三岁以上、七十三岁以下均出征。本月十八日沿兴安岭北麓，带一个月的干粮，出征我阿鲁部众。汗留在家的兵有一千人，据闻，汗之家属将随大军迁徙。其牧地已临近我们了，其家将迁入乌鲁灰之音札哈（今西乌珠穆沁旗境）。因歹毒的汗无视亲族，以四阿巴噶为首，都投靠了天聪汗。出征山阴的敌军若收了阿鲁部众，我们不是没有城垒吗？察哈尔牧地南入之际，近火者灼，近敌者死。以汗为首沿山阴从速出征如何？如此则我们先出征，请汗明鉴。”[②]每当奥巴得到情报，便及时向后金报告，请天聪汗想出应对的办法。

有关林丹汗出征阿鲁诸部的战况在明朝兵部档案中有所记载：“兵部崇祯三年（1630）九月三日题行，据宣府巡抚杨塘报：探问得，在边驻牧夷人密说，插汉儿王子聚兵一处，传令各夷预

---

① 李保文编辑、整理、转写：《十七世纪蒙古文文书档案（1600—1650）》，内蒙古少年儿童出版社，1997年，第172页。玉芝著：《蒙元东道诸王及其后裔所属部众历史研究》，内蒙古人民出版社，2019年，第203页。

② 李保文编辑、整理、转写：《十七世纪蒙古文文书档案（1600—1650）》，内蒙古少年儿童出版社，1997年，第122—123页。玉芝著：《蒙元东道诸王及其后裔所属部众历史研究》，内蒙古人民出版社，2019年，第205页。

备二十余日盘缠，要往西北征剿哈力哈（喀尔喀）、卜罗合儿气（嫩科尔沁）等酋。本月二十六日，又据侦探通官李应元等进边报称：探得，察酋将本边住马及精壮真察酋部夷俱各调去。讫止各酋哈喇慎、卜失兔、威兀慎降夷在边住牧等情到路禀到卑职。”①

“庚午年（1630）十月十三日，阿鲁部济农（翁牛特部首领孙杜棱）所属蒙古人十名骑马十匹逃至，言察哈尔发兵侵扰阿鲁部”。“十八日，阿鲁部济农下卓博依哲陈巴克希、拜虎墨尔根虾共率十人，携马七匹、骡四头、牛一头来归”②。从中可知，林丹汗为了抵御后金的渗透付出了不懈的努力。

林丹汗出征阿鲁诸部之际，一些部族迎战，各部之间还相互残杀。阿巴噶部袭击了阿喇克绰特，俘获了居住在阿喇克绰特的汗之哈屯，残杀其妻儿，烧其家、畜。当林丹汗大军向阿巴噶部逼近时，他们则与阿鲁喀尔喀联手迎战。以阿鲁喀尔喀博古盖和硕齐为首的三百名侦探袭击了察哈尔，遇恰台吉之弟温都出哨，相互厮杀，博古盖和硕齐将温都刺死。阿巴噶部和阿鲁喀尔喀共同商定，察哈尔若出征一方，另一方要随征其家室。当林丹汗大军向东进发时，除茂明安以外都加入了反察哈尔的大军③。当阿巴

① 中国科学院编辑：《明清史料》（丁编），国家图书馆出版社，2008年，第318页。

② 中国第一历史档案馆编：《清代档案史料丛编》第十四辑，中华书局，1990年。

③ 李保文编辑、整理、转写：《十七世纪蒙古文文书档案（1600—1650）》，内蒙古少年儿童出版社，1997年，第63页。

噶部和阿鲁喀尔喀部迎战林丹汗时，翁牛特三部以及阿鲁科尔沁、四子等部却没有迎战，而是南下投奔嫩科尔沁或后金国。是年（1630）十一月，南下的阿鲁科尔沁、四子以及翁牛特三部首领陆续到后金国觐见天聪汗[①]。

二、林丹汗北征的后果

林丹汗北征是后金渗透阿鲁诸部所致。按照林丹汗的战略思路，对于阿鲁诸部，先使其臣服，再抵御后金。结果阿鲁诸部没有臣服于林丹汗，阿巴噶部和阿鲁喀尔喀部进行了坚决的抵抗，很多部族纷纷移牧逃避。一些部族南下投靠科尔沁部后又归附后金，有的部族北上到阿鲁喀尔喀驻牧。至于后金，当得知林丹汗北征以及与阿鲁部的战事之后，采取了防御措施，要求科尔沁部南迁。

（一）阿鲁诸部的变迁

阿鲁诸部中，阿鲁科尔沁、翁牛特等部首先归附了后金国。林丹汗出征阿鲁诸部后，阿鲁科尔沁、四子、翁牛特、喀喇车里克、伊苏特五部越大兴安岭南迁，转移到西拉木伦河流域。《清实录》记载，四子部诸台吉于天聪四年（1630）十一月初九日来到盛京，“诸贝勒俱留我边境，令台吉宜尔札木、苏黑墨尔根、毕礼

① 《清太宗实录》，天聪四年十一月，中华书局，1985年。

克、翁惠、布桑先至。命诸贝勒出城五里迎之，宴毕入城”[①]。十七日，“阿禄伊苏特部落贝勒为察哈尔兵所败，闻上善养人民，随我国使臣察汉喇嘛来归，留所部于西拉木伦河，先来朝见，上命诸贝勒至五里外迎之”[②]。十八日，“阿禄班首寨桑达尔汉（伊苏特部首领）、噶尔马伊尔登（喀喇车里克部首领）、摆沁伊尔登三贝勒率小台吉五十六人”[③]拜见皇太极。此外，阿鲁科尔沁首领达赖楚呼尔也随嫩科尔沁来到后金国。投靠嫩科尔沁，就意味着投靠后金。因此，天聪汗非常得意地称：“成吉思汗四（个）弟之后裔率所部来归。”[④]天聪五年（1631）四月初六日，南迁的阿鲁诸部首领以及嫩科尔沁各部首领一同拜见了天聪汗。当时“孙杜棱、达拉海、德叻克依、纳玛西奇、土谢图额驸兄之子拉巴希喜、孔果尔老人之子穆寨、达赖楚呼尔、达赖楚呼尔兄之子达西、海萨台吉、吉穆、布木布楚呼尔、古鲁、哈坦巴图鲁等诸蒙古贝勒及我汗、诸贝勒拜天，行三跪九叩头礼。于是，汗与贝勒入黄幔落坐，孙杜棱、达拉海、纳玛西奇、德叻克依遥拜一次。孙杜棱复近前跪时，汗起立受之。第三次跪时，汗亦迎面跪拜，行抱见礼。又以见汗之礼，拜见两大贝勒。当达拉海、纳玛西奇、德叻克依见时，汗与诸贝勒坐而受之，并行抱见礼。次达赖

①《清太宗实录》，天聪四年十一月丙子，中华书局，1985年。
②《清太宗实录》，天聪四年十一月壬寅，中华书局，1985年。
③《清太宗实录》，天聪四年十一月癸卯，中华书局，1985年。
④《清太宗实录》，天聪五年正月壬寅，中华书局，1985年。

楚呼尔、达西、海萨台吉、吉穆、布木布楚呼尔、古鲁等见汗时，遥拜一次。达赖楚呼尔近前，照孙杜棱之礼拜见。再次，哈坦巴图鲁、拉巴希喜及孔果尔老人之子穆寨三人见时，汗与诸贝勒坐而受并行抱见礼……礼毕，命孙杜棱陪坐于汗之左侧，达赖楚呼尔陪坐于大贝勒之右侧，命哈坦巴图鲁陪莽古尔泰贝勒而坐”[①]。次日，皇太极和两大贝勒（济尔哈朗和萨哈廉）与土谢图额驸奥巴及孙杜棱、达赖楚呼尔和僧格和硕齐等一同盟誓天地，誓词为：“若对他们不依土谢图汗之律一视同仁，恃强夺取尔等人畜，则天必厌之谴之，殃及我等；阿鲁诸部众诺颜若逾誓言，擅离我等，弃所指驻牧地，远出异地，天地亦厌之谴之，殃及阿鲁众诺颜。若负此盟誓，我等将以阿鲁诸部诺颜为敌。若谁能践盟言，则天地眷佑，延年益寿，子孙千世，永享太平。所指驻牧地西界为噶海、萨尔、门绰克、阿勒坦、冬豁尔、谔奇尔津、乌济叶尔；东界至洮尔河尽头。”[②]奥巴参加盟誓，是因为达赖楚呼尔、孙杜棱等南下后投靠了科尔沁部。由于科尔沁与后金的关系特殊而密切，所以奥巴将阿鲁部引见给皇太极。后金同样制定法规，给他们划定驻牧地。

此次盟誓标志着翁牛特、阿鲁科尔沁和四子等部与后金建立

① 中国第一历史档案馆、中国社会科学院历史研究所译注：《满文老档》，中华书局，1990年，第1110—1111页。

②《旧满洲档》，台北故宫博物院，第3417、3418页。玉芝著：《蒙元东道诸王及其后裔所属部众历史研究》，内蒙古人民出版社，2019年，第241页。

了特殊关系。从此，南迁的阿鲁部与科尔沁一样，受后金的制约，不得擅自离开划定的驻牧地。四月十二日，皇太极又与奥巴、孙杜棱等诸台吉商定具体的法律条文，主要内容有“若调人往察哈尔，自十三岁以上、七十三岁以下者，均可调遣。札萨克众台吉若调不往，则罚马五十、驼五。若伐明国，每大调为首台吉一人、台吉二人、精兵百人。若调不往，大罚马百、驼十。若三日不到所约之地，则罚马十”[①]。还有很多详细规定，明确规定了蒙古各部征讨察哈尔及伐明的义务和责任。显然，后金通过这些法律条文，掌控了阿鲁诸部的一些支配权和制裁权。

阿鲁诸部中的阿鲁科尔沁、四子部南下，远在呼伦贝尔北端的茂明安、乌喇特部却安然无恙。天聪四年（1630）七月，皇太极致书阿鲁科尔沁、四子部首领，要求他们遣使至乌喇特，说服其南下。书中称：“致达赖楚呼尔、四台吉书。谕达赖楚呼尔、僧格墨尔根和硕齐：尔等商议后，遣使乌喇特，得其前来与否之口实后回报。据闻，乌喇特临近兴安［岭］，时有额勒济格诸子及扎赉特以恶言唆使，使之北还。速遣使！”[②]天聪六年（1632）一月三日，后金汗第一次致书茂明安和乌喇特部首领，书中称：“察哈尔之汗出兵阿巴噶济农时，我们派人前去察哈尔捉活口，察哈尔汗知道这个

① 中国第一历史档案馆、中国社会科学院历史研究所译注：《满文老档》，中华书局，1990年，第1115页。

② 《旧满洲档》，台北故宫博物院，第3439页。玉芝著：《蒙元东道诸王及其后裔所属部众历史研究》，内蒙古人民出版社，2019年，第250页。

消息后，没有紧追济农，就急忙返回家了。察哈尔知道我们出兵明朝之后，袭击了达赖（达赖楚呼尔），而闻我军返回后，因怕我们追赶而急忙返回。若察哈尔知道你们远离达赖之部众驻牧而进攻你们，谁来援助你们？难道不会从容地跟踪你们，进行掠夺？人畜被夺之后，来我处有何用？若与我们会合，对你们也安全，不是吗？”[①]在这种情况下，乌喇特部和茂明安部南迁，来到后金国拜见皇太极。天聪七年（1633）正月，“丙申……［吴/兀］喇忒部落俄布木、土门达尔汉台吉、杜巴、［塞/色］冷、海萨巴图鲁等朝贺元旦，贡驼马”[②]。二月，茂明安部的“(车根汗、固木巴图鲁、达尔马代衮）献貂裘、貂皮、［驼/骆］马”[③]，表示归附后金国。

由于时局动荡，“十七世纪前二十几年里，漠南蒙古诸部针对林丹汗的统一政策采取了诸多行动。其中，有一些部落如苏尼特、乌珠穆沁、浩齐特、阿巴噶、阿巴哈纳尔、巴尔虎等纷纷逃离漠南，越翰海投靠了阿敏都喇勒孙硕垒，硕垒势力大增”[④]。当这些部族北上移驻阿鲁喀尔喀后，不仅使阿鲁喀尔喀车臣汗达赖济农硕垒的实力大增，还引发了阿鲁喀尔喀的剧变。

---

① 中国第一历史档案馆、中国社会科学院历史研究所译注：《满文老档》，中华书局，1990年，第520页。

② 齐木德道尔吉编：《清朝太祖太宗世祖朝实录蒙古史史料抄》，内蒙古大学出版社，2002年，第224页。

③ 齐木德道尔吉编：《清朝太祖太宗世祖朝实录蒙古史史料抄》，内蒙古大学出版社，2002年，第226页。

④ 乌云毕力格、成崇德、张永江撰：《蒙古民族通史》（第四卷），内蒙古大学出版社，2003年，第43页。

（二）科尔沁部的南迁

科尔沁部与阿鲁诸部相邻，当奥巴得知林丹汗北征阿鲁诸部时，感到来自林丹汗的威胁将至，于是急速致书天聪汗，紧急求援。但后金方面没有及时出兵，而是要求奥巴从嫩江流域迁往西拉木伦河流域（今西拉木伦河和辽河上游）。西拉木伦河流域原是内喀尔喀五部的驻牧地，他们曾遭后金和林丹汗的攻击，之后崩溃，该地成为无主牧地。林丹汗北征使后金感到非常不安，皇太极却要以科尔沁的南迁来防范林丹汗的进攻。

科尔沁部首领奥巴按照天聪汗的要求迁徙，在途中致书后金反映遇到的问题。奥巴书中主要反映途中三四天没有水，而且西拉木伦河和嫩江之间的无水高地不宜驻牧，并告知“在交流河口（与洮儿河汇流处，今吉林洮南附近）遇自察哈尔逃来的人，带着色棱阿巴海（达赖楚呼尔叔父之子）的马百、驼三、甲士三，共十七八（嫩科尔沁额勒济格之诸子）人奔七台吉而去”[①]的情况。奥巴从察哈尔逃人处得知林丹汗的动向后，提醒天聪汗要防范，在书信中说，“那个逃人对我说‘你不是提前到［天聪汗处］吗？［察哈尔将］要乘马肥时出征，收了马驼。像醒着似的提防，不要让偷袭了。’此话不假，有逃人来到［你们那里］吗？派出哨探没

① 李保文编辑、整理、转写：《十七世纪蒙古文文书档案（1600—1650）》，内蒙古少年儿童出版社，1997年，第175页。玉芝著：《蒙元东道诸王及其后裔所属部众历史研究》，内蒙古人民出版社，2019年，第158页。

有？”[1]当时林丹汗的营地在呼鲁胡尔河（今西乌珠穆沁旗的巴拉嘎尔河）以西喇石布台、阿巴达喇台处。因此，奥巴说暂驻于莫豁儿之乌鲁斯胡布拉的地方，并根据逃人提供的消息再迁徙。显然，后金要求奥巴南迁的目的是防范林丹汗的进攻，同时也为更好地控制科尔沁部和刚刚投靠的阿鲁诸部。

天聪五年（1631）四月，奥巴率哈坦巴图鲁、吴克善等台吉进盛京，与皇太极会面。后金方面对科尔沁部的迁徙问题做了新的部署，并订立法规，“上边之达古尔［迁］居于格勒珠尔库，至绰儿满（吴克善、满珠习礼等人驻守之城）之地。乌喇之珠尔齐特［迁］居于霍尔浑（今松花江流域）之下，乌喇之珠尔齐特［迁］居于扎沁之上。每大旗筑一片大城。谁若违背此律令，罚马百、驼十。于此作对不从者，十札萨克之十台吉前去，从汗处请使臣，令其迁移。拟于辛未年冬之首月往这边迁移”[2]。科尔沁部南迁后，在其原驻牧地安排了达斡尔和女真等部族，于是又引发一次部落迁移。

科尔沁部中进行南迁的成员主要是以奥巴为首的右翼和吴克善为首的左翼，而杜尔伯特、前后郭尔罗斯、扎赉特、科尔沁七

① 李保文编辑、整理、转写：《十七世纪蒙古文文书档案（1600—1650）》，内蒙古少年儿童出版社，1997年，第175页。玉芝著：《蒙元东道诸王及其后裔所属部众历史研究》，内蒙古人民出版社，2019年，第158页。

②《旧满洲档》，台北故宫博物院，第3425—3426页。玉芝著：《蒙元东道诸王及其后裔所属部众历史研究》，内蒙古人民出版社，2019年，第161页。

台吉（额勒济格诸子）等部族并未跟随南迁，于是就影响到达斡尔的南迁。由于达斡尔在七台吉、扎赉特等部的控制之下，因此天聪五年（1631）十一月十九日，天聪汗在致书奥巴时称："谕土谢图汗，今尔等勿畏察哈尔。传谕嫩科尔沁之众兄弟，向西移营。若牧地相近，易于谋事。此等缘故，尔焉不知。朕之所想已告知桑噶尔寨，勿坏肥壮骟马之力，喂肥瘠瘦之骟马。选好人出使郭尔罗斯、扎赉特、七台吉、达尔汉台吉（杜尔伯特部的阿都齐达尔汉台吉）诸子处，让彼等向尔处移营。众兄弟相合，与阿鲁阿巴噶相连而住。若不把彼处五和硕之营地往尔处迁移，遇遣使与他事，每谓营地遥远，不即前来，则竟成为仇敌。将彼之达斡尔于明春迁往旧所议之地。"[①]后金要求奥巴转告前后郭尔罗斯、扎赉特、杜尔伯特、七台吉等五个部族跟随移牧，以便达斡尔等部族的迁徙。

这次东北部族的迁徙完全是由林丹汗北征所致，而且是在后金的安排下进行的。先是让以奥巴为首的右翼和以吴克善为首的左翼成员南迁，然后又要求前后郭尔罗斯、扎赉特、七台吉、达尔汉台吉等随迁，再令达斡尔等部迁至嫩科尔沁部原驻牧地。如此安排，有利于后金安全屏障的建立，又便于控制这些部族，更便于调遣壮丁上前线。前后郭尔罗斯、扎赉特、七台吉、杜尔伯特

①《旧满洲档》，台北故宫博物院，第3447、3448页。玉芝著：《蒙元东道诸王及其后裔所属部众历史研究》，内蒙古人民出版社，2019年，第163页。

等部族商议，“将［彼之达古尔］迁往锡伯、乌喇。勿迁之。由郭尔罗斯所取之马匹，按所约之律取之，多余之马匹，概行返还”[①]。前后郭尔罗斯、扎赉特、七台吉、杜尔伯特部等留下原驻牧地。于是，达斡尔部就无法迁往所约之地，即格勒珠尔根城一带，改为迁往乌喇女真之处。七台吉部首领噶尔珠塞特尔等常驻牧于原驻牧地，还从达斡尔等处收取贡赋。随着蒙古左翼部族和阿鲁部族与后金政治关系的演变，噶尔珠塞特尔事件不可避免地发生了。

三、林丹汗抵抗后金斗争的失败

林丹汗的北征及返回不仅威胁到左翼蒙古各部族，也威胁到后金。后金为了自身的安全，令嫩科尔沁部南迁作为屏障，并与阿鲁诸部进行交涉，拉拢他们。于是，后金不仅达到了防范林丹汗及察哈尔的目的，还进一步扩大了与蒙古部族往来的范围。

（一）后金联军再次出征林丹汗

天聪五年（1631）三月，天聪汗决定出征察哈尔部，于是“调蒙古诸部贝勒，各率所部兵，会于三洼地方”。但是，在奥巴到来后，却以“蒙古马匹皆不堪用”[②]为由劝阻天聪汗。因此，天聪汗便中止了出兵计划，与蒙古各部定盟书，约定来年春天再征

①《旧满洲档》，台北故宫博物院，第3447、3448页。玉芝著：《蒙元东道诸王及其后裔所属部众历史研究》，内蒙古人民出版社，2019年，第163页。

② 齐木德道尔吉编：《清朝太祖太宗世祖朝实录蒙古史史料抄》，内蒙古大学出版社，2002年，第177页。

林丹汗。

按照约定，天聪六年（1632）三月二十日，天聪汗派人告知已建立联盟关系的蒙古各部首领，“蒙古诸贝勒，令各以所部兵，来与大军会”[①]，并且还针对出征的官兵制定了严格的军纪。在做好充分准备的前提下，于四月初一日，天聪汗组织满蒙联军，亲自率兵远征林丹汗。参加此次远征的蒙古部族有喀喇沁部、东土默特部、科尔沁部、喀喇车里克部、伊苏特部、翁牛特部、巴林部、敖汉、奈曼、扎鲁特、阿鲁科尔沁和四子等部族，是人数最多的一次。《满文老档》记载，“初四，大军至都尔鼻地方驻营。是日，喀喇沁诸贝勒来报所率兵数：万丹（卫征）兵二百，马齐兵五十，小阿玉喜兵四十，阿苏特兵一百八十，叶布舒兵三十，多洛坎库列（意为七个圈子，鄂托克或集团名称）兵四十五，拜珲岱兵三十，鄂木布兵四十，霍恩兵二十，西兰图兵四十，庚格尔兵七十，沙木巴兵一百，阿济鼎兵一百三十”，共计九百七十五人。之后各部军陆续会合，除喀喇沁诸贝勒率先报到之外，“土谢图汗不惜所蓄马匹，散给军士，率来军士甚多”[②]。此次出征，科尔沁部、喀喇沁部和土默特部的积极性较高，因为他们与林丹汗是仇敌。

---

① 齐木德道尔吉编：《清朝太祖太宗世祖朝实录蒙古史史料抄》，内蒙古大学出版社，2002年，第195页。

② 中国第一历史档案馆、中国社会科学院历史研究所译注：《满文老档》，中华书局，1990年，第1269页。

《明清史料》记载，后金军在蒙古草原上行进一个多月，经察哈尔故地穿过，几乎没有什么收获。林丹汗在征讨阿鲁诸部后，于天聪五年（1631）十月回到明宣府边外驻牧了[①]。当后金出征时，林丹汗正在明边讨赏。天聪六年（1632）二月二十日，“插使田宰生等说称，王子要亲从独石边外沿边前来张家口讲讨赏物”[②]。林丹汗为了备战，“喂养马匹练兵”[③]，将要进犯明边。二月十五日和十六日，察哈尔三百余骑进犯明朝边境白阳堡、黄土坡堡等地，抢杀人畜，抢夺兵器。“本月二十一日戌时据直门长哨魏仲礼报称，今有插酋王子带领部落到外地名新修库房驻下，里边十余里等情”[④]。由此可知，林丹汗有意在此地长期驻牧。不久后，林丹汗从投诚的科尔沁人处得知“好儿趁（科尔沁）、古尔班哑不哈家要往东与奴酋合兵一处，剿杀插酋”[⑤]的军事情报。于是，林丹汗“恐各家会合势众，于崇祯五年（1632）二月二十三四，将银米约有二三万，给赏各部夷人，有赏二三十两，有赏一二十两，有赏米面等物，俱赏完，带领夷人约有数万，星夜前往好儿趁、古尔班哑不哈”[⑥]。二十六日，林丹汗离开张家口边外的驻牧地，其“兵马往北去撒喇

---

①⑤⑥ 中国科学院编辑：《明清史料》（丁编），国家图书馆出版社，2008年，第323页。

②③ 中国科学院编辑：《明清史料》（甲编），国家图书馆出版社，2008年，第72页。

④ 中国科学院编辑：《明清史料》（丁编），国家图书馆出版社，2008年，第324页。

汉家”[1]。四月二十三日，后金联军从察哈尔逃人处得知，林丹汗“在柏兴地方有二牛以上可以携带之人尽携之，遁往库黑得勒苏地方。自大儿湖往，月末可至”[2]。因此，后金联军在五月赶到宣府边外时，没有遇到林丹汗主力。五月二十六日，后金联军得知察哈尔“将其财畜运往黄河，余者少，运者多，于柏兴地方家家有人”[3]之后，遣兵乘夜出发。

明朝档案记载，五月二十六日，“有东夷分作四股，一股要犯新平，一股要犯杀胡，两股俱系敖汗督令（索诺木杜棱）等，待大举到来，即犯抢张家口一带”。还有报告称“无数夷人至新修库房，口称要赏，如无，犯抢”。“八子领二万兵马，赶插汉儿王子，未赶得上，收兵在川口扎营。要前寄放南朝赏物”[4]。由此可知，后金联军中首先到达林丹汗张家口北驻牧处的是敖汉部首领，之后大军赶到，但未遇上林丹汗的察哈尔部众，转而威胁明廷要赏。因此，为林丹汗营地建庙宇和库房的明朝工匠和泥匠纷纷逃回，有的还被后金军掳去。二十七日，后金“攻取柏兴地方。是日，汗至格

① 中国科学院编辑：《明清史料》（丁编），国家图书馆出版社，2008年，第323页。

② 中国第一历史档案馆、中国社会科学院历史研究所译注：《满文老档》，中华书局，1990年，第1274页。

③ 中国第一历史档案馆、中国社会科学院历史研究所译注：《满文老档》，中华书局，1990年，第1285页。

④ 中国科学院编辑：《明清史料》（乙编），国家图书馆出版社，2008年，第95页。

根汗之归化城驻营。军遂分入各村收聚人畜”[①]。

天聪六年（1632）五月二十七日、六月二日，宣府总兵董继舒塘报，“境外正北方烟尘极大，系东夷放火烧毁插汉儿家新造库房”[②]，“将西夷货物吃食等项尽行掠去，至今日用米食赏是不缺。前有赶去守口西夷壮丁俱杀无存。止剩下幼弱儿女”。[③]后金方面“声言，欲于六月二十头犯抢天朝”[④]。由此可知，后金联军掠夺了林丹汗所留货物，焚烧了察哈尔在张家口边外的新修库房，并对守口穷夷大打出手，杀死少壮，俘获老弱。“二十八日，谕曰：调往黄河一带兵力少，诸申二旗、蒙古二旗。四旗可选精骑，调赴彼处以助兵力”[⑤]。然而，天聪汗在归化城休整之后，在返回盛京的途中一路侵犯明边。

从天聪汗出征和林丹汗的应对过程来看，双方一直没有直接相遇，没有发生过大规模战役。天聪六年（1632）七月，科尔沁部和阿鲁部等与察哈尔部进行了一场激烈的战役。经过一个多月的时间，喀尔喀五部伯言从战场上来到明独石口，对战事和出逃经过描述道：“今于本年七月内，有卜罗好儿慎（科尔沁）、阿不亥（阿鲁蒙古）夷人，撞遇插酋厮杀，抢去插汉

①③④ 中国科学院编辑：《明清史料》（乙编），国家图书馆出版社，2008年，第95页。

② 中国科学院编辑：《明清史料》（丁编），国家图书馆出版社，2008年，第324页。

⑤ 中国第一历史档案馆、中国社会科学院历史研究所译注：《满文老档》，中华书局，1990年，第1289页。

阿纥合少与哈纳两营人马。插酋迎敌赶去，将好儿慎家人马也杀了许多。我跟打什客台吉共十人，老小三十有余，赶马二百匹往南朝逃走，行了五日，被插酋家头脑［恼］将打什客台吉赶上，射死。有那八人藏入树林，将我的老婆并马匹、老小孩儿尽赶回去。我用箭射死一个达子，得脱身来。原骑马二匹，因无盘缠，杀了一匹，沿路寻食山梨、山葱，吃了一个月，才到边上，今来降。问他插王子今在那里，他说要往地名克列埌呆的搬移，还要过海（青海湖）去哩等情。”[①]也有察哈尔人从战地来到明境的，他们口述：“因于本年七月初七日，与孛啰蒿儿慎（科尔沁）、阿不亥两家在于地名扯汉孛脱郝见阵。我们是右哨人马，东方亮时候，他两家把我们左哨人马□了。牛羊人口都抢去。左哨传报，我们右哨才知，往前迎敌，与我不亥大杀一阵，也杀了他许多。抵对他不过，把人马至未时分四下，都散了。至八月初三日，我们同老婆、孩子二十一名，马一百二十四匹，打插汉营内逃出，欲投南朝（指明朝），走到地名五鹿埌儿，不料有插汉儿下嘹梁达子二百余人看见我们，大杀一阵，将马匹、人口夺去。止跑出我们四个来，刁出马十匹，沿路乏死二匹，我们剥的吃了，今牵骑来八匹，走了一个月零二日，才到这里来。我们来时，王子还在克列路驻扎。听

① 中国科学院编辑：《明清史料》（乙编），国家图书馆出版社，2008年，第95页。

得，努尔哈赤、哈喇哈、阿不爱、孛啰蒿儿慎众家官儿，都上了马，要齐来仇杀插汉。我们部下达子各逃性命，人口、头畜都顾不得，只是四下投生，不知王子如今到何处去等情。”[①]此次扯汉孛脱郝战役中，林丹汗惨败，包括大和硕在内的军营都被俘获。

从后金联军的行军路线来看，他们从察哈尔故地穿过，一路缓慢而行，没有大的收获。林丹汗为了保持自己的实力，避开后金联军的压进，采取游牧民族的传统游击战术，在宣府、大同边外和陕甘边外之间多次迂回，企图拖垮联军。“奴来则去，奴去又来”[②]。结果，天聪汗出征林丹汗再一次无功返回，没有收到预期效果。

（二）林丹汗的周旋和战略转移及其败亡

天聪汗作为满蒙联军的盟主，第二次出征林丹汗时没有活捉或消灭林丹汗的主力。天聪七年（1633）春，林丹汗又回到了归化城，并且经常出现在明宣府边外。根据《清实录》等官史记载，天聪汗第二次出征后赶跑了林丹汗，林丹汗一直逃到青海，在饥病交迫中死于大草滩。明朝方面也详细地记载了林丹汗的动向。是年三月“十一（离洗马林堡七十里地方）见有

① 中国科学院编辑：《明清史料》（乙编），国家图书馆出版社，2008年，第95页。

② 中国历史第一档案馆、辽宁省档案馆编：《中国明朝档案总汇・明朝兵部题行档》，兵部崇祯六年四月十七日行题，广西师范大学出版社，2001年。

马夷人二百余名，背黑缨大坐纛一杆，俱戴红缨帽，内穿柳叶明甲瓣子盔”，“又有步行夷人三百余名，只戴红缨帽，无盔甲，赶有牛羊四群，约有二百余只”，“看来夷却是西夷形状”[①]。这无疑是林丹汗的军容，因为大黑纛是象征蒙古大汗的哈喇苏鲁锭。明档中记载：“我的王子先在归化城住了几日，今移住大青山后屹汉哑波地方，离边骑马行走有四五日路程。今王子一面差有马夷人，往东哨探奴酋消息，一面差夷人往黄河套练船防避东奴。”[②]林丹汗在避开后金大军后，又回到了归化城，移牧于大青山北和宣府边外。林丹汗一方面要防范后金联军的进攻，另一方面要为西走黄河做准备。据明档记载，天聪八年（1634）六月十七日，“插酋带领部落来到张家口边外十余里驻扎”。明朝方面“本职备礼照常迎风已经塘报外，该本职连日抵口，拟与据理严誓，备礼照常迎风，无奈一夷不敢至口，实有惧怕之意”。然而“插酋已经移营往北去”。明朝方面认为，“此酋狡诈百出，忽去忽来，且勿一宰生入里讲事，未克深信北往”。派人去未见林丹汗住帐，但是打听到详情，林丹汗“虽已北去，止到周土庙，止二十余里。派通官守备哈艾去插酋处。哈艾回来报：是日到于边外，过周土庙三十余里，见无插帐。接见二夷，问及，云：今早方往北行。无夷引路，不便

①② 中国历史第一档案馆、辽宁省档案馆编：《中国明朝档案总汇·明朝兵部题行档》，兵部崇祯六年四月十七日行题，广西师范大学出版社，2001年。

前追。天色已暮，只得露处。二十八日早，往速兔喇嘛帐房，问云：王子留下宰生田笔写气等在此。可到新修库处便知。随驰马到彼，止见田夷一人，余俱未见……再密问从夷，从夷说：东边黄河（西拉木伦河）沿上有房子千余间。王子（林丹汗）差夷哨见。今要速速去杀掳他，故将精壮好人每赏银不等，都先随带去。又留宰生在此，再挑次等夷人也即时要打发北去，但不知哪一家房子”[①]。林丹汗来到张家口外，再向东迁至西拉木伦河流域。其目的是袭击占据察哈尔故土的不明身份的东边西拉木伦河沿上的人们。

当科尔沁部南迁移牧时，奥巴便从一位蒙古台吉那里得知林丹汗来到西拉木伦河流域的消息。于是，奥巴及时向天聪汗回报称："愿吉祥！察哈尔汗处委正下篙巴之子童噶逃来。言：察哈尔已临近德勒虎牙斯之地，由昂噶海者率百人组成的哨探往我处进发。大军先行，斡耳朵等跟随其后，想要迁回故地。把六旗迁移到黄河彼岸离可汗牙帐有八昼夜之遥。把该六旗迁回黄河东岸，只能在腊月可以迁回。该河只有在腊月封冻。这边的六旗马匹受雪灾损失严重，据说往征的只有六旗六千人而已。已出征临近我处，如何是好，请汗定夺。"[②]后金方面快速做出反应，组织部队

① 中国历史第一档案馆、辽宁省档案馆编：《中国明朝档案总汇·明朝兵部题行档》，兵部崇祯六年四月十七日行题，广西师范大学出版社，2001年。

② 李保文编辑、整理、转写：《十七世纪蒙古文文书档案（1600—1650）》，内蒙古少年儿童出版社，1997年，第172—173页。

出征林丹汗。天聪八年（1634）五月二十二日，天聪汗亲自率军向宣府、大同边外开进，而林丹汗没有应战，匆忙西迁至青海。其实，西迁青海、西藏是林丹汗的战略决策。在扯汉孛脱郝战役之后，据伯言说，林丹汗是要前往克列垠呆的地方，还要过青海湖。当时局危机之际，在林丹汗的催促和组织下，察哈尔部族西迁青海。林丹汗西迁是为了摆脱困境，联络新的盟友，寻求新的发展机会，这是一次重大战略转移。

林丹汗西迁青海是既定决策，要以青海为根据地，试图东山再起。但由于连年征战疲惫不堪、准备不足，西迁的过程一路艰辛。六月，后金军重征林丹汗，“觅市易所失货贿获之”[①]。于是，“所部（察哈尔）解体，遂徙其人畜，使余万众由归化城渡河西奔，沿途离散十之七八”[②]。林丹汗部众在行军路途中不断遗弃辎重，后金军沿着察哈尔人扔下的遗留物资紧追。“八月，察哈尔汗在大草滩地方病死，距西海有十日程”[③]。林丹汗的抵抗后金斗争以失败告终。

① 李洵、赵德贵、周毓方、薛虹主校点：《钦定八旗通志·大臣传》，吉林文史出版社，2002年，第2254页。

②〔清〕魏源撰，韩锡铎、孙文良点校：《圣武记·外藩》卷三，中华书局，1984年，第96页。

③《清太宗实录》，天聪八年闰八月庚寅，中华书局，1985年。

四、察哈尔部和右翼蒙古归附后金

察哈尔部众归附后金是从天聪六年（1632）末开始的。在次年正旦的朝贺中就有了察哈尔部的人，此后归附人数骤增。在林丹汗战略迂回和战略转移期间，后金方面趁机强行占领察哈尔流散部民。如天聪八年（1634）“正月二十一日，闻蒙古察哈尔汗部下流民散于席尔哈、席伯图地方。遣戴青塔布囊、布哈塔布囊、松盖、巴色喀、达巴盖、康喀尔、德尔格尔七大臣率蒙古每牛录甲兵一名及外藩游牧蒙古巴林、喀喇沁、阿鲁阿巴哈等部兵，约于都尔鼻地方，合兵往征……降者无杀，拒者杀之，其携归之人，须严加防守，若有疏忽，恐窃马而遁也。所获俘虏，与前往兵士共之”[①]。后金虽然出重兵，但收获并不如意。二月十九日，“往略蒙古席尔哈、席伯图地方之巴思翰、康哈尔、松盖、德尔格尔等获马四十一匹，俘妇女、幼稚二百一十七口还，命分赏出征官兵”[②]。同时，天聪汗兼用心理攻势，拉拢察哈尔故土边缘地区游牧部众。五月十一日，天聪汗致书察哈尔遗众时说：“因不知掌部落寨桑为谁，故未书姓名。凡为首大臣及寨桑等见之，不必介意。朕闻察哈尔汗西迁时所遗部众，俱住明边外，尔等与其住

① 中国第一历史档案馆编：《清初内国史院满文档案译编》（上），光明日报出版社，1989年，第57页。

② 中国第一历史档案馆编：《清初内国史院满文档案译编》（上），光明日报出版社，1989年，第67页。

彼，不如归我，凡寨桑等，不拘众寡，率部众来归，即命拿其部事。不从朕言，欲于彼处居住，此大误也！全察哈尔尚不能居住，逃往青海，尔等焉能居于此乎？若不归我而归明，明与我两国之强弱，尔等忖度之，亦当自明也！我两国语言虽异，衣冠则同，与其归附异类之明人，何如来归我，不惟尔等心安。”[①]六月十六日，“以和硕贝勒德格类，公吴纳格所获察哈尔逋逃前户分给八旗，赐巴木布户舒楞额缎袍一件，巴达希缎袍一件、玲珑腰刀一口，卡尔马伊尔都齐黑布袍一件。至分给七旗贝勒之蒙古，亦如例赏衣，赐众蒙古户口米八十石，设宴宴之。于是，令每旗遣小拨硕库一名，送该千户往盛京”[②]。

林丹汗除有两翼护卫军外，还有察哈尔本部部众归属大汗的各斡耳朵。斡耳朵是蒙古汗廷的重要组成部分，可以说是其组织机构。当林丹汗西进青海的最后时期，本部已发生内乱，其后卫率先归附后金。天聪八年（1634）七月“乙酉，前锋将领图鲁什等至归化城，遇察哈尔国阿牙克喀塔喜木里克喇嘛宰桑、古木德塞臣宰桑、衮出克僧格台吉宰桑……等同察哈尔汗妻高尔土门福晋率一千二百户来降”[③]。高尔土门是林丹汗二斡耳朵夫人，掌管

① 中国第一历史档案馆编：《清初内国史院满文档案译编》（上），光明日报出版社，1989年，第81页。

② 中国第一历史档案馆编：《清初内国史院满文档案译编》（上），光明日报出版社，1989年，第88页。

③ 齐木德道尔吉编：《清朝太祖太宗世祖朝实录蒙古史史料抄》，内蒙古大学出版社，2002年，第288页。

中央万户，他们率先返回归化城，为大汗西迁青海的后卫，却被后金将领图鲁什俘获。同高尔土门福晋一起的还有十名宰桑，他们跟随高尔土门福晋归附后金，蒙古汗廷归附后金由此开始。

林丹汗去世后，大汗各斡耳朵及大臣因群龙无首而走向溃散。他们纷纷向往故土而东迁，有的回到故地驻牧，有的南下投靠明廷，大多陆续归附后金。《清实录》记载，是年闰八月，“庚寅，上班师。出尚方堡边二十里驻营。时察哈尔国噶尔玛济农等遣三十人至，奏言，噶尔马济农（多厄库鲁克、德参济王、多尔济达尔汉诺颜）等遣三十人至，奏言，噶尔马济农、多厄库鲁克、德参济王、多尔济达尔汉诺颜等率［众/男子］六千［人］，并（携）家口来归。［皇］上已至木纳折忒户地方，（遣我等前来），又察哈尔林丹汗病痘，殂于大草滩地方，其子及国人皆欲来归，先令驰奏”[①]。林丹汗去世后，蒙古汗廷陆续归附后金。八月二十八日，“蒙古察哈尔部林丹汗下寨桑德参庄、巴图鲁噶尔玛济农、多尔济达尔汉诺颜、多尼库鲁克四大臣率小寨桑、扎萨古尔、贝勒、台吉、塔布囊等送察哈尔汗妻窦图们福晋，携其所属人众来归满洲国天聪汗。天聪汗命选良马四匹，备御用鞍辔往迎之。至御营前，汗率诸贝勒台吉等出营，御黄幄。来归察哈尔等见汗，献马十九匹，杜尔伯特部萨尔鲁斯、海努斯献两种牛三十二头、

① 齐木德道尔吉编：《清朝太祖太宗世祖朝实录蒙古史史料抄》，内蒙古大学出版社，2002年，第292—293页。

无尾羊一百九十四只，汗出幄率来归大臣先拜天，行三叩礼毕，还幄。来归寨桑等率众叩见，巴图鲁噶尔玛济农复出班，近前叩拜，行抱见礼，次见大贝勒。命其为首四大臣与诸贝勒同坐于右侧。引察哈尔汗之妻窦图们福晋至幄前拜见汗，随福晋前来之察哈尔汗之姑亦拜见汗，行抱见礼。次见大贝勒。见毕，命窦图们福晋坐于左侧幄内，宰牛羊，设大宴宴窦图们福晋及来归诸臣，命新附人等较射角抵，以期相识。于是，汗还营，复召来归诸臣入团帐房宴之。宴毕，命回驻地”[①]。窦图们是林丹汗小斡耳朵夫人，管辖的是小万户，与大万户相对而言规模不大。可是，此次来归附的太后及身边的大臣是林丹汗临终前身边的哈屯和四大宰桑等，是察哈尔最有实力的贵族，因此后金方面对他们的归附很慎重。明史记载，监视宁锦太监高起潜崇祯七年（1634）十一月十三日题稿，“虎墩憨兔（林丹汗）下头目有八个宰生。内有四个宰生率领有万余达子投顺，东奴不容进沈阳，安在烧合儿地方住，其余四个宰生仍跟虎墩兔憨儿子名唤儿勒黄爱（额哲孔果儿），复往西去”[②]。从他们归附的详情来看，先是委派正诸颜向皇太极呈送所归官员、部民的花名册，表示投诚。后金方面接纳他们时，特意为四大宰桑备了四匹骏马，并派人迎接。天聪汗接

① 中国第一历史档案馆编：《清初内国史院满文档案译编》（上），光明日报出版社，1989年，第106页。

② 中国科学院编辑：《明清史料》（丁编），国家图书馆出版社，2008年，第417页。

见设宴时，窦图们福晋坐于幄内左上侧，以示尊重。此次归附后金的还有林丹汗远征青海的中军，两翼护军总头目宰桑德参济旺也和窦图们太后一同前来，还有林丹汗的直属部队——摆牙喇护卫军万户。摆牙喇两翼军是林丹汗的御林军万户，也就是中军万户，只有大汗拥有，是察哈尔本部的重要支柱，深得林丹汗信赖的人才能担当此任，德参济旺宰桑正是统领中军万户的。

是年“九月壬午，国舅阿什达尔汉、[前锋/噶布什贤] 将领吴拜等携察哈尔国（喀尔哈寨赛贝勒下）代噶尔塔布囊、塞冷台吉至。[复奏/奏言] 黄河西祁他特车尔贝、塞冷布都马尔率（一）千人渡河而来，[并/后复] 有众寨桑率四千人，待冰结时，（渡）河来归”[①]。

林丹汗中军万户以及各万户分为左右两翼，中军万户的两翼长由车尔贝诺颜统领。这是从成吉思汗时代传承下来的蒙古右翼、左翼、中央三万户军事制度。祁塔特车尔贝是跟随德参济旺的两翼长之一，极具军事才能，因此深得天聪汗的重视。“十一月十六日，先是遣额尔德尼囊苏喇嘛、哈尔松阿往迎察哈尔部归附之众。至是还，言伊等渡黄河前行三日，遇塞冷车臣寨桑、祁塔特车尔贝寨桑、塞冷布都马儿寨桑、沙布古英寨桑、阿玉希台吉、巴特玛台吉、古鲁希西布台吉兄弟、班弟库鲁克、阿尔苏虎墨尔根巴图鲁扎萨古尔、吹尔扎木苏塔布囊扎萨古尔、吴孙泰都

① 齐木德道尔吉编：《清朝太祖太宗世祖朝实录蒙古史史料抄》，内蒙古大学出版社，2002年，第307页。

喇尔扎萨古尔、巴扬阿扎尔固齐、祁赖都喇尔、萨木丹达尔汉喇嘛、戴青囊苏喇嘛、达尔汉囊苏喇嘛、吴特塔齐额木齐等率四百户来归，遂携之渡黄河留居于西拉木伦地方。又有未渡河候冰结后至者，即巴赖都尔莽赖寨桑、摩罗尔额尔德尼寨桑、温多额尔德尼寨桑、迈喇寨桑、詹泰舒冷格、兀兰巴图合、寨萨木冰图古英、布达沙礼台吉、博尔和扎萨古尔、额希格库鲁克、巴吉尔扎萨古尔、古英塔苏尔海侍卫、卫征囊苏喇嘛等，计五千户二万口”[①]。天聪汗将把高尔土门福晋嫁给祁塔特车尔贝，此后祁塔特车尔贝为后金效劳。

监视宁锦太监高起潜崇祯七年（1634）十一月十六日题：十一月九日，有三名夷人来大福堡投降。降夷是察哈尔人孛卜代、克卜兔及夷妇孙代儿。明朝从他们的供词中得知林丹汗出痘而死，还有“同部达子约有三万余，于本年八月内，奴犯宣、大出口，俱投顺东奴”[②]的事情。可见，后金犯明边时遇上了东归的察哈尔部众。十二月，“墨尔根喇嘛载护法嘛哈噶喇佛［像金身］至”[③]后金。嘛哈噶喇佛像是元世祖忽必烈时期铸造的千金护法像。墨尔根喇嘛认为察哈尔汗不战自遁，就把林丹汗宗教权力的象征——嘛哈噶喇佛像献给后金汗。这无疑对蒙古民众，尤其对

①② 中国第一历史档案馆编：《清初内国史院满文档案译编》（上），光明日报出版社，1989年，第121—122页。

③ 齐木德道尔吉编：《清朝太祖太宗世祖朝实录蒙古史史料抄》，内蒙古大学出版社，2002年，第315页。

察哈尔部民众的政治心理趋向产生了很大影响。

后金方面得知林丹汗去世及其部众东归的消息后，派人了解情况，同时又传达了天聪汗的意思。监视王坤崇祯八年（1635）正月十二日题：正月初六日，有夷人一名步行来降，来降夷人名唤阿泥忒克。供称："原系大满五素下夷人。后归顺插酋，随王子往藏里去。至中途，王子死了。跟随白儿哈大宰生，被东夷调来，到这边买些茶面。不意不开市口，各宰生俱往东投奴酋去。我等走至独石西北夷地名唤孤山子逃回。我们原系这外生的，竟来投降等语。"①又据巡捕官曹邦杰密禀："卑职同尹守备将门下趁开，密问夷人阿泥忒克，说称：有一夷人名唤圪力圪大，约有五十余岁，原系白什兔下夷人，后顺插酋，跟随吴刀儿计。于五年东夷来，将圪力圪大抢去。昨年闰八月间，奴酋差圪力圪大领东夷二百名到黄河沿上住下。圪力圪大领三十名东夷过黄河到白兔儿合、不拉独儿等众宰生营中，称：今有奴酋王子差我来，一则调取众宰生，二则传与河套袄儿都司吉囊下的部落达子依旧在彼住着。再传与顺义王下的部落达子依旧在归化城、板城住着。今只调插汉下的达子，并哈喇慎家的达子，先来宣、大、张家口、杀胡堡讲赏，然后奴酋王子亲领兵马，在宣、大边外山后探候示下。再传与顺义王的小王子，作速将归化城修理齐整，以备奴酋往来住扎。如讲成了赏，还要修理兴和

① 中国科学院编辑：《明清史料》（丁编），国家图书馆出版社，2008年，第423页。

城住扎。白儿合差了杀计铁力哥色令倘不浪跟随圪力圪大回奴酋的话去。约就十二月回来，至今未回。必定随奴酋的大营同来，也未可知。阿泥忒克又说：袄儿都司吉囊见在陕西吃着赏，等候东夷。今顺义王的儿子，奴酋说还叫他称小顺义王，见留在归化城住着。阿泥忒克又说：圪力圪大将家小见留在归化城住着，等候圪力圪大奴酋大营来。今来降夷人阿泥忒克能识夷字，亦识回回字，又会写。”[①]天聪汗将林丹汗众宰桑调到东面去，经明边时还要求向明廷挟赏，等候前来迎接；鄂尔多斯吉囊和土默特顺义王旧地驻牧，并传令顺义王的儿子鄂木布速修整归化城，以便天聪汗往来驻扎，还要修理兴和城等。

林丹汗之后，“小王子，随带二十一个宰生，前后随带二三万马步夷人。其余夷人各处奔投。小王子因西边驻扎不定，仍往东来，到归化城”[②]。小王子是林丹汗之子孔果尔额哲，带领二三万人马，离开甘肃边外，向东迁往归化城。这是蒙古最后的汗室核心，困守在大漠，引起了各方的关注。漠北喀尔喀车臣汗部一直关注着蒙古汗室的命运，曾遣使额哲帐下，建议他移帐漠北。车臣汗致额哲书中称：“秋来即令哨卒侦探实耗，我尔汗原系同宗，满洲岂尔等之主耶？即宜来归，勿再迟延。”[③]车臣汗欲乘机将蒙

①② 中国科学院编辑：《明清史料》（丁编），国家图书馆出版社，2008年，第423页。

③〔清〕阿桂等编：《皇清开国方略》卷二十二，《多尔衮截获的车臣汗致额哲书》，成文出版社，1968年。

古大汗汗位继承者额哲置于自己的控制之下。额哲当时只有十四岁，决策权在他的母亲苏泰太后手中。苏泰太后是林丹汗的第三夫人，是叶赫金台什的孙女，地位举足轻重。就在苏泰太后权衡犹疑之际，后金军将至。

后金方面得知额哲在返回途中的消息后，一直在关注其动向，派大臣前往打探。“天聪八年闰八月初九日，遣阿希达尔汉、额尔德尼囊苏同前锋将领吴拜等八大臣率兵往探察哈尔汗子孔果尔额哲信息。谕曰：闻察哈尔汗之子额尔赫孔果尔由彼来此。若距黄河西有十日路程，则派额尔德尼囊苏、哈尔松阿前往，若无信息，则不必往”[①]。得到确切消息后，天聪九年（1635）二月二十六日，“满洲国天聪汗与诸贝勒议定，选兵一万，护军、骑兵每甲喇官各一员，以骑兵固山额真纳木泰代管右翼军，以礼部承政图尔格依代管左翼军，命和硕墨尔根戴青贝勒（多尔衮），贝勒岳托、萨哈廉、豪格为统兵元帅，往寻察哈尔林丹汗之子额尔克孔果尔所在地，并收之来”[②]。后金以多尔衮等为帅，最后远征察哈尔汗室。“至四月中，陆续到归化新城，十九、二十等日过黄河，西去抢插酋妻子”[③]。五月二十八日，多尔衮军抵达额尔克孔果尔

① 中国第一历史档案馆编：《清初内国史院满文档案译编》（上），光明日报出版社，1989年，第103页。

② 中国第一历史档案馆编：《清初内国史院满文档案译编》（上），光明日报出版社，1989年，第155页。

③ 中国科学院编辑：《明清史料》（甲编），国家图书馆出版社，2008年，第887页。

额哲驻地托里图，因大雾，额哲等未发现被包围。多尔衮派苏泰太后之弟南楮及其族叔祖阿什达尔汉等潜入斡耳朵，利用亲情劝降。苏泰太后突然发现自己的亲人出现在眼前，自然亲切，并见大势已去，便归降后金。“二十九日，和硕墨[尔/勒]根戴青贝勒多尔衮、[贝勒岳托、萨哈廉、豪格/岳托贝勒、萨哈廉贝勒、豪格贝勒]……率大［军/兵］至西喇［朱/木］尔格地方，遇察哈尔汗妻囊囊太后、侍卫索诺木台吉率约一千五百户来归。满洲军四贝勒接见，设宴宴毕，已遣温泰等引之见汗”[①]。九月初六日，“察哈尔汗妻苏泰太后率察哈尔汗二女弟及察哈尔部诸大臣妻向汗跪，苏泰太后自跪处起立进前时，汗起迎，出幄，互相跪见，行抱见礼”[②]。囊囊太后娜木钟是林丹汗的正室汗后，是掌管察哈尔本部大万户的太后。但管领权在额哲的母亲苏泰太后手中，所以归附后金的决定由苏泰太后做出。

林丹汗败亡后，后金方面时刻关注察哈尔残部的动向，争取积极主动地收服。林丹汗的大臣、哈屯以及部民陆续归附后金，漠南蒙古基本上成为后金的势力范围。

---

① 齐木德道尔吉编：《清朝太祖太宗世祖朝实录蒙古史史料抄》，内蒙古大学出版社，2002年，第329页。

② 中国第一历史档案馆编：《清初内国史院满文档案译编》（上），光明日报出版社，1989年，第192页。

第四节　林丹汗败亡的原因及后果

林丹汗统一蒙古各部的征战及对抗后金的斗争以失败告终，这不仅是林丹汗的败亡，而且意味着蒙古政权已灭亡。从此，成吉思汗黄金家族长达四百二十九年的统治宣告结束。同时，后金对漠南蒙古的统治也将开始。可见，林丹汗的败亡是蒙古民族历史的一次大转折，蒙古社会局势发生了非常大的变化。对此，史学界有很多有益的探讨，尤其对林丹汗的统一及败亡有诸多评述。在清朝官修史书中，对林丹汗的评价多为贬义或带有敌意。《清实录》记载，由于林丹汗大逆不道，其部族自动归附后金。十七、十八世纪的蒙古文史书中，也认为林丹汗对亲族诉诸武力，导致部族背离。当今史学界以不同视角进行着新的有益探讨。满族史和清史研究者认为，努尔哈赤、皇太极绥服蒙古，赞扬他们的英明和重大成就，但对林丹汗败亡的描述简单略过。其实，林丹汗败亡最直接、最关键的原因是满蒙关系，这也是林丹汗败亡的诸多原因的集中体现。因此，这里主要分析蒙古政治、经济、文化与十七世纪满蒙关系，以及林丹汗所处时代和自身的局限性等。

一、林丹汗败亡的原因

林丹汗的败亡具有诸多错综复杂的原因。在了解十七世纪满蒙关系的形成和发展变化过程的基础上，再进行分析便会容易些。林丹汗统一蒙古各部的过程中，始终受到后金的渗透和武力威胁。这不仅打破了传统的蒙古各部与女真部族之间的关系，也对明蒙关系以及蒙古社会政治和经济等方面都产生了很大影响，从而导致林丹汗的败亡。

（一）蒙古政治与满蒙关系

蒙古高原是游牧民族生息繁衍的摇篮，在近世之前，这里一直是部落社会，自匈奴人起，哪个部落强盛就建立自己的游牧政权，并从此递嬗。游牧政权形式较为简单，但具有自身的发展规律和特征。每当游牧政权更替时，各部落以血缘关系和地域相结合的方式而出现。因此，在游牧政权中往往有很多独立性较强的社会群体，有的部落名称不变，有的重新组成新的部落，势力大小不一。由于游牧经济的移动性，各部落的分布不断发生变化。十一、十二世纪出现的辽朝和金朝，其统治中心先后移至中原，北方地区以血缘关系和地域分布为纽带，重新形成大小不一的诸多部落以及部落联盟。在各部的混战中，蒙古族逐渐强大，成吉思汗崛起，统一了蒙古高原各部，结束了部落之间的混战局面。金朝泰和六年（1206），成吉思汗建立了大蒙古国，形成强大的政治实体，这标志着蒙古民族共同体的形成。虽然成吉思汗将国土和部众分封给诸子、诸弟，但部落仍是蒙古社会政治和经济的实体单位。中统元年（1260），忽必烈称汗。至元八年（1271）改国号为“大元”，至元十三年（1276）攻破南宋临安城，忽必烈建立了大一统的元朝统治。大元是大蒙古国的延续，是其不断扩张壮大的结果，是中国史学界公认的大一统王朝。至元九年（1272），忽必烈移都至大都（今北京），其政治中心南移，并重新构建政治制度。二元体制是大元最为突出的特征，农耕区沿用原有体制，而蒙古高原沿用大蒙古国时期制定的千户制、分封制、怯薛制等，仍以部落群体为基础。由此，蒙古高原的各部落仍作为社会基本组织而存在，并一直延续到近代。因此，蒙古高原的蒙古各部落一直以来是蒙古社会的政治基础。

至正二十八年（1368），在明军的逼迫之下，元惠宗妥懽帖睦尔率朝廷大臣及家眷回到上都（今内蒙古锡林郭勒盟正蓝旗境内）。元惠宗的北上，标志着元对长城以南农耕社会的统治已结束。元廷退回蒙古高原后，为重返大都、恢复中原统治，曾与明廷对峙几十年，但没有实现目标。黄金家族政权统治着蒙古高原的蒙古部族，直至天聪九年（1635）蒙古大汗各斡尔多归附后金为止。

蒙古在与明廷的对峙中，军事上不断失利，势力逐渐削弱，大蒙古国时期和元朝形成的宗室诸王和贵族势力，尤其异姓贵族官僚势力强盛起来。于是，蒙古地方封建势力极为强盛，蒙古牧民有各自的领主，大汗权力却急剧衰弱，无法控制异姓贵族官僚。经过半个多世纪，异姓贵族官僚势力更加膨胀。十五世纪中叶，西部蒙古瓦剌部兴起，统一了蒙古各部，但很快又分散了。满都鲁汗统治时期，大汗直属部众不断分散和组合，形成了六大游牧集团，即六万户格局。在此基础上，达延汗统一了六万户。在这百余年里，由于战乱，蒙古出现了混乱局面。达延汗统一六万户后，蒙古进入中兴阶段，政治相对稳定，经济、文化得到恢复和发展，封建社会得到进一步巩固。达延汗之后，蒙古各部逐渐趋向分散，到林丹汗时期分散局面更为严重。这种局面的产生与达延汗的分封制有直接关系。达延汗在镇压右翼异姓封建主叛乱后，将大汗管辖的六万户中除兀良哈万户的五万户分封给诸子。

有关达延汗分封诸子的记载有许多，研究考证的结论不一。达延汗的长子图噜博罗特早亡，无后。次子乌鲁斯博罗特初封右翼三万户济农，但旋遭杀害，其长子布迪[①]承袭汗位，领察哈尔万户。《黄史》《黄金史纲》《金轮千辐》和《蒙古源流》等蒙古文献记载，三子巴尔斯博罗特统率右翼三万户，统领鄂尔多斯。四子阿尔苏博罗特统领满官嗔——土默特。五子斡齐尔博罗特统领克什克腾鄂托克。六子阿尔楚博罗特统领喀尔喀左翼。七子那尔博罗特分到应绍不万户的大多数。八子格埒台无后。九子乌巴伞察具体封地不详。十子格勒博罗特统领察哈尔万户的兀鲁鄂托克。十一子格埒森扎统领喀尔喀右翼。从分封的具体情况来看，是典型的封建制度。

按照达延汗的分封，诸子又把各自的万户再次分封给自己的子孙。在此过程中，局部出现强者兼并的现象。达延汗去世后，其三子巴尔斯博罗特趁布迪年幼，利用济农身份即蒙古大汗之

① 宝音德力根：《15世纪中叶前的北元可汗世系及政局》，《蒙古史研究》（第六辑），内蒙古大学出版社，2000年，第154页。

位。永乐十七年（1419），布迪与叔父阿尔苏博罗特等兴师问罪，巴尔斯博罗特只好将蒙古大汗之位让给长侄布迪。不过，巴尔斯博罗特的称汗，很大程度上提高了他及其子孙的威望。在巴尔斯博罗特死后，其长子衮必里克墨尔根济农继承领地，次子阿勒坦、四子巴雅斯哈勒、六子博迪达喇等人不断侵夺被分到蒙古右翼三万户的达延汗其他子孙的属民。阿勒坦在阿尔苏博罗特死后，夺取了满官嗔——土默特万户的最高统治权，成为该部首领。于是，阿尔苏博罗特的子孙成为阿勒坦的附庸，统治着满官嗔——土默特万户下的一个鄂托克多罗图们。巴雅斯哈勒夺取了应绍不万户的最高统治权，成为该万户最强大的喀喇沁部领主。博迪达喇的后裔得到了阿速部和应绍不部。布迪汗时，由于兀良哈万户进攻格埒森扎所属的喀尔喀部众，大汗召集左右翼部众和一些东道王后裔的部众于1520—1530年两次征讨兀良哈万户。兀良哈万户驻牧于肯特山以及土剌、克鲁伦、斡难三河上游地区，经布迪汗两次大规模的征讨，瓜分了该万户，作为大汗直属万户的兀良哈万户已不复存在，其驻牧地成为格埒森扎领有的阿鲁喀尔喀万户的领地。格埒森扎七子分家产后，各领有一鄂托克，称为“阿鲁喀尔喀”“七鄂托克喀尔喀”或“七和硕喀尔喀”。右翼蒙古由巴尔斯博罗特的子孙领有时，阿鲁喀尔喀万户的领地也已定型。布迪汗直属部众主要游牧于克鲁伦河和斡难河一带，不再大规模地辗转游牧于大漠南北。

经达延汗分封和布迪汗时的变化，原有六万户格局被打破，达延汗黄金家族的子孙实现了对兀良哈万户的直接统治，牢牢地掌握了蒙古各部的实际权力，成为新的封建领主。从此，达延汗的子孙后代直接替代大蒙古国时期和元朝的宗室诸王、贵族以及异姓贵族官僚，直接统治蒙古，各万户的实际权力最终落入鄂托克领主的手中。同时，异姓贵族官僚的世袭统治权被剥夺，按照达延汗的安排，有的赏达尔汉号，免其赋役，成为大汗或台吉领地里的行政人员。他们同样是封建统治阶级成员，但已无领地、领民。通过剥夺异姓贵族的世袭统治权，达延汗的子孙最终在汗属部众中确立了家族的世袭统治。从此，蒙古政治进入新的历史时期，达延汗巩固了成吉思汗、忽必烈汗的黄金家族统治，并且重新继承和建立了黄金家族的统治。

从本质上来看，达延汗的黄金家族统治与成吉思汗和忽必烈汗的黄金家族统治是一脉相承的，都属于封建领主制的社会发展阶段。从成吉思汗建立大蒙古国一直到林丹汗败亡，蒙古社会经历了成吉思汗分封和达延汗分封阶段，建立和调整了蒙古封建领主制度，继承和巩固了成吉思汗、忽必烈汗和达延汗的黄金家族统治。成吉思汗和达延汗的两次分封都是以蒙古大汗为最高统治者，“在政治上，以分封领主方式管理行政、经济、军事、司法事务，经济上采取土地——国家所有，诸子、功臣和千户长具有土地所有权，即成吉思汗及子孙和功臣具有草场所有权以及占有权，小的领主只有土地占有权，牧奴只有草场使用权的土地制度，而且宗主具有收回土地的绝对权力，臣民对国家有臣属关系。这样，在蒙古封建领主制里，领主虽有这些权力，但土地没有变成私有财产”[①]。可见，大汗不仅拥有最高统治权，也是封建大宗主，与其分封的领主们有着直接关系。领主们拥有领地和领民的所有权，各领主之间缺少权力关系。大小领主们的内部政治权力和经济实力得到强化，其发展趋势自然导致封建割据局面。

蒙古社会各大领主占有的领地是大汗分封的，并且又“代代分封，分地就一再分割成越来越零碎的小块采邑，这是可以断言的。分地逐渐变小，就意味着牧民能游牧的范围也越来越狭窄了”[②]。蒙古各大小领主拥有行政权、司法权和分得领地等生产资料的占有权，牧民对牧场只有使用权，与领主有了直接依附关系，这种“封建主的‘分地’就是他的独立王国了”[③]。这是典型的封建制度，具有贵族政治的特征，其发展变化的自然趋向是以部落或部落集团为单位的分散实体。可见，黄金家族统治是人类社会进入近世民族国家之前所经历的一个社会形态或社会发展阶段，带有家族时代和封建时代的普遍意义。

成吉思汗的分封与达延汗的分封有所不同。成吉思汗的分封不局限于同族、同姓，还分封异姓功臣，大汗子弟则授予若干千户。到忽必烈时，有的领主被封为王，且有封地，是所属领民的

---

① 乌日陶克套胡著：《蒙古族游牧经济及其变迁研究》，中央民族大学出版社，2006年，第25页。

② 韩儒林著：《穹庐集》，河北教育出版社，2000年，第210页。

③ 韩儒林著：《穹庐集》，河北教育出版社，2000年，第211页。

封建世袭领主。达延汗的分封改变了成吉思汗以来异姓勋戚功臣世代领有千户和部落属民的历史状况。因此，达延汗的分封是一次统治秩序的大调整，具有鲜明特征。达延汗分封诸子的原则是血缘关系，排除异姓贵族，维护黄金家族的统治。经达延汗的分封，虽然旧的封建领主被新的封建领主所代替，但是蒙古社会政治没有明显改变，封建领主依然存在。这部分权力的再次分配，对后来黄金家族的统治以及对蒙古历史产生了深远影响。

达延汗的分封统治，对蒙古社会的安定、经济的恢复和发展，无疑起到了积极作用，但达延汗的子孙后代最终仍走向分裂。达延汗的分封，不是集权政治，而是分散的封建社会组织形式。这是以蒙古封建领地的形式为基础的社会，在分封者和受封者之间只存在血亲关系，领主自主性较强。大汗是全体蒙古人的大汗，是各万户的“大宗主”，各万户领主，包括济农在内的“小宗主”，以血缘关系为纽带，服从命令。然而，各万户在领地内具有世袭统治权，大汗直属各部的绝对统治权已落入鄂托克领主手中。大汗主要在驻牧地生活，只要求各万户的领主纳贡，战时则全副武装来到大汗身边。达延汗和布迪汗之后，蒙古内部基本没有发生过大规模的内讧，比较稳定。随着时间的推移，鄂托克领主或各部首领具有较强的独立性，因而必然会趋向分散。明朝末期，蒙古社会又重新陷入僵化的社会演进模式，不可避免地出现封建割据状态。布迪汗和达赉逊汗时，漠南中西部地区处于巴尔斯博罗特子孙的统治之下。势力膨胀的阿勒坦等藐视大汗权威，察哈尔万户只能游牧于漠北。在阿勒坦的逼迫之下，达赉逊汗为避免冲突南迁游牧。随着大汗的迁移，漠北格埒森扎的子孙后代吞并了巴尔虎等部，占据漠北地区，迅速强大起来，逐渐形成漠北游牧集团。与此同时，漠南形成了鄂尔多斯、喀喇沁、土默特、察哈尔、内喀尔喀和科尔沁等部落集团。

这样的变化，与当时蒙古社会结构功能有关。元朝之后蒙古社会结构开始发生变化，部落虽有重新组合的现象，但其自身结构没有变化，部落首领和大汗仍然各自扮演着不同的角色。部落首领的权力来自部落成员的支持，不是由大汗任命的，而大汗也有自己的属民和牧地，自己只是最大盟主而已。大汗的号召力只是体现在统一的军事行动上，各部首领率部众跟随大汗出征。可见，蒙古政权是在部落基础上形成的共同利益的联合体，部落或部落集团首领有很强的自主性。从这一视角来观察，蒙古对内和对外的政治表现出不同的组织行为方式，大汗权威仍至关重要。

图们汗是有作为的大汗，为了提高大汗威望和加强统治而不遗余力。他“聚集六万人，传示大政，令左翼三万人内察哈尔之阿穆岱鸿台吉、喀尔喀之卫征索博该，右翼三万人内鄂尔多斯之库图克彻辰洪台吉、阿苏特之诺木达喇古拉齐诺延、土默特之楚噜克鸿台吉政执理事，遂称为札萨克图汗共致大国统治太平”[①]。

① 萨囊彻辰著，道润梯步译校：《新译校注〈蒙古源流〉》，内蒙古人民出版社，1980年，第333页。

这五人是当时蒙古部落集团中有实力、有代表性的首领，图们汗能够任命这些封建领主在各自的部落集团中执政。同时，图们汗颁布了法典，令各部遵守。这不仅显示出图们汗加强了汗权，提高了威望，更重要的是出现了大汗与各部落领主联合执政的现象。图们汗并没有依靠血缘关系进行统治，而是依法管理各部落集团或万户。这本身就是一种进步，体现蒙古政治自然发展的进步性。布延彻辰汗时，虽然出现了“大国于太平”的局面，但也出现了潜在危机。布延彻辰汗在图们汗治理的基础上守其太平，几乎没有主动采取统一军事行动，也没有聚集各万户以示大汗权威，对各万户的控制力就体现不出来，各部落集团或万户的自主性便得到加强。于是，蒙古社会政治又趋向各部落集团或万户割据一方，不可避免地出现各自为政的局面，布延彻辰汗在蒙古各部中渐渐地失去其权威。漠南蒙古各部向南扩展，漠北喀尔喀蒙古和漠西卫拉特蒙古开始应对俄罗斯的扩张，与大汗之间的关系越来越疏远。

林丹汗时期，蒙古社会已经进入部落及部落集团分散状态，而且各部落及部落集团之间经常出现争夺牧场、牲畜和贡市的现象。他们虽然认可宗主大汗的权威，但实际上离心倾向日趋严重，各自掌握自己的命运。达延汗的子孙们在各自的封地上，以部落和部落集团为单位形成势力范围，林丹汗时已经到了比较严重的地步。由此，蒙古社会政治自达延汗之后进入新一轮分散时期。林丹汗即位后，再一次面临重新统一蒙古各部的艰巨任务。

由于林丹汗年幼，大权落入权臣手中，他们钩心斗角，争权夺利，严重影响大汗的权威。蒙古各部领主，即达延汗黄金家族的贵族们各行其是，独霸一方，逐渐形成互不统属的封建割据势力。当林丹汗亲政后，为重新树立大汗威望，统一蒙古各部而积极努力时，东部女真人也在崛起，并且向相邻的科尔沁部和内喀尔喀五部渗透。科尔沁部和内喀尔喀五部与林丹汗的关系紧张起来，甚至渐渐脱离大汗的统辖。于是，林丹汗与割据势力经常发生政治和军事冲突，这极大地削弱了漠南蒙古各部落集团的势力，包括察哈尔部，形成了典型的封建割据。与此同时，由于后金的渗透，蒙古各部落集团的大领主，如科尔沁、内喀尔喀五部、喀喇沁等部族的首领将领地所有权转变为土地占有权，林丹汗逐渐失去对分封的领主们的政治统治权。

由上述可知，十五、十六世纪蒙古社会政治的发展变迁具有合而分、分而合的周期性特点，这是典型的封建社会所体现的发展规律。蒙古分散比统一的时间更长些。在游牧社会里，部落组织与国家制度是并存的，其相互关系以及各自的角色和功能是有所不同的。在蒙古游牧社会的分分合合中，部落自身始终未发生结构性变化，即使出现部落联盟或部落集团，甚至出现统一游牧政权的时候，部落首领的权力不仅由大汗授予，还要来自部众的支持。这是由黄金家族高贵的血统决定的，大汗始终是部落集团和万户首领公认的最高统治者。但是，由于右翼蒙古势力增强，尤其是阿勒坦势力强盛后，要求达赉逊汗“汝取君主合罕（可汗）之号，已平定天下，今有藩屏合罕朝而称失图（索多）合罕之诸小罕焉。祈赐此号与我，愿为大国之藩屏，合罕许之，遂赐阿勒坦以失图合罕之号而还”[①]。当然这不是个好现象，已经打破蒙古社会传统政治关系的平衡，出现部落首领称“汗”的现象，进而出现“汗”泛滥的局面。如右翼老把都称昆都楞汗（昆都力哈），鄂尔多斯衮必里克墨尔根济农（吉囊）九子为九汗[②]。自阿鲁喀尔喀格埒森札的后裔自阿巴岱始有了汗号，至明末的阿巴岱之孙为土谢图汗、车臣汗、札萨克图汗等。由此可见，原来的万户或兀鲁思之称逐渐消失，一些兀鲁思被赋予了汗国的内涵。达延汗的子孙随着世袭次数的增多，台吉也越来越多，鄂托克也不断被分割。依此，每承袭一代，领地即分割一次，于是各鄂托克的属民自然越来越少。然而，各大领主相继称汗后，其万户或部落集团似乎形成各自为汗国的趋向，蒙古大汗似乎成为诸汗之一，称林丹汗为察哈尔汗。

林丹汗时期，蒙古社会又一次由分而合，面对日趋严峻的蒙古政治局势，林丹汗采取了一些措施，积极致力于统一大业，但后金的威胁成为林丹汗统一事业的最大障碍。这不同于达延汗统一时的政治形势和图们汗的联合执政，林丹汗面临的不仅有内

① 萨囊彻辰著，道润梯步译校：《新译校注〈蒙古源流〉》，内蒙古人民出版社，1980年，第327页。

② 萨囊彻辰著，道润梯步译校：《新译校注〈蒙古源流〉》，内蒙古人民出版社，1980年，第343页。

忧，还有外患，而蒙古的政治局势为后金的发展壮大提供了客观的外部条件。

新兴的后金国虎视眈眈、咄咄逼人，一方面攻打明朝，另一方面与林丹汗争夺相邻的科尔沁部和内喀尔喀五部。这将影响到林丹汗政权的经济利益和政治利益，甚至威胁到生存。对于林丹汗而言，“民族的生存和发展是其根本利益所在”[①]。为此，林丹汗进行了艰辛而不懈的努力，着重以武力讨伐背离的部族和抵御后金的渗透与扩张。当林丹汗与蒙古封建割据势力之间的内部争斗变得剧烈时，他们纷纷与后金建立联盟关系或投靠后金。满洲人对蒙古游牧社会是非常熟悉的，因此采取政治上的渗透和瓦解策略，并建立满蒙联军攻打察哈尔部。满蒙初期特定关系的形成和发展变化打乱了蒙古自身的发展规律，林丹汗逐渐失去对蒙古各部的控制力，最终走向灭亡。

（二）蒙古经济状况与满蒙关系

蒙古民族自成吉思汗建立大蒙古国至林丹汗败亡，在蒙古高原始终以游牧经济为主要生产方式，创造了特有的历史和文化。按照经济基础决定上层建筑的理论，蒙古游牧经济是蒙古大汗或皇帝统治下的封建领主政治基础。大汗具有至高无上的权力，但是始终无法对蒙古高原各部落进行集权的专制统治，而是以分封领主领地的形式来统治广阔的蒙古高原。封建领主具有一定的自

① 王浦劬主编：《政治学基础》，北京大学出版社，1995年，第63页。

主性，游牧经济的自身变化和外部交往的变化影响了大汗与领主之间的关系。成吉思汗的分封经大蒙古国时期和元朝，世袭的宗室诸王和异姓贵族在各自的领地享有自主权，随着时间的推移，自主权不断加强。元廷退回蒙古高原之后，由于战乱，各部落集团的自主权日益膨胀，到了封建制难于自载、大汗无法控制的地步。达延汗重新统一蒙古各部，即统一直属六万户后，首先剥夺了世袭异姓贵族的政治权力，但仍以部落为单位游牧，因此以分封诸子的领地来管辖各部族。达延汗之后，受封诸子各自发展壮大，使得大汗权力再次走向衰退。

林丹汗时期，达延汗黄金家族领主们的自主权日益加强，大汗的权力渐渐被削弱。于是，林丹汗进行新一轮的调整，这种政治变迁现象完全是由以部落为单位的自然游牧经济决定的。按照传统的蒙古社会发展变化规律以及蒙古大汗的做法，林丹汗重新着手统一蒙古各部。因后金的崛起以及复杂的民族特定关系，蒙古政治无法按照自身的轨道发展，林丹汗最终走向败亡。这当然有深层次的复杂的经济原因，同时又与满蒙初期政治关系交织在一起。

蒙古游牧经济是“在自然经济阶段，蒙古族牧民以游牧的劳动方式，随季节的变化而进行的有规律的循环往复的经营畜牧业——四季轮牧为主的一切经济活动”[①]。其主要特征为规律的游

① 乌日陶克套胡：《论蒙古族游牧经济的特征》，《中央民族大学学报》2005年第2期。

动性，游牧是分散而均衡经营的畜牧业。游牧是为了更好地利用草场，因此逐水草而迁徙，满足所需要的生产资料和生活用品，即草场和畜产品。在此过程中，必须经营多种畜群，如马、牛、羊等，于是就必然分类分群地移动经营。这当然不是现代方式经营的畜牧业，“并非以最大的交换价值为标准，而是尽可能以最大的自给自足为目标，因而最重视的是各种畜群的‘均衡搭配’”[①]。古代蒙古社会主要以部落为单位，蒙古还有以鄂托克为单位的分工分散经营的游牧经济，基本上自给自足，能够维持自己正常的生产生活。这种自给自足的生产生活方式决定了社会组织的分散性，也决定了政治体系的构成。因此，成吉思汗和达延汗以分封形式来管辖所统治的汗国。由于游牧经济分散经营的特点，这就需要强有力的政治统治，于是出现了强有力的大汗，如成吉思汗统一蒙古高原各部族之后，建立了强大的大蒙古国；忽必烈汗实现元朝大一统；达延汗重新统一蒙古各部族等。他们建立了强有力的统一政权，即游牧国家政权，并且树起大汗的权威。由于游牧经济以部落或鄂托克为单位分散经营的特点，不能产生集权式的政治权威。因此，大蒙古国、大元以及之后建立的统一政权在经过一段时期后，又逐渐走向分散，并出现周期性的合而分、分而合的循环状态。这就是古代蒙古以游牧经济为基础而建立的游牧国家政权。

① 《马克思恩格斯全集》（第21卷），商务印书馆，1983年，第73页。

由于游牧经济的单一性和自然条件的限制，无法预料的诸多灾害，如旱涝、冰雹、病虫害、黑白灾和火灾等，都会给牧民的生活带来极大的损失。在如此恶劣的环境中，蒙古人用辛勤劳动和聪明才智创造了独具特色的游牧文明。就像其·朱格德尔所说："把我们的土地上生息的野羊、野马、骆驼驯化成适应蒙古高原严寒酷暑气候的本地品种的牲畜，是我们祖先在文化方面取得的巨大成就，也是为中亚和人类文明增添了新内容。因而，这种畜牧业不仅是一种艺术，更重要的是它促进了人们智慧的发展，进而创造了游牧民族特有的独特的游牧文化。"[①]另外，由于游牧经济受限于自然条件，显得尤为脆弱。如遇到大雪时，畜牧业将受到毁灭性的打击，不利于游牧经济的可持续发展。正因为如此，当游牧经济遇到自然灾害时，牧民的生活极其艰难，就需要以狩猎、采集等方式来补救。游牧经济的这种不确定性决定了游牧政权的不稳定性，甚至有时会出现崩溃状态。由于牧民具有顽强生存能力以及游牧经济特有的生命力，在自然灾害发生之后，生产生活能够得到恢复和发展。同时，游牧政权也逐渐恢复，蒙古政权起起落落的特征也是由这种经济因素决定的。

此外，当蒙古高原的游牧经济得到发展，游牧生产生活中有剩余的牲畜和畜产品的时候，就需要与外界进行交换，满足自身

① 其·朱格德尔著，乌仁其木格转写：《封建主义形成时期的蒙古社会——政治、哲学思想》，内蒙古教育出版社，1994年，第109—110页。

对无法生产的生活物品的需要，如粮食、缎布、茶叶、锅碗等。大蒙古国时期就有经济贸易，为扩大交往，甚至发动过诸多战争。元入主中原，实现大一统，一部分蒙古人的生活发生了非常大的变化，他们在农耕地区定居后，完全改变了原有的生产方式和生活方式，控制了中原以及南方的赋税。这说明过着游牧生活的蒙古人能够适应农耕社会，但无法改变全部蒙古人的生产生活方式。然而，这为农业经济和游牧经济的互动创造了很好的政治条件，为这两种经济的互补与交流提供了方便。

明朝占领大都之后与蒙古对峙，农业经济与游牧经济又被隔开，在明朝封疆政策之下，两种类型经济之间的必要的交换往来无法正常进行。在双方对峙时期，蒙古方面在战略上表现出明显的灵活性和机动性。面对明朝的强势以及自身内部的混战，退回的蒙古政权逐渐转变为游牧政权。按照游牧社会的自身发展轨迹，为了应对明朝的北伐战争和封锁，蒙古高原东部各部落通过朵颜三卫的交换得到所需要的农产品。在此，蒙古各部落或鄂托克的领主们渐渐地联合起来，组成统一的政治实体，于是就出现了西部蒙古首领也先的短暂统一和达延汗的统一大业，他们与明王朝讨价还价或发动战争，以达到贸易的目的。各部落首领或鄂托克领主们在大汗的号召下，对明朝采取统一行动，以获取所需物资和利益。在明朝衰退之时，达延汗的子孙后代作为蒙古各部落首领或鄂托克的领主，纷纷与明朝发生冲突或进行互市贸易，以获得所需物品，随之强大起来，如右翼的阿勒坦汗。

在蒙古各部的首领或鄂托克领主与明朝发生冲突或互市贸易的过程中，势力最强盛的是阿勒坦汗。对于阿勒坦汗的兴起，学界有诸多研究，主要涉及领地扩张、明世宗闭关拒贡与阿勒坦汗求贡过程、开发土默特地区、发展农业经济、接受并弘扬藏传佛教等方面。阿勒坦汗与明朝建立互市关系的过程颇为曲折，这与明世宗闭关拒贡，坚持不与蒙古互市的政策措施有直接关系。《明世宗实录》记载，嘉靖十一年（1532），右翼蒙古济农派使者向明廷提出建立互市贸易的请求，但使者被杀，于是右翼各部侵犯明边，抢掠财物。嘉靖二十年（1541），阿勒坦汗遣使大同，再次提出要与明廷通贡贸易的请求，明边将扣留了使者，互市的请求再次被拒绝。嘉靖二十一年（1542）闰五月、嘉靖二十五年（1546）五月、嘉靖二十七年（1548）三月，阿勒坦汗一而再、再而三地请求明廷通贡互市贸易，但都没有结果。嘉靖二十九年（1550）八月，阿勒坦汗为逼迫明廷允许互市，发动了大规模的军事行动，直达北京城下，史称“庚戌之变”。阿勒坦汗的胁贡行为震惊明廷，明世宗接受礼部尚书徐阶的建议，婉转地答应阿勒坦汗的要求。于是，阿勒坦汗立即撤兵，明军不敢抵挡，阿勒坦汗大军沿途掠夺而去。次年初，双方议定马市，一年两次，以蒙古牛、羊、马匹交换布和米等农产品。由于明廷只允许右翼蒙古在大同、宣府、延绥等地开马市，用马交换绸缎等高档物品，这不能满足右翼蒙古的广泛贸易要求。明朝方面更不允许贡市，有时马市也被关闭，因此阿勒坦汗及右翼蒙古常犯明边。在明世宗的拒贡政策下，双方正常贸易的艰难程度可想而知。要进行贸易，只好通过朵颜三卫的贡市和沿边私市进行交换，以获取有限的必需品。明朝防守的具体措施也给自身带来沉重的负担，明廷坚持战守，加紧筹饷练兵、修筑长城，但这些行动不但没有达到明朝统治者预期的效果，而且耗费了大量的人力和物力，没有挡住蒙古人南下的铁骑。弘治末年，双方贸易中断，关系进一步恶化，明边屯田已到无法正常耕作的地步。但明朝方面仍坚持防备，增兵加饷，经费日趋增长，付出了沉痛的代价。

隆庆四年（1570）九月十八日，把汉那吉负气出走明廷。把汉那吉是阿勒坦汗的嫡孙，由于内部矛盾，携妻比吉等十余人奔赴山西行都司平虏卫败虎堡降明。明宣大总督王崇古、大同巡抚方逢时等人借此机会与右翼蒙古讲和，认为“拒虏甚易，而灭虏实难。我远近戒防，士马疲于奔命，财力匮于征输，非计之得也……庶贡议不阻，而边事可无患矣”[①]。因此，他们上奏说：“把汉脱身来归，非拥众内附之比，宜给宅，授高官，厚赐衣食，以悦其心。禁绝交通，以防其诈。多方试之，以察其去。岁月既久，果无异心，徐为录用。使俺答勒兵临境，则当谕恩信，许其生还，因与为市。若生缚板升诸逆赵全等至麾下，归我被掳士女，然后优赏把汉而善遣之。”[②]王崇古等人提出以阿勒坦汗缚献

①〔明〕瞿九思：《万历武功录》卷八《俺答列传下》，中华书局，1962年，第1042页。

②《明穆宗实录》，隆庆四年十月癸卯，上海书店出版社，1984年。

赵全等人为条件，释放把汉那吉，但这不是最主要的目的，而是“通市则和好可久，而华夷兼利，他如辽东开原、建昌、肃州、西番诸夷皆有市，乞仿其制，刻日平价，申严防奸以和其文事，宜无不就者，惟上亟赐裁决，以安疆场”①。明穆宗命兵部详议后，接受王崇古等人的建议，“授其制虏机宜，令崇古等悉如原议，尽心处置，务求至当”②。多年后，明朝方面以把汉那吉事件为契机与阿勒坦汗讲和，实现了右翼蒙古与明廷的通贡互市，明朝方面也达到安民安疆的目的。隆庆五年（1571），明廷封阿勒坦汗为顺义王，并允许右翼蒙古通贡互市，双方以结盟为好，史称“隆庆和议”。对此，明朝史书中将此事记载为阿勒坦汗俯首称臣纳贡。蒙古文史籍中则记载为阿勒坦汗“攻打汉地，袭击城池之际，汉地大明皇帝惧怕而缴纳贡赋和租税，并上俺答可汗以顺义王号”③。对此，学界有不同观点，多数认为阿勒坦汗封贡是向明廷称臣，是阿勒坦汗主动之下明廷接受的结果。对此达力扎布认为：“实际上和议是双方妥协的结果，阿勒坦汗经几十年的战争逼迫明廷答应‘贡市’决不是为俯首称臣，而是为了以平等的地位互市贸易，实现与内地的物资交流。明方不惜巨本牺牲‘拒贡’，也不是拒绝其称臣纳贡。所谓‘贡’，是明代史家尊明朝为正统的

---

①《明穆宗实录》，隆庆四年十一月丁丑，上海书店出版社，1984年。

②《明穆宗实录》，隆庆四年十月癸卯，上海书店出版社，1984年。

③ 萨囊彻辰著，道润梯步译校：《新译校注〈蒙古源流〉》，内蒙古人民出版社，1980年，第351页。

中原王朝，为使其不与夷狄对等而采用的一个雅词而已……古代中原王朝往往给这种物资交流赋予政治意义，中原王朝强盛时只有称臣者才能获准纳贡和互市。衰弱时则被迫以和亲、馈赠、互市和缴纳岁币等方式来与北方民族进行经济交流。同样北方民族首领在自己强大时或勒索，或强迫互市，或以抢掠来实现这种交流，衰弱时则向中原王朝称臣纳贡以求互市。”[①]互市是古代农耕经济与游牧经济的互动方式，纳贡是一种官方贸易形式。在此过程中，中原王朝强调其政治性，而游牧民族只注重通过经济交往得到所需的物品。

无论如何，“隆庆和议”都是具有历史影响的事件，右翼蒙古与明王朝建立了正常的关系，两种经济能够正常贸易，这是明对蒙古各部解禁开市的开始。

右翼蒙古与明廷能够正常进行经济交流后，对于明王朝而言，改变了“边境之民肝脑涂地，父子夫妻不能相保，膏腴之地弃而不耕，屯田荒芜，盐法阻坏。不止边方之臣重苦莫支，而帑储竭于供亿，士马罢于调遣”[②]的局面，同时还“可以省内帑之供亿，可以停士马之调遣，而中国皆得以安”[③]。这使明朝北部的西半部边境得到安宁，农业经济得以恢复和发展。边防军费的减少也是明廷主动和议的原因。对于右翼蒙古而言，“隆庆和议”以及

---

① 达力扎布著:《明代漠南蒙古历史研究》，内蒙古文化出版社，1997年，第232页。

②③《明穆宗实录》，隆庆五年七月戊寅，上海书店出版社，1984年。

阿勒坦汗封贡之后，互市地点越来越多，物资交流更加方便，货物品种也多了起来，日常生产和生活用品几乎应有尽有，大同、宣府成为贸易中心。

察哈尔的牧地与宣府张家口市场距离近，这里也成为察哈尔人前来贸易之地。汉籍史书中记载，图们汗时，“乃东西合党，巧为弥缝，东虏则借资于西，西虏复翼于东，已乃各至我关市，我亦予之以上赏，亡不人人各极其欢而去”[①]。宣府张家口“乃虎（林丹汗）贸易之地”[②]，还有内喀尔喀人也进入宣府张家口入市。万历九年（1581）夏，“泰宁速把亥与青把都交通，阴入市宣府，而岁犯辽东以要款”[③]。甚至阿鲁（北）喀尔喀、瓦剌等部也前来参与宣府、大同的互市贸易。“莽观津土默特的商队来喀尔喀土谢图汗部”[④]，“阿勒坦皇帝的汗国里的塔夫绸、花缎和丝绒，这些都是从中国运去的”[⑤]。“喀尔喀人经常到巴颜城（宣府镇城）和塞格鲁城（大同右卫城）带着马、牛、羊和各种牲口去做生意，把牲口等卖给明朝人，换回银子、绸缎、大红布、厚棉

---

①〔明〕瞿九思：《万历武功录》卷九《昆都力哈列传》，中华书局，1962年。

②《崇祯长编》，崇祯元年七月己巳，上海书店出版社，1984年。

③《明史》卷二二二《吴兑传》，中华书局，1974年。

④〔清〕善巴台吉著，乌云毕力格译注：《阿萨喇克其史》，内蒙古大学出版社，2014年，第126页。

⑤ 苏联科学院远东研究所等编，厦门大学外文系《十七世纪俄中关系》第一卷翻译小组译：《十七世纪俄中关系（1608—1683年）》（第一卷），商务印书馆，1978年，第81页。

布”[①]。由此可知，当时农耕经济与游牧经济的物资交流有了较大的进展，尤其是阿鲁察哈尔、阿鲁喀尔喀和瓦剌等部入市贸易之后，双边贸易更是骤增。《明神宗实录》记载：“在宣府一镇而当青、永之二大枝，而又有独腊台吉、打喇明安二小枝及夷妇太松等。诸酋部落既多，而青首诸兄弟又皆强悍难驯之虏。七八年来，市赏之增亦极矣。以宣镇之大数言之，方互市之初，虏马不及二千匹。今岁已市者三万五六千，迨及岁终当不下四万，每岁辄增数千匹。夫马以数千计，则银以数万计，非小小增益也。且今岁增矣，明岁又增，明岁增矣，又明岁又增，其在于今，视始市不啻二十倍。”[②]可见，张家口已经成为两种经济贸易最活跃的重镇。在阿勒坦汗的不懈努力下，右翼蒙古与明朝终于建立了正常的贸易关系，这也是阿勒坦汗率先强大起来的原因。

左翼蒙古在达赉逊库登汗和图们汗时期南下，以兀良哈人的名义在蓟镇喜峰口，辽东的开原、广宁等地与明贸易。在阿勒坦汗封贡之前，这三地是明与朵颜三卫互市之地，也是察哈尔部及左翼诸部与明朝进行贸易之地。隆庆元年（1567）“四月中开马市，速把亥部落有诈称朵颜人混入者，总兵王治道等掩捕得三百

① 苏联科学院远东研究所等编，厦门大学外文系《十七世纪俄中关系》第一卷翻译小组译：《十七世纪俄中关系（1608—1683年）》（第一卷），商务印书馆，1978年，第161页。

②《明神宗实录》，万历六年九月甲戌，上海书店出版社，1984年。

七十五人”[①]。察哈尔脑毛大“始为蓟门抚夷，后以寇辽故挟市广宁关下”[②]。左翼蒙古各部以朵颜卫人的名义入市，明边将领为减少边患，默许他们入市。这样的互市毕竟有限，双方未能达成正式协议，这也是明廷对蒙古一直奉行的经济贸易政策：支持东蒙古，拒绝西蒙古；支持西蒙古，拒绝东蒙古。为分化蒙古势力，明朝方面在允许阿勒坦汗封贡之后，便拒不答应蒙古大汗求贡。于是，图们汗率诸部首领南下犯边，其中包括科尔沁部，甚至右翼蒙古也参与进来。右翼喀喇沁部老把都和他的子孙以及阿勒坦汗的长子辛爱黄台吉等跟随图们汗一同侵犯蓟、辽一带。图们汗强有力的统治给明边带来了较大压力。明朝方面无法拒绝或抵挡左翼蒙古，只好默许左翼蒙古在辽东边市进行贸易。如当年辽东巡抚刘台所说：“先年进祈其期，今则纠同各部传箭频至；先年酋首犒赏盐布，余止酒卤，今则通索盐布，增至引匹；先年酋首问讨衣段（缎）锅牛视为异赏，今则指称常例，互为告讨；先年自称藩篱，今则假借大虏倚托声势给我厚赂；先年马驼运载，利归中国，抽分抚赏积有余羡，今由故用敝物强求厚值，甚至徒手讨赏至不可继，比比皆然。”[③]左翼各部的商队入市后，以马牛及各种皮张等土特产交换农产品，以及绸缎、布帛、衣服、铁锅等生

① 《明神宗实录》，隆庆元年八月壬寅，上海书店出版社，1984年。

② 〔明〕张鼐撰：《辽夷略》，《明代蒙古汉籍史料汇编》（第二辑），内蒙古大学出版社，2006年，第470页。

③ 《明神宗实录》，万历四年正月丁未，上海书店出版社，1984年。

活用品。

到布延彻辰汗时期，漠南蒙古各部几乎都与明廷进行互市。在右翼诸部的压力下，明朝方面渐渐地按照宣、大、蓟镇之例对左翼蒙古部族进行市赏。察哈尔部主要进广宁入市，万历二十三年（1595），“小歹青欲在义州大康堡开木市，听各夷取木顺河运进买卖”。万历二十六年（1598），“奢臣憨（布延彻辰汗）纠合小歹青每年既得市赏，又比照宣大赏”；“长昂、董狐狸、老丝孩子三酋亦请复宁前木市，总兵尤继先许之”①。汉籍史料中记载了内喀尔喀的速巴亥、炒花也在广宁入市，内喀尔喀其他部和科尔沁部主要以开原入市。万历十二年（1584）夏，“新安关进入夷人暖兔、伯言儿等营部落石头儿、铁匠等一百五十名……易换货物抽银一两一钱五分。马一匹，抽银八钱五分，牛一只，抽银三钱……赏新安关进入夷人恍忽太营夷人额零革等八十名……官白中布二匹，官锅六口……新安关进入买卖夷人老思、卜儿亥营部落主卜吃等”②。由此可知，科尔沁部恍忽太（翁阿岱）、暖兔（巴噶达尔汉）、翁吉剌特部首领伯言儿（宰桑父）、卜尔亥（恩格德尔额驸之父）、巴岳特部首领老思（卜尔亥弟）等三部商队常进入开原新安关贸易。伯言儿在开原诱杀庆云堡官王凤翔后，停其市赏，“今伯言（儿）被创败亡，各夷俯首乞款，合无仍许宰赛等

① 《明神宗实录》，万历二十九年十二月辛未，上海书店出版社，1984年。

② 辽宁省档案馆、辽宁社会科学院历史研究所编：《明代辽东档案汇编》（下），辽沈书社，1985年，第823—830页。

入市”[①]。伯言儿死后，其子宰桑又获得了市赏，在辽东互市地还有女真人入市。万历二十九年（1601）十二月，“命开复朵颜各夷马、木二市，并复宁前木市。初辽东马市许令海西并朵颜三卫夷人买卖”[②]。

“隆庆和议”之后，明朝方面允许左翼蒙古进广宁入市的“夷人多中国被虏者，今渐为我用，宜厚加抚赏以招之”[③]。在“广宁塞外炒花、暖兔、贵英诸部，蓟三协三十六家属夷，皆有赏。烈皇初服，中外迎上旨”[④]。入市贸易的“夷人”中，大多为被掳或逃入蒙古地区的汉人。此外，女真人还起到中介作用。“三卫、女直夷人半系中国强梁亡命代捧敕书而来，透漏消息，挟众肆横，莫可谁何”[⑤]。由于三卫人和女真人与汉地交往密切，尤其女真人通汉语，又会做买卖，蒙古各部首领和贵族常派遣他们进行入市贸易。明廷在长城沿线增设诸多互市地点，蒙古各部直接或间接地与中原地区和辽东地区进行农产品的交换，无疑丰富和改善了蒙古人的物质生活，其需求得到满足。在此过程中，漠南蒙古各部落集团或万户各自与明廷建立互市获利，其经济独立性愈来愈强。在明蒙互市贸易渐渐成为常态之后，蒙古对明廷的威胁减弱

①《明神宗实录》，万历二十三年五月辛巳，上海书店出版社，1984年。

②《明神宗实录》，万历二十九年十二月辛未，上海书店出版社，1984年。

③《明神宗实录》，万历五年十二月辛丑，上海书店出版社，1984年。

④〔清〕彭孙贻撰：《山中闻见录》卷五。

⑤《明神宗实录》，万历四十年五月辛丑，上海书店出版社，1984年。

了许多。然而，蒙古各部与明互市获利之后，其政治自主性也在形成，并且愈来愈强，导致蒙古政权陷入各部分裂割据的危险境地。

林丹汗即位时，各部落集团或万户已经成为较强的独立实体。由于大汗年幼，“各部傲然不理虎（林丹汗）”，他们各自与明贡市，从明廷领赏，各行其是，以致林丹汗不能统众，“诸部各自称雄，献贡遂绝”[①]。那些部族首领称林丹汗为“察哈尔汗”，这说明林丹汗不能控制蒙古各部。从蒙古政治和经济形势来看，林丹汗要统治全体蒙古，首先必须解决政治问题，而解决政治问题，就必须先解决经济问题。只有控制蒙古各部与明朝互市的权力，才能威慑各部。然而一直以来，明朝方面坚决拒绝与蒙古大汗建立贡市关系，没有像右翼蒙古那样建立正式的政治关系。虽然左翼蒙古诸部能够与明朝互市贸易，但由于没有政治保障，所以时而出现中断。林丹汗亲政后，为与明建立贡市贸易关系，南下明边进行抄掠，其目的是满足自己的经济需求，进而富国强兵。而对于明廷而言，来自后金的威胁是致命的。于是，明朝方面为了抵御后金的压力，便采取中原王朝惯用的“以夷制夷”的措施，以市赏为条件，与林丹汗联合，抵御后金的军事进攻。林丹汗不仅实现了自己的愿望，保证了经济来源，还获得了贡市和控制互市的权力。因此，林丹汗南下抄掠明边并建立互市关系的

①《崇祯长编》卷一一，崇祯元年七月己巳，上海书店出版社，1984年。

举措，不仅解决了经济问题，也解决了政治问题。林丹汗此举，在左翼蒙古各部中起到了一定的威慑作用，对突出大汗的“共主”地位具有积极意义。

当蒙古社会政治按照自身历史轨迹变迁时，东部女真人日渐强盛并加入地区贸易，使该地区局势发生剧变。在女真各部混战中，相邻的左翼蒙古各部被牵连。叶赫女真得到明廷和科尔沁部的支持，与建州女真首领努尔哈赤的抗争尤为激烈。努尔哈赤抓住时机，拉拢相邻的内喀尔喀五部。万历三十三年（1605），内喀尔喀巴岳特部恩格德尔台吉前往建州女真进行贸易，努尔哈赤曾说：“越敌国而来者，不过有所希图而已。遂厚赏之。”①次年，恩格德尔又与内喀尔喀五部使者赶上驼马入建州贸易，双方建立了友好的贸易关系。万历三十六年（1608），建州女真攻打叶赫女真乌拉部，科尔沁部首领奥巴出兵援助乌拉部。于是，科尔沁部南下贸易时受阻，无法进入开原与明朝贸易。后来，科尔沁左翼贵族们与后金建立姻亲关系，通过建州女真进行贸易来满足所需。科尔沁左翼和内喀尔喀五部与后金交往频繁亲密的状况影响了其与蒙古大汗之间的关系。尤其是科尔沁部的疏远使林丹汗非常不满，关系愈来愈紧张。随着后金占领辽东重镇，内喀尔喀五部和科尔沁部与明朝贸易之地完全被控制，并且还威胁到林丹汗与明

① 齐木德道尔吉编：《清朝太祖太宗世祖朝实录蒙古史史料抄》，内蒙古大学出版社，2002年，第24页。

朝在辽西重镇广宁的互市贸易。在此之下，左翼蒙古包括察哈尔部的经济利益受到损害，与后金之间的矛盾也在生成，同时也使得林丹汗及察哈尔部、内喀尔喀五部和科尔沁部之间的关系变得紧张。广宁被后金占领后，林丹汗与后金的关系恶化，影响到左翼蒙古内部的政治关系。林丹汗以东征科尔沁部达到抵御后金的目的，科尔沁部只好向后金求助，后金方面利用这一矛盾将科尔沁部拉到自己的一边。于是，林丹汗在失去左翼蒙古与明互市之地的同时，很快又失去对科尔沁部和内喀尔喀五部的控制。后金在控制左翼蒙古与明的互市之地后，又控制了科尔沁部和内喀尔喀五部。林丹汗只好以明朝的宣府、张家口和大同边外贸易来满足需求。这加剧了察哈尔部与右翼喀喇沁部的贸易摩擦。

林丹汗西迁后，首先与喀喇沁部发生冲突，并打败右翼蒙古诸部，同时控制了他们与明朝的互市通道。于是，通过与明朝互市获取丰厚利益的右翼蒙古诸部的生产生活受到极大的影响，因“畜牧匮乏”，各部流离失所[①]。因此，右翼蒙古憎恨察哈尔部，他们与后金联系，建立起联盟攻打林丹汗。后金一方面联合喀喇沁、科尔沁等部攻打林丹汗，另一方面又利用右翼蒙古与明朝的互市关系满足自己的需求。崇祯元年（1628）五月，林丹汗在与明朝的互市过程中，发生了新平堡事件，因林丹汗的亲信贵英恰入明边挟赏时被明将杀害，于是大汗围攻大同。明朝御史李柄与

① 《崇祯长编》卷一四，崇祯元年十月壬辰，上海书店出版社，1984年。

林丹汗谈判后，以大汗重归辽地边外为条件，恢复其市赏[①]，但明廷很快又停止对林丹汗的市赏。林丹汗击溃右翼联军后，又向明廷挟赏，还索取右翼市赏。明廷因而恢复市赏，于是便“并革其赏，诸部哄然。会塞外饥，请粟，上坚不予。于是东边诸部落，群起扬去。大清遂尽收属建州”[②]。得不到市赏的内喀尔喀的炒花、暖兔、贵英等，蓟三协三十六家倒向后金。可见，明蒙关系的变化是加速左翼蒙古诸部投向后金阵营的主要原因。崇祯二年（1629），明又遭后金进攻，明廷认为，“西靖则东自宁，虎不款则东西并急，中外困矣”[③]。于是，崇祯帝便允许赏林丹汗白银八万一千两，赏右翼蒙古白银五十万两[④]。林丹汗控制了右翼蒙古与明廷的市赏，但出征阿鲁诸部后便再次失去市赏权。总之，“政治权力不过是用来实现经济利益的手段”[⑤]。

林丹汗为了控制漠南蒙古各部与明朝的互市，东征西讨也未能达到目的。随着后金的西进，左翼蒙古部族与明朝的互市贸易渐渐进入其控制之下。林丹汗西迁后，虽然控制了右翼蒙古与明朝的互市，但是没能够控制右翼诸部。因为喀喇沁部战败后，积

---

①《崇祯长编》卷一十，崇祯元年六月庚子，上海书店出版社，1984年。

②〔清〕计六奇撰，魏得良、任道斌点校：《明季北略》卷四，中华书局，1984年。

③《崇祯长编》卷一九，崇祯二年三月，上海书店出版社，1984年。

④《崇祯长编》卷一八，崇祯二年二月，上海书店出版社，1984年。

⑤ 中共中央马克思恩格斯列宁斯大林著作编译局编：《马克思恩格斯选集》（第四卷），人民出版社，1995年，第250页。

极主动地与后金建立了政治军事联盟，来共同抗击林丹汗，随着事态的发展变化，反而加快其归附后金的步伐。后金很好地利用了漠南蒙古各部的分散以及林丹汗与各封建领主之间的矛盾，一步步地控制了漠南蒙古各部与明朝的互市，并从中获得了最大利益。

（三）蒙古政治文化的变迁与后金的关系

蒙古的政治文化，与大蒙古国和大元的政治文化是一脉相承的，体现了黄金家族的统治观。黄金家族是大蒙古国、元及之后的蒙古最高统治集团，是政治核心，是以成吉思汗、忽必烈汗以及达延汗为核心的家族。一般认为，黄金家族是成吉思汗家族的代名词，包括成吉思汗的祖先以及他的兄弟姐妹、子孙后代。黄金家族是个庞大的家族体系，有宗主系和旁系之分，只有黄金家族宗主系才有资格继承大汗之位，旁系没有资格，但他们都是享有特权的世袭贵族。可见，成吉思汗家族非同一般，在古代蒙古社会，以黄金的高贵和至上品质来代表大汗家族的特殊地位。大蒙古国时期，成吉思汗宗主系才有资格继承大汗之位，成吉思汗的四个弟弟和姻亲获得分封，并世代享有特权，因此就形成了以成吉思汗为核心的黄金家族统治观。及至元朝，忽必烈汗立长子为太子，但因长子先于忽必烈去世，传统的汗位继承制未能完全改变。于是，大汗以立太子和传统汗位继承制相结合的方式来确定继承人。元朝的这种汗位继承制形成了以忽必烈汗为核心的黄金家族统治观，并且一直延续到达延汗统治时期。十五世纪末达延汗统一蒙古六万户之后，为了巩固黄金家族的统治，便采取了一系列措施，将忽必烈汗制定的汗位继承制真正确定下来，一直到林丹汗遵守长子继承制，形成以达延汗为核心的黄金家族统治观。自成吉思汗到林丹汗败亡，蒙古社会一直存在着黄金家族高贵与至上的观念，即黄金家族统治观，其核心是成吉思汗、忽必烈汗和达延汗家族“汗权至上”的政治倾向。这就是大蒙古国、元朝及之后的蒙古的政治文化，也是汗位继承者的合法性基础。这是古代蒙古社会最突出的政治现象，能够反映蒙古政治历史和政治特性。

黄金家族统治观是成吉思汗在建立大蒙古国的过程中形成的相应的蒙古民族的政治文化，即大蒙古国稳定的政治基础。金泰和六年（1206），成吉思汗建立大蒙古国，为恢复正常的社会秩序、巩固统治，采取了诸多措施，推行千户制、分户制，扩建怯薛兵，并制定《大札散》、创制文字。这些措施促进了黄金家族统治观的形成和发展，使成吉思汗的黄金家族成为大蒙古帝国的最高统治集团。成吉思汗将组编成千户的蒙古民众，以及所管辖千户的各级诺颜当作黄金家族的家产分配给母亲、诸子、诸弟。《蒙古秘史》记载，成吉思汗的母亲诃额伦和幼弟铁木哥斡赤斤共分得分子一万户，长子拙赤九千户，次子察阿台八千户，三子斡歌台（窝阔台）和幼子拖雷分别是五千户，二弟哈萨尔四千户，三弟合赤温之子阿勒赤台两千户，异母弟别勒古台一千五百户[①]。按照分配家产的惯例，成吉思汗的诸子、诸弟又可以将分配给他们的民众和各级诺颜再分配给各自的亲族。诺颜们从属于大汗和大汗的宗亲，他们是被委任管理百姓的地方军政官员，可以随时被撤销职务。因此，黄金家族凌驾于全体蒙古百姓之上，所有蒙古人，包括异姓领主，即各千户长都成为这个家族的属民和附隶，所居土地则成为黄金家族和姻亲的封地。“属于蒙古人的地盘全部属于黄金家族的支配，支配者即汗”[②]。一切权力集中到大汗手里，在分封之后出现了领主集权状况，这是对集中的汗权的一种补充。可见，成吉思汗建立的大蒙古帝国是将黄金家族的统治建立在蒙古各部之上的政治实体。

大蒙古国成立之后，蒙古军在南下和西征的过程中，黄金家族更是起到核心作用，其统治地位得到巩固。成吉思汗的威望及黄金家族的强大，已经成为蒙古族族体的核心力量，甚至使蒙古民族在世界历史上声震天下，为蒙古政治文化的形成打下了坚实基础。“蒙古族政治与国家、社会、家庭、个人都有十分密切的关系”[③]。这种关系反映在蒙古族的第一部史学著作《蒙古秘史》中。《蒙古秘史》是蒙古早期的社会发展史，也是成吉思汗及其黄

① 道润梯步著：《新译简注〈蒙古秘史〉》，内蒙古人民出版社，1978年，第273页。

② ［苏联］博·雅·符拉基米尔佐夫著，伍月、宝力道译，巴·巴特校订：《蒙古社会制度史》，民族出版社，1980年，第207页。

③ 乌云巴图、葛根高娃著：《蒙古族传统文化论》，远方出版社，2001年，第38—39页。

金家族史，集中体现了黄金家族的统治观，即成吉思汗及黄金家族培植了蒙古人民的政治情感和政治心态，造就了蒙古政治文化。

一个民族的政治文化通过政治社会化才能形成、传播和积淀。因为“政治社会化是政治文化形成、维持和改变的过程”①，就是指人们通过社会各种渠道而培育的政治心理和政治观念。成吉思汗、忽必烈汗和达延汗黄金家族的统治观已经渗透到蒙古民族各成员的心里，被全体蒙古人接受和认同。由于成吉思汗为蒙古民族做出的贡献是极其重大的，因此，蒙古百姓将成吉思汗作为民族的象征来崇拜。“12世纪末和13世纪初蒙古族形成的过程中，蒙古人崇拜他为统一蒙古各部的旗帜。泰和六年（1206），大蒙古国建立后，成吉思汗已经成为蒙古族的崇拜者。当时蒙古民众用毡子塑造成吉思汗的肖像来祭祀他，还把成吉思汗的业绩记载史册”②。可见，祭祀成吉思汗肖像是蒙古民众的自发行为，也是一种政治现象。因为，此肖像是属于特定的政治符号，是蒙古民族的政治文化象征，具有代表本民族形象的意义。这种自发的直观形式，对当时蒙古人的政治心理产生了极大的刺激作用，培育了蒙古人的政治心理和政治观念，传递了蒙古的政治文化。这是

---

① ［美］加布里埃尔·A.阿尔蒙德、小G.宾厄姆·鲍威尔著，曹沛霖、郑世平、公婷、陈峰译：《比较政治学——体系、过程和政策》，上海译文出版社，1987年，第91页。

② 格·孟和：《蒙古族的民族意识与民族精神初探》，《蒙古学研究》2000年第4期。

一种民族文化的凝聚作用，将英雄崇拜与汗权意识、国家意识结合起来，做到政治的集权化。在政治社会化机制的作用下，黄金家族的统治形成了黄金家族统治观，这对蒙古民族在社会关系和政治生活中具有心理和精神上的巨大支配作用。

同时，在博额（萨满）教天道观的维护下，蒙古社会将成吉思汗的汗权以及黄金家族的统治地位神化，使全体蒙古人更加深信不疑。博额教是早期蒙古社会普遍信仰的宗教，不仅影响了蒙古人的政治生活，也影响着蒙古的政治文化。“鞑靼民族之信仰与迷信……皆承认有一主宰，与天合名之曰腾格里（长生天）”[①]。博额教利用宗教信仰和宗教崇拜获得对蒙古的影响力，从而直接干预蒙古人的社会生活和政治生活，也直接影响着蒙古民族对成吉思汗及黄金家族的情感和评价。

成吉思汗还利用蒙古人对长生天的崇拜强化汗权。成吉思汗被推举为大汗，通天大博额帖卜腾格理称：“天神跟我谈过话，他说：我已把整个地面赐给铁木真及其子孙，称他为成吉思汗，教他如此这般实施仁政。”[②]这里将成吉思汗及其子孙说成“上天之子”，是受天命来统治人间的。《蒙古秘史》记载：“成吉思合罕之根源，奉天命而生之孛儿贴赤那。”[③]可见，成吉思汗黄金家族既

① 冯承钧译：《多桑蒙古史》（上），上海书店出版社，2001年，第31页。

② [伊朗] 志费尼著，何高济译，翁独健校订：《世界征服者史》（上），江苏教育出版社，2005年，第4页。

③ 道润梯步著：《新译简注〈蒙古秘史〉》，内蒙古人民出版社，1978年，第1页。

拥有神圣血统，又是顺应天命的非同一般的家族，因而成吉思汗及其子孙也把自己的所作所为都归结为“天意”。金崇庆二年（1213），成吉思汗南下攻打金国时在给金宣宗的信中说：“汝山东、河北郡县悉为我有，汝所守惟燕京耳。天既弱汝，我复迫汝于险，天其谓我何。我会还军，汝不能犒师以弭我诸将之怒耶？”[①]金兴定四年（1220），成吉思汗占领花剌子模的不花赖城后对百姓宣布：“我是上帝之鞭的缘故，你们不曾犯下大罪，上帝就不会把我作为惩罚施降给你们。”[②]从意识形态方面来看，博额教的天道观成为维护成吉思汗权威的工具，同时又成为成吉思汗及其黄金家族统治观的基础。这必定给人们提供了最基本的价值观念，是产生政治情感的重要影响因素。大汗的权力和威望是毋庸置疑的，谁要是触动大汗的权力，就是触动上天的安排。黄金家族统治观是在当时的历史发展过程中产生的，并有其生成的客观条件和政治基础。成吉思汗及黄金家族是蒙古社会的一种新的合力和凝聚力的代表，因此黄金家族非常有生命力，人们从内心跟随成吉思汗并拥护黄金家族的统治，把自己的一切都交给黄金家族。当然，黄金家族的这种凝聚力来自黄金家族统治观。

蒙古政治文化的形成是蒙古历史上的一个重大进步。成吉思汗时代，黄金家族的地位提高到新的层面，黄金家族统治观充分

---

①〔明〕宋濂撰：《元史·本纪第一·太祖》，中华书局，1976年，第4页。

②［伊朗］志费尼著，何高济译，翁独健校订：《世界征服者史》（上），江苏教育出版社，2005年，第106页。

发挥其作用。大蒙古国时期正是黄金家族兴盛的时期，其政治角色、政治结构与系统的中心政治价值之间存在高度的一致性，大蒙古国的政治文化与政治结构之间形成和谐的关系，从而使大蒙古国更加强大。成吉思汗能够统一蒙古各部、建立大蒙古国、征服诸多国家和地区，靠的就是黄金家族的核心力量。这一力量的源泉来自政治文化的无形力量，因此没有蒙古政治文化，就不可能有大蒙古国的蒸蒸日上。

在大蒙古国政治文化的作用下，经窝阔台汗、贵由汗和蒙哥汗时期，黄金家族统治观发扬光大。忽必烈汗时期，随着元大一统的实现，黄金家族统治观扩大到中原地区。忽必烈汗入主中原后，大蒙古国的政治中心南移，但在其政治文化的作用下，没有照搬原来的模式进行统治。这也是入主中原的黄金家族统治集团以及蒙古人没有完全汉化的原因。忽必烈汗以及元朝皇帝虽然成为中原王朝的皇帝，但他们又是蒙古大汗。因此，在治理国家时主要以蒙古传统文化为主，以民族政治文化为基础，融合藏传佛教和儒学因素，强化汗权，实现大一统中央集权的统治，达到使国家富强的目的。为此，忽必烈汗以世界之汗为出发点，从《易经》里选择“大哉乾元”为国家命名，即大元。

忽必烈认为大元是世界之国，这已经体现了超国家观。在治理大元时，忽必烈汗制定了“政教二道并行”的治国纲领，以

"经教如护身续结牢不可解，皇权如金制镣铐坚不可摧"[①]。忽必烈汗希望在佛主的保佑下，百姓安康，黄金家族统治永远牢固，"是故以政教二道并行之策不致混淆而教化焉"[②]。在汗位继承问题上，忽必烈汗以中原王朝"父传子，家天下"的统治观，制定长子继承制，以此来巩固其黄金家族的统治，改变前汗在宗室家族中指定继承人的基础上，通过忽里勒台推举的制度。因为中原王朝"父传子，家天下"的统治观，与黄金家族统治观有相同之处，自然被忽必烈汗接受。至元十年（1273），忽必烈汗接受汉臣们的建议，按中原王朝的皇位继承制，册立自己的长子真金为皇太子，以固国体。可是，真金太子先于忽必烈汗而逝，忽必烈便立长子的三子铁穆耳为皇太子，铁穆耳即位。但册立皇太子仍未完全制度化，大汗即位还是以蒙古传统汗位继承制为主，即先汗"预先指定接班人和宗王大会（忽里台）推选拥立"[③]的制度，因此在元成宗之后，汗位继承出现了很多问题，进而影响了政治的稳定性。

忽必烈汗册立皇太子的制度成为一种传统，没有动摇黄金家族的统治。忽必烈汗宗系的统治观根深蒂固，于是就形成了以忽必烈汗为核心的黄金家族统治观，并成为较稳定的民族政治文

---

①② 留金锁整理注释：《十善福白史册》，内蒙古人民出版社，2000年，第73页。鲍音：《〈十善福经白史〉浅译》，《蒙古学资料与情报》1987年第4期。

③ 乌云毕力格、白拉都格其主编：《蒙古史纲要》，内蒙古人民出版社，2007年，第52页。

化。虽然元朝政治文化是多元的，但是黄金家族统治观具有鲜明的民族性。在黄金家族统治观的指导下，出现了蒙古族族体的政治倾向的稳定性，并且长期发挥作用，影响了元朝统治者以及蒙古地区的政治制度和具体的政治体制。这说明元朝的政治文化作为一种政治现象，能够体现其特殊性和民族性。因此，在中国历史上，元朝的政治与历史上的任何一个朝代，包括其他游牧民族入主中原所建立的朝代相比，具有不同之处，即始终体现其民族性。元朝形成的忽必烈汗黄金家族统治观作为蒙古民族的稳定的观念形态，不因元朝政治制度的改变而改变。

元廷退出大都回到蒙古高原后，在游牧社会生产生活方式的影响下，其政治制度再度发生变化。在蒙古高原，明朝与蒙古连年战争，蒙古社会经济遭到严重破坏，政治局势混乱不堪。而且，蒙古高原原世袭的地方势力，即异姓贵族和黄金家族旁系与退回来的原汗廷之间的矛盾和冲突也在加剧。于是，蒙古汗权式微，一些封建权势或黄金家族旁系贵族争权夺利，甚至杀害大汗。元朝形成的政治制度和政治体制逐渐解体，这是为适应游牧经济而发生的变化，退回蒙古高原的汗廷必将面临重建游牧政权的过程。在这种情况下，蒙古的意识形态领域也出现了波动，一些世袭贵族认为，“我等何须上官，当自主，自行其是可也”[①]。但是，

① 萨囊彻辰著，道润梯步译校：《新译校注〈蒙古源流〉》，内蒙古人民出版社，1980年，第304页。

忽必烈汗的黄金家族统治观没有消失，而且一直滞留在人们的头脑里，沉淀在人们的内心深处。蒙古权贵也速迭儿和也先等人杀害元裔被蒙古百姓普遍认为大逆不道，是为不赦之罪。在达延汗之前，虽然出现汗权衰退的现象，但如果不是忽必烈汗嫡系继承汗位，而是其他任何权贵触动汗位，就得不到全体蒙古人的支持。元廷从中原返回蒙古高原，统治阶级对这里的生产生活并不陌生。蒙古高原盛行萨满教，对长生天与成吉思汗的信仰没有发生根本性变化。因此，一百多年后，蒙古政治制度与黄金家族统治观又渐渐地适应元朝之后的蒙古社会。在这种文化的作用下，达延汗实现了统一以及蒙古中兴。

达延汗统一六万户和分封诸子的过程就是与异姓贵族和黄金家族旁系贵族进行斗争的过程，最终他取得了胜利。达延汗及其支持者非常清楚地认识到黄金家族统治观的功能，于是他们利用人们对成吉思汗的崇拜，在成吉思汗八白室前隆重举行达延汗的登基仪式。这不仅体现对成吉思汗个人的崇拜，而且有利于增强达延汗的声望和凝聚力。达延汗继承汗位并长大成人后，着手分封诸子，收回异姓贵族的特权。此举为达延汗消除了异姓贵族对黄金家族统治的威胁，同时又巩固了达延汗的统治，更重要的是建立了以达延汗为核心的黄金家族统治。从此确定了长子继承汗位的制度，即必须由达延汗的直系长子继承汗位的制度，并且成为传统。这是蒙古政治文化的功能所在，同时建立了以达延汗为核心的黄金家族统治，自此汗位继承制稳定下来。正因为如此，在达延汗统治的数十年以及之后的一段时期，出现了安定的局面，经济得到恢复，政治稳定，百姓安居乐业，蒙古文化得到发展。

然而，右翼蒙古土默特部阿勒坦汗接受藏传佛教后，开始冲击传统的黄金家族统治观。阿勒坦汗通过扩张领土、开发土默特川发展农业，实力大增，在诸部中率先强盛起来，威慑大汗。他曾向达赉逊库登汗索取“索多汗”的封号。由于阿勒坦汗不属于大汗直系，也不是济农的继承人，出身限制了他的行为。“索多汗”只是部落集团的首领而已，不足以使全体蒙古部众信服，这使阿勒坦汗很难摆脱观念形态的规定。在这种情况下，鄂尔多斯部库图克台彻辰洪台吉建议阿勒坦汗迎请西藏“大慈观世音菩萨化身之真身焉，以效昔日圣忽必烈彻辰汗合罕与胡图克图帕克巴喇嘛二人之例，而修政教，岂非盛世乎？阿勒坦汗深然之”[①]。于是，阿勒坦汗派使臣，礼请藏传佛教格鲁派首领索南嘉措来蒙古传教，将佛教与神权相结合，得到一种新的力量，以此冲击传统博额教神权支持的黄金家族正统观。

万历六年（1578），在察卜齐勒庙（仰华寺）大会上，右翼蒙古首领阿勒坦汗与索南嘉措会面。这是一次历史性的会晤，大会上双方相互赠赐封号，阿勒坦汗受封“咱克喇瓦尔第彻辰汗”的

① 萨囊彻辰著，道润梯步译校：《新译校注〈蒙古源流〉》，内蒙古人民出版社，1980年，第375页。

尊号，成为忽必烈汗的化身。对于阿勒坦汗来说，此“汗”号绝不同于“索多汗”号，而且是“全体蒙古汗”之意。察卜齐勒庙大会后，阿勒坦汗进行宗教改革，取缔博额教，以格鲁派的“化身理论”作为政治观念形态，掌控右翼蒙古，建立新的政治中心。

随着藏传佛教在蒙古地区的传播，各部首领都想得到达赖喇嘛赠予的“汗”号。万历八年（1580），阿鲁喀尔喀阿巴泰汗拜见达赖喇嘛，被授予“瓦察喇赛音汗”号，喀尔喀始有汗号[①]。万历十四年（1586），阿巴泰汗在呼和浩特拜见索南嘉措，被三世达赖喇嘛授予“佛法大瓦齐赉汗”号。阿巴泰汗回到喀尔喀后，因积极传播藏传佛教而扬名，逐渐在该地区形成政治势力。于是，右翼蒙古和喀尔喀在政治上逐渐脱离对大汗的依赖，这极大地冲击了达延汗黄金家族的统治观。藏传佛教经过半个多世纪的传播，全体蒙古人几乎接受了该教，成为信徒，各部的自主性也愈来愈强。万历十六年（1588），达赖喇嘛来到右翼蒙古，图们汗邀请圣喇嘛莅临察哈尔部传教。圣喇嘛接受了图们汗的邀请，向东察哈尔一路传教，但途中圆寂。达赖喇嘛与图们汗虽然没有相遇，但在察哈尔地区，藏传佛教迅速传播。万历三十二年（1604），林丹汗即位后，于“迈达哩法王桌尼绰尔济等处，受精深密乘之灌顶等，扶持宗教”[②]，以忽秃图合汗扬名各方，并兴建寺院，组织人

① 乌云毕力格著：《〈阿萨喇克其史〉研究》，中央民族大学出版社，2009年，第11页。

② 乌兰著：《〈蒙古源流〉研究》，辽宁民族出版社，2000年，第361页。

力、物力翻译著名的《甘珠尔经》。林丹汗自称“林丹·胡图克图汗福荫成吉思睿智，所向无敌的剌瓦尔迪太宗之天神，宇宙之上帝，持金轮之诺门汗”[①]。林丹汗也通过迎合藏传佛教来实现政治理想，以恢复忽必烈汗的“政教二道并行制”。在察卜恰勒庙（也作察卜齐勒庙）大会上，库图克台彻辰洪台吉颁布修订过的《十善福经白史》，这部典籍重新流传于蒙古地区，尤其“转轮王”和“化身”之说风行。蒙古人对此深信不疑，“库赞·扎特之蒙古地方诞生了瓦齐尔巴尼之化身——帖木真王子，以其共主之威镇服了十二大强逆国王，为驯服教民，统掌南赡部洲之全权，实施古昔创建之政教两道，圣雄成吉思汗英名传扬天下，光辉普照南赡部洲矣。圣雄成吉思汗向大萨斯边贡嘎宁卜喇嘛乞请曰：‘欲惮吾子孙世代成至上菩提斯特种属，以企永恒地实施政教两教，乞降赐一子焉。’脚因得天命，延至三代诞生满殊希里·菩提斯特化身——忽必烈皇帝，以转千金法轮合罕之名，誉满天下。忽必烈赐封萨斯迎·呼图克图·八思巴喇嘛为智能禅慧三省法王国师，遂信奉喇嘛教创建四大都”[②]。经藏传佛教几十年的传播，达延汗黄金家族的统治观已被撼动。林丹汗将自己称为“福荫成吉思睿智”的“金轮之诺门汗”。他顺应时代变化，使自己成为蒙古政教

① 乌力吉图校勘、注释，巴·巴根校订：《大黄册》，民族出版社，1983年，第122页。

② 留金锁整理注释：《十善福白史册》，内蒙古人民出版社，2000年，第76—77页。鲍音：《〈十善福经白史〉浅译》，《蒙古学资料与情报》1987年第2期。

大汗。

然而，后金的崛起极大地影响了蒙古历史发展的轨迹。林丹汗出于战争需要，“二十六岁时（1617年），会萨斯嘉·班禅·希喇卜胡图克图，又受精深密乘之灌顶”[①]，接受藏传佛教宁玛派。这使格鲁派不满，以致在漠南蒙古传教的迈达哩法王抛弃林丹汗，移至阿鲁（北）喀尔喀。当时，宁玛派在藏区虽然处于统治地位，但是在蒙古地区的影响力没有格鲁派大。因此，林丹汗在宗教政策上的变化不仅失去了格鲁派的支持，甚至还失去了信徒的支持。这对林丹汗的统一大业非常不利，因为格鲁派在漠南蒙古右翼、阿鲁喀尔喀和察哈尔地区广泛传播，成为人们信仰的一部分，并且作为社会心理的表现形式影响着政治。格鲁派以“化身”的新政治观念形态冲击着蒙古民族传统的正统大汗的权威，再加上后金的渗透，必将引起蒙古社会的大动荡。

林丹汗如何认清和应对面临的挑战及所处环境是非常重要的事情，因为人们的心理倾向也是非常重要的力量。林丹汗后来“不好黄教，好红教”[②]，注重以武力统一蒙古各部，东征科尔沁部，西迁右翼，战胜了喀喇沁和土默特等部。这导致科尔沁部与后金建立联盟共同应对林丹汗，喀喇沁和土默特等部倒向后金。林丹汗越是武力征讨离心的部族，想要实现统一，部族越是分

① 萨囊彻辰著，道润梯步译校：《新译校注〈蒙古源流〉》，内蒙古人民出版社，1980年，第328页。

② 金巴道尔吉著，留金锁校注：《水晶鉴》，民族出版社，1984年，第482页。

散。这与黄金家族统治观已经不是林丹汗时期统一的政治基础有直接关系，这也是政治文化的变化所致。林丹汗无法抵御后金的渗透和压力，漠南蒙古各部一一被占领或归附后金。天聪六年(1632)，天聪汗率兵和与敌对林丹汗的蒙古部族一起攻打察哈尔部，林丹汗更是完全放弃了格鲁派，甚至动了“破坏之心”[①]，还通过宁玛派教徒与西藏桑巴汗联系。在生死存亡的关键时刻，大汗身边的格鲁派教徒莫日根喇嘛宣称天命移至满洲汗而离开察哈尔汗，跟随后金。这给林丹汗的统一大业带来了极大的损失。在藏传佛教的影响下，林丹汗建立强大、统一的蒙古国的宏愿难以实现。在后金联军的进攻下，林丹汗以失败告终，蒙古的政治文化随之也发生了质的变化。

一种政治文化的产生或形成必将影响政治体系。蒙古政治文化的变迁不是由蒙古内部生成的，而是受外来文化和外部武力压迫的影响和压力所致。在此，林丹汗不能像传统蒙古大汗那样继续进行统治，更不能像达延汗那样实现蒙古的重新统一，失败是必然结果。

（四）林丹汗败亡的自身因素

林丹汗在蒙古民族政治生活中扮演过重要角色，是典型的民族政治人物。林丹汗时期，内外危机四伏，政治和经济以及观念形态的变化使蒙古汗权衰弱，各部各自为政，割据一方，尤其后

① 金巴道尔吉著，留金锁校注：《水晶鉴》，民族出版社，1984年，第483页。

金的崛起，给林丹汗带来了极大的压力。林丹汗作为蒙古大汗，肩负着重新树立汗威、统一蒙古各部以及抵御来自后金的渗透和逼迫的历史使命。当林丹汗致力于统一蒙古各部时，恰逢东部满洲兴起，于是与新建立的后金产生政治联系是不可避免的事情。林丹汗统一蒙古各部和抵御后金扩张的斗争交织在一起，并且随着形势的不断变化而更加复杂化。由于满蒙初期政治关系的形成和变化以及地区局势的剧变，林丹汗不由自主地卷入时代变革的巨浪中。

林丹汗重新统一蒙古各部，要解决蒙古内部问题，必须应对后金的渗透和军事进攻。这给林丹汗提供了舞台，如何应对部族的背离和抵御后金的威胁是林丹汗要面对的重大问题。对于蒙古诸部来说，民族领袖或民族英雄是极其重要的政治角色。因为“特定的民族社会和民族关系对民族政治角色形成了明确的角色要求，从而形成了对民族政治角色的角色期待，这就构成了民族政治角色的基本行为模式”[①]。在这种角色期待中，林丹汗曾扮演重要的民族政治角色，即蒙古民族的领袖，而且时代需要强有力的领袖人物。但是，林丹汗时期蒙古封建社会已经呈现僵硬状态，很难孕育出超越时代的英雄或杰出的政治人物，这一点不以林丹汗的自身因素为转移。

林丹汗满足民众对民族政治角色的需要，扮演蒙古民族领袖

① 周平著：《民族政治学》，高等教育出版社，2007年，第182页。

这一重要角色，驰骋于历史舞台。面对蒙古内外形势的急剧变化，林丹汗曾说："南朝止有一大明皇帝，北边止我一人，何得处处称王？我当先处里，后处外。"[①]这是林丹汗对当时内外局势所坚持的态度和采取的方针政策。天命二年（1617），林丹汗从战略角度考虑，以新建的察罕浩特作为当时蒙古的政治、经济、军事和文化中心。在此基础上，林丹汗着重武力讨伐背离的部族和抵御后金的渗透与扩张。

新兴的后金虎视眈眈、咄咄逼人，一方面攻打明王朝，另一方面与林丹汗争取相邻的蒙古科尔沁部和内喀尔喀五部。这定会影响到林丹汗政权的经济利益和政治利益，甚至威胁生存。然而，林丹汗的败亡使蒙古抗金阵营失去了旗帜，这意味着全体蒙古失去了政治核心，甚至名义上的大汗也不复存在。

林丹汗的败亡虽然有历史的必然性，但是不排除其自身的角色因素。林丹汗在统一蒙古各部和抗金斗争的过程中，未形成一个强有力的凝聚核心，没有"把政治体系推向新方向，彻底改变基本的决定规则或各种资源的联盟的潜力"[②]。他所采取的政治措施和行为未能充分发挥其积极作用，更没能组织全体蒙古部族开展抗金斗争，因此失败是不可避免的。

---

①《崇祯长编》卷一一，崇祯元年七月己巳，上海书店出版社，1984年。

②［美］加布里埃尔·A.阿尔蒙德、小G.宾厄姆·鲍威尔著，曹沛霖、郑世平、公婷、陈峰译：《比较政治学——体系、过程和政策》，上海译文出版社，1987年，第301页。

首先，林丹汗在蒙古诸部中没能树立崇高的威望，尤其在后金的渗透和威胁之下，他非但没有处理好与各部的关系，反而使之变得更加紧张。林丹汗作为蒙古大汗，致力于统一蒙古各部，为重振蒙古“共主”之威而付出极大的努力，但是在这一过程中没有树立强有力的大汗形象。因为他没有成为众望所归的大汗，所以没有得到蒙古各部的广泛拥戴。如林丹汗得知后金袭击内喀尔喀之后，“即带领兵马数万赶到三座寺东，奴酋已远去了”[①]。然而，林丹汗没有继续追击后金军，也没有采取其他方略，只是埋怨炒花道：“你又与奴酋两家来往不断，囊路是你的侄子，被奴杀死你也不顾，把他的儿子歹安儿抢去你也不顾，难道你不是汉子，只好诓骗南朝赏物，你送东奴骆驼、马匹，东奴与你鞍子、撒袋能值几何……”[②]对此，炒花非常不满，此后内喀尔喀五部势力被削弱许多，内部出现分裂趋势，乌济叶特部和巴林部亲近科尔沁部。后来，“炒花，被插酋诱哄杀死。有炒花男囊奴，因插酋杀死他父，囊奴又逃走奴营内去了”[③]。林丹汗杀死炒花后，其子囊奴归附后金。林丹汗只怪罪炒花，自己却没有主动防范后金，同时又兼并翁吉剌特部，在这种情况下，巴林和扎鲁特二部暂时投靠嫩科尔沁部。喀尔喀五部溃散，作为较强的部落集团不复存

①②〔明〕王在晋撰：《三朝辽事实录》卷十六，全国图书馆文献缩微复制中心，2002年。

③ 中国第一历史档案馆、辽宁省档案馆编：《中国明朝档案总汇·明朝兵部题行档》，兵部尚书熊廷弼崇祯五年六月十五日题，广西师范大学出版社，2001年。

在，于是察哈尔部屏障荡然无存，林丹汗直面后金。后金与林丹汗争夺内喀尔喀五部，察哈尔南部的部族感到非常不安，林丹汗本应该安抚察哈尔南部部族，可是大汗却怪罪敖汉、奈曼、克什克腾等部私自与后金来往。

林丹汗时期的确不同于达延汗时期，只是蒙古内部政治统一没那么简单。面临后金的严重威胁，单靠武力征服蒙古各部，再进行有效的政治动员是非常艰难的事情。但是林丹汗仍以武力征讨背离的部族，与各部封建领主发生直接冲突。各部领主绝不愿意丧失自己的政治特权和世袭领地，因此他们竭力抵制已衰落的汗权，反对林丹汗的统一大业，于是大汗的权威一落千丈。由此可见，林丹汗愈要为统一而战，蒙古就愈分离，对大汗不满的部族纷纷另投他主。蒙古各部领主纷纷投靠后金，继内喀尔喀五部之后，科尔沁部乃至察哈尔部的奈曼和敖汉等部也相继倒向后金。

其次，林丹汗缺乏高明的政治谋略和高超的政治技巧。“处里处外”的事情并存，各种关系错综复杂，不确定因素甚多。时代需要善于运用计谋和权术的政治领袖，林丹汗恰恰缺少灵活运用已制定的方针政策的智慧，因而未能根据自己所处的具体的政治形势做出准确判断，仍以传统方式来施政。其实，“政治并非一个固定不变的、可以预测的、因果关系的过程”[①]。当后金威胁加重

①［美］加布里埃尔·A.阿尔蒙德、小G.宾厄姆·鲍威尔著，曹沛霖、郑世平、公婷、陈峰译：《比较政治学——体系、过程和政策》，上海译文出版社，1987年，第301页。

之际，林丹汗必须联合蒙古各部领主，共同抵抗后金的扩张，因为林丹汗联合蒙古各部一致对外是关系到全体蒙古未来命运的重大事件。林丹汗只有善于发现、挖掘和动员蒙古社会中的政治资源，最大限度地争取各部的支持，凝聚民族力量抵御后金的扩张，才有可能维护蒙古民族的根本利益，才能维护自己的生存空间，才会实现蒙古民族的政治目标。然而，林丹汗对于后金的威胁没有引起足够的重视，没有进行有效的抵抗，未能采取正确、灵活、机智的措施，而是一直坚持统一蒙古各部，以武力抵御后金的措施。最终他没能解决蒙古政治分裂割据的问题，各部族反而纷纷倒向后金，形势更加严峻，甚至各方矛盾集聚于林丹汗一身。蒙古政治危机的加剧给后金提供了良机，后金的渗透越来越深。

最后，林丹汗没有处理好与明朝和后金的关系。林丹汗与明朝建立的互市关系，不仅是经济问题，而且是重要的政治问题。由于新兴的后金与明为敌，因此林丹汗与后金的经济和政治关系自然走向恶化。林丹汗在联明抗金的具体行动上失误较多。如前所述，广宁之战，林丹汗的援兵没有及时赶到，失信于明，这对双方产生了消极影响，对于后金而言却是机遇。至于与后金的政治关系，林丹汗最初还是以老眼光看待问题，没有采取有效的方式来应对后金的威胁，自以为“四十万蒙古”大汗，看不起努尔哈赤的"水滨三万人满洲国"[①]。林丹汗一直认为，用武力讨伐背离的蒙古部族，就能够制止后金的渗透。而事实上，在格勒珠尔根之战后，林丹汗先放弃左翼蒙古而西迁，完全失去对左翼蒙古部族的管辖，同时失去了满蒙初期政治关系的主动权。林丹汗虽然一直奋斗，但是众叛亲离，未能夺回主动权。在林丹汗西迁的压力之下，喀喇沁部主动与后金结盟，后金的渗透范围便日益扩展。林丹汗成为后金征服明朝的障碍，也就成为后金首先要征服的对象。林丹汗统一蒙古各部的大业遇到了前所未有的困难，但是大汗仍坚持"先处里，后处外"的方针政策，这就显现了"政治的经常性和'规律'是约束选择和限制创造性的与革新的趋势和倾向"[②]。天聪五年（1631），林丹汗出征阿鲁诸部后，漠南蒙古陷入混乱，大汗完全失去主动权和控制权，错综复杂的民族政治关系导致林丹汗败亡的命运。

民族领袖作为特定民族的特定角色，在民族特定生活中发挥着独特的作用并产生深远的影响。不同的历史时期，民族领袖的作用也各不相同。蒙古民族从成吉思汗建立大蒙古国至林丹汗败亡，在黄金家族统治的四百多年的历史进程中，民族领袖的作用

---

① 齐木德道尔吉编：《清朝太祖太宗世祖朝实录蒙古史史料抄》，内蒙古大学出版社，2002年，第59页。

② ［美］加布里埃尔·A.阿尔蒙德、小G.宾厄姆·鲍威尔著，曹沛霖、郑世平、公婷、陈峰译：《比较政治学——体系、过程和政策》，上海译文出版社，1984年，第301页。

是非常突出的。没有成吉思汗就没有强盛的蒙古民族，没有忽必烈汗就没有元朝的大一统，没有达延汗就没有蒙古的中兴。他们的贡献是巨大的。而林丹汗在抵抗后金的斗争中未能维护民族利益，最终败亡而退出历史舞台，渐渐被人们淡忘。纵观历史，每个民族都有其兴衰的历史，不同时代造就不同类型的领袖人物。在满蒙关系形成和演变的过程中，林丹汗奋斗一生，可以说是蒙古民族精神的代表者，引领民族精神发展的基本方向，是身体力行民族精神的领袖人物。虽然林丹汗的大业以失败告终，但他那不屈不挠的奋斗精神永远成为民族的一面旗帜。

从蒙古社会政治和经济的具体变化以及林丹汗所采取的政策措施与后金之间的关系等方面进行分析，林丹汗重新统一蒙古各部的确不同于达延汗时期，内外形势和主客观因素极其复杂。蒙古封建社会已经呈现僵化状态，难以孕育出超越时代的英雄人物或杰出的政治人物。林丹汗也没能驾驭或引领时代变迁的命脉，因此大汗的愿望及奋斗目标未能实现。总而言之，林丹汗的败亡，是蒙古社会内部政治和经济以及外来影响等诸多因素导致的，其中满蒙关系是不可忽视的原因。林丹汗作为蒙古大汗，有其自身的不足，但不是全部历史责任的承担者。

二、林丹汗败亡的后果

在满蒙关系形成和演变的进程中，林丹汗的败亡不仅标志着蒙古黄金家族统治的结束，也是蒙古历史的重大转折点。林丹汗的败亡，对全体蒙古部族产生了非常大的影响，同时对后金以及地区局势的发展变化也产生了非常大的影响。在满蒙关系的进程中，后金的满蒙联盟不断扩大，实力日益增强，以至能够与明廷抗衡，成为地区历史变化的主导者。

（一）对全体蒙古部族的影响

林丹汗的败亡，不仅标志着黄金家族统治的结束，也说明全体蒙古失去了政治核心和政治中心。林丹汗之后，大汗本部察哈尔以及未归附后金的鄂尔多斯、土默特等漠南蒙古部族一一归附后金。在察哈尔部及蒙古汗廷归附后金之后，蒙古大汗之宝，即嘛哈噶喇神、传国玉玺和蒙古文金字佛经等先后落入后金汗手中。嘛哈噶喇神是忽必烈汗时由帕克斯巴喇嘛用黄金铸成的佛像，是蒙古大汗的护法神，奉祀于五台山，后请移于萨思遐地方。林丹汗时期，沙尔巴呼图克图喇嘛将佛像复移于察哈尔奉祀。林丹汗衰败后，墨尔根喇嘛载嘛哈噶喇佛像归附后金，天聪汗遣必礼克图囊苏喇嘛前往迎接，并专门建寺院供奉[①]。蒙古文金字佛经附随佛像一同被带到后金。蒙古汗廷各斡耳朵被后金俘获后，又献出传国玉玺。天聪九年（1635）八月初三日，“贝勒多尔衮等闻玺在苏泰太后福金所，索之，既得，视其文，乃汉篆‘制诰之宝’四字，璠玙为质，交龙为纽，光气焕烂，洵至宝也。多

① 中国第一历史档案馆编：《清初内国史院满文档案译编》（上），光明日报出版社，1989年，第126—127页。

尔衮等喜甚，曰：皇上洪福非常，天锡至宝，此一统万年之瑞也。遂收其玺，携降民渡黄河，至归化城”[①]。九月初六日，天聪汗亲自迎接出师的诸贝勒，他们“率归降察哈尔汗之子额尔克孔果尔及其诸臣从汗右侧驰马来见，汗率众人近前。御营南冈所筑御位上设黄案，案上燃香，吹螺掌号，吹喇叭、唢呐，上率众拜天，行三跪九叩头礼毕，汗还黄幄升座。出师诸贝勒设案，袭以红毡，以所得玉玺置于上，命正黄旗骑兵固山额真纳穆泰、镶白旗固山额真吏部承政图尔格依举案各一端，诸贝勒率众遥跪献汗毕，汗设案于黄幄前，案上陈香烛，汗受玉玺，亲捧之，率众拜天，行三跪九叩头礼毕，汗复位，传谕两侧众人，曰：此玉玺乃历代帝王所用之宝”[②]。其场面庄重盛大，可见后金汗的重视程度。

林丹汗之子额尔克孔果尔归金，意义非同一般。传国玉玺是中原王朝正统皇帝的象征，是古代命世之君的合法性象征。因此，传国玉玺从蒙古落入皇太极手中之后，蒙古汗廷的王公大臣以及各部首领便认为“天命”已转至后金汗。同时，天聪汗和诸贝勒也认为，获得传国玉玺便意味着“天命”归金，即上天允许皇太极做命世之君。当后金得到传国玉玺后，大臣们也议论纷纷，“夫玉玺者，乃天子之大宝，国家之上瑞，有天下者所必有

① 《清太宗实录》卷二四，中华书局，1985年，第9页。

② 中国第一历史档案馆编：《清初内国史院满文档案译编》（上），光明日报出版社，1989年，第189—190页。

也。今皇上合天心，爱百姓，故天赐［宝/此］玺，可见天心之默佑矣”[①]。在此，后金诸贝勒做出决议，给天聪汗上尊号，遣弘文院希福、刚林，秘书院罗硕，礼部启心郎祁充格上奏：“今察哈尔汗太子举国来降，又得历代相传传国玉玺，是天心默佑，大可见矣。所当仰承天意，早正大号，以慰舆情。”[②]但是天聪汗认为，接受尊号还要得到各方的支持，即满洲大臣、汉官、归附的蒙古各部和朝鲜等。于是汉官鲍承先、范文程、宁完我等劝天聪汗：“顺天而行，天之欲皇上受此尊号也，岂必谆谆然命之乎。玉玺既得，诸国［皆/归］附，人心效顺，是即天意所在也。今上宜顺天应人，早正尊号，［以承大统/以定国体］。”[③]除萨哈廉因病免誓外，诸贝勒也献上誓词，送皇太极审阅。后来他们按照皇太极之意修改誓词，十二月二十八日，代善、济尔哈朗、多尔衮、多铎、阿巴泰、阿济格、豪格等诸贝勒宣读各自的誓词，然后举火烧毁[④]。后金诸贝勒、大臣联合恳求皇太极登基，并与漠南蒙古诸部首领齐集盛京，“欲定汗之尊号”。诸贝勒对漠南蒙古诸部首领

---

① 齐木德道尔吉编：《清朝太祖太宗世祖朝实录蒙古史史料抄》，内蒙古大学出版社，2002年，第347页。

② 齐木德道尔吉编：《清朝太祖太宗世祖朝实录蒙古史史料抄》，内蒙古大学出版社，2002年，第366页。

③ 齐木德道尔吉编：《清朝太祖太宗世祖朝实录蒙古史史料抄》，内蒙古大学出版社，2002年，第367页。

④ 中国第一历史档案馆编：《清初内国史院满文档案译编》（上），光明日报出版社，1989年，第222—224页。

说："将此事已先尔等奏于汗，我等有同心，可共议入奏。"[①]漠南蒙古十六部四十九位王公与诸贝勒同议并奏称："今诸国已归附，兼获玉玺，天意佑助，信而有征，宜建汗主尊号，以顺人之心。"[②]天聪汗接受诸贝勒、大臣以及漠南蒙古诸部首领的议定和请求后，说："内外诸贝勒、大臣同心欲定尊号，朝鲜国王与我结为兄弟，应与之共议，且外藩诸贝勒尚未全至，今当遣使往朝鲜，以此言闻朝鲜王。"[③]

传国玉玺是中原王朝正统皇权的象征，是天聪汗建立满蒙共同之国以及建立中原传统王朝的有力依据。在君权神授思想盛行的年代，蒙古人确信玉玺的失守是天意让他们接受天聪汗成为自己的可汗。天聪十年（1636）三月，漠南蒙古十六部四十九位王公贵族齐集盛京，参加天聪汗受尊号的大会。四月五日，在举行受尊号的典礼上，奥巴之子土谢图济农巴达礼代表漠南蒙古诸部首领捧上蒙古字表文，奉皇太极为"博格达彻臣汗"，意为"宽温仁圣汗"，尊皇太极为自己的大汗。多尔衮、巴达礼、多铎、豪格从左侧班列中站出，杜度、孔有德、岳托、额驸额尔克孔果尔额哲从右侧班列中站出，其中的两人向前跪献皇帝御用之宝。这说明他们代表满洲、蒙古和汉人授予皇太极至高无上的统治权，即

①③ 中国第一历史档案馆编：《清初内国史院满文档案译编》（上），光明日报出版社，1989年，第224页。

② 中国第一历史档案馆、中国社会科学院历史研究所译注：《满文老档》，中华书局，1990年，第1376页。

皇权。此举表明皇太极登基是得到各方认可的，尤其受到漠南蒙古各部王公贵族以及原蒙古汗廷的承认。于是，蒙古大汗的宗主地位转移至大清皇帝身上。皇太极应各方要求，尤其是顺应漠南蒙古诸部首领的政治心理，“受宽温仁圣皇帝尊号，建国号曰大清，改元崇德元年”[①]。四月十一日，皇太极正式登基，漠南蒙古十六部四十九位王公贵族与满洲诸贝勒、大臣和汉官一同参加庆典。庆典上，诸官诵读的祝文：“惟丙子年四月十一日，满洲国皇帝臣（皇太极）敢昭告于皇天后土之神曰，臣以眇躬嗣位以来，常思置器之重，时深履薄冰之虞，夜寐夙兴，兢兢业业，十年于此。幸赖皇穹降佑，克兴祖父基业，征服朝鲜，混一蒙古，更获玉玺，远拓疆土。今内外臣民，谬推臣功，合称尊号，以副天心。臣以明人尚为敌国，尊号不可遽称，固辞弗获，勉循群情，践天子位。”[②]可以说，盛京大会是皇太极登基的盛大仪式。

盛京大会之后，黄金家族的汗权彻底落入满洲爱新觉罗家族手中，清朝统治也在漠南蒙古地区真正建立起来。皇太极“继承的蒙古汗国的汗统，新成立的大清国实为由满洲国扩大而成的满蒙之国。为了联合蒙古，熟悉蒙古文化的皇太极作为满蒙之主，很可能以蒙古语作为他的新国号”[③]。可以说，盛京大会实际上是大清收服漠南蒙古的正式仪式。从此，清朝统治扩展到漠南蒙古

①② 齐木德道尔吉编：《清朝太祖太宗世祖朝实录蒙古史史料抄》，内蒙古大学出版社，2002年，第383页。

③ 鲍明：《大清国号词源词义试探》，《内蒙古民族大学学报》2005年第2期。

地区，此地便成为其统治的重要组成部分。

林丹汗败亡后，全体蒙古的抗金阵营失去了自己的旗帜，蒙古部族没有了政治核心，对于漠北蒙古部族和漠西蒙古部族而言，名义上的大汗也已不复存在。在漠南蒙古各部归附后金之后，漠北蒙古各部和漠西蒙古各部失去了屏障，直接面对清王朝。他们在清廷与沙皇俄国之间，处境更加艰难。

自阿巴泰称汗后，漠北喀尔喀蒙古形成三大集团，即右翼札萨克图汗部、左翼土谢图汗部和车臣汗部。由于地理因素，与满洲接触较晚些，但漠南蒙古与后金政治关系的形成和演变进程无时不影响漠北喀尔喀蒙古。在林丹汗抵抗后金、统一漠南蒙古各部的战争中，察哈尔属部乌珠穆沁、苏尼特、浩齐特、阿巴噶等部为了躲避战乱，向北迁移至喀尔喀境内[①]，投靠了硕垒达赖济农。硕垒达赖济农是阿鲁喀尔喀七鄂托克之一的首领，“自察哈尔和阿巴噶来了为数众多的逃人到达赖济农，奉他为汗”[②]。硕垒被推举为共戴马哈撒嘛谛车臣汗，又称阿勒坦汗。他称汗后得到土谢图汗衮布的支持，一时声势浩大。由此，左翼喀尔喀就有了两个汗，形成两大集团，即土谢图汗部和车臣汗部。两大集团相互支持，关系密切。由于阿巴噶、乌珠穆沁等部的领地与车臣汗部

---

① 包文汉、奇·朝克图整理：《蒙古回部王公表传》，内蒙古大学出版社，1998年，第257页。

② 中国第一历史档案馆、内蒙古大学蒙古学学院：《清内阁蒙古堂档》6卷，内蒙古人民出版社，2005年，第12—25页。

接壤，因此他们经常来往，尤其是车臣汗与林丹汗之间具有特殊的关系。林丹汗和硕垒不仅与达延汗的后裔同宗同室，而且还是连襟，与乌珠穆沁首领塞冷额尔德尼也是连襟。囊囊太后有二姊，一位是硕垒汗之妻，另一位是塞冷额尔德尼之妻，姊妹三人是阿巴噶部多尔济之女[①]。因此，林丹汗去世之后，车臣汗硕垒致书于大汗遗孀囊囊太后、太子额尔克孔果尔额哲和诸臣时说："愿吉祥！共戴马哈撒嘛谛车臣汗谕太后、儿额尔克及哲勒谟达尔汉诺颜以下为首诸寨桑等：在先，执珲诺颜送还，言辞互敬，事业相与有成。在后，亦未尝不善。只因国乱，遂不相往来。夫我等素无怨恨也。自可汗升天，闻尔等全体来归，自秋以来即令探望。我等与尔汗为同宗，于尔等黎民为主上也，尔等应即来归。言及姻亲，太后乃我哈屯之妹。若欲他往，无论于国政、姻亲，为最亲近者乃我也。三思之，三思之。"[②]由此可知，林丹汗与硕垒汗的政治关系非同一般，要是皇太极没有派兵寻找到蒙古汗廷，囊囊太后等有可能北上投靠硕垒汗。

由于漠南蒙古诸部与后金关系的急剧变化，察哈尔万户属部乌珠穆沁、苏尼特、浩齐特、阿巴噶等部北上，这使外喀尔喀的

① 玉芝著：《蒙元东道诸王及其后裔所属部众历史研究》，内蒙古人民出版社，2019年，第255页。

②《旧满洲档》，台北故宫博物院，1969年，第4292—4293页。乌云毕力格著：《〈阿萨喇克其史〉研究》，中央民族大学出版社，2009年，第10—11页。

风波随之而起，无法安宁。外喀尔喀三汗、贵族、诺颜们为了争夺从漠南逃过去的人和牲畜，“彼此间相互争夺为己有”[①]。在崇祯五年（1632）至崇祯七年（1634），林丹汗为躲避后金满蒙联军而迂回西进时，与大汗有密切关系的外喀尔喀绰克图洪台吉配合林丹汗的行动前往青海。当时，西藏地区的格鲁派与宁玛派的斗争尤为激烈，林丹汗、绰克图洪台吉与西藏的藏巴汗丹忠旺布、康区苯教首领白利土司栋月多尔济建立了联盟关系。格鲁派信徒却认为他们是“四恶汗”。林丹汗和绰克图洪台吉西进青海后，便卷入藏传佛教格鲁派与宁玛派的激烈斗争之中。绰克图洪台吉在青海“杀害呼图克图（满珠习礼呼图克图），攻破多罗土默特（达延汗四子阿尔苏博罗特的后裔所属部）”[②]。绰克图洪台吉占领青海地区，并取用汗号。绰克图洪台吉在青海时，藏巴汗和白利土司因在西藏一同迫害格鲁派僧侣之事引发了一系列事件。格鲁派受到迫害时，他们向卫拉特人求援，卫拉特四部盟主固始汗决定亲自率兵出征西藏，协助格鲁派。崇德二年（1637）初，固始汗图鲁拜琥率卫拉特联军进入青海，联军由四卫拉特联盟——和硕特、绰罗斯、辉特、杜尔伯特部的军队以及喀尔喀兀良哈军组成。联军进入青海后，打败了绰克图洪台吉。之后，固始汗按照格鲁派首领五世达赖喇嘛之意进藏，在崇德五年（1640）杀死了白利土司，

① 金巴道尔吉著，留金锁校注：《水晶鉴》，民族出版社，1984年，第486页。

② 中国第一历史档案馆、内蒙古大学蒙古学学院：《清内阁蒙古堂档》，内蒙古人民出版社，2005年。

崇德七年（1642）击败了藏巴汗[①]，建立了新的统一政权，即和硕特汗廷。这是“元朝之后，西藏经过了近三个世纪的内部分裂与争斗，终于又在和硕特人的征服下完成了统一”[②]。

当绰克图洪台吉从外喀尔喀进入青海时，硕垒汗便敦促囊囊太后、额尔克孔果尔额哲太子和诸臣举国北迁投奔自己。同时，硕垒汗还给皇太极致书，信中提及以黄金家族的身份能够“守护着大玉宝政”[③]，将蒙古汗廷迁至漠北，并保证汗统的延续。然而，后金方面非常警惕硕垒汗与漠南蒙古之间的来往，不久就发生了“鄂木布事件”。鄂木布是归化城土默特部的首领，土默特部居于明朝和外喀尔喀之间的贸易地带。因而土默特部成为后金的主要阵地，后金对土默特上层诺颜贵族的举动极为关注。天聪九年（1635），正在归化城驻守的后金贝勒岳托得到鄂木布遣往外喀尔喀毛罕等人返回的密报，便派阿尔津、吴巴海、喀木齐哈、尼堪四人带兵前去堵截，最终成功截获。同鄂木布的使臣一同前来的百名外喀尔喀商人和四名明朝使臣携带驼、马、貂皮等物品，似乎是外喀尔喀的一支商队。后金方面擒获了“毛罕所遣十人及明使四人，获骆驼五十只、马四十六匹、豹皮四百［有奇/一十二

---

① 马林著：《五世达赖喇嘛传》，青海人民出版社，2006年，第183页。

② 乌云毕力格：《和硕特汗廷的建立过程》，《内蒙古社会科学》1988年第4期。

③《旧满洲档》，台北故宫博物院，1969年，第4288页。乌云毕力格著：《〈阿萨喇克其史〉研究》，中央民族大学出版社，2009年，第11页。

张]。又得乌朱穆沁部落贸易人六十四名、骆驼三十七(只)、马一百有八(匹)、豹皮二百二十(张)"。毛罕是土默特人,后金方面罗列其罪名为"私称博硕克图之子为西图格根汗,自称为吴尔鲁克额齐克达尔汉贝勒,称其妻为太布精……[又杀害来归我国之察哈尔/又杀自察哈尔归我国之]石喇祁他特、吴班扎尔固齐、祁他特台吉。又与明沙河堡参将通谋,称明国为一路,喀尔喀为一路,土默特为一路。因遣人往喀尔喀,为土默特人告密"[①]等,于是岳托斩毛罕及其党羽,并派人去征剿藏匿的外喀尔喀人,控制了土默特壮丁。后金方面怀疑鄂木布反叛,借此机会剥夺他在土默特部的统辖权。这不仅震慑了已归附后金的漠南蒙古各部,而且完全控制了外喀尔喀部与明的贸易。

林丹汗之后,外喀尔喀与明的贸易受阻,他们只好与后金交往贸易。是年(1635)年底,硕垒汗及外喀尔喀诸部首领组织百余人的使团前往后金,并献礼品。硕垒汗在给后金汗的书中称:"愿吉祥!圣主成吉思汗黄金家族马哈萨嘛谛塞臣汗(硕垒汗)为首上书于天下无敌天聪汗。奏书缘由:我在此甚安,天聪汗在彼无恙乎?今已破察哈尔呼图克图不可败之势。以太平之道,天聪汗在彼自有睿裁。今抚有玉大宝,声名在外,为天下法,使政令炳曜,如日方升,令名传扬万世也。如蒙睿鉴,以是言为是,

① 齐木德道尔吉编:《清朝太祖太宗世祖朝实录蒙古史史料抄》,内蒙古大学出版社,2002年,第340页。

则愿往来通问不绝，共守盟约不渝。汗的使臣卫征喇嘛、毕切齐达尔汉乌巴什、达尔汉塔布囊、托博多依冰图侍卫四人。乌珠穆沁部车臣济农、苏尼特部巴图鲁济农、浩齐特部伊勒登土谢图、阿巴噶部札萨克图济农等大小诺颜的使臣多名。”[①]外喀尔喀诸部首领承认了后金的统治，并且表达了双方建立交往关系的愿望。这正切合后金之愿，于是在次年初，当外喀尔喀使团返回时，皇太极派遣卫寨桑率团出使外喀尔喀。这是后金首次派往漠北外喀尔喀的使团，皇太极给硕垒汗的书中称：“致喀尔喀马哈撒嘛谛车臣汗。尔谓‘我图太平之道，自有睿裁’等语。此言诚是。我对各国，非贪得而无故征战之。昔我发兵夙敌明国，时察哈尔汗贪明国财帛，助之以兵，我遂发兵征察哈尔。是以天地厌察哈尔汗，以察哈尔国赐予我。今尔等卖马与明，以换取其财物，岂非加增明国势力乎？尔等行事，如此乖悖，我亦不以介怀，结盟通好事宜原听尔等之言。”[②]可见，后金方面要求硕垒汗不要与明廷来往，将与之停止贸易。十一月，使臣卫寨桑等返回时，车臣汗部又派使团一同抵达盛京，目的是要与清进行贸易，停止与明的贸易。此次车臣汗部使团带来了硕垒汗的书信，信中称：“共持

① 《旧满洲档》，台北故宫博物院，1969年，第4556页。姑茹玛著：《喀尔喀车臣汗部研究》，辽宁民族出版社，2016年，第98—99页。

② 《旧满洲档》，台北故宫博物院，1969年，第4637—4638页。姑茹玛著：《喀尔喀车臣汗部研究》，辽宁民族出版社，2016年，第101页。

和睦之道，相互遣使往来，乃谓典籍之所首尚。曾被告知，与汉人贸易，不得卖马。我等正欲放弃贸易，因见七和硕喀尔喀部及四卫拉特俱往交易，故我等亦往交易。”[①]于是，清太宗赏硕垒汗及众台吉、大臣雕鞍、鞓带、佩刀、撒袋、弓、金银器皿、珊瑚数珠、貂镶朝衣、蟒缎、白金、布匹等物[②]。由此可知，林丹汗败亡后，外喀尔喀左翼的硕垒汗在皇太极的压力下，在与明断绝贸易来往的同时，与满洲建立了贸易关系，并且频繁相互遣使。

在外喀尔喀三汗中，右翼札萨克图汗部的第一任札萨克图汗素班第（格埒森扎长子之孙）于万历二十四年（1596）被阿巴泰奉为汗。札萨克图汗部与清的接触比左翼晚些，崇德三年（1638）曾通过土默特部与明开展贸易，但遭到清的讨伐。是年正月十六日，驻守归化城的土默特诸臣遣人奏报清廷：“北方阿禄喀尔喀札萨克图汗率兵携妻子至我等所居归化城周围驻营，似欲犯我城，亟待圣汗发大军前来。”[③]于是，清太宗在二月十三日亲自率领军队征讨前来归化城的札萨克图汗部的商贸队。然而，明人向外喀尔喀人通报清军来讨的消息之后，“喀尔喀蒙古惊惧，未犯我归化

① 《旧满洲档》，台北故宫博物院，1969年，第5285—5286页。姑茹玛著：《喀尔喀车臣汗部研究》，辽宁民族出版社，2016年，第104页。

② 《旧满洲档》，台北故宫博物院，1969年，第5288—5290页。姑茹玛著：《喀尔喀车臣汗部研究》，辽宁民族出版社，2016年，第105页。

③ 中国第一历史档案馆编：《清初内国史院满文档案译编》（上），光明日报出版社，1989年，第268页。

城一物，亦未得与明人交易”[①]。札萨克图汗部的商贸队仓皇退去。三月三日，清太宗得知喀尔喀人退去后班师而归。三月七日，札萨克图汗部的达尔汉喇嘛和塞臣绰尔济来到清的势力范围献礼，“达尔汉喇嘛率六人，贡马两匹，一曰千里马，一曰索罗图。来使达尔汉喇嘛献马一匹、妆缎一匹、倭缎一匹，塞臣绰尔济献马两匹、单峰驼一只”[②]。札萨克图汗部的行为只表示与清建立了贸易关系，并没有承认清太宗为全体蒙古人的大汗，他们认为“六大兀鲁思的若干个（指外喀尔喀）尚在尔处”[③]。九月二十四日，清太宗在给札萨克图汗素班第致信时提及收服漠南蒙古各部的事实，并谴责素班第，警告他要量力而为。札萨克图汗素班第感受到来自清朝的压力。

清朝方面已经彻底切断了外喀尔喀与明的贸易，于是外喀尔喀三汗部的首领接连向清廷遣使，以求建立贸易关系。清太宗为了安抚漠南蒙古，对外喀尔喀左翼和右翼采取软硬兼施的手段，对札萨克图汗表现出强硬姿态，对左翼却采取笼络措施。但是，外喀尔喀人没有投附清朝，反而感受到来自清朝的压力，包括左翼的硕垒汗。于是，外喀尔喀三汗为了壮大自身势力和凝聚力

---

① 中国第一历史档案馆编：《清初内国史院满文档案译编》（上），光明日报出版社，1989年，第279页。

② 中国第一历史档案馆编：《清初内国史院满文档案译编》（上），光明日报出版社，1989年，第288页。

③ 齐木德道尔吉、吴元丰、萨·那日松等编：《清内秘书院蒙古文档案汇编》（第一辑），内蒙古人民出版社，2003年，第255页。

量，积极寻求新的出路。同时，藏传佛教格鲁派的上层人士也在努力将外喀尔喀和漠西蒙古卫拉特诸部变为他们能控制的力量。格鲁派的影响力和作用在外喀尔喀和卫拉特愈来愈大。因此，硕垒汗借助藏传佛教领袖人物的尊贵地位，试图在外喀尔喀建立新的政治中心。硕垒汗拥立土谢图汗衮布之子乍那巴乍尔为“转世活佛”，欲将土谢图汗变成为外喀尔喀的政治中心。崇德四年（1639），外喀尔喀三部诸首领、贵族会盟于席勒图察罕诺尔，请乍那巴乍尔坐法床，他就是一世哲布尊丹巴呼图克图，又称温都尔格根。席勒图察罕诺尔会盟体现了外喀尔喀贵族团结在哲布尊丹巴呼图克图的周围，维护他们自身利益的渴望。当时“政治形势以及来自各方面，包括来自蒙古大汗的外部强大的压力和其他内在的因素，促使外喀尔喀的封建主，特别是属于东部两个汗国的封建主们，都认定自己同族的呼图克图是最高的宗主和领袖，乃至把他当作全喀尔喀的可汗”[①]。的确，席勒图察罕诺尔会盟后，哲布尊丹巴呼图克图就成为喀尔喀的政教领袖。这标志着林丹汗败亡后形成了新的政治核心和政治中心，为外喀尔喀成为政治实体奠定了基础，但是局势的发展变化极大地影响了外喀尔喀的这一历史进程。

漠西卫拉特蒙古地处清朝西域，虽然遥远，但也被卷入剧烈

① ［苏联］Б·Я·符拉基米尔佐夫著，刘荣焌译，内蒙组校：《蒙古社会制度史》，中国社会科学院民族研究所社会历史室，1978年，第249—250页。

变化的地区时局之中。崇德二年（1637），固始汗率部进驻青海之后，很大程度上促进了卫拉特与格鲁派之间的关系。于是，在外喀尔喀和卫拉特，藏传佛教的影响力愈来愈大，同时来自清朝的威胁也越来越强。通过尹咱库图克图、咱雅班第达等高僧的调解和牵线，牧地接壤的札萨克图汗部首领和卫拉特贵族经过接触，促成了外喀尔喀与卫拉特的联合。其实，外喀尔喀与卫拉特自布迪汗之后，双方冲突不断。在十七世纪初，漠南蒙古一一归附后金之时，外喀尔喀与卫拉特仍是对立关系。当林丹汗败亡后，札萨克图汗素班第和卫拉特首领巴图尔洪台吉在蒙古政治危机面前，放下前仇，建立联盟。他们为了克服共同的压力、保障共同的利益走到了一起。崇德五年（1640）秋，外喀尔喀和卫拉特以札萨克图汗和巴图尔洪台吉为首的诸贵族、诺颜集聚在塔尔巴哈台（今新疆塔城）举行盛大的会盟。参加大会的有外喀尔喀札萨克图汗、土谢图汗、乌巴什达赖诺颜、达赖洪诺颜等诺颜，卫拉特巴图尔洪台吉、鄂齐尔图台吉、昆都仑乌巴什等诺颜，青海的固始汗，伏尔加河的和鄂尔勒克等诺颜与格鲁派高僧等，共计三十多人。大会制定了著名的《喀尔喀-卫拉特律》，其主要内容和目的是："调整封建主内部的相互关系并排除内讧的可能；保证在抵御可能发生的外来危险的斗争中，能统一布置力量并互相支援；巩固封建秩序，巩固汗和王公们对劳动人民的统治。”[①]这是外喀尔喀和卫拉特关系史上的一次重大事件，也是林丹汗败亡后出现的重大政治历史事件。

《喀尔喀-卫拉特律》调整了外喀尔喀和卫拉特封建主内部的关系，加强了对部众的统治，并约定共同抵御外来危险、捍卫共同安全。外喀尔喀和卫拉特诸汗及贵族们在法典精神的鼓舞下，对清廷采取共同抵御的政策，于是外喀尔喀左翼与清廷的关系出现明显的恶化势头。对此，清廷采取恩威并施和拉拢分化的方针，试图迫其就范。在清太宗的拉拢之下，乌珠穆沁、浩齐特、阿霸垓、苏尼特等部落陆续返回原牧地，归附清廷，并且还要“全收北边喀尔喀”[②]。

在满蒙关系的影响下，各方关系错综复杂。几十年后，外喀尔喀与卫拉特淡化了《喀尔喀-卫拉特律》，外喀尔喀内讧将起，卫拉特建立了准噶尔汗国。准噶尔汗国的建立，标志着蒙古政治中心转向漠西蒙古，而清廷对漠南蒙古的统治得到巩固。在外喀尔喀与卫拉特的战争再起之际，外喀尔喀归附清廷，之后卫拉特被清廷征服，于是蒙古部族全部纳入清廷统治之下。

林丹汗的败亡对全体蒙古产生了非常大的影响，同时对地区政治局势以及清朝统治也产生了很大影响。

---

① [苏联] 伊·亚·兹拉特金著，马曼丽译：《准噶尔汗国史》，兰州大学出版社，2013年，第176页。

② 齐木德道尔吉等编：《清朝圣祖朝实录蒙古史史料抄》（上），内蒙古大学出版社，2003年，第473页。

（二）对地区局势及清朝的影响

自元朝之后，蒙古与明朝对峙了两个多世纪，到十七世纪初，由于后金的兴起而打破了这一状况，形成了蒙古、明、后金三方并存的局面。虽然努尔哈赤起兵与明为敌，但局势的发展变化将林丹汗以及漠南蒙古各部卷入其中。他们相互角逐，关系复杂，斗争激烈，最终满洲成为赢家，林丹汗退出历史舞台。林丹汗的败亡不仅对蒙古历史产生了重大影响，也对当时地区局势的发展变化及其走向产生了非常大的影响。

后金的兴起牵起了地区大变动，明廷为了应对后金的进攻，不断增兵、筹饷，使农民无以为生。崇祯三年（1630），军兴，兵部尚书梁廷栋请增田赋。各地增赋，御史郝晋亦言："万历末年，合九边饷止二百八十万。今加派辽饷至九百万。剿饷三百三十万，业已停罢，施加练饷七百三十馀万。"[①]"陕西省的数目多达二十六万三千六百三十一两"[②]，而当时陕北"丰年亩止收四五斗……凶年则一斗二斗"[③]。可见农民的负担很重，再加上地方官员贪酷，导致民不聊生，饥民铤而走险，"死于饥与死于盗等耳。与其坐而饥死，何不为盗而死，犹得饱死鬼也"[④]。因此，陕北最先爆发农民起义。由于明朝西北和北部边镇守军长期匮饷，

①〔清〕张廷玉等撰：《明史·食货志》，中华书局，1974年。

②〔明〕毕自严撰：《度支奏议·题覆加派数目疏》，上海古籍出版社，2008年。

③〔清〕刘于义修，沈青崖纂：《敕修陕西通志》卷三二，三秦出版社，2014年。

④〔清〕计六奇撰，魏得良、任道斌点校：《明季北略》卷九，中华书局，1984年。

大批士卒参加了农民起义军，他们具有战斗经验，极大地增强了起义军的战斗力。农民军的发展壮大，极大地威胁到明朝的统治。在明廷集中精力镇压农民起义时，后金得到发展壮大的机遇。

明朝东西两侧先后出现两个新的政治军事力量，并且已经威胁到明朝统治。于是，明廷为了镇压农民起义以及应对后金的进攻，与宿敌林丹汗联合，并对蒙古各部开市贸易。由于林丹汗及漠南蒙古诸部所处的特殊地理位置，对农民起义军、明和后金都具有极其重要的意义。哪一方得到林丹汗及漠南蒙古部族的支持，或利用好漠南蒙古这一大后方，都将会极大地增强自己的竞争力，有取胜的可能性。因此，林丹汗及漠南蒙古诸部是农民起义军、明和后金三方竭力争取的力量。然而，缺乏战略眼光的农民军领袖没有意识到蒙古部族的力量及其意义，因此没有与右翼蒙古联合。由于战乱，右翼蒙古的部民分散地加入农民军，如崇祯十七年（1644），李自成退出北京时，五千多骑兵中，蒙古骑兵有一千五百多人[①]。明廷方面非常明白，与林丹汗及蒙古各部之间的冲突只是互市贸易问题而已，可来自西北的农民起义军和来自东北的后金的威胁是致命的。因此，明廷集中精力镇压农民起义军。在如何应对后金的问题上，大臣们争论的结果是采取传统的“以蛮夷攻蛮夷”[②]的政治措施。于是，明廷以“市赏”为条件，

①《崇祯长编》卷九，上海书店出版社，1984年。

②〔明〕张鼐撰：《辽夷略》，《明代蒙古汉籍史料汇编》（第二辑），内蒙古大学出版社，2006年，第471页。

与林丹汗及蒙古部族联合起来抵御后金的进攻。这当然也符合林丹汗及蒙古部族的愿望和要求，可满足他们的经济来源，有利于林丹汗控制蒙古部族的市赏权力。然而，林丹汗要控制蒙古部族市赏的时候，其与封建领主之间的矛盾也自然加剧。林丹汗与明廷联合后，自然成为后金之敌。于是，林丹汗就把明和后金之间的矛盾焦点引向自身。

其实，林丹汗与明廷联合后，有利于加强自己的势力，对统一蒙古各部也有重要意义，同时给后金带去极大的压力。后金与明和蒙古相比，势力悬殊。面对强敌，努尔哈赤和皇太极父子一方面向辽东、辽西地区进行军事扩张，切断科尔沁部、内喀尔喀五部以及察哈尔部的经济来源；另一方面，利用林丹汗与蒙古部族之间的矛盾，以分化、拉拢、打击、威胁等手段渗透蒙古部族，从而加剧他们之间的矛盾，以此来打击和孤立林丹汗。林丹汗在东征科尔沁部、西讨右翼蒙古部族的过程中，未能统一蒙古各部，反而逐渐失去优势和主动权，最终走向败亡。

林丹汗的败亡直接或间接地影响着其他三方势力的角逐和走向。林丹汗败亡后，牵制后金西进的势力已经不复存在，明朝方面也无法限制后金于东北一隅。随着后金的兴起，直接威胁明廷，明廷“以夷制夷”联蒙抗金的政策彻底失败。明廷已经失去了北部屏障，后金的强大又使明的辽东防线更加吃紧。在这种情况下，明廷只好集中兵力进行抗金斗争，而农民起义军又得到发展壮大的机遇。

崇德元年（1636）初，皇太极改元称帝时，漠南蒙古各部归附了清廷。清廷已经使东北与漠南蒙古的广袤地区连成一片，实力大增，成为明廷的极大威胁。是年五月，清廷集中兵力，以蒙古人为向导，进入明朝关口发动大规模战争。清军由喜峰口进入长城，七月初攻占居庸关、昌平，袭击良山，攻打宝坻、房山，北京城已经暴露在清军的铁骑之下。但是，此次清军的目标不是要攻打京师，也不想围困，只是南下攻占文安、永清、雄县等城。清军攻陷明城池十多处，俘获无数人畜后，于九月班师回到盛京。崇德四年（1639），皇太极组织兵力再次进军明河北、山东一带，占领河北诸多城镇，并深入南部，攻克济南府，俘获大量人畜和金银财宝，“旌旗所指，无不如意”[①]。清军首次大规模地向内地深入，极大地扩大了清的活动范围，消耗和牵制了明王朝大量的有生力量，可以说已经动摇其根本。同时，清朝在关外宁远至锦州一线上与明朝展开激烈的争夺，崇德五年（1640）爆发了明清大决战，即著名的松锦之战。清朝在松锦之战中的胜利是战略上的重大突破，从此转向战略进攻。皇太极的三次大规模入关进攻明朝的举措，为全力挺进内地、占领北京铺平了道路。

松锦之战后，清朝加紧了入关灭明的军事步伐。崇德八年（1643）九月，清军征明，连败明军。此时农民起义军在中原迅速发展壮大，李自成在西安称王，建国号大顺。次年（1644）二月，

①《清太宗实录》卷四六，崇德四年五月丁巳，中华书局，1985年。

李自成率五十万大军东征，直指明都北京。明朝危在旦夕，崇祯帝急于抵御东北兴起的清朝，调兵应对清军，同时在西北农民起义军日炽之下，又调兵“剿贼”。显然，崇祯帝两边作战，疲于奔命。清军和农民军不谋而合，东西两面夹击明廷。李自成农民军在三月十三日取昌平，十七日围攻北京，十九日取京城，崇祯帝朱由检自缢于煤山。此时清军尚不晓得此事。四月，满洲八旗和蒙古八旗约十二万兵力向西征明，大军出发行至辽河流域时，才得知大顺军已夺取北京的消息。清军得知此消息时，李自成正率二十万大军进围山海关。明将山海关总兵吴三桂称为雪君父之仇向清军求援，于是，清军便转向山海关，并利用这次机会招降吴三桂，二者联合打败了李自成。李自成退出北京后，清军于五月进入北京，九月，顺治帝迁都至北京，清王朝对中原的统治从此开始。清入主中原后经较长一段时间，消除明王朝残余势力，统一南方，成为历史上的一代王朝。

刚刚进京的清廷要建立全国的统治，却困难重重。反抗清廷的不仅有南明势力，还有原以反明为目标的农民起义军首领李自成和张献忠，他们纷纷掉转矛头反抗清廷。清虽然入主中原，但要统治中原、统一南方，就必须得到漠南蒙古诸部的支持。当时漠南蒙古已经归附清廷，可是依附关系还未巩固，因此要处理好与漠南蒙古各部的政治关系是至关重要的事情。漠南蒙古的稳定，事关清廷后方的巩固，有远见卓识的孝庄太后非常明白这一点，在艰难的时候，她与姑母（孝端文皇后）依然遵循满蒙政治联姻政策，巩固与漠南蒙古各部的关系。顺治二年（1645）四月，“以太宗文皇帝第八女固伦公主下嫁科尔沁国土谢图亲王巴达［礼/理］子巴雅［思/斯］护朗”[①]。土谢图亲王巴达礼是科尔沁部的首领，清廷把后方的安危托付给科尔沁部。巴达礼返回时对清廷表示：“臣昔［蒙/受］太宗皇帝宠眷，今又沐王殊恩，敢不誓死以服。”[②]是年十月，为了安抚察哈尔部，“太宗文皇后第二女固伦公主下嫁察哈尔汗之子阿布鼐”[③]，清廷通过这桩婚事控制住察哈尔亲王，保持北方的安定。孝端文皇后去世后，孝庄太后完全掌握了满蒙政治联姻的指婚权。她为使满蒙联姻制度继续贯彻下去，为永保科尔沁部博尔济吉特氏家族在清廷的特殊地位，在自己儿女的婚事上颇费苦心。孝庄太后从几位哥哥家先后招来四位侄女、侄孙女，作为福临的嫔妃。福临虽然拒绝，但是在大臣的劝说和母亲的坚持下，只好接受母亲的安排。因为要权衡各方的利益，尤其要平息南方的反抗，统一全国，建立清朝统治，仍然需要以科尔沁为首的漠南蒙古各部在政治和军事上的支持。的确，在清廷攻打农民军和南明政权以及镇压各地反清武装的斗争中，漠南蒙古各部听从清廷的调动，立下汗马功劳。强大的满蒙

① 齐木德道尔吉编：《清朝太祖太宗世祖朝实录蒙古史史料抄》，内蒙古大学出版社，2002年，第669页。

② 齐木德道尔吉编：《清朝太祖太宗世祖朝实录蒙古史史料抄》，内蒙古大学出版社，2002年，第671页。

③ 齐木德道尔吉编：《清朝太祖太宗世祖朝实录蒙古史史料抄》，内蒙古大学出版社，2002年，第679页。

汉联军所向无敌，并肩负起统一全国的历史使命，漠南蒙古成为清廷坚强的后盾。顺治七年（1650），清廷基本上扫平了各地反清武装，控制了全国局势。顺治十六年（1659），清军攻南京，打败郑成功。顺治十八年（1661），取云南，斩明永历帝朱由榔，由此确立了对全国的统治。

林丹汗的败亡，使明廷失去了牵制后金的重要力量，而清廷解除了进攻明的后顾之忧，还增加大量骁勇善战的科尔沁等部族的蒙古兵力。这种状况极大地改变了清和明的势力对比，确立了清的强势地位，清从此完全有能力与明相抗衡。清军则以强劲的势头大兵压境，使明廷内部各种矛盾更加尖锐。明廷危机四伏，农民起义军得到发展壮大，并直逼京城，极大地加快了明的败亡。农民起义是中原王朝更替的政治力量，明末农民起义也不例外。他们建立了自己的政权，是当时新兴的一方力量，应该有机会与清朝争夺江山。但是，从农民起义失败的结果来看，农民起义建立的政权也是明、蒙古与后金（清）三方角逐过程中出现的一股政治力量，在灭明之后就完成其使命，退出历史舞台。在错综复杂的地区局势中，他们没有扮演好自己的角色，这自然有农民阶级的局限性，也与没有同蒙古部族建立联盟关系，甚至没有处理好与军中蒙古人的关系有一定的关联。

林丹汗败亡以及漠南蒙古归附后金之后，清军占领北京，并建立了统一多民族国家的统治，这不是偶然的，而是有历史发展变化的必然性。十七世纪初，明和蒙古都处于衰退阶段，各自的内部矛盾和问题诸多，几乎到了难以承载的地步。而新兴的满洲则处于封建社会的上升阶段，在努尔哈赤和皇太极的经营下不断发展壮大，其政治扩张范围也与日俱增，最大目标是进攻明朝。位于后金和明之间的林丹汗政权及漠南蒙古各部的政治地位因此变得举足轻重。林丹汗与明廷联合抵抗后金的时候，后金面对强敌，有效地利用林丹汗与蒙古部族之间的矛盾，一步步渗透漠南蒙古各部，与之一一建立联盟联姻关系。最终，后金的做法的确孤立了林丹汗，使其走向败亡之路。清朝建立后，以强势的姿态进攻明朝，占领中原，建立了中原王朝，在十七世纪满蒙关系的发展、变化及影响之下，实现了清朝的大一统。

第三章　十七世纪满蒙关系的稳定

后金经过一年多的安置和整合之后，召集漠南蒙古各部首领举行“盛京大会”，建立清朝。从此，漠南蒙古成为清朝统治下的一个区域，这为当今内蒙古自治区的形成奠定了坚实基础。从漠南蒙古归附后金至其被纳入清朝统治的很长一段时间里，漠南蒙古各部骑兵基本上与满洲八旗军一道，参加了清军攻打明朝和统一全国的战争。这一时期也是漠南蒙古各部适应清朝统治的过程。满蒙关系在这一进程中难免出现一些摩擦，于是蒙古特定事件也时而产生。其中，留下较多记载的是科尔沁部的“噶尔珠塞特尔事件”、土默特的“鄂木布事件”和苏尼特的“腾机思事件”等。每当漠南蒙古出现特定事件时，清廷就实地解决，但没有完全消除或避免类似事件的发生。在清朝的蒙古特定事件中，最典型的应该是察哈尔部的“布尔尼事件”。从了解的史料来看，在清太宗、清世祖和清圣祖时期，清廷的主要精力放在攻打明朝以及镇压抗清武装和巩固中原的统治上，但是他们没有忽略对漠南蒙古的统治，并且在策略上优先解决蒙古特定事件。康熙皇帝平息“布尔尼事件”之后，为了有效地解决蒙古问题，稳定大后方，亲自出访北方蒙古地区，费尽心思，设置木兰围场。在木兰围场，康熙皇帝与蒙古王公贵族一同行围，并使其制度化，形成了“围班制度”。“围班制度”作为清朝怀柔政策的重要组成部分，使漠南蒙古的王公贵族向心于清廷，至十七世纪末满蒙关系终于稳定下来。

第一节　蒙古特定事件

从清史记载和一些研究成果来看，大多认为漠南蒙古部族归附清廷是因林丹汗无道。其实，清廷对漠南蒙古的统治不完全是一帆风顺的，也遇到了违抗或反叛事件。鄂木布事件前面已提到，在此主要以噶尔珠赛特尔事件和腾机思事件来说明。

一、噶尔珠塞特尔事件

噶尔珠塞特尔是嫩科尔沁始祖奎蒙克塔斯哈喇的重孙，七台吉部首领。七台吉是额勒济格卓里克图的七子，他们的父亲死后各分家产，但是未分牧地。因此，额勒济格卓里克图的七子在同一片牧地上游牧生息，并逐渐形成了较大的势力，称为七台吉部落。七台吉部落成为嫩科尔沁万户制度下的一个大鄂托克，首领掌握行政权和司法权，其军事组织称为和硕。由于嫩科尔沁部台吉与后金来往频繁，受满洲八旗制度的影响，将鄂托克称为和硕，其首领仍称为札萨克台吉。最早记录这种变化的资料信息是在天聪三年（1629）嫩科尔沁十札萨克旗与后金商定双方军事律规时出现的。当时的嫩科尔沁十札萨克台吉是“奥巴、阿都齐达尔汉、喇嘛什希、吴克善、栋果尔伊勒都齐、色本、木寨、布木巴、固穆、海赖”[①]。在双方设立律规的过程中，后金认同嫩科尔沁札萨克台吉原有的权力和地位。海赖虽是七台吉的札萨克台吉，但噶尔珠塞特尔作为幼子，在分家产时，按照蒙古人的习俗，分得的财产和人口最多，因此在七台吉中势力最强，并成为该部的实际掌管者。天聪八年（1634）春夏之际，后金从嫩科尔沁调兵，引发了七台吉旗事件，通常称为“噶尔珠塞特尔事件”。由于此次事件中还有扎赉特旗部分台吉参与，学界又称此事件为“七台吉部、扎赉特部之叛逃事件”[②]。

天聪四年（1630）八月，林丹汗北征阿鲁诸部时，相邻的嫩科尔沁感到不安，就向后金求援。后金没有出兵援助，还要求嫩科尔沁首领奥巴迁徙到西拉木伦河流域。后金一方面以嫩科尔沁作为屏障防御林丹汗的东迁，另一方面靠近后金驻牧便于调兵，以抵御林丹汗的进攻。天聪五年（1631），奥巴等在从嫩江流域迁往西拉木伦河流域的途中写给天聪汗的文书中提道：“我们奉汗之命而迁徙，三四天没有水，马羊提前迁移，刚出发，敖巴舅（炒花长子敖巴岱青）处有逃人叛逃，追击时，在交流河口遇到来自

① 李保文编辑、整理、转写：《十七世纪蒙古文文书档案（1600—1650）》，内蒙古少年儿童出版社，1997年，第49页。玉芝著：《蒙元东道诸王及其后裔所属部众历史研究》，内蒙古人民出版社，2019年，第129页。

② 玉芝著：《蒙元东道诸王及其后裔所属部众历史研究》，内蒙古人民出版社，2019年，第144页。

察哈尔逃来人，带着色棱阿巴海的马百、驼三、甲士三，有十七八人奔七台吉去了。”[①]可见，七台吉没有与奥巴等同行。因此，在是年四月十一日，土谢图汗奥巴、哈坦巴图鲁、吴克善、达古尔哈坦巴图鲁、伊勒都齐、木寨、班迪伊儿都齐、噶尔图巴图鲁等大小台吉集于后金汗的时候就没有七台吉。于是后金汗订立法规，再次强调迁徙之事。法规规定："若谁违背此法规，罚马百、驼十。于此作对不从者，十札萨克之十台吉前去，从汗处请使臣，令其迁移。拟于辛未年冬之首月向这边迁移。”[②]可是，七台吉、郭尔罗斯、扎赉特、杜尔伯特五札萨克没有迁移，按照订立法规南迁的是奥巴、吴克善、喇嘛什希、木寨、栋果尔等五札萨克。因此，在十一月十九日，皇太极在致土谢图汗奥巴的一份文书中再次强调："尔等勿畏察哈尔。传谕嫩科尔沁众兄弟，向西移营。牧地相近，易于谋事。此等缘故，尔焉不知。朕之所想已告知桑噶尔寨，勿坏肥壮骟马之力，喂肥瘠瘦之骟马。选好人出使郭尔罗斯、扎赉特、七台吉、达尔汉台吉诸子处，让彼等向尔处移营。众兄弟相合，与阿鲁阿巴噶相连而住。若不把彼处五和硕营地往尔处迁移，遇遣使等事，每谓营地遥远，不即前来，则竟成为仇敌。将彼之达斡尔于明春迁往旧所议之地。闻尔等商议，将彼之达斡尔迁往，锡伯、乌喇勿迁之。由郭尔罗斯所取之马

① 李保文编辑、整理、转写：《十七世纪蒙古文文书档案（1600—1650）》，内蒙古少年儿童出版社，1997年，第175页。

②《旧满洲档》，台北故宫博物院，1969年，第3426页。

匹，按所约之律取之，多余之马匹，概行返还。”[①]可见，后金高度关注七台吉等五旗的迁移之事，因此事关系到后金的战略防御以及管控嫩科尔沁的重大问题。由于七台吉、郭尔罗斯、扎赉特、杜尔伯特部没有按照后金的要求迁移，后金与嫩科尔沁订立的“边之达古尔［迁］居于格勒珠儿库至绰儿满之地。乌喇之珠尔齐特［迁］于霍尔浑下（南），乌喇之珠尔齐特［迁］居于扎沁之上（北）”[②]的法规也未实现。当奥巴、吴克善等迁移后，七台吉部仍游牧于原牧地或向北移牧，并从达斡尔等部族收取贡赋。次年六月二十四日，后金汗致书噶尔珠塞特尔称：“若尔营地不往北出，若讷里古特达古尔迁往近处，则不计前嫌。”[③]天聪八年（1634）正月二日，噶尔珠塞特尔与巴达礼、不达齐一行到盛京，“噶尔珠塞特尔献马六匹，貂皮三十张”[④]。后金方面非常重视，热情地款待了他们，于二十二日回报“赐噶尔珠塞特尔染貂皮帽一顶，蟒袍一件”[⑤]。

---

①《旧满洲档》，台北故宫博物院，第3447—3448页。玉芝著：《蒙元东道诸王及其后裔所属部众历史研究》，内蒙古人民出版社，2019年，第163页。

②《旧满洲档》，台北故宫博物院，第3425页。玉芝著：《蒙元东道诸王及其后裔所属部众历史研究》，内蒙古人民出版社，2019年，第161页。

③《旧满洲档》，台北故宫博物院，第3913—3914页。玉芝著：《蒙元东道诸王及其后裔所属部众历史研究》，内蒙古人民出版社，2019年，第164页。

④ 中国第一历史档案馆编：《清初内国史院满文档案译编》（上），光明日报出版社，1989年，第57页。

⑤ 中国第一历史档案馆编：《清初内国史院满文档案译编》（上），光明日报出版社，1989年，第58页。

七台吉等部族未南下，而经常向北移牧的行为，影响了后金征讨林丹汗和明朝的军事调动。是年五月十一日，后金汗征讨明朝宣府、大同等处时，“遣舅阿希达尔汉及伊拜、诺木图往科尔沁部调兵”[①]。二十三日，皇太极率后金军渡辽河抵阳石木河沿岸，并设立二十营。这时前往科尔沁调兵的伊拜回来后向上奏称：“科尔沁国噶尔珠塞特尔、海赖、布颜代、白谷垒、塞布垒等各率本部落人民，托言往征北方索伦部落，取贡赋自给，遂叛去。[其/科尔沁国] 土谢图济农巴达礼、[扎/查] 萨克图杜棱、[额驸孔果尔/孔果尔马法]、[台吉吴克善/吴克善台吉] 等率兵往追 [之/噶尔珠塞特尔等] 矣。”[②]于是，皇太极高度重视并“遣户部承政英俄尔岱、举人敦多惠 [还/回] 盛京，谕留守城和硕 [贝勒济尔哈朗/济尔哈朗贝勒] 可（亟）令索伦部落来朝头目巴尔达齐速还国，恐致噶尔珠塞特尔等袭取其地，宜 [详加/善言] 训谕而遣之。又遣 [巴克什希福/希福榜什] 及伊拜往科尔沁部土谢图济农等曰：法律所载，叛者必诛，而科尔沁部贝勒若获噶尔珠塞特尔等，欲诛则诛之。若不诛而欲以 [之/其人民] 为奴者听”[③]。六月五日，诺木图又前往科尔沁并上奏称：“科尔沁诸贝勒往追噶尔珠塞特尔等，

① 齐木德道尔吉编：《清朝太祖太宗世祖朝实录蒙古史史料抄》，内蒙古大学出版社，2002年，第272页。

② 齐木德道尔吉编：《清朝太祖太宗世祖朝实录蒙古史史料抄》，内蒙古大学出版社，2002年，第275页。

③ 齐木德道尔吉编：《清朝太祖太宗世祖朝实录蒙古史史料抄》，内蒙古大学出版社，2002年，第276页。

俱擒之。”[①]二十一日，希福榜什从科尔沁返回奏称：“杀噶尔珠塞特尔、海赖、布颜代、白谷垒、塞布垒等，尽收其部下户口。”[②]显然，噶尔珠塞特尔等北上从索伦等部族取贡赋之事影响到后金向科尔沁部的调兵。于是，按照天聪汗的指令，土谢图济农巴达礼等在追擒噶尔珠塞特尔等之后，皇太极又下令处死了他们。二十四日，后金汗遣国舅阿什达尔汉和希福榜什等再次前往科尔沁。他们召集诸诺颜说：“科尔沁国额尔济格之子噶尔珠塞特尔、布颜代、白谷垒、塞布垒等凡遇兴师，既不随行，又违法令，于出兵（之）后，侵无主之国，掠其牲畜。[朕以其为归顺之国，不念其恶/朕不念其恶，以其为归顺之国]，犹欲保全而屡宥之，乃彼受朕豢养之恩，安享逸乐，竟不知德，尝欲叛朕，奔察哈尔部。今果叛往索伦，为其族兄弟［科/称］尔沁土谢图济农、［扎/查］萨克图杜棱、孔果尔马法、吴克善台吉等追获，噶尔珠塞特尔等俱已被杀。[朕心忧为悯测，盖朕视诸贝勒犹臂指然/因此朕心亦为不悦，朕初不欲我指稍伤]，今杀彼，犹伤［吾/我］指也。朕原欲宣布德化，招集人民，使之共［臻/登］安乐，［乃/今此］诸贝勒［不获令终/被杀］，皆朕教化未洽之所致也。今阿［禄/鲁］部落杜棱济农之弟达喇海、萨阳等，又逾所限之地驻牧，按律［应/越限

① 齐木德道尔吉编：《清朝太祖太宗世祖朝实录蒙古史史料抄》，内蒙古大学出版社，2002年，第277页。

② 齐木德道尔吉编：《清朝太祖太宗世祖朝实录蒙古史史料抄》，内蒙古大学出版社，2002年，第281页。

地驻牧者]，以军法从事，朕心不忍，尔众贝勒可议罪具奏。”[①]蒙古诸诺颜上奏后，免死、罚物。二十六日，“天聪汗命国舅阿什达尔汉、[巴克什希福/希福榜什]及伊拜往迎科尔沁兵”[②]。显然，后金方面在杀死噶尔珠塞特尔等之后，又派人稳定了嫩科尔沁部和阿鲁部，并征兵返回。

此次事件中，由于扎赉特部与七台吉部关系密切，一同游牧，以札萨克色本为首的部分台吉、班第和额古等也被连累，皇太极指责他们“不遵法度，向怀叛心。此[次/番]又与噶尔珠塞特尔等同叛”[③]。事后，后金将他们与扎赉特部民和七台吉部民一同分给了其他部族，“尽取班第、[色/塞]本、额古三人部落，以一分给蒙胯，以一分给土默特部落明安达礼及明安等……宜尽收其所属人民，止给看守牲畜贫人各五户。其班第则令孔果尔（马法）兼管，[色/塞]本则令吴克善卓礼克图台吉兼管，额古则令伊尔都齐兼管。以噶尔珠塞特尔、海赖、布颜代、白谷垒、塞布垒部下人，各拨十户，并海赖家属牲畜给噶尔图、海古。若被杀诸贝勒尚有子侄，[毋/不]得取其牲畜。惟令离其所属人民，归并他人兼管。其所属人民，拨给土谢图济农、[扎/查]萨克图杜棱、吴克善卓礼克图台吉、杜尔伯特等各一分。孔果尔（马法）、伊尔都

---

① 齐木德道尔吉编：《清朝太祖太宗世祖朝实录蒙古史史料抄》，内蒙古大学出版社，2002年，第282—283页。

②③ 齐木德道尔吉编：《清朝太祖太宗世祖朝实录蒙古史史料抄》，内蒙古大学出版社，2002年，第283页。

齐同给一分。若伊尔都齐（所）遣［来兵少/兵寡］，即［无容拨给/不必算入分数］。噶尔图、海古令与孔果尔（马法）合为一旗”[①]。天聪汗将嫩科尔沁部进行重新分配，并且把班第、色本、额古等贬为庶人并监管，追随者分到不等的部民、牲畜和牧地等。七月初二日，科尔沁土谢图济农巴达礼、札萨克图杜棱布塔齐、孔果尔、吴克善台吉等诸诺颜率兵五千人会见后金汗。后金汗出营迎接，双方见礼，科尔沁诸首领“献貂裘、貂皮、驼马”等礼，天聪汗设大宴，“赐土谢图济农（孔果尔马法、查萨克图杜、吴克善台吉等）蟒袍各一”[②]。

后金巧妙地解决了噶尔珠塞特尔事件，既达到调兵之目的，又进一步控制了科尔沁部。噶尔珠塞特尔事件后，科尔沁部右翼势力被削弱，左翼势力得到增强，后金达到管控科尔沁部的目的。的确，后金处理噶尔珠塞特尔事件时，以单方面制定法规代替原来双方商定律令的常态，并且树立了科尔沁诸台吉服从天聪汗的意识。从此，科尔沁部进一步失去其传统的法律自主权，开始听从后金的安排和命令，政治上完全归附后金。

① 齐木德道尔吉编：《清朝太祖太宗世祖朝实录蒙古史史料抄》，内蒙古大学出版社，2002年，第283页。

② 齐木德道尔吉编：《清朝太祖太宗世祖朝实录蒙古史史料抄》，内蒙古大学出版社，2002年，第285页。

二、腾机思事件

腾机思是达延汗五世孙塔巴海达尔汉和硕齐的长子，是苏尼特左翼首领，号墨尔根台吉。漠南蒙古归附后金后，面对巨大的威胁，阿鲁喀尔喀车臣汗部为保住独立地位，尽力与清廷建立友好关系。林丹汗时期投靠车臣汗硕垒的浩齐特、乌珠穆沁、苏尼特、阿巴噶等部落也遣使至后金进贡物品，表示友好。天聪九年（1635）十二月，“阿禄喀尔喀部落马哈撒嘛谛塞臣汗及乌朱穆沁部落塞臣济农，苏尼［特/忒］部落巴图鲁济农，蒿齐［忒/特］部落叶尔登土谢图，阿霸垓部落查萨克图济农等大小贝子，遣卫征喇嘛、毕切齐达尔汉吴巴什、达尔汉塔布囊、托博兑［冰/秉］图（虾）四头目，率一百三十二人，赍书来朝，贡驼马、貂皮（等方物）并（所得回回国）鞍辔、锁子甲、弓刀等物”，表示“愿往来通问不绝，共守盟约，以享太平”[①]。崇德二年（1637）五月，清朝遣使出访乌珠穆沁、浩齐特、苏尼特等部落返回时，这些部落也与使臣一同来到清廷，并贡驼马[②]。此后，相互来往络绎不绝。十二月，“腾机思下巴克察尔塔布囊等十五人”[③]前来朝贡，清廷赐

① 齐木德道尔吉编：《清朝太祖太宗世祖朝实录蒙古史史料抄》，内蒙古大学出版社，2002年，第362页。

② 齐木德道尔吉编：《清朝太祖太宗世祖朝实录蒙古史史料抄》，内蒙古大学出版社，2002年，第418页。

③ 齐木德道尔吉编：《清朝太祖太宗世祖朝实录蒙古史史料抄》，内蒙古大学出版社，2002年，第487页。

大宴。崇德三年（1638），元旦朝贺中也有乌珠穆沁部台吉。二月，清太宗亲征来犯归化城的阿鲁喀尔喀札萨克图汗部，驻跸朵云地方时，令新归附乌珠穆沁部的塞臣济农朝见。朝见的诸台吉中有浩齐特台吉和阿巴噶台吉，还有苏尼特部的吴善叶尔登、塞冷、达尔玛等人[①]。由此可见，浩齐特、乌珠穆沁、苏尼特、阿巴噶等部开始南迁故地，并一一归附清廷。

《清实录》记载，崇德四年（1639）正月甲戌，苏尼特部落的超察海台吉率十户归附；丁亥，苏尼特部落右翼台吉噶布褚、汤古忒、卓特巴、席达喇等率部下一百二十户归附，献马匹。四月，清廷赐予苏尼特部赵巴，莽古思台吉下巴土赖、额思赫尔等朝服、靴、帽、鞓带、缎布等物品。之后苏尼特部落其他台吉也带领部民归附清廷。冬十月，苏尼特部落的墨尔根台吉腾机思和他的弟弟腾机特，右路台吉以及巴图鲁济农叟塞等率大小诺颜，与阿巴噶部落额齐格、达尔汉等诺颜各率部众从外喀尔喀回到故土并遣使贡马。十二月，腾机思、叟塞、落额齐格诺颜、达尔汉诺颜等一同来到清廷。清廷非常重视腾机思等诺颜的归附，以高规格礼节接待他们，命和硕亲王以下大臣迎接，设演武场宴入城。翌日，清太宗在崇政殿接受朝见，并设大宴。次年正月辛未日，清廷将多罗郡王阿达礼之妹僧色格格许配于苏尼特墨尔根腾机思。于是腾机思初行聘礼，

① 齐木德道尔吉编：《清朝太祖太宗世祖朝实录蒙古史史料抄》，内蒙古大学出版社，2002年，第454—455页。

“献［甲胄/盔甲］、雕鞍、马、驼等。酌纳之，俱赐阿达礼”[①]。九月甲午，“以多罗郡王阿达礼妹下嫁苏尼［特/忒］部落［墨尔根台吉腾机思/腾机思墨尔根台吉］，命和硕亲王、和硕福金、固伦公主以下，固山额真、承政以上，俱朝服赴宴。腾机思（墨尔根台吉）［具/以］九九牲畜献上，酌纳之，以其余赐阿达礼”[②]。崇德六年（1641）六月，已成为清廷额驸的腾机思亲自将女儿送到清廷，与固山贝子博洛成婚[③]。十月壬申，清太宗册封苏尼特部落墨尔根台吉腾机思为多罗墨尔根郡王。册文曰：“尔腾机思原系蒙古察哈尔汗［之族/宗教］，为苏尼［特/忒］部落贝勒，后察哈尔国［败亡/为朕所灭］，尔知时［度/达］势，弃喀尔喀兄弟，率所属［人/之］民输诚归朕，［用/故］册封尔为多罗［墨/默］尔根郡王，锡之敕命，除反叛大逆不赦，行军失律依法［处置/治处］外，其一应过犯，永不削夺，子孙世袭罔替。钦哉。勿负朕命。”[④]十二月戊午日，“赐苏尼［特/忒］部落［墨/默］尔根郡王腾机思额驸郡王顶戴、仪仗。遣［墨/默］尔根郡王腾机思额驸［偕/同］公主归

---

① 齐木德道尔吉编：《清朝太祖太宗世祖朝实录蒙古史史料抄》，内蒙古大学出版社，2002年，第526页。

② 齐木德道尔吉编：《清朝太祖太宗世祖朝实录蒙古史史料抄》，内蒙古大学出版社，2002年，第538页。

③ 齐木德道尔吉编：《清朝太祖太宗世祖朝实录蒙古史史料抄》，内蒙古大学出版社，2002年，第461页。

④ 齐木德道尔吉编：《清朝太祖太宗世祖朝实录蒙古史史料抄》，内蒙古大学出版社，2002年，第584页。

国”[①]。崇德七年（1642）十一月庚午，清太宗又“册封苏尼［特/忒］部落叟塞济农为多罗杜棱郡王，以多罗郡王服色、旗纛、仪仗。叟塞济农以册封［恩/礼］，具筵于清宁宫进上，并献驼、马。酌纳之”[②]。崇德八年（1643）七月丁巳，清攻打明时，苏尼特部与其他归附的蒙古各部出兵参战，“以西乌朱穆秦、蒿齐［忒/特］、苏尼［特/忒］等部落及各处归附蒙古尽欲举兵，以地处甚远，令其各安地方，仍与汉人贸易”[③]。

苏尼特等部族归附清廷较晚些，是在漠北蒙古与清廷关系趋于缓和的前提下形成的一种关系，即苏尼特等部族与清廷的特定关系。浩齐特、乌珠穆沁、苏尼特、阿巴噶等部落先后从阿鲁喀尔喀南迁故地，归附清廷，并且双方来往非常频繁。清廷对浩齐特、乌珠穆沁、苏尼特、阿巴噶等部落的归附非常重视，基本上使他们以原驻牧地为所有，封其首领官爵，并互赠物品。尤其双方联姻之后，相互关系非常密切，归附的这些部落开始跟随清兵征战，并准许他们与汉人贸易。

腾机思被封为郡王，回到自己的驻牧地之后的两年内，局势发生了巨变。崇德八年（1643），清太宗突然死去，年幼的福临即

① 齐木德道尔吉编：《清朝太祖太宗世祖朝实录蒙古史史料抄》，内蒙古大学出版社，2002年，第588页。

② 齐木德道尔吉编：《清朝太祖太宗世祖朝实录蒙古史史料抄》，内蒙古大学出版社，2002年，第618页。

③ 齐木德道尔吉编：《清朝太祖太宗世祖朝实录蒙古史史料抄》，内蒙古大学出版社，2002年，第634页。

位。次年，明朝灭亡，清廷入驻北京。顺治元年（1644）十一月“辛丑，归化城土默特部落章京古禄格等，鄂尔多斯部落济农薄博等，喀尔喀部落塞臣绰尔济，苏尼特部落腾机思、阿喇海等以贺迁都，各贡貂皮、驼马等物，酌纳之。赐宴，并赐雕鞍、弓矢、皮币等物”[①]。此次腾机思明显感受到清廷没有像清太宗时那样的礼遇和重赏，反而受到摄政王多尔衮的冷落和压制。于是，腾机思“怀恨睿王，反入喀尔喀”[②]。腾机思等南迁归附清廷后，仍与阿鲁喀尔喀车臣汗部接壤，和他们一直保持着联系，而且腾机思等来归受封后，又有硕垒诱附于己[③]。当时，清廷的主要精力放在中原事务上，即入驻北京，平定南明和农民军等，对归附的漠南蒙古部族主要以联姻为纽带。然而，清廷对腾机思与硕垒汗的来往高度警惕。顺治二年（1645）正月十五日，多尔衮以顺治帝的名义致书阿鲁喀尔喀玛哈撒玛谛车臣汗硕垒，信中称：“奉天之恩，朕得夙仇明国之政，遂登大宝。吾等红缨之国由来一体，现为众生休养生息计，当须政体和睦一致矣。”[④]腾机思与多尔衮有隙之后，硕垒积极支持他叛清。

---

① 齐木德道尔吉编：《清朝太祖太宗世祖朝实录蒙古史史料抄》，内蒙古大学出版社，2002年，第659页。

② 中国第一历史档案馆编：《清初内国史院满文档案译编》（上），光明日报出版社，1989年，第473页。

③ 包文汉、陶继波整理：《蒙古回部王公表传》卷三十六《多罗贝勒萨穆扎列传》，内蒙古大学出版社，2008年。

④ 中国历史档案馆藏：《顺治二年档》（蒙字3号）。齐木德道尔吉：《腾机思事件》，《蒙古学研究文集》（第三卷），内蒙古人民出版社，2006年，第86页。

顺治三年（1646）五月，腾机思与腾机特以及台吉乌班岱、多尔济思喀布、蟒悟思、额尔密克、石达等各率部众投奔阿鲁喀尔喀，集于克鲁伦河流域。是年夏，科尔沁四子部落最先发现他们叛逃，其首领温卜达尔汉卓礼克图、多克新等率部众追赶上了乌班岱等，“杀死了乌班岱、多尔济思喀布、蟒悟思、额尔密克、石达等五台吉，还杀死了操同一语言的其他五人。俘获数为男子一百五十二、马二千二百一十七、骆驼二百九十六、牛一千四百七十七、绵羊八千三百五十，奏入。得旨，被杀五台吉妻子、孩子、帐房、牡畜全部献上，其他被杀五人之妻子、孩子、帐房、牡畜，达尔汉卓礼克图自己欲取多少，给予出力人员多少，由达尔汉卓礼克图知之。从其他俘获人口中挑选十名优俊男子，一并共帐房、牲畜献上。其被杀五人之妻子、孩子、帐房、牲畜由达尔汉卓礼克图保存。从其剩余人口中达尔汉卓礼克图欲取多少，分予一同追及之台吉们多少，惟达尔汉卓礼克图定夺”[①]。

清廷得知腾机思等叛北后高度重视，立即派兵镇压，任命和硕德豫亲王多铎为扬威大将军，同多罗承泽郡王硕塞等率内外大军往征腾机思等。摄政王多尔衮送行多铎时明确交代：“闻腾机思、腾机［特/忒］等已奔喀尔喀部落硕雷，果尔，即将硕雷一并取之。至于临阵将帅，皆宜躬先破敌，勿得［退/殿］后，以冒虚

① 中国历史档案馆藏：《顺治二年档》（蒙字3号）。齐木德道尔吉：《腾机思事件》，《蒙古学研究文集》（第三卷），内蒙古人民出版社，2006年，第88页。

名。倘敌人败入杭崖，可即班师，再行整兵征讨，务必根株。”[①]可见，清廷此次出兵的任务明确，不仅要追击腾机思等，还要惩治硕垒。清军主力除京城八旗之外，还有科尔沁、察哈尔、巴林、阿鲁科尔沁、乌喇特、土默特等漠南蒙古诸部兵力出征，向导则由阿巴噶、乌珠穆沁部人充当。京城兵抵达克鲁伦河一带，与蒙古各部兵会合之后，搜寻腾机思等叛众。腾机思得知清军已至，便逃遁，于是清军尽行戮之，获其所有妻子、家产。清军渡土喇河，歼灭阿鲁喀尔喀及苏尼特部众。他们被清军追杀，被掠家产，其中毛害台吉、腾机特之子多尔济台吉、巴图舍津、腾机思之孙噶尔马台吉、特木德克、博音图台吉等皆被杀。接着“我军［博/布］儿哈都山，遣贝子博和托等，率兵与瓦克达等合军追剿”，清军获胜[②]。腾机思等退到色楞格河一带，清军追击深入，于是阿鲁喀尔喀土谢图汗和硕垒汗部前来支援，抗御清军。七月十三日，清军至查济布喇克地方时，阿鲁喀尔喀土谢图汗两子率兵二万前来迎战，被击败。清军“追逐三十余里，斩杀甚多，获骆驼二百七十七只、马（一）千一百匹”。次日，阿鲁喀尔喀硕垒汗四子本霸巴图鲁台吉等领兵三万前来迎战，被清军击败。清军“追杀二十多里，复斩杀甚众，获骆驼二百十二只、马七百六十余

① 齐木德道尔吉编：《清朝太祖太宗世祖朝实录蒙古史史料抄》，内蒙古大学出版社，2002年，第689页。

② 齐木德道尔吉：《腾机思事件》，《蒙古学研究文集》（第三卷），内蒙古人民出版社，2006年，第96页。

匹”[1]。硕垒汗军败退至色楞格河流域，清军班师，腾机思事件平息。清军镇压腾机思等叛逃时，阿鲁喀尔喀也被卷入其中，这破坏了他们的安宁生活，导致阿鲁喀尔喀陷入大动荡。

腾机思事件之后，清廷在军事征讨胜利的基础上，用各种手段对阿鲁喀尔喀土谢图汗、车臣汗施加压力。是年九月，清廷遣使至土谢图汗部称："尔等速往，各［语/谕］尔主，草青以前可将腾机思、腾机［特/忒］擒之以献。如此，则遣使来，否则（毋遣使空来、若空）使来，定行羁留。此番兵去，非为征尔等，不过往追逃叛腾机思、腾机［特/忒］之偏师也，而尔土谢图、硕雷二汗尚不能支，若不擒献腾机思、腾机［特/忒］，［大军进发，追亡捕叛，尔尚何所逃耶/大兵即动，任你何往，追逐断不尔纵］。"[2] 清廷要求阿鲁喀尔喀在草青之前，务必送腾机思等来朝，否则以大军征伐来威胁。由于土谢图汗部和车臣汗部在与清军交涉的过程中已经感受到自己还没有实力进行对抗，于是在顺治四年（1647）四月丙子，车臣汗部遣使，以示通好，兼贡方物。借此，清廷又传达强硬态度："前苏尼［特/忒］部落腾机思举国来归，朕即以女妻之，又封之为王，优礼恩养。及彼背德叛逃，因命和硕德豫亲王率轻骑追剿，［此朕讨叛之师，与尔等何涉/我兵自剿腾机

① 齐木德道尔吉编：《清朝太祖太宗世祖朝实录蒙古史史料抄》，内蒙古大学出版社，2002年，第690页。

② 齐木德道尔吉编：《清朝太祖太宗世祖朝实录蒙古史史料抄》，内蒙古大学出版社，2002年，第698页。

思］，尔等乃遣兵迎犯，故天降谴于尔也。朕于此时曲赐优容，即命班师，若果素念尔恶，岂不能乘尔自遭天谴之时，以见在之兵，即加征耶。今尔等如欲安居乐业，能擒腾机思等，则席卷其国来献，不能，即当用兵剿灭腾机思，收服其国，则我师亦不烦再遣。傥［又/更］不能，可遣尔亲信大臣来质，朕令偏师前往，任［彼/其］遁逃何所，［亦无难剿之也/务期剿灭］。朕所以［必令尔以亲信大臣/欲得尔臣］为质者，盖以大兴师众，即扰尔国，量遣一旅，又恐尔心叵测之故耳。尔果［克遵/承］朕旨，当及未雨雪之时速遣使来，傥尚怀［携/疑］贰，则不必遣使。”[①]迫于清廷的压力，苏尼特诸台吉们纷纷降清。五月“乙丑，班代、峨齐尔、胡巴津等自苏尼［特/忒］来降，赏衣帽、缎布等物”[②]。十二月“又有苏尼［特/忒］部落吴［挹/扎］什台吉等六人来归，各赐衣服、缎布等”[③]。苏尼特诸台吉从腾机思处归附清廷之后，清廷方面没有治罪，而一律优待赏赐。显然，其目的是以此来诱惑腾机思等归附。顺治五年（1648）八月，喀尔喀土谢图汗、车臣汗等向清廷遣使，谢侵夺巴林部罪，贡马千匹、驼百峰。清廷以透

---

① 齐木德道尔吉编：《清朝太祖太宗世祖朝实录蒙古史史料抄》，内蒙古大学出版社，2002年，第698页。

② 齐木德道尔吉编：《清朝太祖太宗世祖朝实录蒙古史史料抄》，内蒙古大学出版社，2002年，第701页。

③ 齐木德道尔吉编：《清朝太祖太宗世祖朝实录蒙古史史料抄》，内蒙古大学出版社，2002年，第707页。

德、鄂尔济图前往腾机思处招降[①]。腾机思已走投无路，“不能存活，窘迫而又率领所属部众内向归附。以腾机思病故，恩准其弟腾机特袭多罗郡王号”[②]。腾机思病故后，其弟腾机特朝见顺治帝。九月癸酉，顺治帝赏缎匹等物，腾机特袭封多罗郡王[③]。顺治六年（1649）正月癸酉，清廷封腾机思之子撒玛查台吉为贝勒[④]。又赏公主，授和硕额驸[⑤]。这样，清廷妥善处理了腾机思事件，同时又震慑了阿鲁喀尔喀土谢图汗部和车臣汗部。

从噶尔珠塞特尔事件和腾机思事件中可知，后金（清）对蒙古问题的政策是明确的，更具主动性。每当蒙古问题牵涉到后金（清）大后方时，后金（清）便采取军事打击和拉拢相结合的对策及时处理，而且奖惩分明，甚至对来投归者给予厚赏，进行安抚。这样，清廷既平定了拒投者或叛乱者，又怀柔了蒙古部族。分散的蒙古部族难以应付日益强大的清朝，进而失去独立性，更不可能出现统一实体。

---

① 齐木德道尔吉编：《清朝太祖太宗世祖朝实录蒙古史史料抄》，内蒙古大学出版社，2002年，第718页。

② 齐木德道尔吉：《腾机思事件》，《蒙古学研究文集》（第二卷），内蒙古人民出版社，2006年，第101页。

③ 齐木德道尔吉编：《清朝太祖太宗世祖朝实录蒙古史史料抄》，内蒙古大学出版社，2002年，第716—717页。

④ 齐木德道尔吉编：《清朝太祖太宗世祖朝实录蒙古史史料抄》，内蒙古大学出版社，2002年，第721页。

⑤ 包文汉、陶继波整理：《蒙古回部王公表传》卷三十六《多罗贝勒萨穆扎列传》，内蒙古大学出版社，2008年。

第二节 察哈尔部布尔尼事件

布尔尼是林丹汗之孙，是清朝亲王，统管大汗本部，即察哈尔部众。察哈尔部归附清廷几十年后，布尔尼起兵反清，史称“布尔尼亲王之乱”。布尔尼事件的发生并不是偶然，而是察哈尔部归附清廷之后，在两者相互磨合的过程中逐渐形成的事件。布尔尼事件虽然不到两个月就被清廷镇压，但此事件本身能够说明满蒙关系中的诸多问题。

一、皇太极对察哈尔部的安置

林丹汗之后，蒙古大汗各斡耳朵以及大臣、喇嘛和直属部民陆续归附清廷。在归附清廷的漠南蒙古各部中，察哈尔部地位最高、部民众多，因而如何体面地安置他们，并有效控制来归的蒙古大汗各斡耳朵和贵族以及察哈尔部众，是当时皇太极面临的重要问题。妥善安置察哈尔部众和蒙古大汗各斡耳朵，关系到满蒙贵族联盟的继续和大后方的稳定。因为漠南蒙古各部及汗廷虽已归附，但他们仍具有较强势力，尤其是察哈尔部众分别归属林丹汗各斡耳朵，部民分别以斡耳朵为单位。假如后金不能够妥善处理好归顺的蒙古大汗各斡耳朵以及大臣、喇嘛和直属部民的安置问题，有可能重蹈覆辙，再次成为后顾之忧或威胁，甚至将会影响已经归附的漠南蒙古诸部。因此，后金的具体安置不仅关系到能否让察哈尔部众以及蒙古大汗各斡耳朵稳定下来的重要问题，更关系到清廷能否稳定和前途命运的问题。皇太极为了加强满蒙贵族联盟，非常重视察哈尔部众及归附者的安置。当蒙古大汗各斡耳朵、大臣、喇嘛、官兵和直属部民陆续归附时，皇太极极力笼络他们，及时将归附者编入自己的政治体系和生活细节之中，将察哈尔部众编入清朝旗制，并通过政治联姻合并满蒙汗（皇）室家族。

（一）编入旗籍

皇太极把归附的察哈尔部众编入旗籍来进行安置和管辖。八旗制度是满洲军政合一的组织制度。在满蒙初期政治关系中，后金除了把一些抵抗者或被俘者赏给将士为奴之外，还把归附者随时编入旗籍。然而，编入旗籍有所不同，一般未抵抗而归附者编有户口，并划分牧地，其首领仍管辖所属部落。这是从努尔哈赤时期就开始的，主要是为了笼络蒙古贵族，尊重他们原有的权益，按其原来的统属建立蒙古旗。天命七年（1622）二月，“蒙古兀鲁特等部落……十七贝勒及喀尔喀各部落台吉，各率所属军民三千（余）户，并驱其畜产归附”[①]，努尔哈赤将“自喀尔喀前来者，诸贝勒编为一旗，自察哈尔前来之诸贝勒编为一旗”[②]。研究

① 齐木德道尔吉编：《清朝太祖太宗世祖朝实录蒙古史史料抄》，内蒙古大学出版社，2002年，第69页。

② 齐木德道尔吉编：《清朝太祖太宗世祖朝实录蒙古史史料抄》，内蒙古大学出版社，2002年，第70页。

者一般认为，这是后金设蒙古旗的开始。之后，清廷对漠南蒙古各部，包括察哈尔部也推行了旗制。

天聪八年（1634）至天聪九年（1635），归附后金的察哈尔部众、大臣和贵族已达六万多人，皇太极把他们编入旗籍。天聪八年（1634）六月十六日，“以和硕贝勒德格类，公吴讷格所获察哈尔逋逃前户分给八旗，赐巴木布户舒楞额缎袍一件，巴达希缎袍一件、玲珑腰刀一口，卡尔马伊尔都齐黑布袍一件。至分给七旗贝勒之蒙古，亦如例赏衣，赐众蒙古户口米八十石，设宴宴之。于是，令每旗遣小拨硕库一名，送该千户往盛京”[①]。闰八月十二日，“两翼将领三等公吴讷格旗、阿代旗来会。吴讷格等出得胜堡时，遇逃入阳和之蒙古男丁四百七十人，携之以归，分给八旗”[②]。闰八月十六日，“以察哈尔来归各官，分给八旗赡养。分隶正黄旗者：阿牙克喀塔齐木里克喇嘛寨桑、古尔德塞臣寨桑，男丁二百四十五名、驼二百四十头、马一百八十四、牛三百七十六头、羊二千二百七十只；分隶镶黄旗者：班珠杜棱、布颜代、博尔古，男丁二百七十三名、驼二百五十一头、马二百二十二匹、牛一千一百头”[③]“羊四千六百四十。隶正红旗者：毛海叶尔

① 中国第一历史档案馆编：《清初内国史院满文档案译编》（上），光明日报出版社，1989年，第88页。

② 中国第一历史档案馆编：《清初内国史院满文档案译编》（上），光明日报出版社，1989年，第103页。

③ 中国第一历史档案馆编：《清初内国史院满文档案译编》（上），光明日报出版社，1989年，第104页。

登寨桑，男子二百三十三、驼一百三十六、马八十九、牛四百四十、羊二千三十。隶镶红旗者：雯格都喇尔塞冷，男子二百六十八、驼一百九十六、马一百八十二、牛六百一十七、羊三千六百五十。隶正蓝旗者：兀伯类扎萨古尔、达尔马和硕齐，男子二百六十四、驼二百七十六、马一百七十五、牛七百有九、羊二千九百二十。隶镶蓝旗者：固始寨桑、喇户，男子二百四十七、驼一百七十六、马一百七十、牛八百有六、羊三千九十。隶正白旗者：卓果诺寨桑，男子二百四十一、驼一百四十三、马四十八、牛二百五十五、羊一千七百。隶镶白旗者：额林臣戴青、多尔济塔苏尔海、达赖杜，男子二百四十九、驼一百九十四、马一百六十一、牛五百八十八、羊三千九百二十”[①]。

天聪九年（1635）正月二十二日，“将自察哈尔来附诸大臣、人民，均分隶八旗。给正黄旗者：都喇尔达尔汉贝勒、德参状、讷固德依扎萨古儿斋桑、阿尔噶斋桑、萨穆斋桑、朱尔车德依扎萨古儿斋桑、布拉克斋桑、奎肯札萨古儿斋桑、佳汉斋桑、额尔赫斋桑、叶苏德尔扎萨古儿斋桑、巴琫斋桑、鹅依图斋桑、巴特玛斋桑、多尔济札萨古儿、齐巴喀札萨古儿、绰尔济斋桑、阿达尔札萨古儿、诺门达赖斋桑、拉玛喜希布札萨古儿，共男丁一百一名。给镶黄旗者：色棱塞臣斋桑、阿尔萨霍墨尔根、鄂木布达尔汉喇嘛、布达希礼斋桑、乌尔济斯夏布斋桑、桑阿尔寨楚赫胡

①《清太宗实录》卷二十，中华书局，1985年，第361页。

尔、巩格台吉、巴图札萨古儿、衮齐特夏台吉、博辛杜喇夏、超寨希隆格，共男丁三百六十五名。给正白旗者：齐塔特彻尔伯依寨桑、巴岱库隆寨桑、吹尔札木苏塔布囊札萨古儿、阿玉希台吉、乌孙代杜喇噶儿札萨古儿、巴扬爱札儿固齐，共男丁一百十八名。给镶白旗者：鄂尔泰斋桑、诺木图札萨古儿、满都札萨古儿、托津泰札萨古儿、托萨札萨古儿、俄木布斋桑、额尔布希札萨古儿斋桑、满都孙札萨古儿、白希库隆斋桑、海桑特伯勒呼，共男丁四百五十七名。给正红旗者：衮楚克斋桑、道泰斋桑、托克托噶斋桑、伊克图夏札萨古儿、吴巴希、俄克冲斋桑、古鲁札萨古儿斋桑、冲果儿代斋桑、达颜札萨古儿、俄齐尔斋桑、翁阿代斋桑、代噶尔塔布囊斋桑，共男丁四百三十七名。给镶红旗者：巴木布斋桑、札木苏斋桑、古苏泰斋桑、山津札萨古儿、秦丹札萨古儿、吴伯黑色臣、吴木秦绰尔济台吉、桑阿尔寨塔布囊、托礼和硕齐、绰尔济斋桑，共男丁三百二十一名。给正蓝旗者：绰尔门斋桑、拉唐斋桑、塔达札萨古儿、查哈尔札萨古儿、辉朗斋桑、索宁扎萨古儿，共男丁四百三十六名。给镶蓝旗者：色冷布都玛儿斋桑、萨噶布古英札萨古儿、沙木巴和硕齐札萨古儿、额根达尔汉斋桑、索诺木塔布囊斋桑、戴青囊苏、萨玛克坦达尔汉生喇嘛、巴特玛达尔汉斋桑，共男丁一百七十六名”[①]。九

① 中国第一历史档案馆编：《清初内国史院满文档案译编》（上），光明日报出版社，1989年，第132—133页。

月初九日，“以鄂尔多斯济农处携来察哈尔人，补各旗之人员缺少者：正白旗得巴朗伊特格尔图下男丁一百六十名；镶白旗得伯奇斋桑下男丁一百六十六名；正蓝旗得吴纳噶下男丁一百五十一名；镶蓝旗得托托果杜拉噶下男丁一百五十名；镶红旗得克穆格依札萨固尔下男丁一百六十一名”[①]。后金将他们初步编入满洲八旗，但这是暂时的安排，不隶属满洲贝勒之下为奴。后来在此基础上，“形成了八旗察哈尔”[②]。还有一些察哈尔人，“先是八年以所获察哈尔户口分给八旗，是年正月复以察哈尔来归官兵分隶各旗”[③]。在设立蒙古八旗时，察哈尔又单独被安排在一起，因此“察哈尔部众没与八旗蒙古混编”[④]，而且“编为整旗，历有年所”[⑤]，任命额哲为察哈尔札萨克旗，与其他漠南蒙古王公一样授予札萨克衔。

（二）满蒙汗（皇）室家族的合并

林丹汗有八大斡耳朵及八大汗后，还有妹妹和幼子。他们在林丹汗去世后，有的归顺后金，有的被俘获，总之都归附满洲。他们的身份、地位高贵，人口众多。皇太极将蒙古汗后、汗子弟

---

① 中国第一历史档案馆编：《清初内国史院满文档案译编》（上），光明日报出版社，1989年，第193页。

② 达力扎布：《清代察哈尔扎萨克旗考》，《历史研究》2005年第5期。

③〔清〕鄂尔泰等修：《八旗通志》卷三二《兵志一》，东北师范大学出版社，1985年。

④ 达力扎布著：《明清蒙古史论稿》，民族出版社，2003年，第294页。

⑤ 齐木德道尔吉等编：《清朝圣祖朝实录蒙古史史料抄》（上），内蒙古大学出版社，2003年，第161页。

合并于满洲爱新觉罗皇室之中，双方先后嫁娶，相处如一家。这样的安排，一方面说明爱新觉罗家族一直以来注重与蒙古黄金家族联姻，另一方面说明清廷有意保留了他们高贵的身份、地位。更重要的是，清廷为了达到控制察哈尔部以及漠南蒙古各部，巩固满蒙政治联盟，扩大其政治权力基础，将双方汗（皇）室家族成员以联姻的方式合为一体。清廷通过政治联姻，妥善安置了林丹汗八大汗后、两位妹妹和两个幼子，并以此来达到目的。

皇太极最先把察哈尔汗之妻窦图们（博尔济吉特·巴特玛）纳入宫中。天聪八年（1634）闰八月三十日，后金及满蒙联军行至木湖尔伊扎尔地方驻营时，“大贝勒及众和硕贝勒、台吉等会议奏称：察哈尔汗之妻窦图们福晋，乃天之所赐，汗宜娶之等语。皇太极闻之来归，非常重视，选良马四匹，备御用鞍辔往迎之，但又说：朕不宜纳此福晋，当以与家室不睦之贝勒。大贝勒复遣人请汗纳之。汗遣弘文院大臣巴克希希福、达雅齐塔布囊、兵部启心郎穆成额等往谕大贝勒曰……汗若纳福晋，来归部众及我等亦不胜喜悦等语……于是，送福晋至，汗纳之”[①]。之后，窦图们福晋被封为衍庆宫淑妃。

林丹汗的正宫娘娘是博尔济吉特·娜木钟，即囊囊太后，与窦图们福晋为同一部族。起初，皇太极曾多次遣大臣命大贝勒代善娶

① 中国第一历史档案馆编：《清初内国史院满文档案译编》（上），光明日报出版社，1989年，第107页。

之，可是代善嫌她贫穷而拒绝，并且表示想要娶已经许给济尔哈朗的苏泰太后。僵持之际，阿巴泰、德格类、阿济格等向皇太极奏曰："大贝勒以该福晋无财畜故不娶，我等早知此事，不当进谏嫁给大贝勒。此福晋乃察哈尔多罗大福晋，汗宜纳之，不可嫁给他人。"皇太极说："我先已纳一福晋（窦图们福晋），今又纳之，于义不合。"诸贝勒曰："此非有所欲而强娶之，乃天特赐者也，汗不可不纳。"汗坚执不从，月余，方允诸贝勒所请。于是，汗诸侧福晋及诸贝勒福晋等出城至囊囊太后下处，迎入城。遂集诸贝勒大臣，以礼设大宴，汗与囊囊太后成婚[①]。多罗大福晋娜木钟虽处于尴尬境地，但嫁与皇太极后被封为麟趾宫贵妃，地位仍最为尊贵。

天聪九年（1635）正月二十二日，遵照皇太极的旨意，林丹汗的郭尔图们福晋嫁给察哈尔来归功臣齐塔特车尔贝寨桑。其实，郭尔图们福晋是林丹汗八大夫人中最先归附后金的。天聪八年（1634）闰八月十八日，归降的郭尔图们福晋晋见皇太极，并"进献起花鞍一副、银筒一个、金杯一个、貂镶裘一件、琥珀数珠一串、珍珠数珠一串"。皇太极只收下金杯及琥珀数珠，并且设宴，"赐高尔土门福晋貂皮端罩一件、雕鞍马一匹、牛五头、羊一百只"[②]。当时，皇太极没有安置郭尔图们福晋的原因是福晋在归

① 中国第一历史档案馆编：《清初内国史院满文档案译编》（上），光明日报出版社，1989年，第179页。

② 中国第一历史档案馆编：《清初内国史院满文档案译编》（上），光明日报出版社，1989年，第104页。

降的途中已经嫁与林丹汗的属下寨桑衮出斯僧格。后金汗以“娶汗之妻，非臣子之义”为由勒令他们离异，但同样优待该福晋。是年十二月，皇太极命“宰牛羊治设宴席，召察哈尔汗妻郭尔图们福晋、众臣、众臣妻及小寨桑、扎萨固尔、塔布囊等入内庭”。由于郭尔图们福晋身份特殊，与后金汗大福晋哲哲行抱见礼，“盛陈乐舞，大宴”[①]。后金汗把郭尔图们赐予齐塔特车尔贝为妻，同时赏赐齐塔特车尔贝大量财物，又“赐其妻缝织捏折女朝褂朝衣、貂皮端罩、染貂皮二、银碗二、碟三、杯盘二对、茶桶一、雕鞍马一”[②]等。

林丹汗的妹妹泰松公主嫁给大贝勒代善。天聪九年（1635）九月初九日，“大贝勒闻察哈尔汗女弟泰松公主富裕，欲娶之，以报汗知。汗允之娶。大贝勒以奉汗命娶泰松公主礼，于汗营前设黄幄，两侧各设青幄，汗左侧远处，为诸福晋设黄幄一，两侧各设白幄，宰马一、牛二十、羊六十，备酒百瓶，具盛宴。是宴也，大贝勒献汗雕鞍辔马四、素鞍马四、石鱼鞍马二、空马十，共马二十”[③]。伯奇太后嫁给豪格贝勒，俄尔哲依图太后嫁给阿巴泰台吉贝勒。是年九月十一日，后念汗，召苏泰太后及其子额

① 中国第一历史档案馆编：《清初内国史院满文档案译编》（上），光明日报出版社，1989年，第127页。

② 中国第一历史档案馆编：《清初内国史院满文档案译编》（上），光明日报出版社，1989年，第138页。

③ 中国第一历史档案馆编：《清初内国史院满文档案译编》（上），光明日报出版社，1989年，第193页。

哲，宴时，豪格贝勒欲娶察哈尔汗福晋伯奇太后，阿巴泰台吉欲娶察哈尔汗福晋俄尔哲依图太后，汗与诸贝勒相商，诸贝勒皆以为善，于是定议。九月十三日，“豪格贝勒娶察哈尔汗妻伯奇太后，设大宴，献雕鞍辔马五、空马十。汗阅视毕，悉却之”①。九月二十四日，“阿巴泰贝勒娶察哈尔汗妻俄尔哲依图，设大宴”②。

皇太极及宗室成员娶蒙古汗后和大汗之妹的同时，也将自己的二女儿嫁给察哈尔汗之太子额尔克孔果尔。天聪九年（1635）九月初十日，“汗以第二女玛喀塔格格许妻察哈尔汗子额尔克孔果尔。额尔克孔果尔行聘礼，宰畜九九之数，设盛宴……是宴也，以定婚礼，赐额尔克孔果尔染貂皮帽……等物，令其穿戴”③。十月十六日，“以汗次女玛喀塔格格下嫁察哈尔汗之子额尔克孔果尔。时命于汗家院子内，支下帐房九，内集诸贝勒大臣，额尔克孔果尔杀牲九十，以礼具大宴”④。天聪十年（1636）正月初十日，“汗之次女下嫁之日，额尔克孔果尔行聘礼，具盛宴，时进雕鞍马一、驼一、琥珀素珠一、缎服二、蟒缎四、妆缎一、各色缎十七。汗阅毕，赏二妈妈各蟒缎服一、缎二，札萨克图杜棱、满

---

① 中国第一历史档案馆编：《清初内国史院满文档案译编》（上），光明日报出版社，1989年，第195页。

② 中国第一历史档案馆编：《清初内国史院满文档案译编》（上），光明日报出版社，1989年，第196页。

③ 中国第一历史档案馆编：《清初内国史院满文档案译编》（上），光明日报出版社，1989年，第194页。

④ 中国第一历史档案馆、中国社会科学院历史研究所译注：《满文老档》，中华书局，1990年，第1366页。

珠习礼、达尔汉洪巴图鲁各蟒缎一、缎二”[①]。此桩婚事非同一般，清廷一方面出于安抚蒙古林丹汗的后裔、笼络察哈尔部众，另一方面旨在把察哈尔首领及部众置于清廷监视之下。

苏泰太后归附后金之后，嫁给贝勒济尔哈朗。天聪九年（1635）九月初六日，苏泰太后及其子额哲献传国玉玺，后金汗为此举行了归降仪式。他们“互相跪见，行抱见礼……相见毕，命额尔克孔果尔坐于御座左侧。于是苏泰太后、额尔克孔果尔以所携二马、十八牛、八十羊之肉，酒五大瓶设宴。时苏泰太后亲以玉杯酌酒跪献，汗饮之”[②]。十月十五日，皇太极召察哈尔汗之妻苏巴海太后（即苏泰太后）入汗室，赐大宴[③]，双方决定嫁娶之事。虽然苏泰太后已经议定嫁给济尔哈朗，但因太后之子额哲即将被招为固伦额驸，将娶后金汗大福晋哲哲所生的玛喀塔公主为妻。于是，苏泰太后没有及时举行婚礼，而是以后金汗亲家母的身份受到盛情款待。天聪十年（1636）二月丁酉日，苏泰太后正式与济尔哈朗举行婚礼，“具盛［馔/筵］，复献甲胄、雕鞍马匹、黑狐裘。上（阅毕），纳鞍马一（匹），以雕鞍马二（匹）、驮甲胄

① 中国第一历史档案馆、中国社会科学院历史研究所译注：《满文老档》，中华书局，1990年，第1363—1364页。

② 中国第一历史档案馆编：《清初内国史院满文档案译编》（上），光明日报出版社，1989年，第92页。

③ 中国第一历史档案馆编：《清初内国史院满文档案译编》（上），光明日报出版社，1989年，第206页。

马二（匹）赐［额驸额哲/额哲额附］，余（俱）却之”[①]。汗大福晋哲哲率诸贝勒福晋亲送苏泰太后至济尔哈朗贝勒家，举行大宴。苏泰太后嫁姊丈济尔哈朗之后，因其三位嫡福晋均已亡故，便以和硕郑亲王王妃的身份度过余生。

林丹汗八大斡耳朵归附后金后，满蒙汗（皇）室的姻亲喜事接连不断。从表面上看，后金方面妥善安置了蒙古汗室的主要成员，化敌为友，化仇为亲，蒙古汗室得到安抚。林丹汗各大斡耳朵、汗后及妹妹，有的成为清太宗的皇妃，有的成为其子之王妃，林丹汗之子额哲娶清太宗的二公主。同时，蒙古汗廷又受到邀宴、赏赐，使他们衣食无忧，逐渐建立起亲善的情感和明确的身份秩序。这对于林丹汗的八大汗后、妹妹和幼子而言，在国破家亡的悲愁与忧伤中，与清宗室建立姻亲关系，应该说他们的心情是复杂的。对于后金而言，经双方的政治联姻，将满蒙汗（皇）室的利益联系起来，从而使满蒙政治联姻扩大到蒙古黄金家族宗族大汗主系中。皇太极通过此手段，完全掌控了蒙古汗室重要成员以及察哈尔部众。这无疑对稳定满蒙初期政治关系起到了重要作用，更增强了后金统治者的力量和声威，同时也有利于蒙古各部首领向心于后金，为巩固和扩大后金政权奠定了基础，并有效地促进了清朝初期事业的发展。

① 齐木德道尔吉编：《清朝太祖太宗世祖朝实录蒙古史史料抄》，内蒙古大学出版社，2002年，第378—379页。

在天聪十年（1636）四月的盛京大会上，以军功册封漠南蒙古诸部首领，而且荣封额尔克孔果尔为和硕亲王[1]。当时，漠南蒙古分为左右两翼会盟，以土谢图亲王为左翼科尔沁等十旗之首，以额哲为右翼各部落之首，并继续统管所属部众。在元旦朝贺时，他们二者位居漠南蒙古各札萨克之首。额哲虽然失去汗位，成为外藩蒙古诸札萨克之一，但在待遇上仍然位居蒙古各旗王公之上，仍被视为归附蒙古的首领。这样的安排，一方面是顾及蒙古汗廷的地位，另一方面起到凝聚漠南蒙古各部的作用。是年十一月，清太宗命额哲及察哈尔部众驻牧于义州边外的"孙岛习尔哈地方"[2]，其范围大概是今"内蒙古通辽市库伦旗全境为中心，包括科尔沁左翼后旗西北一角、开鲁县辽河以南的部分和奈曼旗东北一部分"[3]。可见，额哲的驻牧地距盛京不远，这无疑是把察哈尔部众置于朝廷的严密控制之下。

总之，蒙古汗廷及察哈尔部众归附后金之后，皇太极通过编入旗籍和满蒙汗（皇）室合并的方式，将其纳入满洲组织体系之中。同时，察哈尔部众及蒙古汗廷也得到较体面的安置。然而，对于蒙古汗廷而言，他们的政治生活有了很大变化。无论如何，

① 齐木德道尔吉编：《清朝太祖太宗世祖朝实录蒙古史史料抄》，内蒙古大学出版社，2002年，第387页。

② 齐木德道尔吉编：《清朝太祖太宗世祖朝实录蒙古史史料抄》，内蒙古大学出版社，2002年，第356页。

③ 乌云毕力格：《清初"察哈尔国"游牧地考》，《蒙古史研究》（第九辑），2007年，第156页。

这的确需要一个磨合过程，尤其是蒙古汗廷及察哈尔部众要适应清朝的政治体系。

二、阿布奈与清廷关系的恶化

崇德六年（1641）正月己亥，“额尔克孔果尔病卒，时年二十岁”[①]，无嗣，按照蒙古人的习俗，由哈屯继承夫君家业，玛喀塔管理察哈尔部之事。于是，察哈尔部的一切事务顺从清廷的安排、服从调遣，与清廷保持一种和谐一致的政治关系。顺治二年（1645）十月乙巳，阿布奈按照蒙古人的收继婚习俗，弟娶其嫂，与其嫂玛喀塔完婚，当然这首先要得到清廷的允许。这自然是清廷政治联姻中的一桩婚事，其初衷也是为了笼络这位蒙古大汗之弟。顺治五年（1648）二月丁卯，阿布奈袭兄长爵，即和硕亲王，成为察哈尔部之主，与清廷延续了良好的关系。婚后，阿布奈与玛喀塔育有二子，即布尔尼和罗卜藏。

阿布奈袭和硕亲王十年之后，与清廷发生了一些摩擦。顺治十六年（1659）五月辛巳，理藩院谴责阿布奈称：“察哈尔国固伦额驸亲王阿布鼐，因部人阿济萨持刀（欲）行刺，不遵例知会掌扎萨克别［旗/固山］王、贝勒等，擅自处斩，因削亲王爵，罚马一千匹。审阿济萨案之固山额真阿克喇瑚、噶尔［玛/马］色稜擅（坐）将阿济萨父母及伊弟伊妻不启请本王，［竟/擅］行处斩，俱

①《清太宗实录》卷五四，中华书局，1985年，第724页。

应弃市，籍没家产。[其/将]噶尔玛色稜所袭拖沙喇哈番，令其别支子弟承袭。同审之萨马克坦、绰瑚、席达、晋莀、博尔波、他珥、塞冷等俱应籍没家产。议上，得旨，阿布鼐从宽免削亲王爵，罚马一千匹，阿克喇瑚、噶尔[玛/马]色稜从宽免死，并萨马克坦、绰瑚、席达、晋莀、博尔波、他珥、塞冷等俱籍没，余依议。”[①]从蒙古部落习惯法传统中的主奴依附关系看来，阿布奈有权力“处斩部人阿济萨”。这是属于首领处理部族内部之事，而清廷按照清朝法律“罚马一千匹”，并处置其部人。显然，察哈尔部归附清廷后，传统习惯法以及自主权已经有了限度，这使阿布奈感到不快，导致双方关系恶化，并为日后布尔尼事件埋下了伏笔。

顺治十八年（1661）正月，阿布奈没有去北京参加顺治帝丧礼和康熙帝即位大典，清廷非常不满，双方的关系已经出现不和谐之处。是年二月，阿布奈与蒙古诸王公一起进京朝贺，“进香献马”[②]。次年三月，阿布奈又一次进京朝贡。当月，玛喀塔公主病逝，在临终前劝告阿布奈说：“我死之后，无往沈中，往必为所擒。”[③]从此，阿布奈牢记玛喀塔的忠告，就没有再进京朝贺。更令清廷愤怒的是，“往年蒙王妻身死火葬之时，国俗例焚其平生衣

① 齐木德道尔吉编：《清朝太祖太宗世祖朝实录蒙古史史料抄》，内蒙古大学出版社，2002年，第866页。

②《清圣祖实录》卷一，康熙元年二月戊申，中华书局，1985年。

③ 吴晗辑：《朝鲜李朝实录中的中国史料·显宗改修实录》卷二一，显宗十年九月庚申，中华书局，1980年。

服珍宝，而此（指阿布奈）则不焚。且不待北京许娶，而（阿布奈）以其亡兄之妻为后妻，仍给其前妻衣服珍宝”[①]。当时清廷正忙于南方战事，又“日夜所忧者，只在西鞑（察哈尔蒙古）也”[②]。清廷容忍了阿布奈的不敬，并采取羁縻政策。为了笼络蒙古大汗之弟的遗裔，康熙四年（1665）四月，端重亲王博洛第九女嫁给阿布奈之子布尔尼[③]。次年，阿鲁喀尔喀台吉滚布什希等率领四部落共五百九十人来归，清廷命隶于和硕亲王阿布奈旗下。可见，清廷没有忽略阿布奈，然而双方的关系愈发恶化。

南方的战事结束后，康熙八年（1669）二月，康熙帝以累失外藩朝贺之礼为由，命理藩院查处阿布奈亲王。于是，礼部请封外藩蒙古诸王妃时，对阿布奈进行惩罚。“察哈尔阿布奈亲王之妻着停封，余如议。阿布奈系出征所获之人，乃尚以固伦大长公主，命为亲王，恩遇优渥，较之在内诸王及在外蒙古诸王，止有太过，并无不及。乃在外诸王、贝勒等，每年俱来问安，年节来朝。阿布奈竟忘恩养，八年以来不一朝请。且每年遣人存问公主所生之子，颁给恩赐，阿布奈犹不亲身一问太皇太后及朕躬安。公主所生幼子，阿布奈理应抚养，乃交于已分家之长子，更属何

① 吴晗辑：《朝鲜李朝实录中的中国史料·显宗改修实录》卷二一，显宗十年十月庚辰，中华书局，1980年。

② 吴晗辑：《朝鲜李朝实录中的中国史料·显宗改修实录》卷一三，显宗八年一月丁亥，中华书局，1980年。

③ 杜家骥著：《清朝满蒙联姻研究》，人民出版社，2003年，第123页。

心。此等情节着理藩院严查议奏”[1]。负责此案的是内大臣巴哈（鳌拜弟），巴哈回来后被解除内大臣职务而降为平民[2]。清廷以“沈（沈阳）有尔祖先坟，何不一来展扫”为由，招阿布奈进盛京，“王不得已来赴。清人设机擒王，拘留”[3]。阿布奈被擒拘之后，“初欲安置于南方。所谓皇太后（顺治帝的孝惠章皇后）者恳请止之”[4]。清廷为了安抚察哈尔部众，“以阿布奈子布尔尼仍袭封和硕亲王”[5]，希望他能竭诚图报。是年，布尔尼十六岁，虽年少，“而魁伟出群”[6]。他承袭了亲王爵位，但认为“以非罪拘执父王，不可；罪父立子，不可”[7]。因布尔尼的父亲拘禁于盛京，他对清廷表现出不满，于是酿成“布尔尼事件”。

三、布尔尼举兵及失败

布尔尼袭和硕亲王之后，察哈尔与清廷的关系基本上得以恢复。康熙十一年（1672）正月、康熙十三年（1674）正月，布尔尼两次进京朝贺。但因其父拘禁于盛京之故，布尔尼对清廷不满。康熙八年（1669）八月，布尔尼前往盛京探望父亲，但“守将不许相

---

① 齐木德道尔吉等编：《清朝圣祖朝实录蒙古史史料抄》（上），内蒙古大学出版社，2003年，第63页。

② 齐木德道尔吉编：《清朝太祖太宗世祖朝实录蒙古史史料抄·乾隆本康熙本比较》，内蒙古大学出版社，2002年，第866页。

③④⑥⑦ 吴晗辑：《朝鲜李朝实录中的中国史料·显宗改修实录》卷二一，显宗十年十月庚辰，中华书局，1980年。

⑤ 齐木德道尔吉等编：《清朝圣祖实录蒙古史史料抄》（上），内蒙古大学出版社，2003年，第69页。

见。则其子（布尔尼）发怒而归”[①]。对于布尔尼亲王而言，与清廷的关系是国怨、私恨交织在一起，但又无奈。在这种情况下，机遇悄然而至，康熙十二年（1673），南方爆发了三藩之乱。

三藩之乱发生之后，“察哈尔国和硕亲王布尔尼、巴林多罗郡王鄂齐尔、科尔沁多罗冰图郡王额济音、敖汉多罗郡王扎穆苏、扎鲁特多罗贝勒扎穆等朝正，闻吴三桂反，争请献所携马匹助军。复有愿率所部兵，随大兵进讨者”[②]。可见，归附的漠南蒙古诸部，包括察哈尔部表示出兵参战。清廷“设巡哨、谨备御”[③]，要蒙古军做好备战。然而，三藩之乱的范围急速扩大，一年后已经波及陕西和甘肃一带，这对于清廷来说是一次严峻的考验。为了平定叛乱，清廷不断地从漠南蒙古各部征兵，“先将尔八旗察哈尔调发，同官兵进征，今又尽征余兵”[④]。察哈尔部多次派遣士兵，参与平定“三藩之乱”。如康熙十三年（1674）察哈尔左翼官兵奉命赴杭州，右翼察哈尔兵镇守江宁[⑤]。在平定陕西提督王辅臣之乱时，清廷又从察哈尔征兵，入驻宣府、大同[⑥]，这无疑加重了察哈尔的负担。在察哈尔部与清廷的关系恶化之际，布尔尼对清廷怀有的不满

---

① 吴晗辑：《朝鲜李朝实录中的中国史料·显宗改修实录》卷二一，显宗十年十月庚辰，中华书局，1980年。

②《清圣祖实录》卷四四，康熙十二年十二月甲子，中华书局，1985年。

③ 齐木德道尔吉等编：《清朝圣祖朝实录蒙古史史料抄》（上），内蒙古大学出版社，2003年，第135页。

④《清圣祖实录》，康熙十四年四月丁巳，中华书局，1985年。

⑤《清圣祖实录》，康熙十三年四月丁未，中华书局，1985年。

⑥《清圣祖实录》，康熙十四年三月辛未，中华书局，1985年。

情绪愈来愈强烈，甚至唤醒了他的民族意识。作为成吉思汗黄金家族大汗嫡系后裔，以布尔尼为首的察哈尔人无不怀念过去。他们不会忘记大元帝国的辉煌，认为“我蒙古今为三国，一曰项朵颜，一曰大朵颜，一曰山朵颜，其余近塞底部落，尽属于清国。我项朵颜即大元之后也，虽附于大国，犹有帝号。大朵颜服于大国，甚见亲待。而山朵颜自恃兵强，无服从之事矣。又曰：北京即吾国所有，而见失，今已累百年。山朵颜一名双环犯子，据险自守，虽以上国之威，不敢加兵云”[①]。由此可见，归附清廷的一些蒙古部族的自我独立性仍然较强，“而自恃兵强，颇有轻视北京之意云矣”[②]。

归附清廷的察哈尔部还保有较强的势力，在“蒙古十二部中此最长。十二部各拥精兵数十万，以为事已，则俺等亦无事，有不然者，将举兵相向”[③]。由于清廷大规模征兵派赴前线，北京城出现兵力空虚的状况。布尔尼手下的几个官吏进京后，的确发现京城基本上没有满洲军队，“各处城门只有少年来守卫”[④]。于是，他们回到察哈尔后立即向布尔尼报告北京城的空虚状况，“致使蒙古王公企图乘机推翻满洲人的统治，恢复他们祖先曾经统治

① 吴晗辑：《朝鲜李朝实录中的中国史料·显宗改修实录》卷二六，显宗十年十月戊辰，中华书局，1980年。

② 吴晗辑：《朝鲜李朝实录中的中国史料·显宗改修实录》卷二八，显宗十五年五月癸未，中华书局，1980年。

③ 吴晗辑：《朝鲜李朝实录中的中国史料·显宗改修实录》卷二一，显宗十年九月庚申，中华书局，1980年。

④［法］白晋著，马绪祥译：《康熙帝传》，《清史资料》，中华书局，1980年，第205页。

过的帝国”[①]。布尔尼得知清廷重兵南下后，决定解救父亲，开始积极准备攻打盛京，再向北京进发。于是布尔尼与其党缮治甲兵，训练兵马，扩充马枪、盔甲、兵器等装备，同时又博得其他蒙古部族的同情，并得到帮助。布尔尼的举动，使得清廷非常担忧。对此，清廷已经察觉到，并采取静观其变的态度，时刻观察其动向。尤其通过嫁到察哈尔的公主及随从者及时了解布尔尼的详情。《清实录》记载，康熙十四年（1675）三月，布尔尼举兵之前，清廷“从嫁公主长史辛柱，阴使其弟阿济根告其谋”。康熙帝得知此消息后，高度重视，并且与祖母孝庄太皇太后商讨此事。当时，孝庄太皇太后沉着冷静地给康熙帝出主意，她说：“遣侍卫塞棱等遍召巴林王鄂齐尔兄弟、翁牛特王杜楞兄弟及布尔尼、罗卜藏俱入京师。”孝庄太皇太后以宣召姻亲的蒙古王公进京的方式来试探布尔尼的动向。这是弄清真相的一种方式，同时也让康熙帝有时间考虑应对方案。其结果，“诸王皆到，惟布尔尼兄弟不来，遂于三月十七日，执侍卫塞棱，约二十五日举事”[②]。显然，布尔尼是“为了脱离满洲人的统治，试图再次征服本族祖先曾经统治过的中国，乘此机会实现自己的野心”[③]。布尔尼公开反叛清

① [法] 白晋著，马绪祥译：《康熙帝传》，《清史资料》，中华书局，1980年，第205页。

② 齐木德道尔吉等编：《清朝圣祖朝实录蒙古史史料抄》（上），内蒙古大学出版社，2003年，第153页。

③ [法] 白晋著，马绪祥译：《康熙帝传》，《清史资料》，中华书局，1980年，第216页。

朝，与驻守大同、宣府一带的八旗察哈尔军队会合，约定举事，还遣使至科尔沁十旗、阿鲁科尔沁、扎鲁特、乌珠穆沁等部，号召他们起兵相应。

布尔尼举兵反叛后，锦州、广宁、盛京一带的人都想避乱，这给清廷带来了极大的压力。当时，盛京“城门昼闭，不得留住。到连山关、逢凤凰城甲军一百二十名调赴沈阳，问之，则言蒙古王车屹汗囚于沈十年，其子代立，以一枝兵遮截北京路，攻取沈阳，脱出其父，然后将为西犯云。及到凤凰城见之，只有老弱女子”[①]。盛京的防备是比较薄弱的，为了防备布尔尼的袭击，甚至白天也关紧城门。清廷立即命奉天大将倭内巴图鲁固守盛京，还命宁古塔大将巴海定要确保宁古塔的稳定，并率兵前往盛京协防，“固守盛京”[②]。康熙帝除加强北京和盛京的防御之外，已经无兵将可派。的确，当时全国形势极其严峻，三藩之乱的战火正在蔓延，几乎半个国家陷入战乱，再调兵平叛布尔尼实属困难。年轻的康熙帝求教于祖母孝庄太皇太后。孝庄太皇太后的确有应对突发事件的才能，她非常了解察哈尔部以及朝中官员，在关键时刻向康熙帝推荐大学士图海。孝庄太皇太后认为，“图海才略出众，可当其责”[③]。康熙

① 吴晗辑：《朝鲜李朝实录中的中国史料·肃宗大王实录》卷三，肃宗元年四月甲午，中华书局，1980年。

② 齐木德道尔吉等编：《清朝圣祖朝实录蒙古史史料抄》（上），内蒙古大学出版社，2003年，第153页。

③〔清〕昭梿撰，何英芳点校：《啸亭杂录》，中华书局，1980年。

帝立即召见图海，“授以将印”，任命信郡王鄂札、大学士都统图海为副将军，准备出征。同时，派遣理藩院官员郎中马喇携敕书前往土默特、科尔沁、翁牛特、阿鲁科尔沁、巴林、敖汉等部，防止他们加入布尔尼的叛乱，并从各部调集兵力协助平叛。遵照康熙帝之命，理藩院郎中马喇赴土默特等部后，敕谕各王、贝勒速率所部众，与清军共讨布尔尼，并且告知他们清廷即将派出大兵平叛。清廷的应对，一方面安抚了人心惶惶的土默特部，使其能够顶住布尔尼的压力；另一方面监视蒙古各部的态度和举止，防止叛乱规模的扩大。此外，康熙帝又给布尔尼、罗卜藏及察哈尔部民分别送去书信，说明清廷对历代察哈尔王室一直以来的恩养，“令其悔罪归诚，尔等以及子孙庶不失荣贵。若布尔尼不悟”[①]，将不可免于灭亡。清廷还号召察哈尔民众，“尔等当向布尔尼申明利害，彼若悔罪归诚，尔等亦获福多矣。朕以尔等为太宗文皇帝、世祖章皇帝怀柔之国，不忍以布尔尼一人之故，遽加剿灭。因此反复申谕，若布尔尼拒谏不悛，或擒献逆渠，或自行投降，朕赐以官爵，俱加恩养，断不失言”[②]。清廷以心理攻势，劝说布尔尼投降，还对察哈尔内部进行分化。但是，康熙帝的声明没有起到什么效果。

清廷经过紧张的筹划，于四月六日，由信郡王鄂札率正规军三千多人，携带红衣大炮，自山海关出发。“大兵众多，若由古北

①② 齐木德道尔吉等编：《清朝圣祖朝实录蒙古史史料抄》（上），内蒙古大学出版社，2003年，第155页。

口，则崎岖难行。且多带红衣炮具，耽延时日，自应出山海关”[①]。平叛大军准备与科尔沁、土默特、阿鲁科尔沁、巴林、翁牛特、敖汉等部的蒙古军队会合，再直达察哈尔布尔尼驻牧地。大军“以护军统领哈克山，副都统吴丹、洪世禄，并为参赞。每旗派护军、参领二员，署一员为夸兰大。骁骑、章京各一员，署夸兰大。发盛京兵千人。复参派每佐领前锋、亲军、护军三人，骁骑一人。又派汉军鸟枪兵，每佐领二人，官十员，量署为参领夸兰大，分两翼，以都统祖永烈统右翼，原任总河杨茂勋为署都统，统左翼”[②]。平叛大军中不仅有满洲军、蒙古军队、汉军的鸟枪兵，还有盛京驻兵加入。此外，辽东军组成的一支小部队也在出征之列[③]。图海果然不负重任，在四月初五日，他率领“八旗家奴”数万人，下令：“前此所掠皆士庶家，不足为宝，今察哈尔承元之后，数百年之基业，珠玉货宝不可胜计，汝等如能获取之，可富贵终身也。”[④]如此动员对于社会底层的人来说，的确很有诱惑力。图海率领的“八旗家奴”从宣府出发，昼夜兼程，经居庸关，奔宣府边外，再通过敖汉、翁牛特、喀喇沁等旗与鄂札率领

---

①《清圣祖实录》卷五十四，康熙十四年四月乙丑，中华书局，1985年。

②〔清〕勒德洪撰：《平定察哈尔方略》，《清代方略全书》，北京图书馆出版社，2006年，第11页。

③［法］白晋著，马绪祥译：《康熙帝传》，《清史资料》，中华书局，1980年，第205页。

④〔清〕昭梿撰，何英芳点校：《啸亭杂录·图文襄公用兵》，中华书局，1980年。

的东部大军形成东西夹击的大包围圈，此举还防止察哈尔八旗与布尔尼的军队会合。清军周密的战略部署和策略震慑了宣府、大同边外的布尔尼及察哈尔部众。清军会合后，于二十一日到达岐尔哈泰，在此侦查得知布尔尼屯兵达禄山（今通辽市库伦旗东南）。清军得到确切情报后，率轻骑前进，于次日抵达达禄山，并突袭了布尔尼的驻地，双方进行了激烈决战。这次战役中，布尔尼与清军“一日六战”[①]，大败。布尔尼兄弟二人败退后，于五月辛酉又遇到了奉命前来的科尔沁部的沙津诺颜。沙津“身率兵追射，罗卜藏与不达里皆死，益穷追布尔尼，明日及之。布尔尼十二骑，并力拒战，沙津尽射杀之”[②]。察哈尔部很多官员与布尔尼兄弟一同战死，主要有“教布尔尼造乱者阿杂里喇嘛、僧额浑津、噶尔马色冷、布达里、破翁、巴达里、巴呢、陈特、塔尔、噶尔昭、噶尔马、薄托和也。布达里、破翁、巴达里、巴呢、塔尔，此五人与布尔尼兄弟死。陈特为乱兵所杀”[③]。此时，驻牧于宣府一带的八旗察哈尔左翼军队还不知道达禄山的战况，他们响应布尔尼的号召，直奔独石口，欲加入布尔尼一方。对此，清廷命散秩大臣绰尔济携敕招抚，又授内大臣佟国纲镇守宣府，还令

① 中国第一历史档案馆整理：《康熙起居注》，中华书局，1984年，第795页。

② 齐木德道尔吉等编：《清朝圣祖朝实录蒙古史史料抄》（上），内蒙古大学出版社，2003年，第160页。

③ 齐木德道尔吉等编：《清朝圣祖朝实录蒙古史史料抄》（上），内蒙古大学出版社，2003年，第162页。

喀喇沁、土默特、巴林、翁牛特、敖汉等部各守境内，叛军如至，即刻剿除。在此情况下，响应布尔尼叛乱的八旗察哈尔左翼军队余部也被清廷迅速平息。

布尔尼举兵失败后，清廷对布尔尼的察哈尔部进行严厉惩治。五月癸亥，“议政王大臣奏，布尔尼反，既伏诛。其父阿布奈见禁盛京，应立斩。妻郡主，归伊父安亲王，其子于军前正法，女入官。得旨，阿布奈改为立绞”[①]。清廷以绞刑处死阿布奈，并处死了布尔尼之弟、子、侄等，于是蒙古黄金家族汗裔几乎绝嗣。布尔尼之妻归其父安亲王，沙津平叛立功，将罗卜藏之妻交其兄。严惩察哈尔属下官员和家眷，“噶尔昭、噶尔马、薄托和等，或死或逃，尚无的耗。其子女皆在卓礼克图亲王处。阿杂里喇嘛、僧额浑津、噶尔马色冷亦为卓礼克图亲王解送军前，候旨处分。得旨，阿杂里喇嘛等悉于军前正法，其叛人妻孥赏给有功官兵”[②]。还有逃到科尔沁部的察哈尔官员和喇嘛的近族兄弟等也被处死，其家产妻孥分赏官兵。由于奈曼旗达尔汉郡王札木山跟随布尔尼反叛，事后只好来清廷请罪。“乙巳日，从宽免死，革去王爵，仍留家口牲畜，令其自给”[③]。闰五月乙巳，原隶属察哈尔旗的喀尔喀人也因响应布尔尼的号召反叛，辅国公垂札布被革

① 齐木德道尔吉等编：《清朝圣祖朝实录蒙古史史料抄》（上），内蒙古大学出版社，2003年，第161页。

②③ 齐木德道尔吉等编：《清朝圣祖朝实录蒙古史史料抄》（上），内蒙古大学出版社，2003年，第162页。

爵，其所属人口分给其余八个台吉。

布尔尼举兵失败后，清廷对于察哈尔部民进行重新安置。察哈尔亲王驻牧地义州是当时清廷的边陲要地，因此就令从嫁公主的人们均披甲，由长史辛柱率领镇守[①]。对于降归的察哈尔人，康熙帝“命以投诚人数造册咨部，户部计其丁口，均隶八旗满洲、蒙古佐领，令其充伍”[②]。还以“归附及掳来之察哈尔人等应解京，隶八旗满洲、蒙古佐领下披甲，其老弱人丁赏给被伤官兵。从之”[③]。把归顺的左翼四旗察哈尔调到陕西支援，右翼三百察哈尔兵调往榆林、延安一带镇守。依副将军图海的奏议，清廷“按察哈尔十二佐领人丁家口，其来投军前者丁凡一千一百六十六，口凡六千八百八十七，奉调出征人妻子家口凡二千八百三十八，俱随大兵相继入京。其投入外藩蒙古各旗者，丁凡五百十四，口凡三千六百三十八。布尔尼所属喇嘛、班第丁凡一百十六，家人男女凡三百八十三。先经奉旨察取，但外藩各旗自去岁荒欠以迄今夏，人马皆饥，往来迎送实为艰难，请俟蒙古马肥再为移取，人数无多，取之自易。得旨，着暂停察取，仍令各旗王、贝勒等

① 齐木德道尔吉等编：《清朝圣祖朝实录蒙古史史料抄》（上），内蒙古大学出版社，2003年，第162页。

②〔清〕勒德洪撰：《平定察哈尔方略》，《清代方略全书》，北京图书馆出版社，2006年，第51页。

③ 齐木德道尔吉等编：《清朝圣祖朝实录蒙古史史料抄》（上），内蒙古大学出版社，2003年，第163页。

加意赡养”[①]。九月，康熙帝特遣理藩院侍郎博罗特等人到义州、锦州等地，将“逃散人丁户口加意移来安插，务令得所”[②]。让这些来降的察哈尔旗逃散人口迁徙驻牧于河北宣化和山西大同附近，并取消了原来的旗、佐组织，分散编入八旗满洲和蒙古佐领内服兵役。

布尔尼举兵失败后，察哈尔人受到清廷的严厉惩治。他们被押解京师，札萨克旗被撤销，分散编入八旗满洲和蒙古佐领服兵役，旗和佐领组织已不复存在。至此，察哈尔部势力彻底覆灭。

布尔尼事件虽然以失败告终，但是在一定程度上能够说明，归附清廷的几十年中，漠南蒙古各部出现了蒙古民族意识的萌芽。布尔尼事件虽然与林丹汗的抗金斗争有别，但此事件能够体现出蒙古黄金家族的统治观。不过，从结果来看，布尔尼事件标志着蒙古传统政治文化已经改变，这也是布尔尼失败的必然性。自林丹汗败亡后，他的子孙在清廷三任亲王，与其他蒙古王公没什么区别，其传统的主从关系已经不复存在，实际上都与清廷确立了主从关系。因此，布尔尼举兵后，漠南蒙古各部王公或旗札萨克不但没有响应号召或给予支援，反而有一些蒙古王公为了表明自己对清廷的忠诚，遣使进京，举报反叛。最先向清廷报告此

① 齐木德道尔吉等编：《清朝圣祖朝实录蒙古史史料抄》（上），内蒙古大学出版社，2003年，第163页。

② 齐木德道尔吉等编：《清朝圣祖朝实录蒙古史史料抄》（上），内蒙古大学出版社，2003年，第174页。

事的是土默特贝子滚济斯扎布，“遣其三等护卫舍布来告”[①]。之后，还有一些蒙古王公接连报告，并且响应清廷出兵镇压布尔尼。另外，从力量对比来看，虽然察哈尔部具有一定实力，但与入主中原的清廷势力无法比拟。察哈尔部及布尔尼只靠自己的力量来摆脱清廷统治，其难度可想而知。

第三节　清朝对漠南蒙古的怀柔政策

布尔尼事件是十七世纪满蒙关系中的重大事件之一，虽然延续时间不长、规模不大，但一度威胁到清王朝的统治中心。布尔尼事件的后果不仅对察哈尔部产生了很大影响，对清廷以及满蒙关系的稳定也产生了非常大的影响，使康熙帝对漠南蒙古的统治感到更加忧虑和不安。的确，布尔尼事件给清廷敲响了警钟，尤其使康熙帝意识到后方的重要性，更明白需要整治漠南蒙古的必要性。然而，康熙帝没有采取强制措施，而是亲自北巡，寻求治理好漠南蒙古事务的策略。

一、康熙皇帝北巡

布尔尼事件之前，满洲统治者对漠南蒙古各部曾采取诸多措

① 齐木德道尔吉等编：《清朝圣祖朝实录蒙古史史料抄》（上），内蒙古大学出版社，2003年，第154页。

施，其中以怀柔政策尤为突出，并取得了很好的效果。从努尔哈赤至康熙初年，对漠南蒙古的怀柔政策主要体现在联姻、贡赏、功封等方面。经努尔哈赤、皇太极、顺治帝到康熙初年，满蒙政治联姻关系已经牢固，因此不需要完全以联姻作为维系满蒙关系的纽带，更不必筑长城。当然，在之前政治联姻、贡赏、功封的基础上，怎样有效地长期治理漠南蒙古是康熙帝面临的重要问题，也是必须解决的实际问题。这是关系到清王朝统治长治久安的重大问题。康熙十五年（1676），清廷平定三藩之乱的战争已有转机。六月，陕西王辅臣投降。十月，福建耿精忠投降。次年五月，广东尚之信归降。从此，清朝平叛军队集中力量进军主战场，战事已经度过了最艰难的岁月，清军开始掌握主动权，胜利的曙光就在眼前。康熙帝的注意力转向北方，为了稳定漠南蒙古诸部以解决大后方问题，他开始北巡考察。康熙帝如实地了解漠南蒙古地区蒙古人的生产生活情况，并审时度势，因势利导地判定出较为合乎漠南蒙古社会状况的政策措施。

《康熙起居注》记载，康熙十六年（1677）九月十日，康熙帝从京城出发前往察看仁孝皇后山陵，展祭世祖孝陵。十四日，自遵化温泉出发向东巡视沿边内外，再转北行，出喜峰口，进入喀喇沁部驻牧地。康熙帝“初巡狩边外时，调喀喇沁部落多罗杜棱郡王扎锡、镇国公吴忒巴喇、一品塔布囊席达等三十二塔布囊、精奇尼哈番、副都统等率兵丁一千五百名来为向导”[①]。康熙帝北巡首选喀喇沁部是因为这里距北京近，而且喀喇沁右翼郡王扎锡在布尔尼叛乱时通风报信。因此，康熙帝调研喀喇沁部更为方便、可信，又能够对该部表示欣慰和嘉许。康熙帝经商坚台、宽城东，于十八日到察汉城（今河北省平泉县会州城）驻跸。是日，会见“喀喇沁部多罗杜稜郡王扎锡、镇国公吴忒巴喇、一品塔布囊席达等三十二塔布囊及附入土默特固山贝子衮出斯济布旗内三品台吉绰衣罗克、拖音喇嘛”[②]，并向康熙帝贡驼马等；科尔沁达尔汉亲王祖母、和硕格格及固山额驸额林臣妻固山格格也遣使贡驼马。康熙帝到幔城门后向他们赐食，再经席尔哈河（今河北省平泉县西河）、喜扎忒河（今河北省平泉县七家岱）到和尔和克河（今内蒙古自治区宁城境内）。二十一日，科尔沁部使臣及喀喇沁部副都统白忻德、佐领吴杂喇达兰泰和诸台吉贡驼马物。二十二日，康熙帝驾还至喀喇河屯南驻跸，“赐多罗杜稜郡王扎锡玲珑袋弓矢全副，镇国公吴忒巴喇弓矢”[③]。是日，敖汉部落王公、诸台吉前来贡驼马等物，还有嫁到喀喇沁部的格格以及贵族们遣使问安，并贡驼马。次日，在胡西汉图口，康熙帝赐赏他们貂皮褂、银鼠褂、蓝素缎褂、衣素褂各一领。二十四日，康熙帝在俄伦蒿其特，嫁到翁牛特部的和硕格格、巴林部的淑慧固龙长公

①③ 中国第一历史档案馆整理：《康熙起居注》，中华书局，1984年，第328页。

② 中国第一历史档案馆整理：《康熙起居注》，中华书局，1984年，第327页。

主、科尔沁部的端贞长公主和多罗郡王毕礼克图之弟格勒尔图俄齐尔以及其他台吉遣使问安，并贡驼马。二十五日，康熙帝驻跸雅屯河，奈曼部的辅国公格勒尔来见，并贡马匹等物。二十六日，康熙驻跸达西喀布齐尔口，在幔城门赐赏喀喇沁部的向导衣、帽、带、靴、白金、锻、布等物，并召集该部王公、塔布囊、章京等赐食。至此，康熙帝将按原路返回至遵化温泉，十月初十日回到京城。

康熙帝首次北巡，在喀喇沁部向导的带领下一路顺畅，不仅喀喇沁部王公、贵族、台吉，还有敖汉、土默特、科尔沁等部的王公、台吉前来或遣使向康熙帝贡驼马等物，嫁到蒙古王公府的公主、格格也前来请安贡驼马等物。同时，康熙帝赐赏前来的王公、台吉等，并与他们直接交流。这无疑有助于康熙帝了解漠南蒙古，增进相互之间的感情。康熙帝第一次北巡，首次接近蒙古诸部的居住地，以更直接和更紧密的方式，了解蒙古诸部的真实情况。同时，他还初步踏勘了地形，更加了解漠南蒙古部分王公、贵族对清廷的态度。可见，康熙帝的北巡，对稳定漠南蒙古的政局起到了积极作用，取得了一定成效。康熙帝这次北巡后，在平叛三藩叛乱的同时，开始考虑收复台湾。康熙十七年（1678）至康熙十九年（1680），康熙帝未能北巡。康熙帝并没有对漠南蒙古完全放下心来，而且时刻考虑着后方问题，与漠南蒙古王公贵族保持着联系，甚至派遣理藩院官员探察了解各部族情况，从而把漠南蒙古地区的统治权掌握在自己的手中。

康熙二十年（1681），吴三桂的叛军败退，郑经病死，清朝的两场战争胜利在望，但仍在紧张地进行之中。在这紧要关头不能出现任何差错，尤其大后方漠南蒙古不能再次出现叛乱而影响南方战事的进程。是年三月，由于“太皇太后圣躬违和，上奉幸遵化汤泉”[①]疗养。同时，康熙帝进行第二次北巡。《康熙起居注》记载，四月初五日，康熙帝从遵化温泉出发，进入蒙古地区。初九日，喀喇沁部郡王扎锡及镇国公吴忒巴喇率所属塔布囊等人，到达希喀布齐尔口南迎驾。次日，出喜峰口外后，康熙帝以喀喇沁部的“三千骑兵前驱列围，围乃渐合”[②]，连日围猎。其间，康熙帝在野外设了黄幄陛座，向前来迎驾的喀喇沁王公、塔布囊和士兵赐茶酒，又赐王子绰衣尔札木苏衣帽。之后，翁牛特部镇国公奇塔特、台吉格龙，敖汉部郡王札木苏及诸台吉，土默特部贝子衮齐思札布等陆续前来朝见康熙帝。十四日，康熙帝在拜查（今河北省平泉县境柳溪川一带）赏赐喀喇沁部王公及王子油衣，还特别派身边大臣为附近的喀喇沁部二品塔布囊和济吉尔朕素墓献茶酒祭奠，因为他们曾为清廷出征效力。十五日、十六日，科尔沁部台吉敦罗布、卓礼克图亲王额齐尔、台吉胡必兔，喀喇沁部台吉丹津、塔布囊班卓儿，土默特部多罗贝勒额尔得木图等前

① 齐木德道尔吉等编：《清朝圣祖朝实录蒙古史史料抄》（上），内蒙古大学出版社，2003年，第267页。

②〔清〕高士奇撰：《松亭行纪》，康熙二十年癸巳。

来朝见康熙帝[1]。二十一日，康熙帝驻跸察汉城南时，奈曼部固山贝子乌勒木济前来朝见。二十二日，康熙帝在达希喀布齐尔口北原野设黄幄，设宴大赏喀喇沁部王公、塔布囊、台吉及士兵。康熙帝“赐王札锡御用袍帽、弓箭撒袋、佩刀、鞍辔等物；赐公吴特巴喇御用袍帽、弓箭撒袋、佩刀、鞍辔等物；赐一品塔布囊缪秀、俄莫克图袍帽、佩刀、鞍辔等物；赐御前引导二品塔布囊阿拉纳，四品塔布囊索尼因、奇他特、巴图尔御用袍帽、弓箭撒袋、佩刀等物；三品塔布囊七人各赐蟒袍、弓箭撒袋等物；四品塔布囊四十六人各赐缎纱一匹；都统二人、副都统一人、参领九人、一等护卫六人，共十八人，各赐缎匹等物；佐领三十七人、二等护卫二人、三等护卫九人、骁骑校三十三人、骁骑一千六百十二人，各赐缎纱、青布、银两有差。又赐御前引导一等护卫西隆敦卓布缎袍、佩刀各一；骁骑校阿喃、骁骑萨拉儿等十一人，弓各一张，箭各五枝；住居五十家、三十家两处异地佐领琶迪、骁骑校二人、骁骑七十七人，各赐缎匹、青布、银两有差。又赐都统巴札儿蟒袍、佩刀各一；参领俄尔最，佐领塔尔巴、蒙古齐缎袍、佩刀各一；骁骑校罗洛、骁骑多布等共十七人弓各一张、箭五枝”[2]。这是因为喀喇沁人不仅做导向，更是前往勘察地势，酌设圈场，故加赏之。次日，喀喇沁王公送驾，康熙帝启程返

① 中国第一历史档案馆整理：《康熙起居注》，中华书局，1984年，第685页。

② 中国第一历史档案馆整理：《康熙起居注》，中华书局，1984年，第686—687页。

回。二十五日，回到遵化温泉。

康熙帝第二次北巡还是到喀喇沁部巡视狩猎，前来会见贡物的蒙古王公中还有翁牛特人。康熙帝与前来的蒙古王公、塔布囊、台吉以及随从、士兵一同围猎交流。同时，康熙帝还踏勘了地形地貌，将喀喇沁部的部分牧地，初步划定为清廷围场。为了犒劳喀喇沁部王公、塔布囊、台吉的辛劳与功劳，康熙帝大赏赐宴。可见，康熙帝在此次北巡之后开始考虑建立处理蒙古问题的基地，似乎找到了解决蒙古问题的方略。

二、木兰围场的建立

康熙二十一年（1682），康熙帝巡视东北。次年八月，收复台湾，清廷的战事告一段落，进入了相对稳定的状态。康熙帝在北巡的基础上，再次北上，并设置了著名的“木兰围场”。从此，康熙帝每年北巡一次，有时一年两次，与蒙古王公一同围猎，交流感情，加深了解，以达到怀柔的目的。

《康熙起居注》记载，康熙二十二年（1683）六月二十日，康熙帝奉孝庄太皇太后出古北口避暑，并率皇太子允礽、皇长子允禔、皇三子允祉随行。二十五日，翁牛特部多罗杜稜郡王毕理衮达赖、二品台吉鄂齐理，克什克腾部一品台吉阿育锡等率官兵七百于九隘口恭迎太皇太后、皇上。闰六月初三日，在红川地方（乌喇岱），康熙帝与前来的翁牛特部、克什克腾人，还有科尔沁部和硕卓礼克图亲王杜尔巴、和硕达尔汉亲王腾班第额驸、敖汉部多罗郡王札木苏台吉以及兵丁一同狩猎聚餐。之后，康熙帝从红川出发向北行至兴安岭西端，一路与前来的蒙古王公、台吉及兵丁一同围猎。此行中，康熙帝看中了这里，将此地看作皇家习武狩猎的理想猎苑，也是与蒙古各部联系的最佳选址。敖汉、翁牛特部献牧场，并令翁牛特部多罗杜稜郡王毕理衮达赖管领围场，这就是著名的“木兰围场”。对此，康熙帝非常兴奋，二十六日，到拜察（今克什克腾旗芝瑞）地方，在行宫前设皇幄御座、仪仗，举行隆重的大赏、大宴。前来从猎的蒙古王公、台吉，还有奈曼部的多罗达尔汉郡王额齐尔、辅国公格勒尔，阿霸垓、多罗达尔汉郡王沙克沙僧格，喀尔喀部多罗杜稜郡王札西、镇国公乌忒巴喇、多罗贝勒老臧，土默特部多罗达尔汉贝勒额尔德木图、固山贝子衮即思札卜等。蒙古众官兵集聚，“自王以下，一品台吉以上，俱召至御座前，上亲赐酒。二品台吉以下，四品台吉以上俱召至御前赐酒。众官兵等亦遣内大臣、侍卫遍赐之”[①]。本次颁赐的物品更丰厚，从王公至士兵都有赏。“颁赐朝贡各部落王公、郡王凉帽、蟒袍、妆缎套、珊瑚、松子石镶金带、玲珑嵌金刀、靴，贝勒、贝子、公、一品台吉以下，四品台吉以上各凉帽、袍套、带、靴有差。又赐管领围场各部落郡王、公凉帽、蟒袍、妆缎套、靴、珊瑚、镶金带、玲珑嵌金刀、镀金撒袋、弓箭、雕鞍，一品台吉以下，四品台吉以上，长史、护卫、都统、

① 中国第一历史档案馆整理：《康熙起居注》，中华书局，1984年，第1027页。

副都统、参领、佐领、骁骑校以至骁骑军各帽、袍套、带、刀、靴、缎、布、银两有差”[①]。七月初一日，康熙帝在拜察的最后一天，举行隆重仪式，召见管领围场阿鲁科尔沁的多罗郡王色楞额驸、固山额驸巴忒玛，协理旗下事务二品台吉吹、二品台吉额森等，三品台吉塞尔齐、四品台吉巴特玛桑等及蒙古众官兵，设大宴大赏。初二日，康熙帝到团河召集前来的蒙古各部王公、台吉，训诫教化他们，并要求他们遵守法规，守护好木兰围场等，同时又称：“此番巡幸，汝等或有过犯，朕并不执法治罪，更频加赏赉，待尔之优，于此可见。”蒙古王公、台吉表示：“皇上怜悯训诫，论旨最当，臣等惟有铭刻肺腑，竭力遵行，共遵国法。”[②]蒙古王公、台吉以及官兵送驾，二十五日，康熙帝回到京城。

康熙帝第三次北巡进入大兴安岭西端，并第一次到木兰围场。木兰围场是康熙帝第二次北巡和第三次北巡时，由喀喇沁、翁牛特、敖汉等部落的王公们作为礼物送给清廷的皇家猎苑。康熙帝令在此地四面立柳条边，设置“木兰围场”[③]。“木兰者，围场之通称也”[④]。“木兰”，满语“哨鹿”之意，就是猎人仿效鹿鸣

---

① 中国第一历史档案馆整理：《康熙起居注》，中华书局，1984年，第1027页。

② 中国第一历史档案馆整理：《康熙起居注》，中华书局，1984年，第1029页。

③〔清〕穆彰阿、潘锡恩等纂修：《大清一统志》卷二六，上海古籍出版社，2008年。

④〔清〕魏源撰，韩锡铎、孙文良点校：《圣武记》卷三，中华书局，1984年，第101页。

以猎捕鹿等野兽。设置木兰围场之后，皇家猎苑扩大了许多，与蒙古地区连成一片，这里还是皇帝亲自处理蒙古事务的基地。木兰围场位于承德以北二百公里，东西有一百五十多公里，南北将近一百五十公里，周长六百五十余公里，总面积一万多平方公里。围场划分为七十二小围，驻军按八旗军制来设置，每旗各一营房，统辖五卡伦，康熙时期设四十卡伦。当时木兰围场水草茂盛、林木参天，各种野生动物繁殖滋生，为习武狩猎的天然场所，是训练八旗子弟的好地方。康熙帝令每年分三批人马赴木兰行围狩猎，各部院官员必须参加，“令其娴习骑射”[①]。同时，木兰围场的战略地位十分重要，位于漠南蒙古的中心地带，便于管控漠南蒙古各部，还是北京通往漠北蒙古、东北黑龙江以及尼布楚城的重要通道。康熙帝在几次北巡中了解到，利用木兰围场，与蒙古王公、贵族联络感情、增进了解，以维护后方安宁，康熙帝的战略眼光可见一斑。木兰围场不仅是围猎、练兵、避暑的好地方，更是清廷处理蒙古事务的基地。的确，木兰围场是清廷与蒙古各部王公联络的最佳之地，围猎成为很好的沟通方式。因此，康熙帝每年带领众将士在此地行围，扈从者有宗室子弟、武大臣、旗禁卫军、漠南蒙古贵族及其本部骑兵等。最初，由漠南蒙古王公按距离远近分成三至六班随皇帝行围，后来“木兰秋狝”的随围规模逐步扩大并制度化，清廷处理蒙古问题的围班制

①《清圣祖实录》卷一〇四，中华书局，1985年，第13页。

度形成。

三、围班制度的形成及作用

在十七世纪满蒙关系的形成与发展变化的进程中，相互来往的一些常态行为逐渐走向制度化。清朝蒙古王公的年班制度和围班制度就是如此一步步地形成的。这也是人们通常所说的清朝统治蒙古的对策，或清朝的民族政策等。自古蒙古高原的游牧政权或部族首领与中原王朝的交往形式主要以相互贡物品与回赏为主。这是一种贸易交往，有时也有政治内涵，但都没有像清朝这样制度化。

清朝的年班制度是满蒙贵族联盟不断发展演进的产物。从努尔哈赤时起，满洲统治者为了笼络蒙古部族，主动向漠南蒙古各部派遣使者，加强联系，以示友好。同时，对前来求见或归附的蒙古部落首领给予丰厚的赏赐和隆重的礼遇。如天命二年（1617）正月，科尔沁部的明安台吉向努尔哈赤朝贺，努尔哈赤出城百里之外迎接，并留其住了一个月，“每日小宴，越日一大宴”[①]。当明安返回时，努尔哈赤送出三十里，并赠送大量礼品。随着满蒙初期政治关系的扩大和发展变化，漠南蒙古贵族的朝贺与回赏也形成常态化。在皇太极改国号为清之后，蒙古王公每年

---

① 齐木德道尔吉编：《清朝太祖太宗世祖朝实录蒙古史史料抄》，内蒙古大学出版社，2002年，第43页。

都赴盛京朝觐。在崇德四年（1639）正月，清廷斥责敖汉、奈曼等部“遣兵不及额，藏马不献，元旦不朝贺”[①]。顺治帝入主北京之后，清廷在制定各种制度时，也确定了漠南蒙古王公的年班朝觐制度。按照清廷的规定，蒙古王公、贝勒、贝子、公、台吉、都统等准于年节来朝，于十二月十五日后、二十五日前到齐，分为两班，循环来朝[②]。同时，清廷方面会做周密的准备工作，接待前来朝觐的蒙古王公，并给予丰厚的赏赐。顺治帝曾对蒙古王公说：“尔等秉资忠直，当太祖、太宗开创之初，诚心归附，职效屏藩。”“朕世世为天子，尔等亦世世为王，享富贵于无穷，垂芳名于不朽，不亦休乎！”[③]显然，年班制度是清朝最高统治者显示皇权地位、笼络蒙古王公的政治手段。清廷的主要目的是加强对蒙古地区和蒙古王公、贵族的管控，使其成为清王朝的屏藩。

然而，年班制度不是万能的。为了防止天花病的蔓延，出过痘的蒙古王公才能来京朝觐，未出痘的不能进京。大多数未生痘的漠南蒙古王公因惧怕感染天花而不敢进京朝觐。因此，清廷无法与一些蒙古王公联络，无法全面、及时地了解他们的实际情况。这会出现漏洞或麻烦，使清廷感到不安。康熙帝北巡设置木兰围场之后，以围班制度补充了年班制度的不足。清廷规定：

---

①《清太宗实录》卷四五，崇德四年正月，中华书局，1985年。

② 多杰才旦主编：《大清会典理藩院事例》卷二二一，中国藏学出版社，1991年。

③〔清〕祁韵士等纂：《皇朝藩部要略》卷二，成文出版社，1968年。

“外札萨克蒙古王公台吉等业经出痘者，均于年班来京，其未经出痘者，止于热河瞻觐。”[①]可见，围班制度比年班制度的出现要晚些，但二者的功能和性质以及目的是相同的，都是清廷与蒙古王公联络的方式，是笼络蒙古王公、贵族，巩固其基业的重要制度。

围班制度作为年班制度的补充，“上秋狝至热河，蒙古诸王皆觐”[②]。在木兰行围之先，清帝驻跸避暑山庄，接见前来的蒙古王公、台吉、塔布囊，并设筵宴。清廷像年班一样做好接待的准备工作，在避暑山庄设大黄帷，即能够容纳一千多人的大蒙古包。蒙古包“帐殿内御座前设御宴，蒙古王公席于东、西，帐殿南，额驸席于东，蒙古台吉席于西”[③]。这是大蒙古包宴，也是万树园筵宴，还有精心安排的大政殿、澹泊敬诚殿筵宴。“大政殿宴内外王公，座前设御宴，蒙古王席于西，贝勒席于西南，丹陛上，蒙古贝子、公、台吉席于西。澹泊敬诚殿御宴，蒙古王公席于本爵宗室之后，额驸席于贝子之次，殿外，台吉席于东”[④]。如此隆重而精心筹划的御宴，体现了清朝统治者对蒙古王公的重视程度。筵宴上，考虑到蒙古人能歌善舞，还会举行丰富多彩的文体活动，演唱《西游记》《封神演义》等小说中的戏曲，还会进行跳驼

① 多杰才旦主编：《大清会典理藩院事例》卷九八四，中国藏学出版社，1991年。

② 〔清〕赵翼撰：《檐曝杂记》卷一，中华书局，1982年。

③④ 赵云田：《清代的“围班”制度》，《北京师院学报》1984年第6期。

和博克等游戏、体育活动。

在避暑山庄的各种仪式和活动结束后，清帝与众蒙古王公、贵族将进入下一个环节，即木兰行围狩猎阶段。木兰行围狩猎一般二十天，按照清廷的严格规定和精心安排，进行一场声势浩大的围猎行动。围猎有不同形式的围班和不同的班次。“凡内札萨克四十九旗王、贝勒、贝子、王公、台吉、塔布囊分三班，御前行走、乾清门行走之王公、台吉、额驸分两班，闲散行走之额驸分三班”①。围猎时康熙帝一身戎装骑马，陪同者除有随从大臣和侍卫外，还有蒙古王公、贵族。另外，科尔沁、喀喇沁、克什克腾、翁牛特、巴林、敖汉等旗在围狩猎时，要派出一千二百五十名骑兵，约三百人协同围猎，还有上百名向导及枪手等。

木兰行围狩猎有大围和小围，小围以数百人分头进入山林单独行猎，规模不大；大围即合围，是大规模围猎活动。合围作为训练演习、加强武备的军事活动，具有严格的步骤和纪律。首先选择好地形，共进行二十天，每天黎明前，负责管围的大臣率领满洲八旗、蒙古王公贵族及骑兵、虎枪手和各部落射手出营，分成左右两翼合围。事先在高冈处搭好看城，由黄幔围成一圈，中间一个大蒙古包和几顶帐篷供康熙皇帝检阅和休息。皇帝到看城之前，管围大臣和蒙古王公要等候迎驾。康熙帝在入围的当天凌

①〔清〕和珅、梁国治撰，承德民族师范高等专科学校点校：《钦定热河志》卷四八，天津古籍出版社，2003年。

晨骑马从行营出发，率随从大臣、侍卫及虎枪手到看城小憩。行围以看城为中心向四面合围，逐渐缩小包围圈，将围中的野兽向看城集中。一切准备就绪后，康熙帝先检阅围猎官兵，然后跨上骏马发出第一箭，宣布开始围猎。围城的禽兽任康熙帝和各皇子逐射，大臣、蒙古王公和各部落射手们“射飞逐走，左右是宜，诸藩部落蒙古莫不欢欣踊跃”①。整场围猎战马嘶鸣，军旗招展，杀声震天。围中的野兽、飞禽应弦而倒。

围猎结束后，康熙帝至蒙古包行宫设宴，大臣、蒙古王公、贵族聚集一堂按例进宴。康熙帝赏赐参加围班的蒙古王公、贵族、骑兵、向导等人绫罗、茶、布、金银、瓷器等。蒙古歌手演奏蒙古音乐，蒙古王公子弟表演节目，场面非常欢快。康熙帝亲身了解蒙古地区的风土人情，广泛联络蒙古各部王公、贵族，并交流感情，达到了“按历蒙古诸藩加之恩意，因以寓怀远之略”②的目的。

康熙帝以一年一度的木兰秋狝作为加强与蒙古王公、贵族联系的重要手段，这对安抚漠南蒙古、巩固边防起到了非常重要的作用。康熙二十七年（1688），喀尔喀与卫拉特战争爆发，自然影响到漠南蒙古，康熙帝建立围班制度的意义开始显现，产生了客观效果。是年六月，康熙帝令“翁牛特、巴林、克什克腾、四子

---

①〔清〕昭梿撰，何英芳点校：《啸亭杂录》卷七，中华书局，1980年。

② 承德民族师范高等专科学校《承德府志》校点组点校：《光绪朝重订承德府志点校本》卷首二，辽宁民族出版社，2006年。

部落等旗，共派兵二千五百名，暂驻苏尼特一带汛地防守”[①]。七月，康熙帝又“令科尔沁土谢图亲王沙津、达尔汉亲王班第，派所属十旗兵一万，副都统穆泰往科尔沁地方，于所指之地备御”[②]。八月，清廷命茂明安、四子部、苏尼特、鄂尔多斯等旗六千骑兵“以备紧急调遣”[③]。康熙二十九年（1690）七月，理藩院檄谕漠南蒙古四十旗，“令各备兵，分汛哨探”[④]。可见，清廷防御非常及时，对准噶尔汗国的噶尔丹向内地进军起到了一定的阻遏作用。噶尔丹率兵进入漠南蒙古之后，“蒙古等感戴本朝之恩，忘身以奉事者甚众。当索约尔济河地方与噶尔丹交战时，阿鲁科尔沁之栋牛台吉自战场出，谓众曰:‘我等受皇恩甚深，若稍退缩，有何面目见圣颜乎！’率伊属兵三百名复进，皆歼”[⑤]。清军与噶尔丹在乌兰布通等战役中，漠南蒙古的骑兵发挥了重大作用。在漠南蒙古王公、贵族的大力支持下，清廷战胜了噶尔丹。不仅如此，还更有效地抗击了沙俄的扩张，并收服了漠北蒙古，从而更加巩固了清廷对漠南蒙古的统治，确保清廷北方的和平、

① 齐木德道尔吉等编:《清朝圣祖朝实录蒙古史史料抄》（上），内蒙古大学出版社，2003年，第442页。

② 齐木德道尔吉等编:《清朝圣祖朝实录蒙古史史料抄》（上），内蒙古大学出版社，2003年，第445页。

③ 齐木德道尔吉等编:《清朝圣祖朝实录蒙古史史料抄》（上），内蒙古大学出版社，2003年，第449页。

④《清圣祖实录》卷一四六，康熙二十九年五月癸未，中华书局，1985年。

⑤〔清〕张穆著，张正明、宋举成点校:《蒙古游牧记》卷三，山西人民出版社，1991年。

安宁。对此，康熙帝感慨地说："昔秦兴土工修筑长城，我朝施恩于喀尔喀，使之防御朔方，较长城更为坚固。"①

纵观中原农耕地区与蒙古高原游牧区域相互关系史，康熙帝解决了难以解决的重大问题，即不同经济、文化交流和民族关系等问题。可见，在多民族国家里，民族之间的交流、相互了解和互相尊重是多么重要，这是多民族国家和谐稳定的重要因素之一。从这一点来看，康熙帝做到了，他以围班制度解决了蒙古的政治问题，促进了不同经济和文化的交流，结束了元朝之后中原农耕地区与蒙古高原游牧区域相互摩擦甚至发生冲突的局面。因为康熙帝一直坚持木兰行围狩猎，清廷的围班制度也不断完善，起到了其应有的积极作用。后来阿鲁喀尔喀四部，青海的王公、台吉，土尔扈特部也在热河朝见清朝皇帝并随围木兰。乾隆帝、嘉庆帝也非常注重木兰行围狩猎，与蒙古各部王公、贵族保持密切的关系。道光年间，木兰行围狩猎停止，围班制度衰落。

康熙帝为解决蒙古问题，亲自北巡，设置木兰围场，制定围班制度，对蒙古王公、贵族的怀柔政策是非常成功的。康熙帝通过围猎、赐赏设宴来交流感情，了解蒙古王公、贵族的真实想法，发现问题并及时处理，使双方的关系越来越融洽，满蒙关系得到稳固，为满蒙关系的进一步扩大奠定了基础，为清朝全国统治的巩固奠定了基础。

① 《清圣祖实录》卷一五一，康熙三十年五月癸巳，中华书局，1985年。

第四章　十七世纪满蒙关系的特性及影响

在十七世纪近百年的历史进程中，满蒙关系经历了无数个大小事件，其中一些事件一直是学界关注的问题。在前人研究的基础上，笔者运用诸多史料，将十七世纪满蒙关系的形成和演变，再到稳定的过程进行整合，成为较完整的体系来探析。在整合的基础上，概括其特性，并简述影响力。

第一节　十七世纪满蒙关系的特性

从十七世纪满蒙关系的形成、发展变化至稳定的过程来看，其内容丰富、形态多样，是典型的族类共同体的特定关系，即蒙古族族体和满族族体的相互关系。因此，十七世纪满蒙关系的研究实体是林丹汗政权及蒙古部族与满洲部族之间的特定关系，而且是各自的特定的社会生活和相互关系中形成的一种利益关系。“利益，就是基于一定生产基础上获得了社会内容和特性的需要”[①]。在十七世纪满蒙关系中，两个民族共同体在争取自身利益

① 王浦劬主编：《政治学基础》，北京大学出版社，1995年，第53页。

的过程中，围绕各自的特定利益而形成的一种民族关系，其核心是各自族类共同体的最大利益，即民族共同体政权的生存和发展问题。这也是十七世纪满蒙关系中，满族共同体和蒙古族共同体实现各自利益的问题，具有历史性和地域性的特征，更突出于确定性、复杂性和变动性。

一、阶段性

林丹汗作为蒙古大汗，代表着蒙古人的特定利益，他的理想抱负就是重新统一蒙古各部，恢复大汗威望。林丹汗年少即位，胸有大志，尤其在亲政之后，调整内外政策，使汗廷一时强盛，震慑蒙古各部。可是，后金对漠南蒙古各部的渗透，使林丹汗的事业无法顺利进行，受到了极大阻碍。当满蒙关系形成以后，呈现出地区大变动趋向，林丹汗与蒙古各部族、明朝、后金和西藏等发生关系。而满蒙关系成为主干关系，林丹汗的内外政策关乎各方关系。起初，林丹汗为了打开局面，为与明朝建立有效的互市关系而努力。当林丹汗要与明朝互市而南下采取行动之际，东部努尔哈赤崛起，建立了后金政权，并与明朝敌对。于是，明朝不仅要应对林丹汗带来的压力，还要抑制后金及镇压西北农民起义，矛盾焦点似乎全部聚集于明朝一身。明朝陷入了极大的危机之中，北面是林丹汗的压力，东北是后金的敌视，西北是李自成农民起义军的反抗。然而，林丹汗的南下从本质上而言，不是与明朝对抗，更不是为了灭明。来自西北和东北的威胁，与林丹汗的骚扰不同，是致命的，他们的目的显然是灭明。在此，明朝大臣争论的结果是，集中精力剿灭李自成的农民起义军，在应对北方和东北的压力时，采取“以蛮夷攻蛮夷”[①]的政治措施。于是，明朝接受林丹汗的互市要求，以蒙古部族作为屏障，抵御来自后金的压力。林丹汗政权与明朝建立互市关系之后，公开与后金对立，走上抵抗后金之路。后金兴起之初，势力薄弱，明朝和蒙古虽然进入衰退阶段，但毕竟是传统大国，还有很强的势力，而且都不承认女真人的后金政权。在这种情况下，后金必须积极主动扩张，否则无法生存。然而，蒙古封建领主权力的膨胀，削弱了林丹汗的权威，各蒙古部落集团各自为政，这使后金争取近邻的科尔沁部和内喀尔喀五部等部族有了可能。当林丹汗与明朝联合应对后金时，具有战略眼光的努尔哈赤却以联姻联盟等手段，拉拢科尔沁和内喀尔喀等部族。这自然触动了林丹汗的特定利益，于是林丹汗统一蒙古各部的战争与抵抗后金斗争交织在一起。当时，蒙古部族首领各自称汗，有的相继与后金联姻联盟，林丹汗曾这样说过：“南朝止有一大明皇帝，北边止我一人，何得处处称王？我当先处里，后处外。”[②]显然，这是林丹汗对当时内外政治局势所坚持的态度和采取的方针政策。

后金采取积极主动渗透的策略，与漠南蒙古各部关系得到扩

---

①〔明〕张鼐撰：《辽夷略》，《明代蒙古汉籍史料汇编》（第二辑），内蒙古大学出版社，2006年，第471页。

②《崇祯长编》卷一一，崇祯元年七月己巳，上海书店出版社，1984年。

展，同时漠南蒙古各部族与林丹汗之间的关系日益恶化。林丹汗诉诸武力征讨各部进行抗金斗争。在林丹汗的高压之下，科尔沁、喀喇沁、阿鲁等部族求援于后金，并建立军事联盟，以共同抵御林丹汗的征讨。后金方面抓住机遇，不仅援助这些部族，甚至演变成抵御或征讨林丹汗的战争。在此过程中，后金发展壮大，并掌握了满蒙关系的主动权，而林丹汗节节失利，最后走向败亡之路，漠南蒙古各部一一归附后金。

清朝是满洲人建立的政权，这使蒙古高原又一次出现政权更替的状况。自公元前三世纪的匈奴帝国开始，一直到成吉思汗统一蒙古高原各部，建立大蒙古国为止，在蒙古高原的广阔舞台上，曾出现过许多强大的游牧民族政权。其间，某一个部族兴起之后，就统一其他部族，建立新的游牧政权，这样的过程不断递嬗。成吉思汗建立蒙古帝国之后，“其他部落也渐以他们的名称著称，以致大部分突厥人现在都被称为蒙古人”[①]。泰和六年（1206），大蒙古国的建立标志着蒙古族体的形成，在四百多年的历史进程中，成吉思汗的黄金家族政权一直延续到林丹汗为止。后金兴起之后，相邻的科尔沁部和内喀尔喀五部与后金建立了联姻联盟关系，共同抵御林丹汗的征讨，很多部族陆续归附后金。在满蒙关系中，蒙古各万户或兀鲁思的独立性增强，各部首领成

① ［波斯］拉施特主编，余大钧、周建奇译：《史集》（第一卷第一分册），商务印书馆，1983年，第128页。

为一方之主。林丹汗只是徒有虚名，完全失去号令全体蒙古部族的权威，他只不过是察哈尔万户或察哈尔兀鲁思之汗而已。可见，全体蒙古人的统一游牧政权的观念以及黄金家族统治观已经被削弱。蒙古各部首领以及贵族阶层中对蒙古大汗的认同感降低，一些蒙古人只知自己的万户或兀鲁思以及其他几个万户或兀鲁思，甚至不知还有统一的大蒙古兀鲁思了。在这种状态下，林丹汗还在强调全体蒙古兀鲁思，坚持统一蒙古各部的信念，其艰难程度可想而知。林丹汗时期，蒙古黄金家族统治观只存在于汗室和部分贵族阶层之中，而全体蒙古族族体的观念形态已经有了很大变化。满蒙关系又加速了蒙古社会的变迁，尤其体现在科尔沁、内喀尔喀、喀喇沁等部族与后金建立的联盟上。而后金与蒙古部族建立联姻联盟的目的是为了打败林丹汗。因此，后金与林丹汗政权之间的关系是敌对的。然而，林丹汗的目的只是实现蒙古各部的统一，而不是灭后金，可是后金的目的却是灭掉林丹汗政权，以解除后顾之忧。由于各自的动机不同，其行为自然不同，行为不同又导致后果也不同。

林丹汗败亡后，满洲统治者在满蒙联盟的基础上建立了共同的国家，即大清。从此漠南蒙古各部首领以清朝皇帝为自己的可汗。这不是奇怪现象，是蒙古高原游牧政权递嬗时出现的常态。从本质上而言，这是林丹汗政权与后金两个政治实体之间争夺蒙古部族以及蒙古高原统治权的问题。但是，漠南蒙古被纳入清朝统治之后，所有的蒙古人没有成为满洲人。因为蒙古族形成后历经四百多年，已成为强大的共同体，人口众多，领土宽广，具有独特而成熟的文化，对自己的历史记忆得非常深刻，因此蒙古仍有很强的势力。漠南蒙古被纳入清王朝统治之下后，蒙古人的民族意识开始形成并凸显。漠南蒙古归附后金之后，满洲统治者针对蒙古的政治制度尚未建立健全，蒙古的特定文化还没有消失殆尽，黄金家族统治观至少还滞留在林丹汗子孙的脑海中。布尔尼事件正说明了这一点。此事件也属于满蒙关系范畴，但不同于林丹汗与后金的特定关系。布尔尼作为林丹汗的嫡系子孙，在清王朝建立四十年之后反叛清廷，试图恢复昔日的黄金家族统治。从布尔尼事件的过程和结果来看，这已经不可能。他的失败有很多原因，最深层的原因是蒙古族族体已经失去了原有的政治文化基础。布尔尼事件的发生提醒了清廷，要加强对漠南蒙古的统治。满洲人入主北京之后，其势力还不够强大，仍需要漠南蒙古联盟的支持，因此康熙帝采取了一系列措施，尽力满足漠南蒙古贵族的政治需求和经济需求。在此过程中，清廷重新塑造了蒙古人的国家意识，使他们认同清为自己的国家，同时也形成了蒙古人的共同体意识，“当满洲统治者把来自不同集团和万户的他们视为同类，采取一视同仁的民族政策以后，他们加强了民族认同，并且开始寻找和发现共同的‘民族记忆’”[①]。可见，清朝初期形成的漠南蒙古的国家意识和民族意识不是相互矛盾的，而是和谐的。

① 乌云毕力格著：《喀喇沁万户研究》，内蒙古人民出版社，2005年，第172页。

因此，满蒙关系在布尔尼事件之后逐渐稳定下来。由此可见，布尔尼事件对清廷和漠南蒙古产生了重要而深远的影响。

蒙古部族中最先与努尔哈赤的建州女真发生冲突的是科尔沁部。随着后金的兴起，后金与蒙古部族的关系由东向西，再向北扩展，依次为科尔沁、内喀尔喀、察哈尔、喀喇沁、阿鲁诸部、鄂尔多斯等部族。由于察哈尔是林丹汗本部，与后金的关系也属于蒙古部族与后金关系的一面，但主要是两个政治实体之间争夺最大利益的关系。其他蒙古部族与后金的关系不同于林丹汗及察哈尔部与后金的特定关系。因为蒙古各部族是从各自部落集团或自己本部的特定利益出发，与后金形成特定的利益关系。林丹汗征讨蒙古各部进行统一战争时，蒙古各部族首领为了各自的利益与后金形成特定关系，于是就加快了满蒙关系的扩展进程。在此过程中，后金不断扩大自己的政治权力基础，因为“政治权力本质上是特定的力量制约关系”[①]。漠南蒙古各部一一归附后金时，后金的政治利益在漠南蒙古得到扩展，并建立了一种特定关系，即联姻联盟关系。

科尔沁部是较大的部落集团，与女真人的关系是从部落之间的关系开始的。万历二十一年（1593）的古勒山战役中，科尔沁部首领奥巴率部出征努尔哈赤的建州女真，科尔沁被卷入女真人的社会巨变之中。努尔哈赤发现，要战胜叶赫部就要把科尔沁部

① 王浦劬主编：《政治学基础》，北京大学出版社，1995年，第76页。

拉到自己这一边，于是他有意善待科尔沁俘虏，这一举动打开了双方友好来往的局面。在此基础上，努尔哈赤为了扩大自己的势力，主动与科尔沁部建立了联姻关系。努尔哈赤不仅削弱了对方的势力，还增强了自己的力量。之后，双方为了应对林丹汗的征讨，在自愿、平等的基础上，建立政治军事联盟，这显然体现出一种地位均等的状态。随着后金的强大，科尔沁部逐渐受到后金的制约，尤其在格勒珠尔根之战后，后金对科尔沁部的制约越来越强，渐渐使科尔沁部归附后金。后金成为政治权力主体，但是由于科尔沁部的势力以及与后金关系的特殊性，基本上以本部利益为实体而存在。

内喀尔喀是由五大部落组成的比较大的部落集团，他们的驻牧地南与明边接壤，东邻后金和科尔沁部，西邻察哈尔部。因此，内喀尔喀五部在察哈尔部、明、后金、科尔沁部之间的处境可想而知。起初，由于扎鲁特、翁吉剌特、巴岳特三部与建州女真相邻，相互交往比较频繁。内喀尔喀五部与后金的特定关系是由贸易和联姻关系演变而成的。随着后金的西进，内喀尔喀五部与明的贸易被切断后，双方发生了一些军事冲突。在铁岭之战中，内喀尔喀联军失败，在后金的主导之下，双方以明朝为敌，建立军事联盟，内喀尔喀陷入被动局面。之后，在后金和林丹汗的争夺下，内喀尔喀五部很快瓦解，先后归附后金。

喀喇沁部和阿鲁诸部与后金的特定关系是在林丹汗的征讨之下促成的，于是满蒙关系也在扩展。天聪元年（1627），林丹汗西迁后征服了喀喇沁万户。危急时刻，喀喇沁本部主动与后金结盟共同抵御林丹汗。战争中，喀喇沁万户的其他部族成员有的归附后金，有的进入明边或逃散，喀喇沁万户解体。而后金很好地利用了喀喇沁部与明朝的互市贸易关系，共同征讨林丹汗。随着林丹汗的败亡，喀喇沁部并入后金。阿鲁诸部也是在林丹汗的征讨之下，通过后金的渗透归附后金。鄂尔多斯部在林丹汗败亡后便归附后金。

漠南蒙古各部落集团，包括察哈尔部，各自与后金之间形成的关系是一种族际关系，并且演变成民族特定关系。漠南蒙古各部落集团中，有的具有较强势力，在与后金的特定关系中仍占据较为强势的地位。随着后金的强大以及清朝的建立，在满洲统治者的不断调整之下，满蒙关系形成了一种新型的、特定的制约关系。显然，十七世纪满蒙关系具有复杂性。

二、复杂性

十七世纪满蒙关系具有复杂的内容结构和外部立体表征，可分为前期和后期。前期有两种不同层次的复杂结构：一是漠南蒙古各部族与女真部族以及后金之间发生的关系，这完全不是以政权形式表现的民族特定关系，是东北亚各部族之间相互交往的形态；二是林丹汗政权与后金之间的特定关系，应属于两个民族政治实体之间的关系，体现各自的利益。在十七世纪满蒙关系的进程中，漠南蒙古各部被纳入清王朝统治之下后，族际关系在内容结构上发生了质的变化。从外部立体表征来看，这一时期的满蒙关系仍表现出地理和空间方面的结构特征，都是蒙古高原的蒙古部族和相连接的东北亚各部族在同一片内陆型地理结构中生存。这为蒙古族族体和满洲族体的相互交往提供了天然的地理环境。因此，在相邻的自然环境条件下，蒙古族体和满洲族体一直是相邻的部族，在十七世纪满蒙关系的形成及发展变化中具有历史的必然性和延续性。在这片土地上的社会生产条件，尤其是在相对封闭的状态下，蒙古族族体和满洲族体都不可能与外界广泛交往，只存在部落之间或两个族体之间的相互交往或融合。在地域和历史传统的影响下，蒙古族族体和满洲族体之间才能够形成特定关系。起初，女真部族是“各部蜂起，称王争长，互相战杀”[①]，冲突激烈，社会政治开始发生巨变，相邻的科尔沁部卷入其中。随着满蒙关系的形成并不断扩展，女真人最终统一了东北亚分散的部族，又使漠南蒙古地区连成一片，将各部族纳入其实体之中，即清朝统治的建立。因此，从时间和空间结构来看，十七世纪满蒙关系是由东向西、向北扩展的，先从漠南蒙古东部的科尔沁部、内喀尔喀五部开始，再向中部的察哈尔部扩展。由察哈尔部向西，向喀喇沁部和土默特部扩展，再向北部的阿鲁诸部扩展，最终漠南蒙古各部先后归附后金。可见，对十七世纪满蒙关系进行结构划分，也可以看作一种整合，不同要素之间相互联系

①《清太祖高皇帝实录》卷一，癸未年至甲申年（万历十一年至十二年），中华书局，1985年。

或渗透，都存在于其时代与时空之中。

十七世纪的满蒙关系，呈现出复杂的立体结构，既有族体关系，又有部族关系，还有隶属关系，因而不易理解。具体表现为林丹汗政权与后金之间的矛盾与冲突，以及科尔沁、内喀尔喀、喀喇沁等部与女真部族及后金之间的摩擦和合作的关系。漠南蒙古各部被纳入清朝统治后，与清朝之间的关系又变成隶属关系。如此演变的满蒙关系又关乎与明朝之间的关系，甚至还关系到藏传佛教。所有关系处于胶着状态，相互关联。但是满蒙关系始终处于主导地位，并逐渐扩大影响力。在部族关系中，以部落利益为基础，民族共同体的特定利益关系不是很明显。后金建立之后，与蒙古部族的关系开始发生变化，逐渐扩展到民族共同体的特定利益关系。当林丹汗积极致力于统一蒙古各部时，后金统治者很好地利用了林丹汗与蒙古各部封建主的矛盾和冲突，用联姻、封赏、控市等手段积极笼络漠南蒙古各部首领，使他们依靠后金。这些结构形态中的复杂性处处体现在漠南蒙古各部以及部落集团内部关系中，也体现在蒙古各部与林丹汗的关系中，更体现在林丹汗政权以及蒙古部族与后金之间的特定利益关系中。

噶尔珠塞特尔事件，不仅反映了科尔沁部与林丹汗之间的矛盾，也反映出科尔沁部左右翼关系以及与后金的关系。按照科尔沁部与后金商定的律规，不至于发展到诛杀噶尔珠塞特尔的地步。但是，后金为了平衡科尔沁部左右翼的关系，就激化了他们的矛盾，并从中占据主导地位，使这一事态的发展有利于自己。

当科尔沁左翼通过与后金联姻联盟以及屡立军功而强大起来时，后金开始有意笼络右翼、冷落左翼。噶尔珠塞特尔事件就是在这种复杂的情境中发生的。

天聪八年（1634）正月，天聪汗“诏土谢图济农、札萨克图杜棱、噶尔珠塞特尔入宫宴之。八家也照此各宴一日”[①]。当右翼首领巴达礼、杜棱、噶尔珠塞特尔受到后金高规格款待时，无疑引起左翼的不安，尤其噶尔珠塞特尔“凡遇兴师，即不随从”，还能够受到如此待遇，使左翼诸台吉极不平衡。是年，噶尔珠塞特尔等又像以往一样“遇兴师不随从”或“往征之时弗来”，左翼诸台吉借此机会以“叛逃”为由及时出兵追剿。后金汗向土谢图济农等遣使，并下令：“法律所载，叛者必诛，科尔沁部贝勒若获噶尔珠塞特尔等，欲诛则诛之；而欲不诛，尽夺其部众，以其本人为奴者听。”[②]土谢图济农也无法保护噶尔珠塞特尔。然而，后金汗要求处死噶尔珠塞特尔的命令超出双方商定的律规，即出兵义务中只有处罚的规定。

科尔沁部复杂的内部隔阂以及与后金的关系，使科尔沁部发生了严重事件，其后果使自己处于不利境地。处死噶尔珠塞特尔之前，科尔沁部与后金军事联盟是以双方商定的律令为基础的，而后演变为以后金律令为主导。按照蒙古习惯法，科尔沁部应有

①② 中国第一历史档案馆编：《清初内国史院满文档案译编》（上），光明日报出版社，1989年，第57页。

自己的主权法，可是噶尔珠塞特尔事件后，科尔沁完全失去了这一传统权力。后金最终达到了目的，这是“通过直接处罚和制裁违法军规者，限制嫩科尔沁为首的漠南蒙古诸部首领的传统支配权，将其逐步纳入自己的支配”[①]。漠南蒙古各部归附后金过程中的诸多事件，基本上可以归纳为满蒙政治联姻，内喀尔喀五部、科尔沁部、喀喇沁部与后金的政治军事联盟，林丹汗统一蒙古各部的战争与后金的渗透，皇太极征服蒙古等。这些内容交织在一起，形成了一个复杂的关系体。

清朝建立后，满蒙特定关系进入新阶段，但满洲统治者仍以满蒙贵族政治联姻来维系感情，同时又以年班制度和围班制度来加强联络，以巩固满蒙关系。清王朝建立之后，只靠满洲族体的力量无法与明廷对抗，或难以立足中原，所以还需要漠南蒙古诸部在政治和军事上的支持。因此，满蒙特定关系仍是清朝统治的重要基础。漠南蒙古各部被纳入清王朝统治之后，在满蒙联姻联盟的基础上，双方关系得到进一步巩固。漠南蒙古诸部仍支持清朝对明朝的战争。同时，漠南蒙古各部在适应清朝统治的过程中，也不可避免地出现一些摩擦。如布尔尼事件，不仅体现了被纳入清王朝统治后的漠南蒙古贵族与清廷复杂的关系，也体现了布尔尼及察哈尔部与漠南蒙古其他部族之间相互关系的变化。以

① [日] 楠木贤道：《天聪年间爱新国对蒙古诸部的法律支配进程》，载《蒙古史研究》（第七辑），内蒙古大学出版社，2003年，第319页。

血亲关系而言，布尔尼与康熙帝是姑舅亲，但在满蒙汗（皇）室合并后，他们并非亲如一家，也没有完全解决满蒙特定关系的一切问题。这是由于民族及部族利益的不同，不可避免地出现了布尔尼事件。在此事件中，也表现出漠南蒙古各部族的特定利益问题。当布尔尼举兵号召其他蒙古王公、贵族响应时，除奈曼王响应之外，其他人则未响应。因为漠南蒙古各部归附满洲之后，布尔尼的身份特征已经发生了非常大的变化，他与漠南蒙古其他王公、贵族的地位是平等的。因此，十七世纪满蒙关系，在其形成、演变和稳定的过程中，既具有复杂性，也有很大的变动性。

三、多变性

十七世纪满蒙关系是在变动中形成的。从表现形式来看，既有对立又有合作。对立时矛盾会加剧，甚至发生冲突，合作时建立联姻联盟，对立与合作常交织在一起，有时在同一事件上，就又会出现这种状况。如天聪六年（1632），科尔沁和喀喇沁等部族与后金联合征讨林丹汗，科尔沁和喀喇沁等部族与后金是合作关系，而林丹汗政权与后金之间是对抗的关系。在布尔尼事件上，漠南蒙古也同样体现出多种表现形式和结构形态。布尔尼及察哈尔部反叛清廷后，科尔沁等部族协助清廷镇压布尔尼。可见，在复杂多变的关系进程中，满蒙两个民族特定政治实体的势力对比不断发生变化，满洲族体与蒙古族族体的特定利益关系也发生了根本性变化。在漠南蒙古各部归附后金的过程中，后金由弱变强，从而促使林丹汗政权走向解体。后金势力增强之际，一方面攻打明；另一方面利用林丹汗与蒙古各部之间的矛盾，与漠南蒙古各部一一建立联盟关系，共同征讨林丹汗，最终使林丹汗走向灭亡。漠南蒙古各部归附后金之后，满洲人的社会基础不断扩大，就不得不考虑调整满蒙关系。在天聪十年（1636）四月的盛京集会上，漠南蒙古各部首领及贵族共奉皇太极为“博格达彻辰汗”，意为“宽温仁圣汗”，“标志着漠南蒙古诸部尊皇太极为蒙古的大汗，全部归顺后金”[①]。同时，皇太极也顺应蒙古人的政治心理，“建国号曰大清，改元崇德”[②]。这不是简单地更改国号，其意义重大。大清虽说是后金的延续，但又有别于后金。后金是女真人的独立政权，而大清则成为满蒙共同之国。于是，皇太极“继承的蒙古汗国的汗统，此时成立的大清实为由满洲之国扩大而成的满蒙之国。为了联合蒙古，熟悉蒙古文化的皇太极作为满蒙之主，很可能以蒙古语作为他的新国号”[③]。可见，盛京集会实际上是清朝收服漠南蒙古的正式仪式，从此满蒙特定关系由两个民族政治实体的平等关系，转变成了以满族为统治民族的清朝与漠南蒙古诸部的特定关系。清朝的建立将漠南蒙古与东北亚的广袤地区连成一片，并开始建立新的满蒙特定关系。这对于清朝而言

① 达力扎布：《清初内扎萨克旗的建立问题》，《历史研究》1998年第1期。

② 齐木德道尔吉编：《清朝太祖太宗世祖朝实录蒙古史史料抄》，内蒙古大学出版社，2002年，第383页。

③ 鲍明：《大清国号词源词义试探》，《内蒙古民族大学学报》2005年第2期。

意义重大，不仅解决了攻打明的后顾之忧，而且确立了清朝的强势地位，清朝完全有能力与明相抗衡。

清朝建立后，满蒙关系得到进一步巩固，主要表现在满蒙政治联姻的不断扩大、升级，从部族贵族联姻到满蒙汗（皇）室的合并；一些常态交往制度化，如年班制和围班制；对归附的蒙古部族的安置则是在原有的盟会基础上，设札萨克旗及盟会制度化，形成盟旗制度。在这些变动过程中，满蒙关系稳定了下来。

第二节　十七世纪满蒙关系的历史影响

“民族的形成、存续与发展以及民族社会的变迁与进步，终归都必须以一定的民族关系为前提，在一定的族际环境中才得以展开，或者直接表现为民族之间的族际过程”[①]。在十六世纪末、十七世纪初的世界大变动时期，蒙古高原的游牧政权及其蒙古部族虽然还没有卷入人、商品和货币的流动之中，但已经受到强烈的外来影响。除了与明朝发生战争或经济贸易关系之外，当时的蒙古部族与藏传佛教和女真部族不可避免地发生了各种关系。这些关系从蒙古高原的东西两侧推进，不断扩展，使亚洲东部内陆发生了大变动。在时代和地区的大变动中，十七世纪满蒙关系逐渐成为主线，对该地区局势的变革产生了非常大的影响。林丹汗

① 周星著：《民族政治学》，中国社会科学出版社，1993年，第193页。

政权及漠南蒙古各部作为该地区大变动的主要一方，在与后金的特定关系中，林丹汗政权势力不断被削弱，在全体蒙古部族中渐渐失去主导地位。最终，漠南蒙古各部归附后金，林丹汗政权走向灭亡。在时代和地区的大变动中，尤其是十七世纪满蒙关系形成和演变的过程中，林丹汗政权没有强大起来，同时也没有哪个蒙古部落集团强大起来，它们最终成为清朝的重要组成部分。后金作为新生的力量不断壮大，逐渐掌握了满蒙关系的主动权，处于主导地位，最终建立大清王朝，确立新的国家体制。因此，在满洲的诸多民族关系及变动趋向中，十七世纪满蒙关系一直是其民族关系的重要基础。可见，十七世纪满蒙关系对蒙古族族体和满洲族体产生了非常大的影响，甚至对清朝之后的中国历史产生了重要而深远的影响。

一、对蒙古族历史的影响

自成吉思汗至林丹汗，以黄金家族为核心的政权组织形式延续了四百多年。然而，十七世纪满蒙关系改变了蒙古的历史传统，随着林丹汗政权的灭亡及清朝的建立，蒙古族族体的社会结构发生了非常大的变化。满洲统治者在漠南蒙古各部原有的政治制度和社会组织基础上，对漠南蒙古各部重新编制行政区划，取得了很好的效果。

（一）行政区划的编制

在十七世纪满蒙关系的进程中，林丹汗政权及科尔沁等部族扮演了重要角色。然而，林丹汗灭亡以及漠南蒙古各部陆续归附之后，其政治体制有了很大变化。在漠南蒙古原有的政治制度、社会组织——楚固拉干（会盟）制度和鄂托克及爱马克的基础上，满洲结合八旗制度来制定漠南蒙古地区的盟旗制度。

自达延汗分封诸子领地和属民之后，蒙古政治制度形成了新的典型的封建等级制度。毋庸置疑，大汗是最高统治者，其下统领六大万户。万户是大部落集团，由诸多鄂托克及爱马克组成。大汗及其斡耳朵是蒙古的政治中心，大汗本部察哈尔属于中央万户。鄂托克是达延汗之前已经形成的地域性社会组织，与爱马克一样成为社会行政单位，其军事组织称为和硕。鄂托克一般由一个或若干个爱马克组成，是众多阿寅勒（牧户或个体家庭）以地缘关系为纽带形成的结合体，其内部结构以鄂托克首领为核心，是扩大的爱马克首领。爱马克是以血缘关系为纽带，由同族阿寅勒组成的集团，是游牧于同一地区的最基层的社会组织，而阿寅勒是最基本的生产和生活单位，也是鄂托克的最基层单位。在这种游牧部落林立，各有领地、和硕的社会历史条件下，达延汗不大可能建立庞大的管理机构和官僚体系来实施集权统治。因此，达延汗为了加强大汗权威、巩固黄金家族的统治，将辽阔的领地和属民分封给诸子，以六大万户来管辖。由于每个万户是由若干个鄂托克及爱马克构成的，而且在达延汗分封诸子之后，又逐渐形成了很多新的鄂托克和爱马克。于是，万户的内部结构，即鄂托克和爱马克的变化非常大，有的不断扩展。如喀尔喀万户，后来形成内喀尔喀和外喀尔喀两个大部落集团。

按照达延汗的分封，其诸子成为各万户领主，达延汗诸子把所属鄂托克及爱马克又分封给各自的诸子。于是，万户中就出现了鄂托克及爱马克重新分割和组合的状况，并且都由达延汗的子孙直接管辖。由此，鄂托克领主或爱马克首领几乎就由达延汗的诸孙代替，他们各自掌管着领地和属民，成为地方经济和政治实体，具有和硕军事力量。可见，万户和鄂托克及爱马克首领都是一个家族的宗主，即达延汗黄金家族。达延汗黄金家族内部实行的分封，巩固了本家族的统治。随着时间的推移，鄂托克成为蒙古基本的政治权力单位，各领主掌握着领地的实际所有权和属民的管辖权。他们“各有放牧分地，彼此不敢逾越，虽一车路不肯让，有犯即大相讲，必有所赔偿而后已。惟相约犯抢不拘分地”[①]。显然，鄂托克领主已经自主地处理所属部民的事情，具有管辖领地的实际权力，大汗几乎不直接干涉其内部事务。

随着分封制的推进，蒙古封建等级制度也在重新调整，最显著的特征是达延汗的子孙成为万户和鄂托克的领主，掌握领地和属民的管辖权，于是渐渐出现了大汗权力旁落的现象。其实，就达延汗建立的封建体制而言，大汗不仅是全部领地和属民的所有者和分配者，也应该是最高统治者。但是，由于大汗不直接管辖

① 〔明〕冯瑗辑：《开原图说》，《明代蒙古汉籍史料汇编》（二），内蒙古大学出版社，2006年，第469页。

右翼三万户以及各鄂托克的领地、属民、和硕（军队）之故，在达延汗去世后，各鄂托克首领，包括左翼内喀尔喀和科尔沁的鄂托克首领们直接参与或服从各自万户领主的政治和军事事务。因此，蒙古的政治舞台上，万户领主往往起到重要作用，强大的万户领主的影响力更大些。如右翼土默特万户阿勒坦汗的业绩以及影响力是非常突出的。

各大万户基本上形成了部落集团，大汗的权威渐渐被削弱。达延汗虽然没有把科尔沁部分封给诸子，但其万户建制也与其他六大万户相同。随着时间的推移，由于各万户中的鄂托克的变化，一些万户自身也有新的变化。如内喀尔喀万户分属达延汗之子阿勒楚博罗特和格埒森扎二子的后裔，前者的子孙后代分属五鄂托克，后者的子孙后代分属七鄂托克，该万户实际上就分成内喀尔喀和外喀尔喀两个万户。从万户和鄂托克的重新整合和变化情况来看，蒙古政治体系是以血缘关系为纽带的建制，所以共同的利益加强了同一万户的诸鄂托克的联系，并且因家族的关系使得联系更加紧密。

各万户领主在属地以及管辖的部落中实行相对的集权统治，对所属的鄂托克基本上有调遣和管束权力。因此，每当万户及万户领主为了协商和解决重大的政治、军事等问题时，就单独举行楚固拉干。当然，最高级别楚固拉干是大汗的楚固拉干，“虏王令人持三尺之挺，昼夜兼程谕诸部，约以某月某日集于幕中，敢有愆期者，必罹重罚。至期，诸部果毕至”[①]。在大汗举行楚固拉干时，各万户领主按时参加。同样，万户领主举行楚固拉干时，各鄂托克领主或部落首领也要按时参加。

楚固拉干是蒙古高原游牧民族普遍采用的一种政治制度，也是蒙古游牧政权主要的议政和施政方式，其主要内容有推举大汗、决定对外征伐、处理政务、调解各部之间关系、制定及宣布法律制度等。在达延汗之前，由于汗权无力、异姓封建主把持实权之故，他们秉政主宰楚固拉干的权力。于是，楚固拉干便成为蒙古贵族赛特（权臣）议政、处理政务或争权夺利的政治角逐场所。由于当时蒙古社会处于混乱和割据状态下，也有各大封建主自己举行楚固拉干。达延汗重新确立黄金家族的统治地位之后，在大汗举行楚固拉干时，禁止异姓权臣参与，规定完全由大汗系的领主和黄金家族的贵族们参与楚固拉干。达延汗之后的楚固拉干趋于正统，大汗召集左翼万户和右翼万户首领时，在“八白室”前共同参拜祖陵，其他时候基本上以各万户为单位各自举行楚固拉干，决定对外征伐、处理政务、调解各部之间关系等。达延汗之后的楚固拉干从一个侧面说明达延汗黄金家族在政治上居于主导地位，各大万户领主主持楚固拉干，处理万户的重大事务。如阿勒坦汗在达延汗的子孙中率先强大起来，独自与明廷通

① 萧大亨撰：《北虏风俗》，《明代蒙古汉籍史料汇编》（第二辑），内蒙古大学出版社，2006年，第249页。

贡、引进藏传佛教、制定法律，这些都是通过单独举行楚固拉干决定的。图们札萨克图汗为了加强大汗权威，进行政治改革时，也通过楚固拉干来宣布大政方针。各大万户都认同大汗的权威，但是不可能消除各大万户执政的现象。随着封建领地不断被分割和血缘关系的疏远，“领主们对可汗的封建隶属关系的脆弱性和他们分散各方，互相远隔，集会常在不同的地方举行；到蒙古形成许多半独立的汗国以后，地方集会成为常见的现象”①。于是，各万户和鄂托克的大小领主为了各自的利益举行楚固拉干来解决内部事务的现象便成为常态，而且万户领主的楚固拉干日益强化，势必影响大汗的权威。这种状况在林丹汗时的满蒙关系中表现得尤为突出，以各大万户为单位的部落集团以及鄂托克或爱马克等地方势力，直接与后金形成各种关系。当万户和鄂托克或爱马克领主的实力不够强大，又受到外力渗透和外来压力时，他们的确很难应付，内喀尔喀五部的溃散就能够说明此现象。科尔沁部虽然强大，但是也难于应对来自后金的诱惑和压力，渐渐地走向归附后金之路。

在满蒙关系的进程中，满洲统治者对蒙古社会的基本构造相当了解。因此，对相继归附的漠南蒙古各部的安置和管控都建立在万户制度和鄂托克及爱玛克的社会组织基础上，结合满洲八旗

① [苏联] Б·Я·符拉基米尔佐夫著，刘荣焌译：《蒙古社会制度史》，中国社会科学出版社，1980年，第275页。

制度，创建了一整套政治体制，其中的盟旗制度最为典型。

盟旗制度是首先在蒙古地区创建实施的最具特色的基本政治制度。“盟”与“旗”似乎是上下两级体制，“盟”不是行政实体，而是个军事性质更突出的建制，而“旗”才是真正掌握地方行政权力的机构。“旗”有划分到的牧地、编制的牛录、固定的人口等。“旗”作为行政权力的生产组织，有自己的财政，在政治、经济、司法等方面享有较大的地方自治权。同时，清朝颁布各种法令，严格禁止或限制蒙古各旗与内地汉民族之间在经济、社会、文化上的交往，被称为边禁、蒙禁或封禁政策。显然，清朝以八旗制度把蒙古各旗固定在指定的范围内，并通过会盟制度进行严格的监督和管理。盟旗制度的形成对蒙古的社会政治产生了重大而深远的影响。

起初，努尔哈赤把归附的蒙古部众编为牛录，编入满洲八旗。在“1614—1615年，八旗的三百零八个牛录中，蒙古牛录有七十六个”①。后来，随着满蒙初期政治关系的进一步扩展，归附的漠南蒙古部族越来越多，于是就单独以“旗”来管辖。明天启二年（1622）二月，“蒙古兀鲁特等部落明安、兀尔宰［图/吐］、锁诺木、绰［乙/巳］喇札尔、达赖、密赛、拜音代、噶尔马、昂坤、多尔济、顾禄、绰尔齐、奇笔他尔、不彦代、伊［林/弗］齐、特

① ［日］田山茂著，潘世宪译：《清代蒙古社会制度》，商务印书馆，1987年，第66页。

灵、石里胡那克凡十七贝勒及喀尔喀各部落台吉，各率所属军民三千余户，并驱其畜产归附”[①]。这次来归附的蒙古领主地位较高，属民众多，已无法再并入满洲八旗，但又不便拆散他们。于是，努尔哈赤以“自喀尔喀前来者，诸贝勒编为一旗，自察哈尔前来之诸贝勒编为一旗”[②]。这样就由原主统领本部属民，以另立蒙古一旗的方式管理前来归附的蒙古部众。研究者一般认为这就是满洲设立蒙古旗的开始。从此，对归附的蒙古部族的管理就有了直接管理和间接管理两种方式。经过十多年的摸索，天聪九年（1635），皇太极按照满洲八旗体制，编成蒙古八旗，直属清廷管辖。蒙古八旗是清朝重要的军事力量，是八旗军的重要组成部分，与满洲八旗享有同样的待遇和地位。

从努尔哈赤时起，对归附的漠南蒙古诸部首领封官、重赏，让他们管辖原属众。随着林丹汗的败亡，漠南蒙古地区几乎进入后金的控制之下。由此，清朝便推广蒙古旗制的管理体制，并使其制度化。这套行政机制是从划分牧地、定旗界、安置牧户、编组旗兵等严格手续逐渐设置而成的。

天聪八年（1634）十月，皇太极派遣阿什达尔汉和达雅齐前往漠南蒙古，在硕翁科尔（今内蒙古通辽市科左后旗境内）举行

① 齐木德道尔吉编：《清朝太祖太宗世祖朝实录蒙古史史料抄》，内蒙古大学出版社，2002年，第69页。

② 中国第一历史档案馆、中国社会科学院历史研究所译注：《满文老档》，中华书局，1990年，第369页。

会盟[①]。大会上，敖汉、奈曼、巴林、扎鲁特、四子、塔赖、吴喇忒、喀喇沁、土默特等十个部落的首领及贵族前来参加，以“外藩蒙古与诸贝勒（议事）分画牧地”，并“分定地方户口之数”[②]，确定了十旗牧地和户民。后来，在盛京大会上，为了酬谢推戴皇太极的漠南蒙古各部首领及贵族，皇太极赐予他们世爵和旗牧地，并授予其札萨克之权，定为世袭。崇德元年（1636）九月，清太宗皇太极派遣阿什达尔汉等前往“察哈尔、喀尔喀、科尔沁查户口、编牛录、会外藩、审罪犯、颁法律”[③]。是年十一月，希福前往科尔沁“会外藩、料理一切事务，以五十家编一牛录”[④]。崇德元年（1636）、崇德七年（1642），又增设了一些旗，并逐渐趋向完善，在漠南蒙古地区全面推行满洲的管理体制，“至康熙七年（1668）最后形成了内札萨克蒙古四十九旗”[⑤]。至此，清廷在漠南蒙古的行政区划基本完成。

旗之长为札萨克，一般由蒙古原部领主担任，他们几乎都是达延汗黄金家族的贵族，当然还要考虑他们对清廷的业绩和效忠程度等，而不能承担札萨克的贵族则封为闲散王公，食俸禄。札萨克下设若干协助官吏，有旗章京、梅伦章京、扎兰章京等官

①② 齐木德道尔吉编：《清朝太祖太宗世祖朝实录蒙古史史料抄》，内蒙古大学出版社，2002年，第310页。

③《清太宗实录》卷三一，崇德元年九月丁亥，中华书局，1985年。

④《清太宗实录》卷三二，崇德元年十一月丙午，中华书局，1985年。

⑤ 达力扎布：《清初内扎萨克旗的建立问题》，《历史研究》1998年第1期。

职，还设立旗政务府印务处。札萨克作为一旗之长，管理一旗政务、军事、属民和地方财政等事务，事实上就是建立一种官僚体制，明确职责。按照清朝法律规定，严禁越出旗界放牧，违者将受到严惩。在漠南蒙古地区，清廷以旗为单位划分机构，重新建立了新的地方行政管理体制。

札萨克旗的构建与八旗制具有相同之处，都以一百五十名箭丁为单位组成佐领（蒙古语为苏木，满语为牛录）。牛录原来是满洲八旗下属单位，在漠南蒙古各旗的苏木，满洲箭丁登记上册后，报送到清廷管理蒙古事务的理藩院。但是札萨克与八旗有不同之处，漠南蒙古建立的苏木不仅有丁册，而且有属民。苏木属民是普通平民，清廷在漠南蒙古建立旗制时，将牧户重新调整编成苏木，再分配给札萨克，而且严格按照清廷指定的每五十家编一苏木。天聪六年（1632），明安等人就因违反编五十家为民之命令而受到处罚[①]。这样，旗就像一个军事单位，确保清朝兵源。天聪九年（1635），清廷规定男六十岁以下、十八岁以上皆在登记之列，身有残疾者除外。违令“隐丁”的领主要受严厉处罚[②]。

达延汗的子孙后裔虽然成为札萨克或蒙古地区的地方诺颜，但是由于清朝皇帝掌握着漠南蒙古牧场的分配权，达延汗的子孙后裔原有的自主分配权和调整牧场的权利被剥夺。编成苏木之

---

①《清太宗实录》卷一二，天聪六年九月丙申，中华书局，1985年。

② 辽宁大学历史系：《汉译〈满文旧档〉》，天聪二年二月，1979年。

后，苏木成为漠南蒙古地区的基层组织机构，因此就由诸多苏木构成札萨克。在行政上，苏木被札萨克管辖，札萨克的权力由清朝皇帝授予，清廷可以随时夺取其权力和牧场。

旗制是清初在漠南蒙古地区建立的新的封建秩序，从体制本身构建过程来看，札萨克旗制基本上代替了原有鄂托克及爱马克体制，确立了清廷对漠南蒙古的统治。但是，旗制的出现没有完全取代原有的社会体制，依然保留了漠南蒙古各领主的特权，一般任命他们为札萨克。在社会政治制度方面，仍存在爱马克组织或地方性努图克组织。努图克是在科尔沁地区直接管理民间事务的组织。

清廷为了防止札萨克权力膨胀以及加强对漠南蒙古的控制，在原鄂托克及爱马克所属万户范围内建立了常态监督机制，即楚固拉干制度，或称为会盟制度。此项制度也是在以往漠南蒙古各万户首领举行楚固拉干的基础上，逐渐形成的一种制度。起初，在满蒙关系的形成和演变过程中，后金方面为了解决一些实际问题，参与了蒙古各大万户的楚固拉干，进行议事。如天命九年（1624），后金派人参与科尔沁部的楚固拉干，并初步建立了联盟关系。之后，随着满蒙关系的扩展与变化，类似的楚固拉干便越来越多，后金统治者很好地利用了这一机制，参与蒙古各大万户或爱马克举行的楚固拉干，商定或处理诸多问题。然而，漠南蒙古被纳入清王朝的统治以后，清廷很好地利用漠南蒙古的楚固拉干加强其统治。《清朝前期满蒙文理藩院题本》记载，清廷派遣大臣参与漠南蒙古各部楚固拉干时，大臣要承担宣读皇帝圣旨、主持审案、监督比丁等职责[①]。这当然不同于以往漠南蒙古各万户首领通过楚固拉干来议决大事的习惯制度，而是清朝利用楚固拉干来加强统治。可见，楚固拉干逐渐成为清朝监督和管理漠南蒙古地区的一种制度，即会盟制度。

会盟制度的完善使漠南蒙古的楚固拉干逐渐制度化和规范化。据史料记载，清廷入主北京后，漠南蒙古举行楚固拉干之前要由理藩院上奏皇帝，皇帝下旨批准之后，才能举行楚固拉干。从顺治帝时起，清朝内札萨克旗的会盟为三年一次[②]，以六盟两班[③]的制度来进行，这样漠南蒙古六盟两班制度初步形成。随着清廷在漠南蒙古地区统治的稳定和蒙古各旗游牧地的最后定型，漠南蒙古原有的楚固拉干制度完全成为一个新的管理体制。《大清会典》记载，乾隆二年（1737），“将六会分为两班。锡林郭尔、乌兰察布、伊克召三会为一班，哲里穆、召乌达、卓索图三会为一班，各班以大札萨克为盟长，各于会内均齐预备”[④]。可见，漠南蒙古的六盟两班制度就是在漠南蒙古的左翼三万户和右翼三万户

① 中国人民大学国学院西域历史语言研究所、中国第一历史档案馆编：《清朝前期理藩院满蒙文题本》卷一，内蒙古人民出版社，2010年。

② 中国人民大学国学院西域历史语言研究所、中国第一历史档案馆编：《清朝前期理藩院满蒙文题本》卷一，内蒙古人民出版社，2010年，第119页。

③ 中国人民大学国学院西域历史语言研究所、中国第一历史档案馆编：《清朝前期理藩院满蒙文题本》卷一，内蒙古人民出版社，2010年，第120页。

④ 达力扎布：《关于乾隆朝内府抄本〈理藩院则例〉》，《中国边疆民族研究》（第四辑），中央民族大学出版社，2011年，第208页。

的基础上重新构建的。按照规定，每三年会盟一次，由盟长、副盟长主持，各旗札萨克率本旗官吏参加。盟长由理藩院任命。理藩院是清廷为了管理归附的漠南蒙古诸部而创设的最高权力机构。会盟时，由清廷派遣钦差大臣或将军、大臣出席，其主要职责为检阅兵丁、户籍和监督王公、贵族的行为，并随时报理藩院请旨裁决，盟长无权处理。可见，清廷在漠南蒙古原有的制度基础上，增加了许多新的内容，并且将其制度化。

从实施盟旗制度来看，盟与旗基本上保持原鄂托克及爱马克的整体性和独立性，满足了漠南蒙古各部首领以及上层贵族的愿望。他们仍享有一定特权，从表面上看，蒙古人的社会生活没什么变化。因此，盟旗制度得到漠南蒙古社会各阶层，尤其得到王公、贵族的认可，并逐渐成为定制。然而，盟旗制度不同于以往的封建领主政治，蒙古族族体的社会政治生活发生了非常大的变化。首先，旗札萨克必须由清朝封授，因此札萨克无权将旗领地再给予他人，包括子嗣。因为有严格的长子继承制，而且土地所有权归清朝统一管理支配，各旗札萨克在旗内只有使用权。盟旗制度在漠南蒙古地区推广之后，原有的集氏族血缘组织、政权组织和军事组织于一体的宗法统治有了非常大的变化。虽然蒙古王公具有一些特权，但很大程度上弱化了蒙古王公氏族的血缘关系和族体意识。蒙古王公、贵族在自己的盟旗内与牧民存在着家长式的带有剥削压迫性质的封建宗法等级关系，对所属牧民实行宗法统治和政治统治。清朝授予蒙古黄金家族宗室、各部首领和有功贵族爵位，以原爵号定封为亲王、郡王、贝勒、贝子、公等，以此代替原有的汗、济农、诺颜、台吉等称号。通过盟旗制度，清朝把蒙古地区从行政上分割成许多封建单位。如将科尔沁部分成六个旗，该地区原有的四个部落又分为四个旗，这十旗共同会盟于哲里木，于是就把这十旗称为哲里木盟。

可见，盟旗制度削弱了蒙古封建领主的势力，有效地管理了漠南蒙古地区，并积累了很多经验。在此基础上，清朝将盟旗制度推行到漠北蒙古和漠西蒙古，取得了更大成效，还结束了蒙古地区的战乱局面。清朝的限制和封闭使各旗基本上与世隔绝，成为地方化的小部落社会，进而日趋孱弱，阻碍了蒙古社会的进步和发展。

（二）对蒙古族政治文化的影响

十六世纪末，蒙古地区开始传播藏传佛教，经半个多世纪的广泛传播。一些蒙古部族首领得到达赖喇嘛赠予的“汗”号之后，蒙古族黄金家族正统观受到了很大冲击。这不仅削弱了蒙古大汗的权威，也极大地削弱了蒙古部众的凝聚力，促使蒙古政治文化发生变迁。同时，随着满蒙关系的演变，蒙古社会不可避免地动荡起来，最终漠南蒙古各部归附后金。满族统治者为了有效地统治漠南蒙古各部，建立了一整套政治制度和法律法规来规范他们的行为。于是，漠南蒙古各部逐渐纳入清朝政治秩序和社会生活之中。清廷制定的政治制度是否有效，与蒙古政治文化具有相当密切的关系。漠南蒙古各部虽然陆续归附清朝，但是在此过程中，蒙古族族体的黄金家族统治观不会随之完全消失，还会长时期滞留在蒙古人的头脑中，沉淀在他们的心里。清朝统治者在统治漠南蒙古的过程中，非常注重蒙古族固有的政治文化，并且将其变为清朝统治之下的蒙古族政治文化。

在十七世纪满蒙关系的进程中，满洲统治者非常了解蒙古族的政治文化，于是他们非常注重与蒙古各部首领及黄金家族成员之间的来往。自努尔哈赤时起，就与黄金家族建立姻亲关系，并且不断扩大范围，目的自然是使其为己所用。努尔哈赤与科尔沁部积极主动地建立联姻关系，不仅是为了避免背后受敌，更重要的是“为了提高强化政权的权威”，为“输入成吉思汗之弟的孛儿只斤血统而使用了婚姻这一手段”[①]。由于蒙古社会的人身依附关系非常紧密，而且黄金家族的地位非常显赫，他们的政治观念和行为直接影响所属部民的政治态度和政治行为。因此，努尔哈赤非常注重爱新觉罗家族与蒙古黄金家族之间的联姻。努尔哈赤的这种观念和举措为后来满蒙政治联姻的扩展奠定了基础。

皇太极即位后，继承并发展了满蒙联姻政策。他的五宫后妃，即孝端文皇后、孝庄文皇后、敏惠恭和元妃、懿靖大贵妃和康惠淑妃均是蒙古博尔济吉特氏[②]。清王朝建立后，孝庄太后的姑母被册封为中宫孝端文皇后，姐姐被册封为关雎宫宸妃。这就是

① ［日］楠木贤道：《清初，入关前的汗、皇帝和科尔沁部上层之间的婚姻关系》，《明清档案与蒙古史研究》（1），内蒙古民族出版社，2000年，第196页。

② 赵尔巽等撰：《清史稿》，中华书局，1977年，第8895页。

为了巩固满蒙关系而出现的特殊现象。在天聪十年（1636）的“盛京大会”上，皇太极封林丹汗之子额哲为和硕亲王，并将固伦公主嫁给他。同时，按照军功以及黄金家族贵族的政治权力，满足他们的政治要求。满洲统治者一方面照顾了蒙古人的政治心理倾向，又将蒙古贵族凝聚在自己周围。皇太极父子通过政治联姻，与蒙古黄金家族建立了广泛的联系，以赐赏、封官等各种手段密切和巩固了双方的关系。

另外，“政教二道”也是蒙古传统政治文化的重要组成部分。十六世纪末至十七世纪初期，蒙古地区重新形成政教二道，即“王法”和“佛法”并行的政教观。土默特阿勒坦汗恢复忽必烈汗时代的政教二道，是“通过佛教，塑造了理想化的古代秩序，这不仅意味着忽必烈、八思巴建立的‘政教二道’，而是以转轮圣王、金刚手化身为成吉思汗为中心的佛教世界”[①]。显然，政教二道是与黄金家族统治观紧密结合的政治观，也是得到全体蒙古人认同的统一的观念形态。于是，满洲统治者为了实现政治理想，在笼络蒙古各部首领及贵族时认同了蒙古人尊崇的藏传佛教，并且在政策上给予支持。宗教作为社会意识形态，不仅与个体有着密切关系，也与国家和民族具有密切关系，从而对社会产生了巨大的影响。

① ［韩］金成修著：《明清之际藏传佛教在蒙古地区的传播》，社会科学文献出版社，2006年，第44页。

在十七世纪满蒙关系的进程中，蒙古人尊崇的藏传佛教得到了满洲的认可和支持，这对十七世纪满蒙关系进程无疑会起到促进作用。藏传佛教在蒙古地区具有合法性，于是在蒙古地区的影响就更加根深蒂固。清入关以后，统治者继续推行尊崇宗教的政策，逐步使之制度化，利用宗教将蒙古地区的藏传佛教控制在自己手中，使之完全成为统治全体蒙古人的一种工具。

清廷以黄金家族统治观与藏传佛教相结合的方式，建立了适合蒙古人的新的政治文化并以此作为统治基础，进而巩固对蒙古地区的统治。从表面上看，黄金家族贵族在蒙古地区的统治地位没有变，蒙古人的观念形态似乎也没有变，全体蒙古人信奉的宗教也得到了清廷的认可，但是清朝的蒙古政治文化与传统的政治文化结构有很大差异。在十七世纪满蒙关系的进程中，清朝在蒙古政治文化的基础上，使之改变成清朝统治蒙古族的政治文化基础。因此，蒙古传统政治文化逐渐淡化，对蒙古历史发展产生了非常大的影响。

二、对满族及清朝历史的影响

漠南蒙古各部与满洲既有矛盾冲突，也相互结盟合作。在此过程中，建州女真不断壮大并统一全体女真部族。满蒙关系的形成无疑加快了满族的形成和清朝的建立。在满蒙关系进程中，漠南蒙古各部对满族的历史产生了举足轻重的作用，尤其满洲统治者为了经营好漠南蒙古各部，创建了一整套政策措施，为后金的强大以及对清朝大一统的实现奠定了坚实的基础。因此，十七世纪满蒙关系对满族的形成以及清朝国家机构的创建产生了重大而深远的影响。

（一）促进了满族的形成

满族的形成比蒙古族晚些。十七世纪初期，建州女真在努尔哈赤的领导下，组建了八旗军队，还创建了满文，先后统一了女真各部，为满族的形成奠定了基础。到皇太极时期，后金不断发展壮大，加快了满族形成的进程。对此，学界有诸多关注，讨论的问题主要有满族形成的时间、名称、标志以及八旗制度的作用等。显然，这些问题的讨论是以内部自身因素方面为主。然而一般而言，一个民族的形成，不仅是内部变迁所致，还有外部因素的影响。在满族形成的过程中，漠南蒙古的影响力是不可忽视的外部条件。漠南蒙古各部归附后金，其本身却增强了后金的政治势力，他们与女真人一同作战，供应所需的战马、牲畜和粮食等。由此，漠南蒙古各部的政治、军事和经济方面所产生的影响力，无疑对女真部族的统一及满族的形成起到了重要的促进作用。

蒙古族是英勇善战的民族，努尔哈赤兴起时，就已经意识到蒙古部族是不可轻视的力量。因此，要“以一城一旅敌中原，必先树羽翼于同部，故得朝鲜人十，不若得蒙古人一，得蒙古人十，不若得满洲部落人一”[①]。后金反抗比自己强大的明朝时，首

①〔清〕魏源撰，韩锡铎、孙文良点校：《圣武记》，中华书局，1984年，第1页。

先要壮大自己，将女真人当作最可靠的力量，其次便是蒙古人，令其充当羽翼。努尔哈赤的建州女真周围不仅有叶赫、辉发、哈达、乌拉等女真强部，还有明、朝鲜、蒙古，这些政权都有很强的军事实力。努尔哈赤的建州女真只靠自己的力量很难立足，甚至随时会被消灭。努尔哈赤要在女真各部中崭露头角，首先必须争取相邻的科尔沁部和内喀尔喀五部。

在万历二十一年（1593）的古勒山战役之后，努尔哈赤争取到了科尔沁部，并且削弱了海西女真的联盟。次年，科尔沁部明安和内喀尔喀五部老萨前往建州女真，双方开始往来。从此，“蒙古（国）各部长遣使往来不绝”[1]。后金与科尔沁部、内喀尔喀五部建立了友好关系之后，自然使科尔沁部与海西女真的联盟关系瓦解。于是，海西女真陷入孤立状态，这对努尔哈赤统一女真各部非常有利。努尔哈赤采取了各个击破的战略，实现统一女真各部的使命。万历二十九年（1601），努尔哈赤出兵哈达部，吞并海西女真部，万历三十五年（1607）和万历四十一年（1613），分别灭辉发部和乌拉部。事态的发展变化对叶赫部非常不利，使其陷入了完全孤立的状态，而努尔哈赤的军事实力不断增强，并且有意与科尔沁部建立较稳固的关系。万历四十年（1612），努尔哈赤主动向科尔沁部贵族求婚，以建立联姻关系，从此满蒙关系开始

① 齐木德道尔吉编：《清朝太祖太宗世祖朝实录蒙古史史料抄》，内蒙古大学出版社，2002年，第14页。

扩大化，从而加快了女真各部的统一进程。

努尔哈赤建立后金及称汗之后，女真人已经从分散的部落走向统一，这自然促成其家国意识和领土意识的形成，进而促成民族共同体的形成。一个民族的形成不是一件象征性事件，而是整个过程。天命三年（1618），努尔哈赤开始攻打明王朝，八旗中的七十六个蒙古牛录参战，成为后金主力军的重要组成部分，并且逐渐满洲化。天命四年（1619）铁岭之战后，后金迫使内喀尔喀五部建立共同伐明的军事联盟。按照联盟誓言，内喀尔喀五部派两千余骑兵参加后金攻打沈阳和辽阳的战役，并立下汗马功劳。天命九年（1624）和天命十一年（1626），科尔沁部与后金建立军事联盟，共同抵御林丹汗的东征。天聪二年（1628），林丹汗与右翼发生冲突后，在喀喇沁汗和洪台吉们的积极努力下，与后金建立反察哈尔、反明廷的军事同盟。是年秋，天聪汗采纳了喀喇沁汗和洪台吉们的建议，组织指挥科尔沁、敖汉、奈曼、内喀尔喀和喀喇沁等部族的满蒙联军，首次出征林丹汗。通过共同的军事行动，后金进一步加强对这些部落的控制力。在此基础上，后金将阿鲁诸部，即阿鲁科尔沁、四子、乌喇特、茂明安、塔本部以及翁牛特、喀喇车里克、伊苏特、阿巴噶等部拉到自己这一边，建立了反察哈尔的军事联盟。显然，满蒙关系的发展变化越来越有利于后金一方，漠南蒙古诸部在抵御林丹汗的过程中投靠了后金，并逐渐进入其控制之下。在林丹汗从右翼返回左翼时，皇太极组织满蒙联军再次出征林丹汗，而与后金建立军事联盟的各部首领，包括阿鲁诸部首领纷纷带兵出征。在强大的压力之下，林丹汗西进青海而死。蒙古汗廷及察哈尔部、鄂尔多斯等右翼蒙古便归附了后金，至此，漠南蒙古几乎全部纳入后金的控制之下。漠南蒙古诸部成为后金满蒙联军的主力。

后金的强大及满族的形成，离不开满蒙关系的促进作用。努尔哈赤和皇太极父子为了加强自身的势力，非常注重与漠南蒙古各部建立联盟联姻关系，不断扩大与漠南蒙古各部之间的关系，最终战胜林丹汗。在此过程中，后金发挥了政权功能，用各种手段制造了女真人内部在政治、经济、文化和思想上的统一性。在满蒙关系中，后金日益壮大，最终建立了清朝，这为满族的形成提供了重要保障。

一个新的民族的形成需要有一定的经济和政治实力，而且经济地位决定政治地位。建州女真占领辽沈地区之后，经济得到迅速发展，不仅使其内部阶级分化加剧，而且为满族的形成奠定了经济基础。同时，漠南蒙古各部与建州女真在经济交往，对建州女真的军事援助以及政治上的支持是满族形成不可忽视的外部条件。

天命元年（1616）正月，努尔哈赤建立后金政权。如果要新政权强大，努尔哈赤首先要保障后金的立足之地以及寻求稳定地发展壮大的途径，更需要雄厚的经济实力作为基础，还需要得到外部经济和政治上的支持。随着满蒙关系的形成和发展变化，后金得到了漠南蒙古部族在经济和政治上的支持。起初，努尔哈赤得到相邻的科尔沁左翼贵族明安给予的支持。后金政权建立的第二年十二月，明安的两个儿子就向努尔哈赤进献大量牲畜和其他物资等作为礼品。次年正月，明安亲自带领部众，备厚礼到后金庆贺努尔哈赤建国，献“驼十、马牛各百”[①]。此举对新建立的后金来说，无疑给予了一定的经济援助，更是政治上的一种支持，对于后金扩大其政治影响力具有重要意义。在此情况下，天命四年（1619），努尔哈赤不仅击败了明朝军队的进攻，还取得了萨尔浒战役的胜利。同时，又灭叶赫部和海西部，统一了女真各部，为满族的形成奠定了坚实的基础。尤其建州女真与科尔沁部的交往，对努尔哈赤统一女真各部起到了至关重要的作用。

在建州女真兴起以及满族形成的过程中，后金不仅与科尔沁部建立了密切关系，而且也与漠南蒙古其他部族形成了各种关系。在满蒙关系的发展变化中，漠南蒙古各部族扮演了重要角色。同时，后金不断壮大，满族形成的步伐加快。当明朝与察哈尔联合抵御后金时，后金政权的处境非常艰难。为此，努尔哈赤和皇太极父子更加注重与漠南蒙古各部之间的联系，利用科尔沁、内喀尔喀、喀喇沁等部族与林丹汗的矛盾，战胜了林丹汗，并一一收服了漠南蒙古各部，使后金不断强大起来，“从部落发展成了民族和国家”[②]。

---

① 齐木德道尔吉编：《清朝太祖太宗世祖朝实录蒙古史史料抄》，内蒙古大学出版社，2002年，第43页。

② 中共中央马克思恩格斯列宁斯大林著作编译局编：《马克思恩格斯选集》（第三卷），人民出版社，1972年，第515页。

天聪九年（1635），漠南蒙古各部基本上归附了后金。皇太极便发布谕旨，“我国原有满洲、哈达、乌拉、辉发等名。向者无知之人往往称为诸申（女真），夫诸申之号，乃席比超墨尔根之裔，实与我国无涉。我国建号满洲，统绪绵远，相传奕世，自今以后，一切人等，止称我国满洲原名，不得仍前妄称”[①]。满洲是新民族之称，而不是女真的改称。满族共同体主要由女真各部族重新整合，并吸纳了汉人、朝鲜人以及更多的蒙古人。漠南蒙古各部归附后金后，女真或建州女真已经无法代表以皇太极为中心的统治集团，包括漠南蒙古各部。因此，皇太极以祖先部落之称的满洲来代替一个新的民族共同体的专用名称。“改号‘满洲’实际是试图从政治视角出发团结后金政权下不同民族部落，人为塑造新的统一形象，挑战明朝的政治手段”[②]。这种手段在当时的确起到了积极作用，天聪十年（1636）三月二十二日，漠南蒙古各部首领及贵族集聚在盛京，于四月为皇太极上尊号“博格达彻辰汗”。这表明漠南蒙古各部“承认皇太极继承蒙古大汗”[③]。这一现象说明漠南蒙古各部对满洲统治者的政治上的极大支持，也是属于不同文化集团的贵族之间的认同。这无疑有利于满族凝聚力的形成。

每个民族的形成与发展历程各不相同，因为影响民族形成与发

①《清太宗实录》卷二十五，天聪九年十月庚寅，中华书局，1985年。

② 孙静著：《“满洲”民族共同体形成历程》，辽宁民族出版社，2008年，第11页。

③ 江应梁主编：《中国民族史》，民族出版社，1990年，第231页。

展的因素多种多样。在满族形成的过程中，蒙古的影响力是重要因素之一，是满蒙关系与皇太极集权化政体的建立相结合的结果。

（二）对清朝国家机构创建的影响

政治制度一般而言要经历由简单到复杂的发展过程，每个民族或国家都有自己的传统和创举。随着满蒙关系的扩展，满洲统治者为了更好地经营漠南蒙古各部，创建了一整套新机构和制度。除盟旗制度、年班制度和围班制度外，蒙古衙门就是皇太极在满蒙关系演变的过程中创建的新机构和政治制度，并在此基础上成立理藩院。蒙古衙门作为理藩院的前身，是满洲对漠南蒙古各部行使最高权力的机构。

天聪五年（1631），十七世纪满蒙关系进入关键时刻，是林丹汗与后金进行最后较量的时候。漠南蒙古中的科尔沁部、内喀尔喀五部，察哈尔部的兀鲁特、敖汉、奈曼、多罗特、阿喇克绰特等部，还有喀喇沁万户，阿鲁蒙古诸部中的翁牛特、阿鲁科尔沁、四子、附属于翁牛特部的伊苏特、喀喇车里克等部已经倒向后金。皇太极欲亲征察哈尔，但科尔沁土谢图汗奥巴称："我蒙古马匹皆不堪用，且所发兵甚少，此行不如中止。"[①]在奥巴的劝说下，皇太极停止了此次军事行动。皇太极为了提高汗权，削弱贝勒、大臣的势力以及加强对蒙古事务的管理，着手创建了新的政权机构。后金政

① 齐木德道尔吉编：《清朝太祖太宗世祖朝实录蒙古史史料抄》，内蒙古大学出版社，2002年，第177—178页。

权组织一直以八旗制度的方式存在，而皇太极即位后实行的是八大贝勒共议国政制。随着满蒙关系的扩展，后金政事愈来愈多，八旗制度已经无法行使和发挥其职能。因此，皇太极需要推行新的政策来治理后金，使其政治影响力进一步扩大。如何构建符合后金发展所需要的新的政权机制，是皇太极亟须解决的重要问题。因此，皇太极“集诸贝勒大臣议，爰定官制，设立六部”[①]。当时的六部事务由诸贝勒分管，六部下设满洲、蒙古和汉人承政，其下又设参政和启心郎等职。起初，皇太极“命墨尔根戴青贝勒多尔衮管吏部事，满朱习礼为蒙古承政；贝勒德格类管户部事，巴思翰为蒙古承政；贝勒萨哈廉管礼部事，布彦代为蒙古承政；贝勒岳托管兵部事，苏纳为蒙古承政；贝勒济尔哈朗管刑部事，多尔济为蒙古承政；贝勒阿巴泰管工部事，囊努克为蒙古承政”[②]。可见，六部机构中涉及蒙古的事务都由各部蒙古承政来处置，于是出现了专管蒙古事务的机构，即蒙古衙门。

皇太极设置六部后，便控制了后金实权，提高了大汗权威，使得国家机构能发挥更大的作用。是年十一月，林丹汗进入阿鲁蒙古驻牧地后，又进入了西拉木伦河流域。天聪六年（1632），后金与大兴安岭以南、长城边外的左翼蒙古诸部联合起来征讨林丹汗。林丹汗在抵御后金的过程中，西进死于青海，于是右翼蒙古和察哈尔部以及蒙古大汗各斡耳朵一一归附后金。蒙古事务更加

①②《清太宗实录》卷九，天聪五年七月庚辰，中华书局，1985年。

繁重，后金就有必要设立专理蒙古事务的机构来组织会盟、颁布法规、指划牧地和审理讼狱等。蒙古衙门就是在这种情况下设立的，“至少在天聪八年蒙古衙门已经建立和运转”[①]。蒙古衙门第一任承政是有“蒙古通”之称的国舅阿什达尔汉，其余皆为参政，官止二等[②]。可见，蒙古衙门是十七世纪满蒙关系的产物，它的设立促进了后金政治制度的创建与发展。

蒙古衙门作为后金对蒙古政策的具体执行部门，直接管理或处理与蒙古有关的一切事务。但是由于是非正式机构，也无固定的衙署，因此对蒙古衙门处理的事务没有更多的详细记载。尽管如此，也能够了解其运转状况。天聪七年（1633）十月，“遣国舅阿什达尔汉、［塔布囊达雅齐/达雅齐塔布囊］等往外藩蒙古诸国，宣布钦定法令”[③]。次年十一月，又遣他们“往外藩蒙古与诸贝勒（议事）分画牧地，并会审巴图鲁衮出斯等罪”[④]。据史料记载，当处理有关漠南蒙古重大事务时，都由蒙古衙门官员参与。天聪九年（1635）十二月甲辰，皇太极“谕记注儒臣曰，凡外国文移及管蒙古［各旗/固山］诸贝勒，往来迎送、献酬赠答，俱宜详慎记

① 达力扎布著：《明代漠南蒙古历史研究》，内蒙古文化出版社，1998年，第359页。

② 齐木德道尔吉编：《清朝太祖太宗世祖朝实录蒙古史史料抄》，内蒙古大学出版社，2002年，第468页。

③ 齐木德道尔吉编：《清朝太祖太宗世祖朝实录蒙古史史料抄》，内蒙古大学出版社，2002年，第252—253页。

④ 齐木德道尔吉编：《清朝太祖太宗世祖朝实录蒙古史史料抄》，内蒙古大学出版社，2002年，第310页。

载”[①]。此后，蒙古衙门官员着手处理漠南蒙古的重大事务，并有了详细记载。如崇德元年（1636）十月十六日，清廷派遣“内弘文院大学士［巴克什希福/希福榜式］、蒙古衙门承政尼堪偕都察院承政阿什达尔汉、蒙古衙门承政［塔布囊达雅齐/达雅齐塔布囊］往察哈尔、喀尔喀、科尔沁国查户口、编牛录、会外藩、审罪犯、颁法律、禁奸盗”[②]。

设立蒙古衙门之后，清廷仍派遣大学士希福等前往漠南蒙古部族处理各种事务，但是此时已经有专理官员参加。蒙古衙门除了处理调兵出征、组织会盟、指划牧地和颁布法规等重大事务外，还负责很多琐碎之事，如传递敕谕、说服招降、安置归附人员、统计人户、划分牧地、处理满蒙贵族联姻和审理讼狱等事务。

蒙古衙门的设立是成功的，充分发挥其功能，进而统一了漠南蒙古各部，并以制度和法律稳定了归附的漠南蒙古各部。可见，蒙古衙门是在满蒙关系中应运而生的，对满蒙关系的稳定和扩展提供了制度保障。这对清王朝的建立起到了不可替代的作用，并为其制度的完善与成熟奠定了基础，这主要体现在理藩院的建立与运转上。

清廷为了有效地统治漠南蒙古各部，着手创立制度、制定法

① 齐木德道尔吉编：《清朝太祖太宗世祖朝实录蒙古史史料抄》，内蒙古大学出版社，2002年，第365页。

② 齐木德道尔吉编：《清朝太祖太宗世祖朝实录蒙古史史料抄》，内蒙古大学出版社，2002年，第399页。

律，并使其得到进一步完善。崇德三年（1638）六月，清廷“更定蒙古衙门为理藩院”[①]。七月，又设满洲承政一员，下设左右参政各一员，以下又设理事官、副理事官和主事官，共五等[②]。十二月，“铸给理藩院印信”[③]。次年正月，又增设理藩院每旗章京各一员[④]。可见，理藩院是蒙古衙门的延续。这不仅是更名的问题，还涉及清朝政治组织机构的调整和新机构的建立，是清廷更定八衙门官制的一部分，与整个政权机构的变动是一致的。十七世纪满蒙关系无疑推动了清朝的机构设置和制度创立，突出了满洲贵族在各机构，包括理藩院中的领导地位，使国家权力集中于朝廷和皇帝手中，进而建立了对漠南蒙古各部的统治，为清王朝的发展奠定了基础。

清朝入主中原之后面临着如何统治该地区的问题。清朝统治者接受了大学士冯铨、洪承畴的“国家要务，莫大于用人行政”[⑤]的建议，采取了一系列措施，不断调整国家政权的组织机构，包括理藩院的规范化和制度化。顺治元年（1644），主要以“定内外

---

① 齐木德道尔吉编：《清朝太祖太宗世祖朝实录蒙古史史料抄》，内蒙古大学出版社，2002年，第464页。

② 齐木德道尔吉编：《清朝太祖太宗世祖朝实录蒙古史史料抄》，内蒙古大学出版社，2002年，第468页。

③ 齐木德道尔吉编：《清朝太祖太宗世祖朝实录蒙古史史料抄》，内蒙古大学出版社，2002年，第487页。

④ 齐木德道尔吉编：《清朝太祖太宗世祖朝实录蒙古史史料抄》，内蒙古大学出版社，2002年，第490页。

⑤《清世祖实录》卷五，顺治元年六月戊午，中华书局，1985年。

文武官制”[①]。对各部院官制进行调整，将承政改为尚书，参政改为侍郎，理藩院机构也随之有了相应的变动。《清世祖实录》记载，顺治五年（1648）二月，理藩院设汉院判、汉知事、汉副使各一员。顺治十六年（1659），在保留一些机构和官职的基础上，又更定各衙门的官衔品级，理藩院归属礼部，设礼部尚书和左、右侍郎各一员。顺治时期，理藩院的一些调整与其他机构的调整相一致。

康熙朝蒙古问题已经酿成，于是理藩院的组织机构显得尤为重要。作为专管外藩蒙古事务的理藩院，责任重大，有必要做出新的调整。顺治十八年（1661）三月，“今作礼部所属，于旧制未合。嗣后，不必兼礼部衔，仍称理藩院尚书、侍郎，其印文亦著改正铸给”[②]。八月，“理藩院，职司外藩王、贝勒、公主等事及礼仪刑名各项，责任重大，非明朝可比。凡官制体统，应与六部相同。理藩院尚书，照六部尚书，入议政之列。该衙门向无郎中，今著照六部，设郎中官”[③]。又设“录勋、宾客、柔远、理刑四司”，增设“各司郎中共十一员、员外郎共二十一员”。还将“理藩院尚书衔名，列于工部之后”[④]。显然，清廷没有忽略对漠

①〔清〕刘锦藻撰：《清朝续文献通考》卷七十七《职官考一》，浙江古籍出版社，2000年。

② 齐木德道尔吉等编：《清朝圣祖朝实录蒙古史史料抄》（上），内蒙古大学出版社，2003年，第7页。

③④ 齐木德道尔吉等编：《清朝圣祖朝实录蒙古史史料抄》（上），内蒙古大学出版社，2003年，第10页。

南蒙古地区的统治，而是不断完善理藩院的管理，提高其地位。

理藩院是十七世纪满蒙关系的产物，作为清廷管理蒙古事务的最高专门机构，其尚书和左、右侍郎由满洲人担任，郎中、员外郎和主事则分别由满洲人和蒙古人担任。显然，理藩院是由满洲官员占主导地位、蒙古官员进行辅助的中央机构。这完全能够显示满洲人在清廷的统治地位，蒙古人只是配合管理蒙古事务而已。在具体工作方式上，那些蒙古通的满洲官员和蒙古官员经常与蒙古王公、贵族交往。这不仅有利于办事，更重要的是渐渐增加了蒙古人对清廷的认同感，使他们更加忠诚地为清朝效力。

蒙古衙门的创立以及理藩院的建立和完善，是清朝建立和巩固对漠南蒙古地区统治的过程。理藩院建成后，清朝更加顺利地推行统治漠南蒙古各部的一系列政策和法律法规，直接掌握了漠南蒙古地区的政治、经济、军事等权力，对该地区采取统一管辖，对清朝的巩固和加强满蒙关系起到了非常重要而关键的作用。通过理藩院，清朝对漠南蒙古地区的政策措施和法律法规不断进行调整，以稳定满蒙关系，尤其是改变了清初漠南蒙古各部的不稳定局面。这一制度化和规范化的成功，在清初意义重大，漠南蒙古已经成为清入主中原以及扩展疆域的可靠大后方。在理藩院的运转过程中，清朝在管理民族事务方面积累了许多宝贵的经验，使理藩院成为清朝统治全体蒙古、回部及西藏等各民族的最高管理机构。理藩院的建成及顺利运作，不仅对满蒙初期特定关系产生了深远影响，而且对清朝乃至对中国历史产生了重要而深远的影响。

三、对中国历史的影响

当今中国统一多民族国家是在长期民族关系的演进过程中逐渐形成的。元朝蒙古人开创了大一统的局面，为统一多民族国家的形成奠定了坚实的基础。十七世纪初，在满蒙关系形成和演变的过程中，后金不断壮大。清朝的建立，结束了明蒙对峙的局面，其疆域不断扩展，并建立了多民族国家。清朝在漠南蒙古的支持下，以强劲的势头入主中原，建立了典型的统一多民族国家。随着满蒙关系的巩固及满蒙特定关系的扩展，满洲成为统治清朝统一多民族国家的民族，而漠南蒙古人作为满洲人的盟友，率先成为统一多民族国家的重要一员。

（一）对中国民族关系的影响

当今中国民族关系格局是在清朝民族关系格局的基础上，在近代和现代的历史进程中，各民族的相互交往中形成的，而清朝民族关系格局的形成应该始于十七世纪的满蒙关系。在十七世纪满蒙关系的基础上，清朝的满蒙关系得到了进一步巩固和扩展。同时，在十七世纪满蒙关系的促进下，满汉关系不断发生变化，还对满藏关系的形成，以及蒙汉关系和蒙藏关系产生了非常大的影响。然而，这些民族关系交织在一起，错综复杂，其发展变化正是清朝多民族格局形成的过程，这也是清朝社会基础形成的过程。因此，十七世纪满蒙关系对清朝民族关系格局的形成产生了重要而深远的影响，从而对当今中国民族关系格局的形成具有重要意义。

满洲人入主中原后困难重重，因此就必须得到漠南蒙古的继续支持。虽然漠南蒙古已经归附清廷，但依附关系尚未巩固，要处理好与漠南蒙古各部的特定关系是至关重要的事情。这是关系到清廷后方巩固的重大问题。于是，满洲统治者为进一步巩固与漠南蒙古的联盟关系，采取了诸多措施，主要包括加强满蒙政治联姻、满足漠南蒙古贵族的政治需求、建立交流互信机制等。

皇太极继承并发扬努尔哈赤的满蒙联姻政策，极大地推动了满蒙联姻的发展，使其达到高潮。之后，顺治帝入主北京，立足中原，为确保北方安定，非常注重与漠南蒙古各部的关系，以进一步巩固满蒙联姻。为了安抚科尔沁部，于顺治二年（1645）四月，“以太宗文皇帝第八女固伦公主下嫁科尔沁国土谢图亲王巴达[礼/理]子巴雅[思/斯]护朗”①。土谢图亲王巴达礼是科尔沁部的首领，清廷把后方的安全托付于他。当巴达礼返回时对朝廷表示：“臣昔[蒙/受]太宗皇帝宠眷，今又沐王殊恩，敢不誓死以服。”②是年十月，清廷为了安抚察哈尔部，“太宗文皇后第二女固伦公主

① 齐木德道尔吉编：《清朝太祖太宗世祖朝实录蒙古史史料抄》，内蒙古大学出版社，2002年，第669页。

② 齐木德道尔吉编：《清朝太祖太宗世祖朝实录蒙古史史料抄》，内蒙古大学出版社，2002年，第671页。

下嫁察哈尔汗之子阿布鼐（继婚）”[①]。通过这桩婚事，清廷要继续管控察哈尔部。同时，孝庄太后为了永保科尔沁部博尔济吉特氏家族在清廷中的特殊地位，在自己的儿女婚事上颇费苦心。她从几位哥哥家先后招来四位侄女、侄孙女，作为顺治帝的嫔妃。顺治八年（1651）正月，顺治帝的舅舅，即科尔沁部卓礼克图亲王吴克善把女儿送到皇宫，可是顺治帝断然拒绝。在大臣的劝说和母亲的坚持下，顺治帝权衡各方利益，只好接受这桩政治婚姻。是年八月顺治帝大婚，并“册立科尔沁国卓礼克图亲王吴克善之女为皇后”[②]。顺治帝依母亲之意，将大婚吉礼顺利完成，可是强扭的瓜不甜，婚后的顺治帝与皇后不和，顺治十年（1653），福临废后，将其降为侧妃。次年，孝庄太后又将娘家二哥察罕之子绰尔济的一双女儿接来聘为妃。之后，顺治帝“恭奉圣母皇太后慈谕，册立科尔沁国镇国公绰尔济之女为皇后”[③]，其妹妹被封为淑惠妃。孝庄太后还把四哥，即科尔沁左翼中旗达尔罕亲王满珠习礼之女于幼年接到宫中，精心关照，准备长大后嫁给顺治帝，可惜未嫁先亡。同时，清廷将皇室公主下嫁给蒙古王公，包括孝庄太后的三位公主。顺治朝，满蒙通婚共四十五次，其中，

① 齐木德道尔吉编：《清朝太祖太宗世祖朝实录蒙古史史料抄》，内蒙古大学出版社，2002年，第679页。

② 齐木德道尔吉编：《清朝太祖太宗世祖朝实录蒙古史史料抄》，内蒙古大学出版社，2002年，第757页。

③ 齐木德道尔吉编：《清朝太祖太宗世祖朝实录蒙古史史料抄》，内蒙古大学出版社，2002年，第804页。

清宗室娶蒙古女二十三人，出嫁皇家女二十二人[①]。由此可见，顺治朝满蒙贵族通婚的频繁程度，这一制度逐渐形成规范的管理。如下嫁蒙古王公的公主以及额驸是按等级赏给不同数量的俸银和俸缎[②]。还有备指额驸、生子授衔、入京朝觐、回京省亲、赐恤致祭等政策和措施，以保障满蒙联姻的顺利进行。于是，满蒙政治联姻渐渐成为清朝的基本国策，在姻亲血缘基础上的满蒙政治联盟不断得到巩固。这对刚刚入主中原的清朝来说，对巩固大后方的安宁起到了积极作用。

清朝入主中原后，面临的最大难题是财政拮据。清朝为了巩固与漠南蒙古王公贵族之间的关系，尽力满足他们的政治需求和经济需求。清朝根据蒙古贵族的地位和功绩，赐封相应的爵位，上自亲王，下至台吉，还授予各部首领管理本部的实权，按等级给予俸银和俸缎。当时京城一品文武官员年俸只有一百八十两，而科尔沁卓礼克图亲王、图什业图亲王、达尔汉亲王暨喀尔喀等汗岁支银二千五百两[③]。在清朝权力机构中，满洲统治者重用蒙古官吏，他们的地位仅次于满洲人。同时，清廷还建立相互沟通机制，即年班制和围班制等，尤其对蒙古贵族礼遇有加。参加年班进京朝见的蒙古贵族，按等级赐予七十两至五百两数额不等的

---

① 杜家骥著：《清朝满蒙联姻研究》，人民出版社，2003年，第258页。

②③ 张荣铮、金懋初、刘勇强、赵音：《钦定理藩部则例》，天津古籍出版社，1998年，第137页。

赏[①]，还赐予他们“乾清门行走”“御前行走”等荣衔，让他们感受到皇帝的恩宠和优恤。在塞外木兰围场，康熙帝每年都接见漠南蒙古各部王公贵族，与他们一同围猎，宴请赏赐，交流感情，进而使他们臣服于清王朝统治。显然，康熙帝的“塞宴”已经成为“抚绥蒙古之典”[②]。另外，清朝利用藏传佛教来安抚蒙古人，并逐渐成为其抚绥蒙古诸部的重要措施。

清朝对漠南蒙古采取的措施，的确巩固了对漠南蒙古各部的统治，同时也加深了满洲和蒙古两个民族之间的交流和相互了解，既确保了北方的和平安宁，又推动了两个民族之间关系的发展。因此，康熙帝曾感慨地说：“昔秦兴土工修筑长城，我朝施恩于喀尔喀，使之防御朔方，较长城更为坚固。”[③]的确，清朝解决了中原王朝历来难以解决的重大问题。满蒙关系的稳定，不仅为清朝立足中原起到重要作用，也对后来清廷抗击沙俄扩张、收服漠北蒙古和征服漠西蒙古起到了非常重要的作用。可见，有了清朝初期与漠南蒙古关系的坚固，才有满蒙关系扩展到漠北和漠西的可能。在满蒙关系巩固的基础上，清朝与漠北喀尔喀三汗部的关系、与漠西卫拉特蒙古的关系经过一个多世纪的演变后，最终将二者皆纳入其版图，使满蒙关系得到扩展。虽然在近代化进程

---

①《钦定大清会典》卷六五，吉林出版集团，2005年。

②〔清〕魏源撰，韩锡铎、孙文良点校：《圣武记》，中华书局，1984年，第101页。

③《清圣祖实录》卷一五一，康熙三十年五月癸巳，中华书局，1985年。

中，漠北蒙古独立，但漠南蒙古仍是中国领土的重要组成部分。究其原因，无不与十七世纪满蒙关系有关联。

满汉关系在清朝民族关系中处于重要地位，它的形成和变化受到十七世纪满蒙关系的形成和演变进程的影响。女真人兴起时，辽东地区有许多汉族人，包括大量被俘获为奴的汉人，后金政权建立之后，他们逐渐被纳入统治范围。后金占领辽东之后，强迫汉人迁徙，顺从者任用，反抗者为奴，甚至被屠杀。如天命三年（1618），努尔哈赤率兵攻下抚顺一带时俘获人畜三十万。天命八年（1623）六月，锦州城被迁的居民一万多人[①]。显然，在后金的扩张过程中，满汉之间发生了尖锐的矛盾和冲突，尤其是努尔哈赤时期，由于对汉民族的压迫，出现了汉民逃亡、暴动等反抗斗争，使后金陷入了危机之中。皇太极即位后，对汉人的政策措施有了很大改观，缓解了满汉矛盾。同时，随着后金领土的扩张和汉民人口的增多，他们将成为后金政权统治的主要的社会基础。因此，满汉关系越来越重要，后金在“八旗汉军”中委任了很多汉族官僚知识分子，主要有范文程、李永芳、洪承畴、祖大寿等，还采取了以汉官管理汉民的制度。皇太极注重汉官的作用，强调“满汉之人，均属一体”[②]。可见，皇太极的政策措施，

① 中国第一历史档案馆、中国社会科学院历史研究所译注：《满文老档》，中华书局，1990年，第525页。

②《清太宗实录》卷一，天命十一年八月丙子，中华书局，1985年，第26页。

为修复满汉关系以及进一步深化二者关系奠定了基础。

十七世纪满蒙关系直接影响到满汉关系的进一步发展。漠南蒙古归附后金之后，清廷集中精力，以满蒙联军为主力攻打明朝，加速其灭亡。顺治元年（1644），清军占领北京之后，大量的满洲人涌入中原地区。清朝及满洲人在中原立足的过程中，满汉矛盾自然也上升为主要矛盾。为此，清朝统治者采取一系列政策措施，有针对性地调整满汉关系。当时清军进入北京后，首先打出了为崇祯帝复仇讨贼、与流寇争天下的旗号，录用明朝各级官员，“剃发归顺者，地方官各升一级”①。这样，清朝得到了大多数明朝官僚和京城附近地方官员的支持。这些知识分子和京城附近地方官员归附清朝后，大大缓解了满汉之间的矛盾。同时，清朝为了恢复经济，将被李自成农民军占领的田产“归还本主”②，还实行招抚流亡、垦荒、整顿漕运、清理盐法等一系列政策措施。这些措施的顺利施行以军事为后盾，更是离不开漠南蒙古的大力支持，尤其是军事上的支持。武力是政治权力的首要基础，清朝统治基础在扩展及巩固的过程中，蒙古骑兵立下了汗马功劳。如科尔沁左翼首领之一洪果尔一系，由于征明有功，被封为“札萨克多罗冰图郡王，世袭罔替”③。还有平定三藩之乱时，除蒙古八旗军外，漠南蒙古诸部奉命出兵平叛，出征人数众多、调

①②《清太宗实录》卷五，天聪二月正月甲午，中华书局，1985年。

③ 赵尔巽等撰：《清史稿》卷五一八，列传三百五藩部一，中华书局，1977年。

动频繁，他们戍守要塞，承担起平叛后清剿、留守当地的重任。因此，十七世纪满蒙关系的巩固，关系到清朝能够立足中原以及统一南方的重要问题，也是解决满汉关系的关键所在。清朝的最终胜利，满汉矛盾的逐渐缓和，有利于清朝立足中原，有利于建立统一多民族的国家。

满汉关系从对抗至缓和的过程中，蒙汉关系也在发生变化。清朝在中原统治的确立，结束了明蒙对峙的局面，蒙汉贸易完全由清朝控制。于是，蒙汉关系便成为清朝统治下的一种民族关系，长城已经不是蒙汉的界限。可见，在十七世纪满蒙关系的影响下，满汉关系和蒙汉关系也随之发生了变化。

满藏关系的形成直接受十七世纪满蒙关系的影响。蒙古人信奉的藏传佛教在蒙古社会中具有广泛而深刻的影响。当满洲兴起时，藏传佛教已经成为全体蒙古人的信仰，因此满洲统治者非常注重藏传佛教以及蒙藏关系。起初，女真人虽然信奉萨满教，但努尔哈赤和皇太极父子为了满蒙关系的顺利发展，对蒙古人的宗教信仰采取了尊重的态度，并采用敬佛、优礼喇嘛的政策。如天命六年（1621）五月，科尔沁高僧斡禄打儿罕囊素喇嘛来到后金，努尔哈赤对这位喇嘛“握手相见，并坐大宴之”[①]。不久囊素喇嘛在辽阳圆寂，努尔哈赤为他建喇嘛塔园。努尔哈赤的这种态度和行为对皇太极有很大影响，为日后满藏关系的形成奠定了

① 德勒格编著：《内蒙古喇嘛教史》，内蒙古人民出版社，1998年，第203页。

基础。

皇太极时期，随着满蒙关系的发展变化和蒙藏关系的演变，满藏关系的形成也有了可能。著名高僧内齐托音按照三世班禅的旨意，于天聪四年（1630）来到科尔沁地区修行传教。然而，内齐托音在传教过程中，不仅要扫除萨满教的障碍，还了解到获得后金汗支持的重要性。于是，在天聪六年（1632），内齐托音“率三十名比丘弟子，莅临盛京，觐见太宗皇帝。圣主召见，询问了原籍和姓氏，而后大开皇恩，赏赉御宴”[①]。皇太极非常重视内齐托音的觐见，以高规格的礼仪接待他及其随行人员，并请他留在后金。但是，内齐托音牢记班禅大师的嘱托，回到了科尔沁继续传教。当内齐托音及其弟子们返回科尔沁时，皇太极给予他重赏，并“准许科尔沁十旗，作为乃吉托音（内齐托音）一世的供养之地”[②]。随着满蒙关系的发展变化，后金方面更多地了解到藏传佛教对蒙古各部的影响力，并影响到后金爱新觉罗家族。因为皇太极的后宫中蒙古女子占据主导地位，她们都能够接受或保持自己的佛事活动。在皇宫的蒙古人一般在初一、十五定期礼佛，遇到喜事或不顺之事的时候，也会烧香拜佛祈祷。蒙古汗室与清朝皇室合并之后，藏传佛教对清廷的影响力越来越大。皇太极明白，处理好与藏传佛教之间的关系，才能够保证满蒙一体化进

① 额尔敦昌编译：《内蒙古喇嘛教》，内蒙古大学出版社，1991年，第86页。

② 德勒格编著：《内蒙古喇嘛教史》，内蒙古人民出版社，1998年，第338页。

程。因此，皇太极得到嘛哈噶喇金佛后，非常重视，建立寺院供奉，使其成为国家祭典。当后金军追赶林丹汗时，皇太极曾“令鄂尔多斯济农收其部众，令博硕克图汗之子集土默特部人，各驻于移营处，我出使唐古特、土伯特部，可取道于彼”[①]。皇太极还未征服察哈尔部之前，就已经考虑到通往西藏的问题。崇德二年（1637）十一月十五日，皇太极第一次派遣使者前往藏区[②]。这是满洲统治者主动与藏区产生直接联系的开始。经曲折与漫长的过程，至顺治三年（1646），双方终于建立通使关系，并商议邀请达赖喇嘛的问题。

另外，清朝入主北京之后，明朝后妃礼佛场地慈宁宫佛堂成为孝庄太后及其姑母孝端文皇后和其他后妃们日常进行佛事活动的场所。她们除了烧香拜佛之外，还请喇嘛念经，慈宁宫佛堂里还供奉着蒙古汗廷的蒙古文、藏文佛经。显然，清廷后宫佛事活动的规模和影响力也在扩大，逐渐形成一种氛围。藏传佛教不仅在后宫，而且在整个皇宫以及京城传播开来，朝廷出资建庙、建塔，喇嘛僧众不断增多，其势力愈来愈大。北京城的喇嘛“头目竟令人们以扈抬畏，列国王仪仗以穿行城市”[③]，似乎已经形成一股力量。皇子皇孙以及大臣渐渐接受了藏传佛教，顺治帝和康熙

---

① 中国第一历史档案馆编：《清初内国史院满文档案译编》（上），光明日报出版社，1989年，第103页。

② 李保文：《顺治皇帝邀请第五世达赖喇嘛考》，《西藏研究》2006年第1期。

③ 杨丙辰译：《汤若望传》，商务印书馆，1949年，第263页。

帝就在这种影响之下成为佛教信徒。康熙帝曾受长寿佛之灌顶，成为密宗弟子[①]，他的父亲顺治帝更是个虔诚的佛教信徒。这些必将对清朝宗教政策的制定具有非常大的影响，对满藏关系的形成起到了积极作用。

在满、蒙古、藏三方复杂的关系中，满蒙关系必将得到进一步扩展，并促使满藏关系的形成。满藏通使成功之后，顺治九年（1652），五世达赖喇嘛阿旺洛桑嘉措应清廷之邀来到北京，顺治帝亲自出城迎接，给予最高礼遇。次年，达赖喇嘛接受清朝册封，即“西天大善自在佛所领天下释教普通瓦赤喇怛喇达赖喇嘛”[②]，赐金印。这标志着满藏关系进入了新的历史时期，无疑提高了清朝在与蒙古部族交往中的地位和影响力。从此，满洲统治者与达赖喇嘛建立了密切关系，进而促使满蒙关系的扩展，确立了清朝的统治地位。蒙藏关系和满蒙关系促成了满藏关系，同时满藏关系又促使蒙藏关系和满蒙关系进一步扩展，从而极大地促进了清王朝建立统一多民族国家的进程。

（二）对当今中国疆域形成的影响

当今中国疆域是在漫长的历史进程中逐渐形成的，而且是在清朝版图的基础上，经近代化、现代化的历史变迁而形成的。清

① 申晓亭、成崇德译注：《哲布尊丹巴传》，《清代蒙古高僧传译辑》，全国图书馆文献缩微复制中心，1990年，第219页。

② 五世达赖喇嘛阿旺洛桑嘉措著，陈庆英、马连龙、马林译：《五世达赖喇嘛传》，中国藏学出版社，1997年，第343页。

朝版图是在十七世纪满蒙关系的进程中扩展而形成的。清朝建立之后，经一个多世纪的扩张，其疆域“东极三姓所属库页岛，西极新疆疏勒至于葱岭，北极外兴安岭，南极广东琼州之崖山，莫不稽颡内乡”[①]。清朝陆地版图总面积约一千三百万平方公里，为当今中国疆域的形成奠定了坚实的基础。

中国疆域的形成，有其规律可寻。据对史前人类的研究，蒙古高原与黄河中下游的中原一样，出现了农业，形成农业部落和游牧部落。到新石器时代第一次社会大分工时，农业和畜牧业之间的分工更加明确。农业部落和游牧部落之间的相互交换成为经常现象，不仅是氏族之间、部落之间出现了交换，还出现了个人之间的交换。这极大地促进了蒙古高原的社会发展变化，但是由于气候和土壤等原因，蒙古高原逐渐游牧化，中原地区趋向农业化。随着中原地区农业文明的进步，出现了国家形态，最早的夏、商、周就是在农耕部落与游牧部落的交往过程中形成的三个国家。建立周王朝的是来自西北高原的游牧部落，他们入主中原之后，从游牧生活方式向农耕生活方式转化，实现了政权更迭，而汉籍史料出现的戎、狄等游牧部落从西北纷纷入主中原，导致西周的覆灭。可见，中原地区自始就处于农耕与游牧二元经济形态的互动之中，从而不断地促进农业文明的进程，同时其王朝疆域也不断扩展。

① 赵尔巽等撰：《清史稿》卷五四《地理志一》，中华书局，1976年，第1891页。

西周灭亡之后，经春秋战国五个半世纪的混乱与融合，中原地区建立了统一王朝，即中央集权的秦、汉王朝。同时，蒙古高原也出现了匈奴人建立的强大的游牧帝国，亚洲东部大陆出现了农耕与游牧的明显分野，这一标志应该是长城。由于农耕与游牧二元经济形态时常出现对峙和冲突，进而导致民族交往充满艰难性和曲折性。历史证明，长城并不能阻止蒙古高原的游牧民族入主中原的步伐，而且农耕民族与游牧民族之间的冲突与交往，同样推动了中原王朝版图的变化与扩展。蒙古民族兴起建立大一统的元朝之后，长城已经失去意义，这极大地促进了民族的融合以及版图的扩展，为清朝和当今中国版图的形成奠定了基础。

元朝之后，蒙古与明朝对峙了两个多世纪，这又是游牧民族与农耕民族两种社会经济形态的对峙。由于蒙古高原已经形成了稳定的蒙古民族以及蒙古政权，而再没有出现以往的游牧民族政权递嬗的现象。然而，到了十七世纪上半叶，由于满蒙关系的形成以及发展变化，便促成新兴帝国的诞生，即清朝的建立。

清朝的建立使游牧民族与农耕民族二元对抗更加激烈，同时又推动了两种社会经济形态的互动。十七世纪满蒙关系使后金强大，极大地改变了与明朝之间的力量对比。虽然明朝是被李自成的农民起义军所灭，但是十七世纪满蒙关系的影响加快其灭亡。明朝灭亡后，李自成的大顺政权没能立足于中原，更没有完成中原传统王朝更替的历史使命。强大的满蒙联军以所向无敌的态势，很快占领了北京。是年，清廷移至北京，顺治帝再次举行登基大典，从此清朝便成为内涵丰富的新的王朝。显然，顺治帝不同于明朝皇帝，因为清王朝真正成为满族、蒙古族、汉民族和藏族等多民族的国家。可见，十七世纪满蒙关系不仅加快了明朝的灭亡，同时又加快了清朝大一统的步伐。在此过程中，十七世纪满蒙关系的稳定成为清王朝无形的长城，又促使满蒙关系扩展到漠北蒙古和漠西蒙古地区，同时又促成满藏关系的形成。在此，清朝建立了对漠北蒙古、新疆和青藏高原的统治。这些进展极大地加快了清朝疆域的扩展，恢复了元朝的部分版图，建立了统一多民族的国家。十七世纪满蒙关系的不断扩展，结束了元朝之后游牧与农耕二元社会的对峙状况。

然而，结束游牧与农耕二元社会的对峙，却经历了漫长而曲折的过程。通常认为，明朝建立了所谓的正统王朝，具有鲜明的“华夷有别”之观念。因此在明代，对周边民族的管辖基本上实行羁縻政策，或者是放弃，尤其是对蒙古采取积极防御的政策。明朝要解决北部“边患”问题，试图切断农耕文化与游牧文化的交往。但是“边患”经常发生，始终没有解决这一难题。而十七世纪满蒙关系的形成和演变，渐渐地改变了这一局面。可以说，十七世纪满蒙关系激活了满汉关系，促进了满藏关系的形成，从而引发了地区的大变动。在这大变动的时代背景下，清朝得以立足的同时又巩固了十七世纪的满蒙关系。由于满蒙关系的进展不仅促进了满藏关系的形成，又促进和扩展了满蒙关系，甚至巩固了满蒙关系，进而实现了清朝的长治久安。由此，雍正帝曾感慨地说："我朝肇基东海之滨，统一诸国，君临天下，所承之统，尧舜以来中外一家之统也；所用之人，大小文武，中外一家之人也；所行之政，礼乐征伐，中外一家之政也。"①可见，清朝版图不仅包括原明朝版图，还包括更广阔的疆域和诸多民族，这些民族都在一个国度之中。

满族为中国统一多民族国家的历史发展做出的重大贡献，是在十七世纪满蒙关系中的贵族联盟的基础上一步步得以实现的，其中，蒙古族的历史作用不可忽视。虽然清朝完成统一大业及繁荣发展有诸多因素发挥了作用，但没有漠南蒙古在政治和军事上的有力支持，就不会有强大的清朝以及其长治久安。因此可以说，在十七世纪满蒙关系的形成和演变进程中，蒙古族与满族等共同建立和巩固了清朝统一多民族的国家。这使满族成为清朝的统治民族，蒙古族成为其盟友，又为他们成为当今中国大家庭成员奠定了坚实的基础。

十七世纪满蒙关系是在后金兴起、蒙古社会大变迁的同一历史进程中形成和发展变化的，这自然影响到满族和蒙古族的历史进程。在十七世纪满蒙关系中，清廷不仅把漠南蒙古各部的部民和领地纳入其统治之中，而且借鉴和吸收了蒙古的一些要素，如汗、达尔汉、扎尔固齐等官号的运用。随着十七世纪满蒙关系的发展变化，清廷不断加强对漠南蒙古地区的管辖，积累了许多

①《清世宗实录》卷一三〇，雍正十一年四月己卯，中华书局，1985年。

经验，为日后处理诸多民族关系提供了可供借鉴的依据，尤其对处理满蒙关系具有重要意义。如将漠南蒙古地区的行政区划建制，直接推行至漠北蒙古和漠西蒙古地区。显然，对十七世纪满蒙关系的了解，有利于对满蒙关系的了解，也有助于了解中国统一多民族国家的历史。

参考文献

史料

1.〔元〕脱脱等撰：《辽史》，中华书局，1974年。

2.〔元〕脱脱等撰：《金史》，中华书局，1975年。

3.〔明〕谈迁著，张宗祥校点：《国榷》，中华书局，1958年。

4.〔明〕瞿九思：《万历武功录》，广文书局有限公司，1973年。

5.〔明〕宋濂撰：《元史》，中华书局，1976年。

6.〔明〕王在晋撰：《三朝辽事实录》，全国图书馆文献缩微复制中心，2002年。

7.〔清〕屠寄撰：《蒙兀儿史记》，中华书局，1962年。

8.〔清〕张廷玉等撰：《明史》，中华书局，1974年。

9.〔清〕谷应泰撰：《明史纪事本末》，中华书局，1977年。

10.〔清〕赵尔巽等撰：《清史稿》，中华书局，1977年。

11.〔清〕昭梿撰，何英芳点校：《啸亭杂录》，中华书局，1980年。

12.〔清〕魏源撰，韩锡铎、孙文良点校：《圣武记》，中华书局，1984年。

13.〔清〕计六奇撰，魏得良、任道斌点校：《明季北略》，中华书局，1984年。

14.〔清〕鄂尔泰等修：《八旗通志》，东北师范大学出版社，1985年。

15.〔清〕答理麻著，乔吉校注：《金轮千辐》，内蒙古人民出版社，1987年。

16.〔清〕勒德洪撰：《平定察哈尔方略》，《清代方略全书》，北京图书馆出版社，2006年。

17.〔清〕穆彰阿、潘锡恩等纂修：《大清一统志》，上海古籍出版社，2008年。

18.〔清〕善巴台吉著，乌云毕力格译注：《阿萨喇克其史》，内蒙古大学出版社，2014年。

19.〔清〕张穆著，张正明、宋举成点校：《蒙古游牧记》，山西人民出版社，1991年。

20. 辽宁大学历史系：《建州闻见录校释》，1978年。

21. 苏联科学院远东研究所等编，厦门大学外文系《十七世纪俄中关系》第一卷翻译小组译：《十七世纪俄中关系》（第一卷），商务印书馆，1978年。

22. 中国第一历史档案馆整理：《康熙起居注》，中华书局，1984年。

23. 辽宁省档案馆、辽宁社会科学院历史研究所编：《明代辽东档案汇编》，辽沈书社，1985年。

24. 中国第一历史档案馆编：《清初内国史院满文档案译编》（上），光明日报出版社，1989年。

25. 中国第一历史档案馆编：《清代档案史料丛编》（第十四册），中华书局，1990年。

26. 中国第一历史档案馆、中国社会科学院历史研究所译注：《满文老档》，中华书局，1990年。

27. 中国第一历史档案馆、辽宁省档案馆编：《中国明朝档案总汇》（九），广西师范大学出版社，2001年。

28. 中国第一历史档案馆、内蒙古大学蒙古学学院：《清内阁蒙古堂档》，内蒙古人民出版社，2005年。

29. 承德民族师范高等专科学校《承德府志》校点组点校：《光绪朝重订承德府志点校本》，辽宁民族出版社，2006年。

30. 中国科学院编辑：《明清史料》，国家图书馆出版社，2008年。

31. 道润梯步著：《新译简注〈蒙古秘史〉》，内蒙古人民出版社，1978年。

32. 吴晗辑：《朝鲜李朝实录中的中国史料》，中华书局，1980年。

33. 萨囊彻辰著，道润梯步译校：《新译校注〈蒙古源流〉》，内蒙古人民出版社，1980年。

34. 乌力吉图校勘、注释，巴·巴根校订：《大黄册》，民族出版社，1983年。

35. 金巴道尔吉著，留金锁校注：《水晶鉴》，民族出版社，1984年。

36. 朱风、贾敬颜译：《汉译蒙古黄金史纲》，内蒙古人民出版社，1985年。

37. 罗密著，纳古单夫、阿尔达扎布校注，乔吉审订：《蒙古博尔济吉忒氏族谱》，内蒙古人民出版社，1989年。

38. 李保文编辑、整理、转写：《十七世纪蒙古文文书档案（1600—1650）》，内蒙古少年儿童出版社，1997年。

39. 张荣铮、金懋初、刘勇强、赵音：《钦定理藩部则例》，天津古籍出版社，1998年。

40. 包文汉、奇·朝克图整理：《蒙古回部王公表传》（第一辑），内蒙古大学出版社，1998年。

41. 韩儒林著：《穹庐集》，河北教育出版社，2000年。

42. 冯承钧译：《多桑蒙古史》，上海书店出版社，2001年。

43. 李洵、赵德贵、周毓方、薛虹主校点：《钦定八旗通志》（第四册），吉林文史出版社，2002年。

44. 齐木德道尔吉编：《清朝太祖太宗世祖朝实录蒙古史史料抄》，内蒙古大学出版社，2002年。

45. 齐木德道尔吉等编：《清朝圣祖朝实录蒙古史史料抄》（上），内蒙古大学出版社，2003年。

46. 齐木德道尔吉、吴元丰、萨·那日松等编：《清内秘书院蒙古文档案汇编》(第一辑),内蒙古人民出版社,2003年。

47. 薄音湖、王雄编辑、点校:《明代蒙古汉籍史料汇编》(第二辑),内蒙古大学出版社,2006年。

48. 薄音湖、王雄编辑、点校:《明代蒙古汉籍史料汇编》(第四辑),内蒙古大学出版社,2007年。

49.《清实录》,中华书局,1986年。

50.《旧满洲档》,台北故宫博物院,1969年。

51.《明实录》,"中央研究院历史语言研究所"。

52.[伊朗]志费尼著,何高济译,翁独健校订:《世界征服者史》,内蒙古人民出版社,1980年。

53.[波斯]拉施特主编,余大钧、周建奇译:《史集》,商务印书馆,1983年。

著作

1. 中共中央马克思恩格斯列宁斯大林著作编译局编:《马克思恩格斯选集》(第三卷),人民出版社,1972年。

2. 江应梁主编:《中国民族史》,民族出版社,1990年。

3. 额尔敦昌编译:《内蒙古喇嘛教》,内蒙古大学出版社,1991年。

4. 其·朱格德尔著,乌仁其木格转写:《封建主义形成时期的蒙古社会——政治、哲学思想》,内蒙古教育出版社,1994年。

5. 王浦劬主编:《政治学基础》,北京大学出版社,1995年。

6. 德勒格编著：《内蒙古喇嘛教史》，内蒙古人民出版社，1998年。

7. 达力扎布著：《明代漠南蒙古历史研究》，内蒙古文化出版社，1997年。

8. 奇格著：《古代蒙古法制史》，辽宁民族出版社，1999年。

9. 乌兰著：《〈蒙古源流〉研究》，辽宁民族出版社，2000年。

10. 宝音德力根、齐木德道尔吉主编：《明清档案与蒙古史研究》（第一辑），内蒙古人民出版社，2000年。

11. 乌云巴图、葛根高娃著：《蒙古族传统文化论》，远方出版社，2001年。

12. 杜家骥著：《清朝满蒙联姻研究》，人民出版社，2003年。

13. 达力扎布著：《明清蒙古史论稿》，民族出版社，2003年。

14. 乌云毕力格、成崇德、张永江撰：《蒙古民族通史》（第四卷），内蒙古大学出版社，2002年。

15. 袁闾琨等著：《清代前史》，沈阳出版社，2004年。

16. 乌云毕力格著：《喀喇沁万户研究》，内蒙古人民出版社，2005年。

17. 马林著：《五世达赖喇嘛传》，青海人民出版社，2006年。

18. 乌日陶克套胡著：《蒙古族游牧经济及其变迁研究》，中央民族大学出版社，2006年。

19. 周平著：《民族政治学》，高等教育出版社，2007年。

20. 乌云毕力格、白拉都格其主编：《蒙古史纲要》，内蒙古人民出版社，2007年。

21. 孙静著：《"满洲"民族共同体形成历程》，辽宁民族出版社，2008年。

22. 白初一著：《清太祖时期满蒙关系研究》，内蒙古科学技术出版社，2008年。

23. 乌云毕力格著：《十七世纪蒙古史论考》，内蒙古人民出版社，2009年。

24. 乌云毕力格著：《〈阿萨喇克其史〉研究》，中央民族大学出版社，2009年。

25. 玉芝著：《蒙元东道诸王及其后裔所属部众历史研究》，内蒙古人民出版社，2019年。

26. ［苏联］Н. П. 沙斯季娜著：《十七世纪俄蒙通史关系》，商务印书馆，1977年。

27. ［苏联］伊·亚·兹拉特金著，马曼丽译：《准噶尔汗国史（1635—1758）》，商务印书馆，1980年。

28. ［苏联］Б. Я. 符拉基米尔佐夫著，刘荣焌译：《蒙古社会制度史》，中国社会科学出版社，1980年。

29. ［日］和田清著，潘世宪译：《明代蒙古史论集》，商务印书馆，1984年。

30. ［日］田山茂著，潘世宪译：《清代蒙古社会制度》，商务印书馆，1987年。

31.［美］加布里埃尔·A. 阿尔蒙德、小G. 宾厄姆·鲍威尔著，曹沛霖、郑世平、公婷、陈峰译：《比较政治学——体系、过程和政策》，上海译文出版社，1987年。

32.［韩］金成修著：《明清之际藏传佛教在蒙古地区的传播》，社会科学文献出版社，2006年。

论文

1. 敖登：《喀尔喀五部考述》，《蒙古史研究》，内蒙古教育出版社，1992年。

2. 白翠琴：《明代前期蒙古与女真关系述略》，《中国蒙古史学会论文选集》，内蒙古人民出版社，1987年。

3. 申晓亭、成崇德译注：《哲布尊丹巴传》，《清代蒙古高僧传译辑》，1990年。

4. 乌云毕力格：《关于尹咱呼图克图》，《蒙古史研究》（第四辑），内蒙古大学出版社，1993年。

5. 宝音德力根：《15世纪中叶前的北元可汗世系及政局》，《蒙古史研究》（第六辑），2000年。

6. 齐木德道尔吉：《四子部落迁徙考》，《蒙古史研究》（第七辑），内蒙古大学出版社，2003年。

7. 齐木德道尔吉：《腾机思事件》，《蒙古学研究文集》（三），内蒙古人民出版社，2006年。

8. 乌云毕力格：《清初"察哈尔国"游牧地考》，《蒙古史研究》（第九辑），2007年。

9. 达力扎布：《关于乾隆朝内府抄本〈理藩院则例〉》，《中国边疆民族研究》（第四辑），中央民族大学出版社，2011年。

10. 乌云毕力格：《和硕特汗廷的建立过程》，《内蒙古社会科学》1988年第4期。

11. 王雄：《察哈尔西迁的有关问题》，《内蒙古大学学报》1989年第1期。

12. 胡日查：《关于科尔沁部的来源和它在北元历史上的地位》，《内蒙古社会科学》1989年第4期。

13. 张永江、叶雪冬：《试论叶赫部的族属与历史分期问题》，《内蒙古大学学报》1989年第2期。

14. 胡日查：《科尔沁部牧地考》，《新疆师范大学学报》1990年第2期。

15. 曹永年：《“传国玺”与明蒙关系》，《内蒙古社会科学》1990年第2期。

16. 刘小萌：《满族肇兴时期所受蒙古文化的影响》，《社会科学战线》1994年第6期。

17. 达力扎布：《清初内扎萨克旗的建立问题》，《历史研究》1998年第1期。

18. 宝音德力根：《往流、阿巴噶、阿鲁蒙古——元代东道诸王后裔部众的统称、万户名、王号》，《内蒙古大学学报》1998年第4期。

19. 达力扎布：《清初察哈尔设旗问题考略》，《内蒙古大学学报》1999年第1期。

20. 乌云毕力格：《评〈十七世纪蒙古文文书档案（1600—1650）〉》，《内蒙古大学学报》1999年第6期。

21. 金峰、那仁朝克图、阿拉坦吉雅：《蒙古汗国最后都城林丹汗察罕浩特考》，《内蒙古师范大学学报》1999年第1期。

22. 格·孟和：《蒙古族的民族意识与民族精神初探》，《蒙古史研究》2000年第4期。

23. 鲍明：《大清国号词源词义试探》，《内蒙古民族大学学报》2005年第2期。

24. 明阿特·额尔德木图：《清朝太皇太后提议书写的烫金诸经文》，《内蒙古民族大学学报》2007年第3期。

25. 图雅：《喀尔喀绰克图洪台吉生平研究》，2004年。

26. 敖拉：《从〈旧满洲档〉到〈满文老档〉——1626年之前满蒙关系史料比较研究》，2005年。

27. 李勤璞：《蒙古之道：西藏佛教与太宗时代的清朝国家》，2007年。

28. 王宝平：《明初至后金兴起前蒙古与女真关系研究》，2008年。

29. ［日］森川哲雄：《察哈尔八鄂托克及其分封》，《东洋学报》1976年。

30. ［法］白晋著，马绪祥译：《康熙帝传》，《清史资料》，中华书局，1980年。

31.［美］塞瑞斯著，余大钧译：《达延汗后裔世系表笺注》，《北方民族史与蒙古史译文集》，云南人民出版社，2003年。

32.［日］楠木贤道：《天聪年间爱新国对蒙古诸部的法律支配进程》，《蒙古史研究》（第七辑），内蒙古大学出版社，2003年。

后 记

十七世纪的满蒙关系是满蒙关系史的主要阶段，是我国民族关系史的重要领域，因此一直受到各方研究者的关注，成果丰硕。其实，笔者起初没有想过涉足这一领域，只是出于关注地方史，便关注到荧屏上频频播出的、人们谈论较多的历史人物孝庄文皇后。为了了解真实的孝庄文皇后，笔者开始搜集相关资料，2006年首次发表有关文章，于是涉足于十七世纪满蒙关系史。2009年这一研究课题被立项为教育部人文社会科学一般项目，即“满蒙初期政治关系研究”。本项研究以系列论文形式考察了孝庄文皇后、蒙古末代大汗林丹汗与满蒙初期政治关系。在此基础上，为了把零散的研究成果进行整合并提高自己满蒙初期政治关系的研究水平，2011年又申请立项为国家社科基金一般项目，今呈现给大家的拙著即为该项目的最终成果。

十七世纪的满蒙关系涉及诸多领域，包括满学、清史和蒙古学等，一般从某一重大历史事件、某一人物、史料的发掘与研究等方面进行考察。笔者以多年从事政治学教学与研究的成果作为理论基础，考察十七世纪的满蒙关系，并尝试进行整合。在实际工作过程中，笔者感受到此项研究的难度和挑战，但为了完成任务，并给自己一个交代，为此付出了艰辛的劳动。

本书作为2017年国家社会科学基金重大项目“《钦定理藩院则例》满蒙汉诸本整理与研究”的阶段性成果，于2020年入选国家出版基金项目“《钦定理藩院则例》满蒙汉诸本整理与研究丛书（第二批）”。在此，特别感谢大连民族大学民族史研究所黑龙教授的大力支持，感谢课题组成员以及帮助、鼓励我完成本书的专家、学者和亲朋好友们！

聂晓灵

2020年6月